Objectif

CRPE 2022

Arts

ÉDUCATION MUSICALE

Sandrine David
Directrice de conservatoire de musique

Anne Dubrel
Professeure agrégée en éducation musicale
Formatrice à l'INSPE de Paris, master MEEF 1er et 2nd degrés

Catherine Sajous
Professeure certifiée en éducation musicale
Formatrice à l'INSPE de Paris, master MEEF 1er et 2nd degrés

ARTS PLASTIQUES

Philippe Coubetergues
Professeur agrégé en arts plastiques
Formateur à INSPE de Paris, master MEEF 1er et 2nd degrés

HISTOIRE DES ARTS

Anne-Sophie Molinié
Maître de conférences en histoire de l'art moderne
Enseignante à l'INSPE de Paris, master MEEF 1er et 2nd degrés

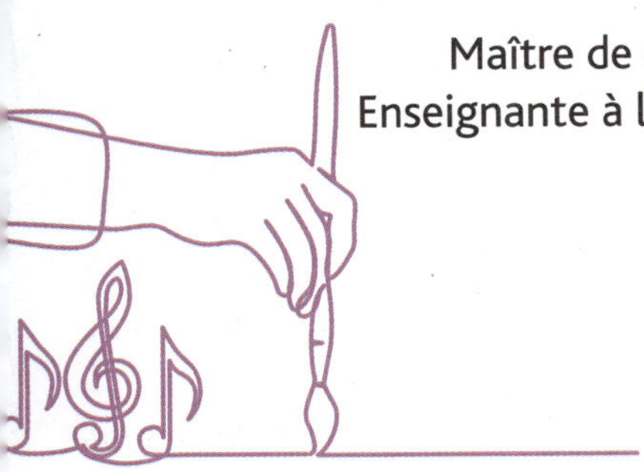

hachette
ÉDUCATION

Les audios des pages 57, 59, 265 et 367 sont consultables et téléchargeables sur le site : www.parascolaire.hachette-education.com

Crédits photographiques : p. 55 : shutterstock/Aldona Griskeviciene ; **p. 56 g :** shutterstock/solar22 ; **p. 56 d :** shutterstock/derter ; **p. 101, 102, 103, 105, 106, 109, 110, 112, 113, 116, 119, 120, 122, 124, 125, 126, 128, 129, 131, 134, 140, 141, 144, 145, 148, 150, 152, 155, 157, 158, 165, 166 :** © Philippe Coubetergues ; **p. 190 :** Hachette Livre ; **p. 197** : Shutterstock/Charbonnier Thierry ; **p. 198 :** Shutterstock/Dmitry Naumov ; **p. 199 :** Hachette Livre ; **p. 200 :** CCO Paris Musées / Musée Carnavalet ; **p. 211-214-216 :** Hachette Livre ; **p. 217 :** Courtesy National Gallery of Art, Washington ; **p. 218-219-222 :** Hachette Livre ; **p. 223 :** CCO Paris Musées / Petit Palais, musée des Beaux-Arts de la Ville de Paris ; **p. 233-248-278 :** Hachette Livre ; **p. 285 h :** Photo © RMN-Grand Palais / Michèle Bellot ; **p. 285 b :** wikimedia communs ; **p. 288 :** Photo : André Morin © Adagp, Paris, 2021 ; **p. 291 h :** © Royal Collection / Royal Collection Trust © Her Majesty Queen Elizabeth II, 2021 / Bridgeman Images ; **p. 291 b :** Hachette Livre ; **p. 294 h :** Bridgeman Images © Adagp, Paris, 2021 ; **p. 294 b :** CCO ; **p. 297 :** Photo © RMN-Grand Palais (Musée national Picasso-Paris) / Mathieu Rabeau / Succession Picasso 2021 ; **p. 302 :** Magnum ; **p. 306 :** Bridgeman Images ; **p. 309 :** Dist. RMN-Grand Palais / Michel Urtado / Thierry Ollivier ; **p. 312 :** © Philippe Berthé / Centre des monuments nationaux ; © Adagp, Paris, 2021 ; **p. 317 et 320 :** shutterstock/Franck Legros ; **p. 321 :** STEPHANE COMPOINT/ ONLYFRANCE.FR ; **p. 325 h :** Le Dictateur Copyright © Roy Export S.A.S. ; **p. 325 b :** Des archives de Roy Export Co. Ltd. ; **p. 329 :** Cameraphoto Arte Venezia / Bridgeman Images ; **p. 333 :** Boris Lipnitzki / Roger-Viollet ; **p. 340 :** Shutterstock/Petr Kovalenkov ; **p. 341 h :** Photo : André Morin © Adagp, Paris, 2021 ; **p. 341 b :** © Martin ARGYROGLO / Divergence ; **p. 351 h** : Everett Collection / Bridgeman Images ; **p. 351 b :** Le Dictateur Copyright © Roy Export S.A.S.

Couverture : Stéphanie Benoit
Maquette intérieure : Manon Guérin
Mise en pages : Médiamax
Édition : Élisabeth Sanchez

ISBN : 978-2-01-715798-4

58, rue Jean Bleuzen, 92170 Vanves
www.parascolaire.hachette-education.com

L'éditeur remercie Messieurs Julien Cuminetto et Laurent Bonnet, auteurs des pages sur la présentation du concours, pp. 7 à 12.

Achevé d´imprimer en août 2021 en Espagne par Grafo - Dépôt légal: Septembre 2021 - Édition 01 - 43/8152/4

SOMMAIRE

LES ARTS PLASTIQUES

THÈME 1 : LES TEXTES OFFICIELS EXPLIQUÉS

THÈME 2 : QU'ENSEIGNE-T-ON EN ARTS PLASTIQUES ?

THÈME 3 : COMMENT ENSEIGNE-T-ON LES ARTS PLASTIQUES ?

L'HISTOIRE DES ARTS

THÈME 1 : LES TEXTES OFFICIELS EXPLIQUÉS

THÈME 2 : QU'ENSEIGNE-T-ON EN HISTOIRE DES ARTS ?

THÈME 3 : COMMENT ENSEIGNE-T-ON L'HISTOIRE DES ARTS ?

9/23

\+ molles

LES ŒUVRES AU PROGRAMME

LES SUJETS CORRIGÉS

Tout savoir sur le concours

Les modalités du Concours de recrutement de professeurs des écoles (CRPE)

Conditions d'inscription pour le concours externe

À compter de la session 2022, **seuls les étudiants inscrits en 2nde année de master ou** les candidats déjà **titulaires d'un master** pourront se présenter au concours externe de recrutement des professeurs. Les étudiants en M1 à la rentrée de septembre 2021 ne pourront donc pas présenter le concours en 2022. Ils devront attendre la session suivante, lorsqu'ils seront inscrits en M2.

Faut-il détenir un master spécifique pour s'inscrire au concours externe rénové ?

Non. Le métier de professeur n'est pas une profession réglementée. L'inscription au concours est conditionnée à la détention d'un niveau de diplôme (master 2), pas à celle d'un titre spécifique.

Faudra-t-il présenter certaines attestations comme un brevet de secourisme ?

Ces informations sont disponibles sur les sites académiques détaillant l'organisation des épreuves.

Qu'en est-il des candidats en situation de handicap ?

Les candidats en situation de handicap peuvent solliciter un aménagement des conditions de concours en adressant leur demande à l'un des médecins désignés par la Commission des droits et de l'autonomie des personnes handicapées (CDAPH) territorialement compétente. La demande doit être formulée, au plus tard, à la date limite d'inscription au concours concerné, sauf dans le cas où le handicap est découvert après cette échéance ou si les besoins liés au handicap ont évolué. Le médecin rend un avis qui est adressé à l'autorité administrative compétente pour ouvrir et organiser le concours, dans lequel il propose des aménagements. L'autorité administrative décide, ensuite, des aménagements accordés et notifie sa décision au (à la) candidat(e). **Voir la circulaire n° 2015-127 du 3 août 2015.**

Se préparer au concours

Le master MEEF des INSPÉ

▶ Pour devenir professeurs des écoles, les étudiants ayant validé une licence peuvent candidater auprès d'un INSPÉ pour suivre la formation du **master MEEF** (Métiers de l'enseignement, de l'éducation et de la formation). Ce master, organisé par les INSPÉ (Institut national supérieur du professorat et de l'éducation), oriente ses enseignements sur la préparation au concours et dispense une **formation universitaire professionnalisante**, fondée sur une articulation entre le théorique et la pratique, à partir d'expériences et de **stages en milieu professionnel**. L'ensemble du parcours de formation comprend des activités diversifiées correspondant à 800 h d'enseignement et d'encadrement pédagogique, hors stage, par étudiant (annexes de l'arrêté du 27 août 2013 fixant le cadre national des formations dispensées au sein des masters MEEF, modifié par l'arrêté du 24 juillet 2020).

▶ Dans le cadre des MEEF, les étudiants peuvent être recrutés par le rectorat en qualité d'**alternants en école** (le plus souvent, en M2) et donc placés en responsabilité devant des élèves, avec un temps de service correspondant à un tiers de l'obligation réglementaire de service annuelle (cela équivaut à une journée en classe par semaine). Ce temps de service pouvant être réparti sur les différents semestres du master, sa bonne articulation avec les temps de formation à l'INSPÉ doit favoriser la réussite des étudiants au concours.

▶ Cette formation en alternance, particulièrement ambitieuse, varie en fonction des INSPÉ. Si elle vous intéresse, vous pouvez participer à des journées « portes ouvertes » ou prendre contact avec le responsable du master.

L'alternance à l'INSPÉ est-elle rémunérée ?

L'alternance des étudiants en M2 repose sur un contrat de travail, avec une rémunération mensuelle autour de 720 € nets (en 2021). Celle-ci est cumulable avec la bourse, si l'étudiant en bénéficie. Les étudiants ne sont pas obligés d'être alternants en 2e année de master. Ils doivent alors réaliser 2 jours de stage par semaine, pendant 18 semaines, soit 216 h.

Plus d'informations sur le site www.devenirenseignant.gouv.fr.

Les formations privées

De nombreux organismes privés proposent des formations payantes et un accompagnement annuel à la carte (concours blancs corrigés, remises à niveau, accompagnement individualisé, etc.). Ces formations permettent à certains candidats de bénéficier d'un accompagnement important, tout en poursuivant une activité professionnelle.

En candidat libre

C'est la solution qui vous permet de réviser à votre rythme et en fonction de vos disponibilités professionnelles et/ou familiales. Vous ne pourrez, cependant, compter que sur vous-même et sur vos propres lectures pour réussir le concours.

Un concours académique

▶ Le **choix de l'académie** au moment de l'inscription au CRPE est très important : les admis seront affectés dans une école de l'académie où ils ont réussi le concours. **L'admission dans une académie ne vaut donc pas admission dans les autres.** Pour changer d'académie, vous devrez faire une demande de mutation. Or, pour que celle-ci soit acceptée, il faut, souvent, attendre plusieurs années.

▶ Les académies précisent, toujours, les dates des épreuves et leurs modalités pratiques sur leur site Internet.

Nombre de postes par académie

Les **taux d'admission** sont très différents d'une académie à l'autre. Cela dépend de plusieurs facteurs, dont le nombre de candidats, les besoins en postes dans l'académie ou encore le nombre d'habitants.

Le contenu des épreuves du concours externe

Les épreuves des concours de recrutement de professeurs des écoles sont précisées en annexes de l'arrêté du 25 janvier 2021 fixant les modalités d'organisation du concours externe, du concours externe spécial, du second concours interne, du second concours interne spécial et du troisième concours de recrutement de professeurs des écoles.

Les épreuves écrites d'admissibilité

▶ **3 épreuves d'admissibilité** sont organisées **à l'écrit** :
– une épreuve écrite de **français** ;
– une épreuve écrite de **mathématiques** ;
– une épreuve écrite d'**application**.

▶ L'épreuve d'application est à choisir parmi 3 domaines :
– Histoire, Géographie, Enseignement moral et civique ;
– Arts ;
– Sciences et Technologie.

▶ En Histoire/Géographie/EMC et en Arts, 2 composantes seront au programme (par exemple, « Histoire/EMC » pour le domaine de l'Histoire, Géographie, EMC et « Histoire des arts/Éducation musicale » pour le domaine des Arts), comme l'évoque le *BO* : *« Au titre d'une session, la commission nationale compétente* [...] *détermine deux composantes parmi les trois enseignements. »*

Épreuves d'admissibilité	Durée	Note
Français	3 h	sur 20 (coeff. 1)
Mathématiques	3 h	sur 20 (coeff. 1)
Application	3 h	sur 20 (coeff. 1)

▶ Les copies des épreuves écrites d'admissibilité des candidats sont anonymisées avant d'être soumises à une double correction. À l'issue de celle-ci, le jury fixe, après délibération, la **liste des candidats admis à passer les épreuves d'admission**. En cas d'échec, vous pouvez vous rapprocher du rectorat pour demander vos copies, afin d'en analyser les erreurs.

Les épreuves orales d'admission

2 épreuves d'admission sont organisées **à l'oral** :

- **une épreuve de leçon :** elle porte, successivement, sur le français et les mathématiques. Elle a pour objet la conception et l'animation d'une séance d'enseignement à l'école primaire, dans chacune de ces matières, à partir d'un dossier, fourni par le jury, comportant au plus 4 documents de nature variée (supports pédagogiques, extraits de manuels scolaires, traces écrites d'élèves, extraits des programmes...). Elle vise à apprécier votre maîtrise disciplinaire et vos compétences pédagogiques ;
- **une épreuve d'entretien :** une 1re partie est consacrée à l'éducation physique et sportive, intégrant la connaissance scientifique du développement et de la psychologie de l'enfant (à partir d'un sujet fourni par le jury, proposant un contexte d'enseignement et un objectif d'acquisition pour la séance, vous devez proposer une situation d'apprentissage) ; et une 2nde partie porte sur votre motivation et votre aptitude à vous projeter dans le métier de professeur au sein du service public de l'Éducation.

Épreuves d'admission	Temps de préparation	Temps d'examen
Épreuve de leçon (coeff. 4)	2 h	• Français (noté sur 10) : 30 min • Mathématiques (noté sur 10) : 30 min (exposé : 10-15 min / entretien : 15-20 min)
Épreuve d'entretien (coeff. 2)	30 min	• 1re partie (noté sur 10) : 30 min (exposé : 15 min au maximum / entretien : 15 min au minimum) • 2nde partie (noté sur 10) : 35 min

Remarques générales

▶ Toutes les épreuves sont notées sur 20. Toute note inférieure ou égale à 5 sur 20 est éliminatoire. La note 0 obtenue à l'une des 2 parties de l'épreuve d'admission est éliminatoire.

▶ Les candidats admissibles qui en ont fait la demande au moment de leur inscription peuvent passer une **épreuve facultative de langue vivante étrangère** : allemand, anglais, espagnol ou italien. L'épreuve est notée sur 20. Seuls les points obtenus au-dessus de 10 sont pris en compte pour l'admission des candidats à l'issue des épreuves.

▶ Dans le concours externe spécial de recrutement de professeurs des écoles chargés d'un enseignement de et en langue régionale, les épreuves écrites et orales sont les mêmes. Le (La) candidat(e) aura, en plus, une épreuve écrite en langue régionale, ainsi qu'une épreuve orale de langue régionale.

▶ À l'issue des épreuves d'admission et après délibération, le jury, en fonction du nombre total de points que les candidats ont obtenus à l'ensemble des 2 séries d'épreuves (écrit + oral) et dans la limite des places mises au concours, fixe, par ordre de mérite, la **liste des candidats sur la liste principale**. Il peut établir, dans le même ordre, **une liste complémentaire**.

À SAVOIR

Pour les candidats admissibles, les points capitalisés à l'écrit ne peuvent suffire à obtenir le CRPE. La différence se fait à l'oral, et notamment sur les compétences pédagogiques du (de la) candidat(e).

Conseils pour réussir le concours

Organisez-vous pour travailler efficacement

▶ Se préparer à un concours de recrutement de l'Éducation nationale est **un marathon**. Pour tenir le rythme et assimiler au mieux les expériences et les savoirs, il faut commencer à travailler le plus tôt possible !

- Si vous êtes en M1 et inscrit(e) en MEEF, préparez-vous un plan de travail dès cette 1re année de master.
- Si vous êtes en M2, commencez vos révisions dès le début de l'été ! D'autant que, si vous suivez la formation à l'INSPÉ, **vous aurez des échéances importantes à tenir en plus de votre concours** (stages en alternance, mémoire professionnel, etc.).

▶ Avec un rythme régulier et précoce, vous appréhenderez les apprentissages plus sereinement ! Planifiez donc vos révisions en vous fixant des objectifs raisonnables sur **un emploi du temps mensuel, voire annuel**, qui mélange le personnel et le scolaire, et que vous pourrez faire évoluer au fil des semaines. C'est le meilleur outil pour savoir où vous en êtes.

▶ Constituez-vous des **fiches de révision** par type d'épreuve (écrit de français, écrit de mathématiques, écrit d'Histoire-Géographie/EMC, etc.).

▶ **L'oral ne peut se réussir qu'en le préparant dès le début de l'année.** Des révisions régulières vous permettront de consolider vos connaissances et d'appréhender plus efficacement les enjeux didactiques et pédagogiques des mathématiques et du français. Dans le même esprit, un travail très anticipé sur l'épreuve d'entretien permettra de laisser mûrir votre réflexion et votre projet professionnel.

Coopérez et mutualisez vos travaux avec un petit groupe de candidats

▶ Réussir un concours aussi exigeant tout(e) seul(e) est très difficile. Essayez de constituer **un trinôme ou un binôme de travail** sur lequel vous pourrez vous appuyer dans les moments difficiles. Constituez votre groupe en fonction de vos compétences. Il est, par exemple, plus stratégique de travailler avec des étudiants qui se débrouillent bien en mathématiques si vous avez des lacunes dans cette discipline. De la même façon, optez pour un groupe avec des étudiants qui travailleront la même discipline que vous pour l'épreuve écrite d'application, si vous êtes sûr(e) de votre choix. Enfin, entraînez-vous à plusieurs sur des sujets zéro ou des concours blancs tout au long de l'année et mutualisez vos travaux.

▶ Dans le cadre de votre formation à l'INSPÉ ou dans d'autres types de formations privées, vous pouvez, très rapidement, commencer à repérer d'autres étudiants qui ont le même profil que vous mais avec des **compétences complémentaires**.

▶ N'hésitez pas à vous rapprocher de vos formateurs ou bien de professeurs du 1er degré, qui partageront avec vous leurs expériences. Ce lien peut vous permettre de **construire une culture du métier** indispensable pour discuter efficacement des problématiques posées durant les épreuves.

Découvrez ce qu'est un élève

▶ Cela peut paraître évident, mais avez-vous déjà vu des élèves de maternelle ? Avez-vous déjà observé des élèves en train de faire des arts plastiques en CM1 ?

▶ **L'élève est le sujet central du concours.** Le système éducatif est construit pour tâcher de le faire réussir, et il ne doit pas être un angle mort de vos révisions. La nouvelle mouture du CRPE est portée sur les enjeux didactiques et pédagogiques. La plupart des questions qui vous seront posées – à l'écrit comme à l'oral – vous amèneront à imaginer des situations pour faire travailler efficacement les élèves, leur faire acquérir des apprentissages, les faire progresser, etc.

▶ Si vous êtes inscrit(e) dans la formation à l'INSPÉ, **tirez parti le plus possible de vos stages, que vous soyez en observation ou en alternance**. Faites-vous des fiches thématiques avec des exemples concrets observés ou éprouvés, qui vous permettront d'illustrer vos propos lors des oraux et de mettre en perspective vos connaissances théoriques (l'école inclusive, l'évaluation, les valeurs de la République...).

Adoptez une posture réflexive

▶ **Le professeur est un « *praticien réflexif* »** (Philippe Perrenoud), c'est-à-dire qu'il réfléchit pour concevoir et mettre en œuvre son enseignement, et élabore des stratégies pour remédier aux problématiques rencontrées face aux élèves. Cette posture, vous ne pouvez, bien sûr, pas encore l'incarner, mais vous pouvez parfaitement commencer à l'appréhender en vous posant des questions de manière systématique, face aux différents enjeux scientifiques, didactiques et pédagogiques rencontrés. Les épreuves d'oral vous demandent, en effet, d'adopter une posture réflexive, d'être ouvert(e) au questionnement, d'imaginer des solutions face aux études de cas proposées, de réfléchir à voix haute à propos des enjeux du métier de professeur.

▶ Tâchez aussi de **suivre l'actualité du système éducatif** dès que possible et tout au long de votre année de concours. Faites-vous des fiches à propos des grands débats scolaires ou disciplinaires (la question de la mémoire en histoire, la laïcité à l'école en EMC, le développement durable en géographie, par exemple). Il ne s'agit pas d'être un(e) expert(e) de toutes les réformes qui doivent intervenir dans le système éducatif, mais de connaître celles qui, dès la rentrée suivante, auront un impact sur votre enseignement.

Luttez sans relâche contre le stress !

▶ **Adoptez une bonne hygiène de vie** pendant votre année de concours. Cela passe par une alimentation équilibrée : évitez les aliments trop gras et trop lourds qui vous empêcheront de dormir correctement ; évitez aussi les nuits blanches, qui vous donneront l'impression d'avancer dans vos révisions mais qui diminueront la faculté de votre cerveau à retenir toutes les informations.

▶ Des études scientifiques ont prouvé, depuis longtemps, que **le cerveau a besoin de se reposer régulièrement pour être au maximum de ses capacités**. Le seul moyen de le ménager est de dormir ou se relaxer, en lisant un livre, en jouant modérément aux jeux vidéo, en allant se promener, en faisant du sport, etc. Le sommeil permet de régénérer les cellules du cerveau et de réorganiser ses pensées : en cas de fatigue prononcée, adoptez la micro-sieste de 15-20 minutes !

▶ **Ne vous coupez pas du monde !** Si vous organisez correctement vos révisions, vous pourrez profiter de vos proches, de vos amis, et sortir de chez vous. Accordez-vous des récompenses quand vous êtes satisfait(e) de votre travail !

1.

L'ÉPREUVE D'ADMISSIBILITÉ EN ARTS

1 Pourquoi choisir l'option « Arts » à l'épreuve écrite d'application ?

A Une option accessible à tous

▸ L'option « Arts » peut être choisie par les **candidats préparant le concours de professeur des écoles** pour la troisième épreuve d'admissibilité du concours, dite « épreuve d'application ».

▸ Cette option, telle qu'elle est définie dans l'arrêté du 25 janvier 2021 fixant les modalités d'organisation des concours de recrutement de professeurs des écoles, porte sur deux composantes parmi les trois enseignements suivants : **éducation musicale, arts plastiques, histoire des arts**.

Arrêté du 25 janvier.

▸ **Tout étudiant, en master MEEF ou non, peut choisir cette option, sans être aucunement spécialiste** dans ces trois domaines, ni même dans l'un d'entre eux. En effet, il n'est pas demandé aux candidats de témoigner d'une quelconque expertise dans l'un ou plusieurs de ces domaines d'activité, mais plutôt de savoir proposer aux élèves des situations de pratique et de découverte des œuvres, des situations d'apprentissage motivantes leur permettant de satisfaire leur curiosité et leur goût pour les choses de l'art. Quel que soit leur niveau initial en musique, en arts plastiques, en histoire de l'art ou des arts, les candidats peuvent se préparer à cette épreuve, grâce à une formation personnelle et universitaire adaptée se trouvant utilement renforcée par ce manuel.

B Une option rassemblant trois domaines

▸ Trois domaines se trouvent réunis dans cette option : **deux disciplines** (éducation musicale, arts plastiques) **et un enseignement** (histoire des arts). Ils se fondent sur **des principes communs de curiosité**, d'altérité, de plaisir, d'intérêt et de goût pour toutes les formes d'expression artistique. Les démarches d'apprentissage diffèrent ; on n'enseigne pas l'histoire des arts comme la musique. L'expérience de la pratique ne se conçoit de la même façon en éducation musicale et en arts plastiques.

▸ Mais aussi différentes que soient les didactiques de ces trois domaines, il y a un sens à les rapprocher au sein d'une même option dans la mesure où ils représentent, à eux trois, **toute l'inscription de l'art à l'école**. Ils permettent de découvrir toute la richesse et toute la capacité d'épanouissement qu'offre ce domaine d'activité humaine, du point de vue d'une relation au monde et aux autres, dans une perspective contemporaine et historique.

▸ **Les compétences attendues** du professeur seront donc plutôt du côté de sa capacité à :
– faire découvrir et pratiquer (en classe et parfois en dehors) ces différentes formes d'art ;
– permettre cet enrichissement mutuel et choral.

▸ **L'expertise attendue de l'enseignant dans ce domaine s'exprime davantage en termes d'organisation**, de conduite de classe et de relation au savoir, **qu'en termes de connaissances strictes dans les domaines concernés**. Toutes les connaissances que recouvrent ces domaines pourront être approfondies progressivement par les étudiants devenus professeurs, au fil des années et des contenus d'apprentissage qu'ils aborderont avec leurs élèves.

C Le choix de l'option « Arts » : une bonne stratégie

▶ **Le choix de cette option peut s'avérer une bonne stratégie pour le candidat**. Comme il a été dit précédemment, ces enseignements ne recouvrent pas des contenus strictement délimités par des programmes comme c'est le cas dans d'autres domaines. Une culture générale est requise, de même qu'un intérêt pour les domaines artistiques mais aucune pratique virtuose, aucune expertise n'est attendue.

▶ **En d'autres termes, il n'y pas de contenu spécifique à « bachoter » pour cette option.** En revanche, elle réclame du candidat de bien comprendre comment se conçoivent des situations d'apprentissage dans ces domaines, dans le respect des objectifs d'expression artistique et de sensibilisation à ces formes d'expression qu'ils poursuivent.

▶ **Le choix de cette option peut être judicieux si le candidat en perçoit la dimension interdisciplinaire et transdisciplinaire**, s'il sait relier ces trois domaines d'apprentissage au socle commun de connaissances, de compétences et de culture, du point de vue des compétences travaillées. Il représente un engagement dans la défense de l'enseignement de l'art à l'école. Il reconnaît à l'art cette capacité à motiver les élèves dans des apprentissages pluridisciplinaires, à rendre possible l'expression de toutes les sensibilités, l'existence de toutes les singularités, à renforcer cette dimension de vivre ensemble et d'apprendre ensemble que l'école doit défendre.

2 La présentation de l'épreuve

A Les textes officiels

1. L'épreuve d'application

L'épreuve a pour objectif d'apprécier la capacité du candidat à proposer une démarche d'apprentissage progressive et cohérente.

Le candidat a le choix au début de l'épreuve entre trois sujets portant respectivement sur l'un des domaines suivants :
– sciences et technologie ;
– histoire, géographie, enseignement moral et civique ;
– arts.

Le candidat dispose d'un dossier comportant notamment des travaux issus de la recherche et des documents pédagogiques. Le candidat est amené à montrer dans le domaine choisi une maîtrise disciplinaire en lien avec les contenus à enseigner et à appliquer cette maîtrise à la construction ou à l'analyse de démarches d'apprentissage.

Durée : trois heures ; coefficient 1.

Arrêté du 25 janvier 2021.

▸ L'objectif de cette troisième épreuve écrite est d'**évaluer les capacités des candidats à se projeter dans le contexte professionnel de l'exercice du métier d'enseignant**. Le jury attend une bonne connaissance des programmes en vigueur.

Il est attendu du candidat qu'il maîtrise finement et avec du recul l'ensemble des connaissances, compétences et démarches intellectuelles du socle commun de connaissances, compétences et culture, et les programmes des cycles 1 à 4.

▸ Le jury apprécie la maîtrise des contenus scientifiques des domaines choisis **mais, plus encore, la capacité des candidats à mettre ces contenus en relation avec un contexte d'enseignement donné,** propre à l'école élémentaire ou à l'école maternelle (cycles 1, 2 et 3 dans le cas de l'éducation musicale et des arts plastiques ; cycle 3 seulement pour l'histoire des arts). Les candidats doivent connaître les démarches didactiques propres à ces enseignements et être capables de repérer et d'apprécier les différentes méthodes d'apprentissage utilisées.

2. L'épreuve d'Arts

Au titre d'une session, la commission nationale compétente détermine deux composantes parmi les trois enseignements suivants : éducation musicale, arts plastiques, histoire des arts.

L'épreuve consiste en la conception et/ou l'analyse d'une ou plusieurs séquences ou séances d'enseignement à l'école primaire (cycle 1 à 3). Elle peut comporter des questions visant à la vérification des connaissances disciplinaires du candidat.

L'épreuve est notée sur 20. Chaque composante est notée sur 10 points. Une note globale égale ou inférieure à 5 est éliminatoire.

Le jury évalue donc les compétences scientifiques, didactiques et pédagogiques maîtrisées par les candidats.

Arrêté du 25 janvier 2021.

3. Le programme de l'épreuve d'Arts

Le programme de l'épreuve écrite d'application du domaine arts est constitué par le programme d'enseignement du cycle 1 – plus particulièrement : Agir, s'exprimer, comprendre à travers les activités artistiques –, les programmes d'arts plastiques et d'éducation musicale des cycles 2 et 3 et d'histoire des arts du cycle 3.
Afin d'éclairer certains objectifs et questionnements de ces programmes scolaires, un corpus de références complète pour chacun des trois enseignements concernés le programme du concours. Le corpus pour l'histoire des arts prend en partie appui sur ceux d'arts plastiques et d'éducation musicale, qu'il enrichit de références issues d'autres arts.

Arrêté du 25 janvier 2021.

FICHES 1 À 24, P. 255

▶ Les œuvres constituant le corpus de référence défini pour la session 2022 sont présentées et analysées dans la dernière partie de l'ouvrage.

B Le décryptage des sujets

▶ Le candidat qui se présente à la troisième épreuve écrite peut donc choisir le sujet de l'option Arts. Il est composé de deux parties, chacune consacrée à l'un des enseignements artistiques. Le sujet peut donc combiner :
– éducation musicale et arts plastiques ;
– éducation musicale et histoire des arts ;
– arts plastiques et histoire des arts.

▶ Le sujet est décomposé en deux parties (ou deux sous-sujets). Dans l'une et l'autre partie, le candidat doit, à partir des éléments du dossier documentaire :
– ou bien concevoir une séance qu'il décrit par une fiche de préparation ;
– ou bien effectuer une analyse critique d'une fiche de préparation qui lui est fournie.

▶ Il serait plus attendu qu'un sujet combine une analyse et une conception de fiche de préparation. Mais il n'est pas impossible que deux analyses ou deux conceptions de fiches de préparation soient proposées.

▶ Néanmoins, **le sujet porte toujours sur deux domaines différents**. Le candidat ne sait donc pas à l'avance quelle combinaison de domaines lui sera proposée. Il doit donc être prêt à aborder les trois domaines d'enseignement qui forment l'option Arts.
Le candidat dispose de trois heures pour cette épreuve, soit 1 h 30 pour traiter chaque partie du sujet.

▶ Au printemps 2021, deux exemples de sujets ont été publiés pour l'option « Arts » (on parle aussi de « sujet zéro »). Les candidats sont invités à les consulter dans le cadre de leur préparation au concours.

3 Ce qui est évalué à l'épreuve

A Des connaissances et des compétences

▶ En confrontant l'arrêté du 25 janvier 2021 décrivant les attendus de l'épreuve, les deux modèles de sujets parus au printemps 2021 et la liste d'œuvres désignée comme « programme », il apparaît que cette troisième épreuve d'admissibilité évalue des connaissances, orientées notamment par la liste d'œuvres et par les programmes officiels d'enseignement mais surtout des capacités à mettre en relation des contenus d'enseignement avec des démarches d'apprentissage.

▶ Sous cet éclairage, il est possible de décrire les compétences attendues selon trois catégories :

① Des compétences scientifiques.

② Des compétences didactiques.

③ Des compétences pédagogiques.

B Des compétences scientifiques

On entend par *compétences scientifiques* une capacité à convoquer, en situation d'enseignement, des connaissances propres au champ scientifique de référence. Tout candidat se destinant au métier d'enseignant doit en effet disposer de certaines connaissances scientifiques élémentaires pour mettre en œuvre son enseignement. Ces connaissances sont de nature variée, d'autant que l'option Arts rassemble trois enseignements distincts.

1. En arts plastiques

▶ Les candidats devront se familiariser avec les **grandes entrées des programmes**, pour les trois cycles, telles qu'elles sont développées dans cet ouvrage. Ils auront à maîtriser le **vocabulaire de base** qui leur est associé.

▶ Ils pourront également témoigner de leur **connaissance des médiums** envisageables à l'école et, en conséquence, des **différentes formes d'expression artistique** dont les élèves peuvent faire l'expérience (dessin, peinture, sculpture, etc.).

▶ Il leur est demandé aussi de connaître les **fondements didactiques** de la discipline (expérience de la pratique artistique, place centrale de la pratique, articulation aux œuvres d'art, verbalisation, etc.), de même que les **démarches recommandées pour cet apprentissage** (résolution de problème, projet personnel ou collectif, démarche exploratoire, expérimentation, etc.).

2. En éducation musicale

▶ Les candidats devront témoigner d'une **bonne appréhension des points-clés des programmes, pour chacun des trois cycles**, en prenant en compte la logique de continuité et de progressivité qui les caractérise.

▶ Il leur est demandé de **connaître les fondements didactiques de la discipline** (interaction entre pratique musicale et écoute visant à placer l'élève au centre des apprentissages, développement de la sensibilité et de la créativité) et les démarches inhérentes (pratique vocale, geste instrumental, expérimentation, échanges).

▶ Il est aussi attendu qu'ils disposent de **connaissances concernant les genres, les styles et les principales notions musicales** nécessaires à l'appréhension et la compréhension des œuvres abordées avec les élèves.

3. En histoire des arts

▶ On attend des candidats qu'ils disposent de quelques connaissances sur **ce qu'est une œuvre d'art**, les différentes formes qu'elle peut prendre et son rapport au contexte historique et géographique.

▶ On attend qu'ils soient renseignés sur **certaines thématiques significatives** des programmes du cycle 3 (ainsi par exemple le pouvoir, les religions, le sacré, la nature, l'environnement, les transformations de la société, la place de la femme, l'école).

▶ Il est aussi important de connaître les **démarches utilisées** en histoire des arts pour aborder les œuvres et les mettre en relation entre elles. Les étudiants doivent se familiariser avec le contenu des programmes en histoire des arts, mais également des autres disciplines (en particulier l'histoire et le français) des deux années de CM1 et CM2 et la logique qui les articule.

▶ Il est nécessaire de **maîtriser les principales notions ou concepts** abordés dans les programmes, et les outils utiles en histoire des arts (chronologie, carte, plan, fiche d'identification d'une œuvre).

▶ Enfin, il est intéressant que les candidats disposent de **quelques exemples d'œuvres** qu'ils pourront utiliser pour enrichir leur devoir, en comparaison éventuellement avec les documents et avec les œuvres du corpus fourni par le sujet.

C Des compétences pédagogiques et didactiques

1. Les compétences pédagogiques

▶ Les compétences pédagogiques relèvent de l'acte d'enseigner à proprement parler en termes :
– d'**orchestration** ;
– de **conduite de classe** ;
– de **capacité à appliquer des méthodes et des pratiques** d'enseignement propres à l'école élémentaire et maternelle, à mobiliser et mettre au travail des élèves, à les accompagner dans leurs apprentissages.

▶ Les candidats doivent être en mesure de proposer une séquence ou une séance pédagogique qui respecte le rythme des élèves concernés et qui tienne compte de leur hétérogénéité.

2. Les compétences didactiques

▶ Les candidats sont d'autre part évalués sur leurs compétences didactiques, c'est-à-dire sur leur capacité à adopter des **démarches préconisées dans la discipline ou le domaine d'enseignement** abordé. De la même façon, ils doivent pouvoir s'interroger sur des documents à caractère pédagogique et didactique, les analyser et témoigner à leur égard d'un véritable recul critique.

▶ **En histoire des arts** notamment ils doivent, par exemple, pouvoir mentionner à bon escient les démarches de découverte, de collecte, de classement des œuvres d'art, mais aussi les démarches de mise en relation et de comparaison d'œuvres, et ce qu'elles supposent en termes d'apprentissage.

▶ **En arts plastiques,** ils devront également connaître les stratégies les plus adaptées permettant aux élèves d'exprimer librement leur sensibilité dans un cadre nécessairement contraint, de faire des choix intentionnels, d'expérimenter des moyens tout en poursuivant un projet artistique, de surmonter des difficultés de manière autonome.

▶ **En éducation musicale,** les étudiants devront connaître les démarches permettant aux élèves de développer une écoute active et une expression de leur sensibilité au travers de pratiques individuelles et collectives mettant en jeu la voix, le geste instrumental, le corps et sollicitant leur imagination et leur réflexion.

4 La méthodologie de l'épreuve

La méthodologie qui suit prend pour point de départ les exemples de sujets (« sujets zéro ») communiqués sur le site du Ministère au printemps 2021.

A Gestion du temps

▶ **La troisième épreuve d'admissibilité dure trois heures**, elle est divisée en deux parties, correspondant à deux sous-sujets, chacun dans une composante différente. Pour chaque composante, le candidat dispose de 1 h 30.

▶ **La première difficulté de l'épreuve réside avant tout dans la gestion et la maîtrise du temps**, indispensables pour réaliser le devoir dans de bonnes conditions. On peut recenser plusieurs étapes de travail le jour de l'épreuve :
1. **Lecture** du sujet : 5 minutes.
2. **Lecture et analyse** des documents constituant le dossier : 10 minutes.
3. **Élaboration d'un fil conducteur (et d'un plan positionnement, parti pris) en termes** de réponse au sujet : 5 minutes.
4. **Repérage** des arguments, des références artistiques supplémentaires et des exemples issus d'éventuelles expériences de stage : 5 minutes.
5. **Rédaction de l'introduction**, des parties du plan et de la conclusion : 60 minutes.
6. **Relecture** (orthographe, ponctuation) : 5 minutes.

▶ **Chaque candidat adaptera cette proposition à ses habitudes de travail**, acquises au fur et à mesure des entraînements qui accompagneront sa préparation au cours de l'année (ou des deux années). Ces entraînements nécessaires lui permettront d'acquérir une méthode efficace, une bonne maîtrise de l'exercice, et de vérifier l'acquisition des connaissances attendues.

B Lecture du sujet

Lisez attentivement tous les éléments du sujet et les différentes phrases qui le composent.
Son intitulé :
– renvoie à un **dossier documentaire** fourni en accompagnement du sujet ;
– indique la **consigne** qui permet au candidat de s'assurer qu'il a bien compris quel exercice est attendu de lui (analyse critique ou conception de séance) et pour quel cycle ou, le cas échéant, quel niveau de classe ;
– renvoie éventuellement à un **point de programme** de l'école maternelle ou élémentaire ;
– précise les attendus du jury en matière de « connaissance du cadre réglementaire et des conditions spécifiques de l'enseignement [concerné au cycle indiqué] ». Cette phrase que l'on retrouve dans tous les sujets zéro rappelle au candidat qu'il doit apporter les preuves, dans son devoir, qu'il a une bonne connaissance :
• *du cadre réglementaire*, c'est-à-dire des programmes officiels dans lesquels un enseignement doit prendre place ;
• *des conditions spécifiques de cet enseignement*, différentes selon qu'il s'agit des arts plastiques, de l'éducation musicale ou de l'histoire des arts.

C Lecture et analyse des documents du dossier

1. La lecture

Observez (dans le cas d'un visuel) ou lisez (dans le cas d'un texte) chaque document présent dans le dossier. Il relève, autant que possible, en fonction des données disponibles :
– sa nature, son auteur, son titre, sa date, son sujet ;
– puis son statut et son rapport avec l'enseignement associé (Est-ce un extrait de programme lié à cet enseignement ? une page de manuel ? un site internet ? une œuvre artistique…).

2. L'analyse

L'identification des documents vous a permis de vous approprier chacun d'entre eux et de savoir exactement de quoi est composé le corpus que vous avez à étudier. Une fois cette première étape achevée, il convient de passer à l'**analyse croisée des documents au regard du sujet**. Cette analyse est assez rapide, étant donné le temps imparti. Il s'agit d'examiner et de noter au brouillon les éléments à retenir dans chaque document en fonction du sujet (élaborer ou faire l'analyse critique d'un projet d'enseignement) et les principaux axes de la réponse apportée au sujet.

D Élaboration d'un fil conducteur et d'un plan

▸ **Le fil conducteur** (ou parti pris) permet de répondre à la consigne donnée dans le sujet. Vous pouvez le formuler simplement d'une phrase claire et précise. Puis élaborez votre **plan** et organisez les idées que vous souhaitez défendre avec des exemples.

▸ On peut utiliser un **plan type**, adapté aux deux types de sujet (conception ou analyse d'un projet d'enseignement).

Plan type	
Introduction	Elle présente le sujet et annonce la réponse qui lui est apportée.
Partie 1	Elle présente les documents du dossier et les analyse de manière croisée au regard du sujet.
Partie 2	Elle expose et développe, en relation étroite avec la partie 1 : – soit un projet d'enseignement sous une forme qui respecte les préconisations du sujet (selon les cas, il peut vous être demandé une fiche de préparation descriptive et concrète, à l'échelle d'une séance, ou bien une description de ce projet sous une forme rédigée) ; – soit un développement critique présenté sous une forme nécessairement rédigée.
Conclusion	Elle synthétise la réponse apportée au sujet et l'ouvre sur des perspectives plus larges.

E Conseils pour la rédaction et relecture

▸ **Écrivez dans une langue exacte, précise et claire**. Évitez les phrases longues, mieux vaut privilégier un style simple et efficace, qui servira mieux l'exposé argumenté du propos.

▸ **Utilisez un stylo à l'encre bleue ou noire** exclusivement, suffisamment foncée pour se distinguer de la copie blanche et faciliter ainsi la lecture. Ne faites pas un usage excessif du correcteur ou de l'effaceur afin de conserver à la copie l'aspect le plus soigné possible.

▸ Il est important, malgré le peu de temps dont vous disposez, de garder, une fois le devoir achevé, quelques minutes pour **relire attentivement la copie**. Vous pourrez ainsi éliminer les fautes d'orthographe et de grammaire, corriger la ponctuation, les accords singuliers/pluriels pour les noms, les adjectifs, les verbes, vérifier l'accentuation des mots.

5 Des conseils pour bien se préparer

A Un temps de préparation allongé

▶ La réforme du concours place désormais les épreuves du CRPE en fin de seconde année de master, pour les candidats qui le préparent par cette voie. Le temps de préparation au concours est donc allongé. **Une année entière et sept mois environ séparent le moment de l'inscription au concours** – au début de l'année universitaire, peu après la rentrée et le début de la préparation – **et les épreuves écrites** – au cours du mois d'avril de l'année. Ce temps long est consacré à préparer les deux premières épreuves d'admissibilité, en français et en mathématiques, ainsi que la troisième épreuve, dite d'application, selon l'option choisie par les étudiants au moment de leur inscription.

▶ Les candidats qui ont choisi l'option « Arts » devront renforcer leur culture générale, leurs connaissances scientifiques dans les trois enseignements concernés et leur connaissance des contextes d'enseignement.

B Lire

▶ Il est utile aux candidats de lire quelques ouvrages fondamentaux qui varient en fonction des trois enseignements et selon le niveau initial de chaque étudiant.

BIBLIOGRAPHIE, P. 368

▶ Vous trouverez à la fin de cet ouvrage quelques références de livres, d'articles et de sites, classées en quatre catégories : ouvrages généraux sur l'éducation aux arts, éducation musicale, arts plastiques, histoire des arts.

C Regarder, observer et écouter

▶ Ce sont des activités et des démarches essentielles pour ces enseignements. Elles sont à la base des questionnements et sont souvent mises en œuvre avec les élèves.

▷ **Regardez des œuvres** dans des livres, des catalogues, des manuels.

▷ **Profitez de votre temps libre** pour aller au musée, visiter une collection, une exposition, une galerie d'art, un château ou tout autre édifice.

▷ **Allez-vous promener dans des parcs**, des jardins et observez la disposition des espaces.

▷ Si l'occasion se présente, **visitez un atelier d'artiste**, une maison d'artiste, d'écrivain.

▷ **Regardez des films**, des photographies, mais aussi assistez à des spectacles, à des pièces de théâtre, regardez des retransmissions de ces manifestations.

▷ Lors de vos déplacements quotidiens, observez les bâtiments, les paysages urbains ou naturels.

▷ **Écoutez de la musique**, en développant votre curiosité, découvrez des œuvres que vous ne connaissez pas.

▶ **L'observation est aussi celle que vous pouvez pratiquer en classe**, pendant les stages. Lorsque vous assistez à une séance en histoire des arts, en arts plastiques ou en éducation musicale (avec le professeur dédié ou l'enseignant en charge de la classe), relevez les outils utilisés, les œuvres retenues, les méthodes employées, les situations et les démarches choisies par le professeur (collectives, en groupe, individuelles), le rapport des élèves à l'espace, selon le cycle.

D Pratiquer

▶ Aussi souvent que vous le pourrez, **faites l'expérience des pratiques artistiques et culturelles**. Aucun niveau préalable n'est attendu ; vous pouvez aborder toutes les pratiques en novice. Participez à une chorale, inscrivez-vous à un atelier d'arts plastiques, suivez des visites au musée et échangez avec les spécialistes.

▶ **Pratiquer, c'est aborder ces enseignements du point de vue de l'élève.** Il vous sera ainsi beaucoup plus aisé de concevoir ensuite pour eux des situations de pratique.

E Apprendre

▶ Cette épreuve nécessite de la part des candidats d'acquérir et de pouvoir mettre en évidence :
– une **bonne culture artistique** ;
– un **intérêt pour les pratiques artistiques** ;
– des **connaissances scientifiques** (du moins en histoire des arts) ;
– une **bonne connaissance des modalités d'enseignement** dans ces trois domaines ;
– une **connaissance des programmes**, des textes officiels, du cadre institutionnel ;
– une capacité à développer avec ingéniosité des **stratégies didactiques** et à comprendre comment fonctionne un dispositif didactique adapté à un contenu spécifique.

▶ Pour cela, il est important d'apprendre, en lisant, en assistant aux cours proposés, en réalisant les stages prévus par la formation en master MEEF.

▶ Chacune des parties de ce manuel, en prenant appui sur les programmes des cycles 1, 2 et 3 pour l'éducation musicale et les arts plastiques, du seul cycle 3 pour l'histoire des arts, apporte les contenus nécessaires à assimiler.

F Tenir un carnet de bord

▶ Pour se préparer à l'épreuve, le candidat aura tout intérêt à s'ouvrir aux domaines artistiques par tous les biais qui sont à sa disposition : écouter, lire, regarder des œuvres, découvrir, s'initier à des pratiques artistiques et culturelles.

▶ Il lui sera très utile de tenir un **carnet de bord** consacré à cette préparation, où il consignera toutes ses découvertes, lectures et réflexions, où il inscrira aussi les œuvres qu'il découvre et qui le marquent, de façon à les garder en mémoire et à pouvoir les citer, si besoin est, dans sa copie.

▶ Il y notera également des considérations ayant trait aux enseignements artistiques à l'école (note de lecture, synthèse de podcast, observation en classe, etc.).

▶ Bien entendu, les cours de préparation à cette épreuve dans les INSPÉ demeureront le meilleur moyen de compléter cette formation personnelle.

2.

L'ÉDUCATION MUSICALE

1 Un enseignement sur trois cycles

▶ THÈME 1 : LES TEXTES OFFICIELS EXPLIQUÉS

L'éducation musicale est enseignée sur les trois cycles de l'école primaire.

A La place de l'éducation musicale dans les programmes

▶ **L'éducation musicale est présente dans les trois cycles de l'école primaire** et se décline suivant des activités globalement similaires qui s'enrichissent progressivement au fil de la scolarité.
▷ **Au cycle 1**, elle s'intègre dans l'un des cinq domaines d'apprentissage : « Agir, s'exprimer, comprendre à travers les activités artistiques », et est décrite plus précisément sous l'intitulé « 3.1.2 Univers sonores ». Trois directions d'exploration sont préconisées : la voix, la mise en jeu du geste instrumental et l'écoute. Ces trois activités concourent à créer des repères, à ritualiser des moments d'apprentissage tout en développant l'imaginaire et l'exploration d'un langage.
▷ **Au cycle 2 comme au cycle 3**, l'éducation musicale est isolée dans un programme spécifique. Pour chaque cycle, ces programmes s'articulent autour de quatre champs d'investigation identiques : le chant, l'écoute, la créativité et les échanges entre élèves. Ils se concrétisent par des activités qui évoluent tout au long des deux cycles et permettent à l'élève d'organiser une pensée musicale consciente et structurée.

B Les spécificités de l'éducation musicale

1. La perception et la production

▶ **La perception et la production** sont les deux grands champs de compétences sur lesquels s'appuie l'enseignement de l'éducation musicale.

▶ **Ces champs, quoique distincts, s'alimentent constamment** et permettent aux élèves de développer une écoute active (perception) et une expression de leur sensibilité. Ces allers-retours permanents s'exercent grâce à la pratique (production) qui se trouve au cœur des enseignements artistiques à l'école.

▶ Les activités de perception et de production s'enrichissent au fur et à mesure, se complexifiant et **permettent à l'élève d'acquérir une autonomie** dans ses choix d'interprète, de créateur comme dans son statut d'auditeur. On peut remarquer que le corps et l'écoute vont être constamment sollicités.

2. La créativité et la collaboration

▶ **La créativité et la collaboration** sont deux compétences également convoquées pour amener les élèves à s'engager dans les apprentissages.

▶ **L'imagination des élèves** est sollicitée en permanence par l'enseignant qui s'appuie sur les connaissances acquises au fur et à mesure et qui les invite à mobiliser leur énergie ainsi que celle du groupe. Il choisit, pour ce faire, plusieurs modes d'apprentissages et expérimente avec ses élèves la pédagogie de projet afin de les engager dans la production collective.

3. L'éducation à la sensibilité

▶ **L'éducation à la sensibilité** par la sensibilité sous-tend une démarche de questionnement qui incite à interroger la pratique et mettre en tension réflexion et action. L'enseignant imagine des mises en situations permettant d'extérioriser le ressenti et de construire une réflexion critique et argumentée sur les différentes activités menées.

4. La conscientisation du corps et la construction du savoir

▶ **Le corps de l'élève** est constamment mobilisé dans des activités corrélées. Éprouver sa voix, le geste musical puis retrouver des éléments ressentis, chantés, joués dans l'écoute permet une conscientisation du corps mobilisé vers le langage musical.

▶ **Le savoir se construit petit à petit par les expériences vécues et leur analyse.** L'apport de connaissances vient étayer les écoutes, plongeant l'élève dans un monde sonore abstrait qui prend sens grâce au langage. Les mots l'aident à construire sa description, lui permettant de se repérer dans le temps et l'espace. La pratique se nourrit de cette grammaire musicale qui vient codifier un langage et ouvrir des champs exploratoires.

C Continuité et progressivité des apprentissages

1. Les domaines communs

▶ Les programmes obéissent à une logique de continuité et de progressivité. **On retrouve les mêmes domaines à explorer tout au long des trois cycles** : la voix, le geste instrumental, l'écoute et la connaissance du langage musical.

▷ **La voix**, parlée et chantée, est explorée dans ses divers modes d'expressions (du chuchotement au cri). L'enseignant guide l'élève pour qu'il la développe et l'utilise afin d'exprimer sa sensibilité au travers de la parole comme du chant.

▷ **Le geste instrumental** permet la découverte d'objets sonores et de divers instruments. Il donne accès à l'adaptation du geste au rendu sonore voulu et à l'engagement du corps au service du jeu.

▷ **L'écoute** mobilise également le corps qui se plie à la mobilisation de l'attention et de la concentration. L'élève entre dans une écoute active qui favorise le repérage, l'identification et le conduit à décrire, classer, exprimer un point de vue.

▷ **Le langage musical** ouvre la porte de l'éducation musicale. Il donne les clés d'une écoute éclairée, ressentie, exprimée et argumentée. Il permet à l'élève une exploration du monde sonore conscientisée. L'acquisition de cette grammaire de la musique permet une appropriation au service de l'oral (production) et de l'écrit (représentation, trace de l'instant).

▶ **La pratique** est au cœur d'un processus d'apprentissage qui vise à éduquer au sensible, permettre une expression personnelle et collective et participer à la constitution d'une culture commune, variée et placée dans un espace-temps cohérent et significatif.

2. Les compétences communes

▶ **Au cycle 1, l'accent est mis sur la découverte et la maîtrise progressive du geste** qu'il soit lié à la pratique (chant, instrument) ou à une posture d'écoute. Il n'est pas encore question de champs de compétences à acquérir comme lors des deux cycles suivants.

▸ **Les programmes des cycles 2 et 3 définissent quatre champs de compétences distincts** qui fonctionnent en synergie. Ces champs se déclinent par des verbes d'actions. La progressivité d'un cycle à l'autre se manifeste par l'ajout de verbes qui viennent parfaire l'autonomie des élèves. Ces verbes donnent des clés pour construire un apprentissage centré sur l'oral, le corps, l'écoute et le retour sur la pratique.

Cycle 1	Cycle 2	Cycle 3
– Jouer avec sa voix – Acquérir un répertoire de comptines et de chansons	Chanter	– Chanter – Interpréter
Affiner son écoute	– Écouter – Comparer	– Écouter – Comparer – Commenter
– Explorer des instruments – Utiliser les sonorités du corps	– Explorer – Imaginer	– Explorer – Imaginer – Créer
	– Échanger – Partager	– Échanger – Partager – Argumenter

À RETENIR

- L'éducation musicale se décline sur les trois cycles de l'école primaire suivant des activités qui s'enrichissent progressivement.
- On retrouve les mêmes domaines à explorer tout au long des trois cycles : la voix, l'écoute, la création. L'échange et le partage concernent plus spécifiquement les cycles 2 et 3.

2 Les univers sonores au cycle 1

▶ THÈME 1 : LES TEXTES OFFICIELS EXPLIQUÉS

A Les points-clés du programme

▶ Développer du goût pour les pratiques artistiques.

▶ Découvrir différentes formes d'expressions artistiques.
▷ Les familiariser avec une dizaine d'œuvres.
▷ Les faire fréquenter des spectacles vivants.

▶ Vivre et exprimer des émotions, formuler des choix
▷ Leur faire mettre des mots sur des émotions, des sentiments.
▷ Les faire formuler ce à quoi ils pensent.

▶ Jouer avec sa voix et acquérir un répertoire de comptines et de chansons.
Leur faire découvrir la richesse de leur voix en les engageant dans une exploration ludique (chuchotements, cris, respirations, bruits, imitations d'animaux ou d'éléments sonores de la vie quotidienne, jeux de hauteur, etc.).

▶ Leur apprendre à chanter en chœur avec des pairs et acquérir un répertoire de comptines et de chansons.

▶ Explorer les instruments, utiliser les sonorités du corps.

▶ Leur faire explorer les percussions personnelles, des objets divers empruntés à la vie quotidienne, des instruments de percussion.

▶ Leur apprendre à maîtriser leur geste afin d'en contrôler les effets.

▶ Affiner son écoute.

▶ Développer une écoute active pour développer la sensibilité, la discrimination et la mémoire auditive.

▶ Leur faire découvrir des environnements sonores et des extraits d'œuvres musicales appartenant à différents styles, cultures et époques.

▶ Privilégier dans un premier temps des extraits caractérisés par des contrastes forts (intensité sonore forte ou faible, tempo lent/rapide, sons graves/aigus, timbres de voix ou d'instruments, etc.) pour ensuite travailler à partir d'œuvres dont les contrastes sont moins marqués.

B Les repères de progressivité

1. Petite section (PS)

1-1. Jouer avec sa voix et acquérir un répertoire de comptines et de chansons

▶ **Prendre conscience de son corps, de l'espace.** Les échauffements se pratiquent en miroir en nommant les différentes parties du corps : masser, réchauffer, étirer les bras au-dessus de la tête pour se grandir, derrière le dos pour ouvrir le haut du corps. Tous ces échauffements permettent d'adopter ensuite une posture droite assise ou debout, sans torsion.

▶ **Explorer les possibilités vocales au travers de jeux vocaux.** On utilise des voyelles, des consonnes, des onomatopées, la langue qui claque, les lèvres qui vibrent. On varie l'intensité (plus fort, moins fort, chuchoté), on joue avec la hauteur (sirènes qui montent et descendent).

On utilise des images, des gestes susceptibles de leur faire comprendre spontanément les attentes de l'enseignant (sur « i » : on rit comme une souris, sur « z » : on vole comme un moustique). On peut leur demander d'imiter (le vent, la pluie, le serpent le chat…) en fonction de l'histoire racontée, du temps qu'il fait.

▷ Reproduire des comptines proches du parler, avec jeux de doigts. Petit à petit, introduire des mélodies très simples (cinq sons différents) et courtes, sans chercher d'exigence de justesse.

▷ Chanter ensemble, accepter de participer à une pratique commune.

EN PRATIQUE

Monsieur Pouce

Toc, toc, toc ! Monsieur Pouce Es-tu là ?	*Poing fermé, pouce rentré, tapez doucement dessus avec l'autre main.* *Grattez la main fermée avec les doigts de l'autre main.*
Chut ! Je dors !	*Index de la main libre fait « chut ».*
Toc, toc, toc ! Monsieur Pouce Es-tu là ?	*Poing fermé, l'autre main frappe sur le poing, plus fâché !* *Comme la première fois, plus énergique.*
Oui ! Je sors !	*Le pouce sort et bouge pour dire bonjour.*

1-2. Explorer des instruments, utiliser les sonorités du corps

▶ Reproduire de très courtes formules rythmiques.

▶ Chercher des sonorités sur son corps : frapper, frotter, tapoter.

▶ Chercher des sons avec les objets, les imiter, les classer (boîte à jouets).

1-3. Affiner son écoute

▶ Se mettre en posture d'**écoute** : penser à un espace dédié, un objet transitionnel signifiant le silence.

▶ Proposer des extraits très courts (1 minute environ), l'attention des enfants de cet âge n'excédant pas deux minutes.

▶ Se balancer, frapper des mains, sur ses genoux pour trouver la pulsation.

▶ Reconnaître des sons du quotidien, d'animaux : utilisation d'imagiers ou de lotos sonores, jeu du sac à malice (reconnaître l'objet caché au son qu'il produit).

▶ Reconnaître un élément caractéristique : tempo / voix de femmes ou d'hommes / nuance très douce ou très forte ; pouvoir les comparer.

Vocabulaire

- **Pulsation :** battement régulier qui découpe la musique. L'intervalle entre deux pulsations détermine le tempo (intervalle court = tempo rapide intervalle long = tempo lent).
- **Tempo :** vitesse d'exécution de la musique.

EN PRATIQUE

▶ On peut faire écouter « L'Éléphant » puis « La Volière » du *Carnaval des animaux* de Camille Saint-Saens.

▶ On fera observer le contraste du tempo ou/et (suivant la période de l'année) la hauteur ou/et le timbre du soliste (contrebasse et flûte traversière).

« L'Éléphant ».

« La Volière ».

2. Moyenne section (MS)

2-1. Jouer avec sa voix et acquérir un répertoire de comptine et de chansons

▶ **Les échauffements se poursuivent et la posture se précise** (alignement hanches-épaules-tête).
▷ On commence à effectuer quelques exercices de respiration :
– inspiration : humer l'odeur d'une fleur ;
– expiration : faire vaciller la flamme d'une bougie.
▷ On joue avec des voyelles (rire de l'ogre « Ho, ho, ho ! »).
▷ On développe l'étendue vocale avec des sirènes (« Bon gâteau : Mmh ! Très bon gâteau : Mmhhhh ! Très bon gâteau plus bonbons : Hououou ! »).

▶ **Les jeux vocaux se complexifient.** On nomme les nuances, les hauteurs, on sonorise une histoire lue par l'enseignant.

▶ **Les comptines** sont de plus en plus longues et peuvent être accompagnées d'une percussion corporelle simple (frapper la pulsation sur ses genoux). On chante des chansons simples pouvant utiliser une octave (8 notes), par exemple « Berceuse pour une pomme », *Les Fabulettes* d'Anne Sylvestre.

▶ **On travaille peu à peu la précision de l'intonation.** On considère que c'est juste lorsqu'on reconnaît la mélodie.

2-2. Explorer des instruments, utiliser les sonorités du corps

▶ Mémoriser des formules rythmiques plus longues avec des rythmes plus complexes.

▶ Alterner les frappes de pulsation et les frappes syllabiques (rythmes) sur des comptines.

▶ Utiliser des objets sonores ou d'instruments pour créer un univers sonore, seul ou en collectif afin d'illustrer une histoire, accompagner une comptine.

2-3. Affiner son écoute

▶ **La posture d'écoute est ritualisée.** La mémoire auditive se développe, on peut écouter en fin d'année une histoire sans image avec bruitages. Les extraits musicaux ne dépasseront pas une durée de 1 min 30 secondes.

▶ **Les bruits du quotidien s'identifient** (de l'école, de la rue, de la maison). On les classe par univers sonore, par succession (premier encodage).

▶ **La corrélation du geste et du son est éprouvée** par l'action sur des objets, des matériaux (gratter, frotter, déchirer, souffler…).

▶ **Le codage peut se construire** avec des images, des photos du geste réalisé puis petit à petit dans une partition avec la succession de ces actions.

▶ **Les écoutes se diversifient.** On parle de nuances *(piano, crescendo, decrescendo, forte)*, de durées ; on commence à distinguer des timbres différents.

EN PRATIQUE

On peut faire écouter *Ainsi parlait Zarathustra* de Richard Strauss, notamment le *crescendo* au tout début.

Ainsi parlait Zarathustra de Richard Strauss.

3. Grande section (GS)

3-1. Jouer avec sa voix et acquérir un répertoire de comptine et de chansons

▶ **Les échauffements sont ritualisés :**
▷ on masse pour décontracter ;
▷ on déverrouille les articulations ;
▷ on s'étire ;
▷ on joue à la marionnette à fils sur quatre pulsations : lâcher bras droit, bras gauche, tête, dos puis remonter lentement sur huit pulsations pour retrouver la posture ;
▷ on travaille le souffle, le diaphragme, on fait des sirènes, des vocalises pour étendre la tessiture, préparer sa voix.

▶ **Les jeux vocaux sont intégrés à cette préparation corporelle :** on travaille l'articulation, la vitesse, la couleur des voyelles, les onomatopées, les changements de personnages (théâtralisation) pour se constituer un répertoire d'improvisation.

▶ **Les comptines continuent à être explorées :** elles sont dites, chantées. On commence à alterner soliste/chœur, deux groupes qui se répondent.

▶ **Les enfants s'intègrent au groupe et chantent** en s'appuyant sur les gestes de l'enseignant (départ, arrêt, nuances).

▶ **L'expression entre en jeu avec la théâtralisation** (« comme un sorcier méchant », avec tristesse, colère…) mais aussi avec les nuances (doux, *crescendo*, fort).

3-2. Explorer des instruments, utiliser les sonorités du corps

▶ Reproduire un rythme sur son corps, en frappant dans les mains, sur un instrument de percussion.

▶ Tenir une pulsation sur un extrait musical, reproduire le rythme entendu.

▶ Tenir sa partie dans un ensemble avec un objet sonore, une percussion corporelle, un instrument.

▶ Développer des jeux (jeu du furet, du chef d'orchestre).

▶ Accompagner une comptine, une histoire avec des parties instrumentales et de percussions corporelles.

▶ Classer les instruments en fonction du mode d'émission du son.

▶ Fabriquer un instrumentarium.

3-3. Affiner son écoute

▶ La mémoire auditive continue à se développer par :
▷ des jeux comme le facteur, le cercle des sons (on ajoute un son à l'autre jusqu'à produire une phrase à quatre qui est reproduite par l'ensemble) ;
▷ la reconnaissance de la hauteur d'un son à l'aide de carillons ou de *boomwhackers*.

▶ L'écoute analytique se précise par :
▷ la distinction des timbres, classification en famille d'instruments avec *Pierre et le Loup* de Sergueï Prokofiev ;
▷ la reconnaissance d'une mélodie, figuration de son contour par un geste, description de l'intensité, du tempo, distinction de durée.

▶ La comparaison s'établit entre des musiques de styles et d'époques différents.

▶ Les œuvres et leurs compositeurs sont nommés. On commence à constituer un répertoire d'écoute.

▶ Le codage se poursuit avec des collages de photos, des tracés graphiques. On s'attache au simultané, au déroulement dans le temps.

N PRATIQUE

▶ On peut faire écouter le *Rondeau d'Abdelazer* de Henry Purcell.
▶ On fera repérer aux élèves la forme rondo – refrain/couplet.

Rondeau d'Abdelazer de Henry Purcell.

C Les attendus de fin de cycle

▶ Avoir mémorisé un répertoire varié de comptines et de chansons et les interpréter de manière expressive.

▶ Jouer avec sa voix pour explorer des variantes de timbre, d'intensité, de hauteur, de nuance.

▶ Repérer et reproduire, corporellement ou avec des instruments, des formules rythmiques simples.

▶ Parler d'un extrait musical et exprimer son ressenti ou sa compréhension en utilisant un vocabulaire adapté.

▶ Proposer des solutions dans des situations de projet, de création, de résolution de problèmes, avec son corps, sa voix ou des objets sonores.

Vocabulaire

- **Paramètres du son :** hauteur, intensité, durée, timbre.

- **Durée :** elle désigne le temps pendant lequel le son vibre (son bref, son long ou tenu). La combinaison de sons en fonction de leur durée correspond au **rythme** (ex. : bref – bref – long ; bref – long – bref).

- **Hauteur :** elle est liée à la fréquence de vibrations d'un son (mesurée en hertz). Plus la fréquence est élevée, plus le son est aigu ; plus la fréquence est basse, plus le son est grave. La hauteur est également désignée en musique par le mot « registre ». Les 3 registres principaux sont : **aigu**, **médium** et **grave**.

- **Intensité :** elle est liée à l'amplitude des vibrations sonores (mesurée en décibels) et désigne le volume ou la puissance d'un son. Plus l'amplitude est importante, plus le son est fort ; plus l'amplitude est restreinte, plus le son est faible. L'intensité est également désignée en musique par le mot **« nuance »**. Il existe une grande variété de nuances allant de très faible (*pianissimo*) à très fort (*fortissimo*).

- **Timbre :** il est lié à la couleur sonore spécifique à une voix, un instrument, une percussion corporelle, un objet (indépendamment de la hauteur, de l'intensité et de la durée).

3 L'éducation musicale au cycle 2

▶ THÈME 1 : LES TEXTES OFFICIELS EXPLIQUÉS

A Les points-clés du programme

▶ **Chanter**

▷ Chanter une mélodie simple avec une intonation juste, chanter une comptine ou un chant par imitation.

▷ Interpréter un chant avec expressivité (phrasé, articulation du texte) en respectant ses phrases.

▶ **Écouter, comparer**

▷ Décrire et comparer des éléments sonores.

▷ Comparer des musiques et identifier des ressemblances et des différences.

▶ **Explorer, imaginer**

▷ Expérimenter les paramètres du son : intensité, hauteur, timbre, durée.

▷ Imaginer des représentations graphiques ou corporelles de la musique.

▷ Inventer une organisation simple à partir de différents éléments sonores.

▶ **Échanger, partager**

▷ Exprimer ses émotions, ses sentiments et ses préférences artistiques.

▷ Écouter et respecter l'avis des autres et l'expression de leur sensibilité.

▷ Respecter les règles et les exigences d'une production musicale collective.

B Les repères de progressivité

▶ **L'éducation musicale développe à la fois les savoirs techniques et culturels.** La pratique est au centre de cet enseignement s'articulant avec l'écoute. Les élèves expérimentent l'expression de leur sensibilité à travers la découverte d'œuvres et une pratique musicale dont le vecteur principal reste la voix.

« Plusieurs principes pédagogiques sont à prendre en compte à chaque niveau :

– Régularité : la voix, l'écoute et la mémoire se développent par des sollicitations régulières dans des situations et sur des objets variés.

– Progressivité des apprentissages : six à huit chants et six à huit œuvres forment progressivement le répertoire de la classe.

– Diversité : choisies dans des styles et des époques divers, les œuvres écoutées posent de premiers repères dans l'espace et dans le temps. »

Programme de cycle 2.

▶ **La pédagogie de projet** est une des pistes à privilégier pour engager les élèves dans une construction autonome de leur pratique et de la constitution d'une culture commune et personnelle.

▶ L'éducation musicale au cycle 2 permet d'**asseoir les expérimentations réalisées au cycle 1** en constituant un socle d'expériences, de pratiques, de savoir-faire et de repères culturels.

1. Chanter

▶ L'apprentissage du chant se poursuit et les exigences de justesse et d'expression apparaissent.

▶ **L'activité du chant se ritualise peu à peu.** L'élève intègre une série de pratiques constituantes de l'apprentissage du chant.

▷ Préparer son corps, trouver une posture d'équilibre entre énergie et détente. La technique du chant va permettre d'explorer la posture (alignement), la détente (articulations libérées) et une respiration libre et consciente.

▷ Explorer sa voix au travers de vocalises : sirènes (étendre la tessiture), voyelles (a, e, i, o, u) sur un même son (travailler la couleur), virelangues (« Natacha n'attacha pas son chat », « As-tu été à Tahiti ») pour travailler l'articulation.

▷ Reproduire une ligne mélodique, un rythme : apprentissage de chants plus complexes avec des modalités d'interprétations variées : chant responsorial, chant antiphonique, mise en scène, jeu théâtral.

Vocabulaire

- **Chant antiphonique :** chant basé sur un dialogue entre deux ensembles de chanteurs qui se répondent.
- **Chant responsorial :** chant basé sur un dialogue entre un ou plusieurs solistes et un ensemble de chanteurs (chœur).

L'ÉDUCATION MUSICALE

EN PRATIQUE

▶ Inventaire propice à des solos enchaînés : garder une pulsation commune, être à l'écoute les uns des autres, développer la confiance en soi.

▶ Alternance entre les couplets chantés en solo et le refrain interprété en chœur (tous ensemble) : créer une forme multiple, savoir tenir sa partie et s'insérer dans une pratique collective.

L'Ogresse de Steve Waring.

2. Écouter, comparer

▶ L'écoute doit toujours engager l'élève dans un voyage imaginaire qui l'amènera à exprimer ses émotions.

▶ Différentes consignes et pratiques musicales peuvent être proposées :
– reproduction chantée du thème ;
– figuration d'un thème ou d'un accompagnement par un geste
– imitation d'un mode de jeu ou d'un rythme caractéristique par des objets sonores ou en percussions corporelles. Celles-ci visent à guider l'élève vers une écoute plus analytique.

▶ La découverte puis, peu à peu, la maîtrise d'un vocabulaire simple permettent de décrire quelques éléments formant le tissu musical (timbre, hauteur, intensité).

▶ On poursuit l'appréhension de la forme (alternance de motifs, refrain/couplet, forme tripartite ABA), en insistant sur les retours, sur les éléments récurrents permettant de suivre un déroulé.

Vocabulaire

- **Forme tripartite (ABA) :** forme musicale structurée en trois parties. Les 1re et 3e parties (A) sont identiques ; la 2e (B) contraste avec les deux autres.

EN PRATIQUE

À partir du « Lion », de Camille Saint-Saëns, on pourra :

▶ **Identifier** les trois éléments :
– la fanfare jouée au piano (rythme à frapper dans les mains) ;
– le thème du lion dans le grave (chanter le début) ;
– les rugissements (à imiter en sirène *crescendo*, *decrescendo*).

▶ **Réécouter puis imaginer** une nouvelle version de ce portrait sonore du roi des animaux.

▶ **Établir une partition** de cette re-création qui enchaîne fanfare, thème et rugissements dans un ordre choisi par le groupe avec l'instrumentarium imaginé (voix, objets sonores, percussions).

« Le Lion », extrait du *Carnaval des animaux* de Camille Saint-Saëns.

3. Explorer et imaginer

▶ La voix, les percussions corporelles et les instruments à disposition permettent de créer des moments musicaux par petits groupes (exemple ci-dessus).

▶ Les histoires deviennent sonores, on enrichit un texte en proposant un accompagnement rythmique, en insérant un refrain chanté.

▶ Les improvisations sont conscientisées : la forme se construit, les variations et règles du jeu sont organisées et nommées.

EN PRATIQUE

▶ On reprend *L'ogresse* de Steve Waring.
▶ **Réappropriation du refrain :** La classe est divisée en deux groupes sur la fin du refrain :
– Groupe 1 : « Ha ! Ha ! Que tout est bon ! » (× 2) ;
– Groupe 2 : « Que tout est bon bon bon bon bon bon bon ! Que tout est bon bon bon bon bon ! ». Répéter en variant les intentions, les hauteurs, les modes d'expression (parler, chanter).
▶ **Théâtralisation d'un couplet**
– Jeu d'intentions et mise en espace (imaginer une chorégraphie de gestes pour se passer les solos)
– Création d'une forme de théâtre musical alternant le texte du couplet et la fin du refrain réinterprétée.

4. Échanger et partager

Il s'agit de travailler les compétences de l'oral avec la nécessité d'écouter l'autre et son avis, de savoir exprimer ses émotions, ses goûts et ses préférences. L'élève participe à la verbalisation sans interrompre l'autre et commence à pouvoir reprendre ce qui a été dit en complétant par une idée ou en ajoutant son propre ressenti.

C Les attendus de fin de cycle

▶ Expérimenter sa voix parlée et chantée, explorer ses paramètres, la mobiliser au bénéfice d'une reproduction expressive.

▶ Connaître et mettre en œuvre les conditions d'une écoute attentive et précise.

▶ Imaginer des organisations simples ; créer des sons et maîtriser leur succession.

▶ Exprimer sa sensibilité et exercer son esprit critique tout en respectant les goûts et points de vue de chacun.

4 L'éducation musicale au cycle 3

▶ THÈME 1 : LES TEXTES OFFICIELS EXPLIQUÉS

A Les points-clés du programme

▶ **Chanter et interpréter**
▷ Mémoriser et chanter par cœur un chant appris par imitation, soutenir un bref moment de chant en solo.
▷ Interpréter un chant avec expressivité en respectant plusieurs choix et contraintes précédemment indiqués.
▷ Tenir sa partie dans un bref moment de polyphonie.

▶ **Écouter, comparer et commenter**
▷ Décrire et comparer des éléments sonores issus de contextes musicaux, d'aires géographiques ou culturelles différents et dans un temps historique, contemporain, proche ou lointain.
▷ Identifier et nommer ressemblances et différences dans deux extraits musicaux.
▷ Repérer et nommer une organisation simple dans un extrait musical : répétition d'une mélodie, d'un motif rythmique, d'un thème, d'une partie caractéristique, etc. ; en déduire une forme simple (couplet/refrain, ABA par exemple).
▷ Associer la découverte d'une œuvre à des connaissances construites dans d'autres domaines enseignés.

▶ **Explorer, imaginer et créer**
▷ Expérimenter les paramètres du son et en imaginer en conséquence des utilisations possibles.
▷ Imaginer des représentations graphiques pour organiser une succession de sons et d'événements sonores.
▷ Inventer une organisation simple à partir de sources sonores sélectionnées (dont la voix) et l'interpréter.

▶ **Échanger, partager et argumenter**
▷ Exprimer ses goûts au-delà de son ressenti immédiat.
▷ Écouter et respecter le point de vue des autres et l'expression de leur sensibilité.
▷ Argumenter un jugement sur une musique tout en respectant celui des autres.
▷ Argumenter un choix dans la perspective d'une interprétation collective.

B Les repères de progressivité

▶ **Le cycle 3 est un cycle de consolidation** qui permet d'asseoir les compétences travaillées au cycle 2 et de les enrichir avec quatre actions soit interpréter, commenter, créer et argumenter.

▶ **Ce cycle se termine en 6ᵉ** et permet d'assurer la transition avec le collège où un enseignant spécialisé sera en charge de l'apprentissage de l'éducation musicale. C'est un cycle qui amène les élèves à consolider leurs acquis, les méthodes de travail, les conduit vers une écoute réflexive et donc les guide vers une autonomie de choix dans l'écoute comme dans la pratique.

▶ Quelques repères sont à retenir pour permettre la progressivité des apprentissages :
▷ Les différentes compétences sont mobilisées et travaillées de concert. La pratique vocale suppose l'écoute et, inversement, l'écoute profite de la mobilisation de la voix […] comme du geste […] pour s'enrichir.

▷ Durant chaque année du cycle, les élèves apprennent un répertoire d'au moins quatre chants et découvrent un ensemble quantitativement plus important d'au moins six œuvres. Choisies dans des styles et des époques divers, les œuvres écoutées posent de premiers repères organisant la richesse de l'environnement musical dans l'espace et le temps.

Programme de cycle 3.

1. Chanter, interpréter

▶ L'échauffement est installé et s'apparente à un rituel qui reprend les mêmes étapes que celles établies en cycles 1 et 2, tout en s'enrichissant d'exercices ludiques mais se complexifiant.

EN PRATIQUE

▶ On adopte la bonne posture pour le chant (debout ou assis, tout le corps aligné).

▶ Afin de bien intégrer les différentes postures, on demande aux élèves de les enchaîner rapidement (debout ou assis).

FICHE 10, P. 55

▶ Sur un accompagnement musical (rythme frappé, base de blues, formule d'Anatole), changer de position (debout ou assis) à chaque arrêt de la musique, soit dans l'ordre préalablement établi, soit en fonction du chiffre donné par l'enseignant.

Vocabulaire

- **Anatole :** enchaînement d'accords caractéristiques d'une formule d'accompagnement en jazz mais aussi en variété (ex. : *La Mer* de Charles Trenet).
- **Blues :** ici, le sens est celui de la grille, soit un enchaînement typique d'accords (3 à 4 sons superposés) dans un mode spécifique (échelle de son).

▶ **Prendre conscience de l'appareil respiratoire.** L'élève apprend à contrôler sa respiration et à l'adapter en fonction de l'interprétation du chant. Les exercices de diaphragme, alternant par exemple inspiration et expiration sonore sur « sss », « chh », « tss », « kss » de façon continue ou saccadée, contribuent à prendre conscience du muscle et à le tonifier.

▶ **Poursuivre l'exploration de la voix :**
– étendre l'ambitus (l'étendue de la voix de la note la plus grave à la note la plus aiguë) ;
– chercher la résonnance ;
– placer les voyelles ;
– gagner en articulation.

▶ **L'apprentissage de chants se poursuit :**
– proposer des interprétations au service de l'émotion recherchée ;
– aborder la polyphonie (chant à plusieurs voix, chant + instruments) ;
– rechercher des répertoires très différents (savant, ethnique ou traditionnel, jazz, actuel).

EN PRATIQUE

On pourra proposer les activités à partir d'œuvres suivantes :

▶ « The Salley Gardens », extrait des *Folksongs* arrangées par Benjamin Britten et « Le Corbeau et le Renard », extrait de *La Fontaine et le corbeau*, Isabelle Aboulker : recherche du phrasé, de l'articulation, d'un son pur et coloré par les voyelles.

▶ *La Laine des moutons,* Carmen Campagne (chant à trois voix avec accompagnement instrumental) : travail autour de la polyphonie (mise en place des deux voix puis du canon), autour de la stabilité rythmique pour l'accompagnement instrumental *(ostinati).*

▶ *Je ne mâche pas mes mots,* Camille : travail sur la mélodie principale et l'accompagnement rythmique (vocal et instrumental), improvisation *(circle sound)* et mise en scène

▶ « Supercalifragilisticexpialidocious », extrait du film *Mary Poppins* et *« Good morning »*, extrait de *Singing in the rain* : travail autour de l'articulation, du dialogue chanté et de la chorégraphie.

2. Écouter, comparer et commenter

▶ Les trois termes doivent maintenant recouvrer une réalité qui implique **des postures** (écoutes globale et analytique) et **des méthodes de travail** (aller-retour entre pratique, écoute et description).

▶ **L'enrichissement du vocabulaire, de la description musicale** ainsi que du répertoire permettra de commenter plus précisément les œuvres, de construire le chemin entre le ressenti et le caractère.

▶ Petit à petit, **l'élève appréhende le style** ce qui lui permet de classer les écoutes en prenant en compte le temps et l'espace.

▶ L'utilisation de grilles d'écoute et de tableaux de comparaison donne des outils organisant la pensée et précisant les notions abordées.

EN PRATIQUE

À partir de l'écoute d'*Oblivion Jazz*, on peut :
▶ **Se faire une idée du mélange** entre une danse traditionnelle, une écriture savante et des composantes du jazz.
▶ **Entendre la rythmique du tango** caractéristique des œuvres de Piazzolla (3 + 3 + 2 donnée dès le début au piano).
▶ **Distinguer les deux thèmes :** 1er très sombre (0'22-1'22 : violoncelle puis violon), descendant / 2nd plus lumineux (1'23-2'02 : violon puis violoncelle).
▶ **Entendre les contrechants** (clarinette, violon, violoncelle).
▶ **Remarquer l'improvisation** au saxophone soprano.
▶ **Trier les éléments** en fonction des styles, proposer une grille d'écoute, proposer d'écrire les différentes atmosphères sous forme de cases de BD par exemple (lecture et représentation de la forme).

Oblivion Jazz,
Astor Piazzolla
par l'Ensemble Contraste.

Vocabulaire

● **Contrechant :** mélodie secondaire, apposée ou opposée à la mélodie principale.

3. Explorer, imaginer et créer

▶ **L'exploration du son se poursuit.** On teste sa voix, on expérimente des modes de jeu en percussions corporelles, sur instruments (glisser, effleurer, frapper…). On imagine et on improvise seul, ensemble *(circle sound)* puis on conçoit pour arriver à la création.

Vocabulaire

● ***Circle sound :*** exercice d'improvisation basé sur des entrées successives en chantant, frappant une formule. Chacun entre, s'insère dans le tissu musical, prend la formule de l'autre, fait évoluer la sienne. La fin doit se décider dans le jeu.

▶ **La mise en place d'une activité de création** va nécessiter une démarche de projet et engager les élèves dans un travail de collaboration et d'autonomie en plusieurs étapes :
– comprendre une consigne, un thème ;
– établir une planification des tâches ;
– se plonger dans l'activité et la recherche ;
– faire des choix, organiser la forme ;
– écrire un compte rendu, une partition, faire un enregistrement.

4. Échanger, partager et argumenter

▸ **Les compétences de l'oral sont maintenant acquises** (écouter l'autre, reformuler son propos, donner son avis, recueillir les émotions…) et continuent à se développer. La précision du vocabulaire ainsi que des repères chronologiques aident l'élève à argumenter son propos et à le partager grâce à un lexique et une culture commune.

▸ On partage et argumente sur les écoutes, on échange et argumente sur la production afin de s'insérer dans une interprétation cohérente qui fait sens pour le collectif.

C Les attendus de fin de cycle

▸ Identifier, choisir et mobiliser les techniques vocales et corporelles au service du sens et de l'expression.

▸ Mettre en lien des caractéristiques musicales d'œuvres différentes, les nommer et les présenter en lien avec d'autres savoirs construits par les enseignements (histoire, géographie, français, sciences, etc.).

▸ Explorer les sons de la voix et de son environnement, imaginer des utilisations musicales, créer des organisations dans le temps d'un ensemble de sons sélectionnés.

▸ Développer sa sensibilité, son esprit critique et s'enrichir de la diversité des goûts personnels et des esthétiques.

À RETENIR

- L'écoute et la pratique sont au centre de l'éducation musicale.
- La constitution de répertoires permet la construction de la culture et nourrit la créativité.
- Le cadre collaboratif doit être réfléchi et travaillé.
- La musique devra être pensée dans une dimension de projet et résonner avec l'enseignement de l'Histoire des Arts.

5 La pratique chorale

▶ THÈME 1 : LES TEXTES OFFICIELS EXPLIQUÉS

La chorale est une pratique permettant à des élèves issus de différentes classes et différents niveaux de se fédérer autour d'un projet artistique. La chorale est un apprentissage collectif mettant en jeu le corps, la vocalité et l'expression. Elle permet à chacun de développer une sensibilité et de participer à la construction d'une réalisation musicale au sein d'un groupe qui travaille à une certaine cohérence.

A Les points-clés du Plan chorale

▶ Le ministère de l'Éducation nationale de la Jeunesse et des Sports, ainsi que le ministère de la Culture ont lancé un Plan chorale ambitieux sur tout le territoire, annoncé en 2017. L'ambition affichée est que **chaque établissement scolaire, de l'école primaire au lycée, propose une chorale**, vecteur d'une vie artistique affichée rassemblant divers acteurs de l'école (enseignants, élèves, personnels) et des acteurs du territoire (dumistes, artistes, partenaires culturels). Ce Plan chorale se définit par une organisation, des objectifs pédagogiques et une diffusion clairement affichée (« rentrée en musique », « concert de fin d'année »).

▶ Le projet est décrit dans un vademecum consultable sur le site Eduscol.

▷ Les trois axes du projet sont décrits ainsi :
– la pratique artistique ;
– la fréquentation des œuvres, des lieux de culture et la rencontre avec les artistes ;
– l'acquisition de connaissances dans le champ des arts et de la culture.

▷ S'appuyant sur trois piliers :
– l'encouragement des initiatives territoriales (partenariat avec les institutions territoriales, avec le collège, le lycée) ;
– la formation (pour les élèves, pour les enseignants avec dumiste, CPEM…) ;
– l'enrichissement des répertoires et des outils d'apprentissage (modes de transmission et contenus).

B Mise en place et contenus pédagogiques

1. Définir le projet

▶ **La chorale fait partie du parcours d'éducation artistique et culturel.** C'est un projet qui va participer à la vie et à l'animation de l'école permettant aux élèves d'exposer leur travail et d'éprouver le spectacle vivant. Il est nécessaire d'anticiper les différentes étapes d'organisation pour mener à bien l'activité.

▷ **Se rappeler qu'il est impératif d'avoir l'adhésion de l'équipe éducative**, **des élèves** qui doivent être volontaires et **des familles** qui doivent s'engager dans l'aventure afin que les enfants soient au rendez-vous des prestations qui vont rythmer l'année (rentrée en musique, concert de fin d'année voire concert de noël, participation à des cérémonies).

▷ **Définir le projet dans sa forme** (une seule chorale, inter-cycles, ou plusieurs entités, cycle 2 et cycle 3 par exemple), dans un temps et un espace donnés (lieu assez spacieux avec possibilité d'une installation en chœur assis et un espace pour danser, pratiquer le théâtre), avec des partenaires, un planning anticipé (répétitions, prestations) afin que le projet soit attrayant et lisible pour l'ensemble des partenaires (élèves choristes, équipe enseignante, partenaires et parents).

2. Mener les répétitions

Les répétitions sont **prises en charge par un professeur des écoles qui pourra être accompagné par le Conseiller Pédagogique en Éducation Musicale (CPEM)**. La réflexion va s'organiser autour du choix du répertoire, l'élaboration d'un programme qui donnera du sens au travail et pourra résonner avec le projet d'école. On peut penser à des liens avec les thématiques d'Histoire des arts, les projets lectures ou autres liens interdisciplinaires qui créeront la cohésion et la collaboration au sein de l'école.

2-1. Le répertoire

▶ Plusieurs éléments sont à prendre en considération :
– la faisabilité et la diversité ;
– l'éducation à la polyphonie (canons, chants à deux voix) ;
– l'inscription de *La Marseillaise* et de l'hymne européen ;
– la constitution d'une culture d'école (chant repris tous les ans, constitution d'un répertoire de canons).

▶ Ce répertoire est à penser à la fois dans une **logique d'apprentissage** avec des difficultés croissantes, notamment pour le travail polyphonique et dans une **logique de production** avec un fil directeur, une thématique, une œuvre complète…

2-2. Transmission et pratique

▶ Le projet choral a une **dimension ludique** et s'appuie sur des jeux qui vont permettre aux élèves d'appréhender la polyphonie, la mise en espace, la théâtralisation et la danse.

▶ Les séquences d'éducation musicale servent d'appui à ce travail qui tourne essentiellement sur la pratique et une écoute individuelle et collective au service de l'interprétation, de la recherche d'une cohérence, de la logique de scène.

EN PRATIQUE

▶ **Exemple de planification d'une séance :**
1. Déambuler en remplissant l'espace, en changeant d'attitude (pressé, fatigué, en sautant, comme un robot, au ralenti…).
2. Étirements et massages.
3. Réveil vocal : sirènes, jeu de diaphragme, respiration.
4. Jeux vocaux polyphoniques (s'inspirer de *Senza*, Camille).
5. Vocalise et jeu sur virelangues (avec intention théâtralisée, en polyphonie).
6. Travail d'un canon (*Allons boire un café*, Julien Joubert).
7. Travail d'un chant et mise en espace (*Au café des délices*, Patrick Bruel).

▶ ***Senza* de Camille**
Imaginer une improvisation polyphonique dans l'esprit de cette chanson (proposer l'idée de gouttes de pluie, d'écho…).

Senza de Camille.

À RETENIR

La chorale est un projet :
– artistique lié à l'éducation musicale ;
– d'immersion dans le spectacle vivant ;
– fédérateur pour l'école (interdisciplinarité, collaboration, rayonnement et visibilité).

6 L'éducation musicale et les autres domaines artistiques

▶ THÈME 1 : LES TEXTES OFFICIELS EXPLIQUÉS

L'éducation musicale établit des liens étroits avec les enseignements artistiques (arts du spectacle vivant, arts plastiques) et l'histoire des arts. Ces disciplines favorisent d'autres façons d'enseigner. Elles induisent d'autres finalités. Elles permettent aussi d'entrelacer connaissances et pratiques et d'acquérir de nouvelles compétences en partant à la découverte d'espaces moins explorés.

A Les arts du spectacle vivant (cycle 1)

▶ L'éducation musicale se retrouve dans les programmes de cycle 1 à travers les **« arts du son »** (chansons, musique instrumentale et vocale). Elle est aussi très présente dans certaines activités des arts du spectacle vivant (mime, marionnettes, arts du cirque, danse et théâtre) prévus en maternelle.

▶ En effet, **la danse et les arts du cirque** font intervenir la musique et appellent une interaction avec elle. Évidente avec la danse, elle n'est pas à négliger pour les arts du cirque où la musique rythme l'action, souligne et accompagne les émotions.

REMARQUE

Pour aboutir à une réalisation et à une prestation, ces disciplines mettent en œuvre toutes les trois : une approche par le ressenti, l'expression et l'engagement corporel.

Pour réussir le concours

Si le sujet le permet et qu'il concerne le cycle 1, il convient de ne pas oublier les interactions possibles avec les disciplines des arts du spectacle vivant (encore plus si le sujet porte sur la danse).

B Les arts plastiques (cycles 1, 2 et 3)

▶ Si les **liens entre l'éducation musicale et les arts plastiques** sont apparemment moins immédiats, ils ne sont pas, pour autant, inexistants. Charles Baudelaire les évoque dans son sonnet *Correspondances* « Comme de longs échos qui de loin se confondent / […] Les parfums, les couleurs et les sons se répondent ».

▶ **La musique s'articule autour du temps, de la durée ; les arts plastiques investissent l'espace**. Dès la maternelle, ces disciplines trouvent un point de rencontre dans l'invention de traces écrites pour exprimer les sons. Cette trace graphique soutient la mémorisation, la reconduction et la re-création. C'est un outil qui offre la possibilité aux élèves de développer leur créativité tant dans l'invention d'un graphisme que dans la reproduction *ad libitum* des sons « écrits ».

▶ Aux cycles 2 et 3, il est intéressant d'identifier les **analogies de vocabulaire entre les deux disciplines** et de les mettre en perspective : composition, contrastes, couleurs, forme, intensité, nuances, touche, trait, etc.

▶ Les arts plastiques peuvent aussi intervenir dans des **projets de type opératique** ou de **comédie musicale** par la création des décors.

C L'histoire des arts (cycle 3)

▸ « L'enseignement de l'histoire des arts est un enseignement de culture artistique partagé. Il concerne tous les élèves [...]. Il convoque tous les arts. » (BO n° 32 du 28/08/2008)

L'éducation musicale est en lien avec l'enseignement de l'histoire des arts. Si elle peut être abordée de façon autonome, il est bon de savoir la **resituer dans une histoire culturelle et esthétique** afin de fournir des ancrages et des repères aux élèves de cycle 3. L'idée n'est pas de cloisonner leurs apprentissages mais de faire le lien entre eux afin qu'ils en perçoivent la cohérence. Aussi l'histoire des arts est-il un enseignement attaché à une **démarche pluridisciplinaire et transversale** dans l'approche des œuvres.

▸ Les **compétences propres à l'histoire des arts** (identifier, analyser, relier, se repérer) **interagissent** avec l'éducation musicale.

Compétences en Histoire des arts	Éducation musicale
Identifier	– Découverte d'œuvres ; – Argumentation d'une critique ; – Écoute des autres perceptions.
Analyser	– Élaboration d'une démarche analytique ; – Organisation de sa pensée, comparaison ; – Identification des caractéristiques d'une œuvre pour la resituer dans le temps et dans l'espace.
Relier	Mise en relation des élèves avec des artistes
Se repérer	Mise en relation avec des lieux

EN PRATIQUE

▸ On peut identifier quatre axes pour étudier une œuvre en histoire des arts qui sont autant d'entrées dans la compréhension, l'analyse et le ressenti d'une œuvre.

▸ Ces axes sont : les **formes**, les **techniques**, les **significations** et les **usages**. Ils sont mobilisés dans la perception des œuvres musicales.

▸ Des projets transversaux permettent à l'élève d'acquérir non seulement des repères mais également des outils d'analyse communs. Resituer dans le temps et l'espace, mettre en réseau des œuvres pour mieux les comprendre, utiliser une méthodologie pour les aborder ; toutes ces démarches construisent une culture artistique commune aux élèves et contribuent à identifier la place des arts dans l'histoire humaine.

REMARQUE

L'histoire des arts convoque l'ensemble des enseignements artistiques. Les attendus sont similaires : des connaissances, des aptitudes (observation, écoute, identification...), des attitudes (curiosité, sensibilité, concentration, esprit critique...).

Pour réussir le concours

Établir des passerelles avec les autres matières de l'option choisie sera toujours valorisant et montrera que vous avez une vision globale des enseignements et des attendus.

D Le PEAC

▶ Le **parcours d'éducation artistique et culturelle** est un parcours jalonnant le cursus de l'élève. Il est suivi d'une année sur l'autre pour permettre une progression et une continuité. Le PEAC est bien une démarche visant l'accès à tous à la culture par l'**implication de l'élève** et les **croisements disciplinaires**. Chaque élève se constitue sa propre culture en puisant dans les propositions communes au sein de la classe et dans les structures artistiques. L'objectif est de **brasser le plus largement possible, les domaines artistiques fréquentés à l'école**. C'est aussi développer une familiarité et un goût pour l'art.

▶ **Le PEAC en trois mots** :
– **fréquenter** (lieux, rencontres) ;
– **pratiquer** (apprendre en faisant et réfléchir sur sa pratique) ;
– **s'approprier** (connaissances et vocabulaire).

▶ En complément des enseignements suivis, **le PEAC s'élabore sous forme de projet**, laissant ainsi place à un grand champ de possibles : rencontre d'œuvres et d'artistes, ouverture vers l'extérieur permettant d'identifier la diversité des lieux et des acteurs culturels, mise en pratique individuelle et/ou collective, valorisation par la restitution de projets menés.

Pour réussir le concours

Il serait judicieux, si la séquence à analyser ou à produire s'y prête, de la replacer et de la prolonger dans un parcours en formulant des propositions complémentaires : faire suivre une séquence d'un spectacle et d'une rencontre avec des artistes, aller visiter un lieu culturel local (conservatoire de musique, musée, scène…) cohérent avec la séquence, etc.

À RETENIR

Le PEAC permet d'organiser des actions et des expériences artistiques et culturelles menées en classe et hors classe. Il sollicite l'implication de l'élève, la diversité des expériences et l'optimisation du temps dévolu aux pratiques artistiques et culturelles.

7 L'éducation musicale et les autres domaines disciplinaires

▶ THÈME 1 : LES TEXTES OFFICIELS EXPLIQUÉS

L'éducation musicale nourrit et complète les apprentissages fondamentaux. Ses objectifs pédagogiques et les moyens mis en œuvre pour y parvenir participent à la consolidation de ces apprentissages tout au long des trois cycles.

A Au cycle 1 : les arts du son

Au cycle 1, les apprentissages relevant des arts du son participent pleinement au développement moteur, affectif et cognitif de l'enfant. **Ils interagissent avec l'ensemble des apprentissages** par les capacités qu'ils activent et qu'ils développent.

▶ **Les activités d'écoute et de discriminations sonores** favorisent la finesse de **perception**, de même que le repérage dans l'espace et l'orientation spatiale (par la détermination de l'origine du son émis par exemple). La stimulation auditive améliore la qualité d'écoute en sollicitant une attitude active.

▶ **La notion de durée** installée tout au long du cycle, à travers la mise en place de la pulsation régulière notamment, participe de la structuration des repères temporels.

▶ **Par le mouvement** (jeu de doigts, déplacements…), les capacités motrices comme la coordination sont sollicitées.

▶ **L'apprentissage de chants et les comptines** facilitent l'acquisition non seulement d'un champ lexical varié mais ils permettent une entrée dans la lecture plus aisée en sollicitant la conscience syllabique, phonologique et le sens rythmique de la phrase.

▶ **La verbalisation et l'expression de ses émotions** sont propices à la qualité des relations sociales de même qu'à la coopération.

▶ **Les représentations graphiques de codage** et de décodage de sons sont une approche de la représentation abstraite et de la démarche mathématique.

▶ **La mémoire** nécessaire à l'ensemble des enseignements est activée par l'apprentissage d'un corpus de chants.

▶ **Les activités musicales travaillent la concentration** et la persévérance en ouvrant sur le monde.

▶ **La créativité et l'invention** impliquent la recherche de solutions.

▶ **L'apprentissage par le jeu**, la notion de plaisir stimule la confiance en soi.

B Au cycle 2

À partir du cycle 2, deux champs « **perception et production** » sont investis en éducation musicale dans un constant aller-retour entre ces deux compétences. Les savoir-faire et les connaissances culturelles et pratiques propres à la discipline s'articulent avec les autres domaines disciplinaires.

1. En français

▶ **L'exploration de la voix** va de pair avec son utilisation dans les lectures expressives.

▶ **L'apprentissage d'un chant** induit un travail sur la langue, la construction du texte et la compréhension de celui-ci.

▶ **La présentation d'une production** nécessite l'utilisation d'un vocabulaire spécifique, un argumentaire et donc la structuration de la pensée.

2. En mathématiques

Les représentations graphiques de la musique, la perception de la durée et de la carrure musicale sont autant de notions relatives aux mathématiques de même que la discrimination et la comparaison. Le codage d'éléments sonores est un outil privilégié pour appréhender la structure musicale.

3. En langues étrangères

L'apprentissage de langues étrangères est facilité par les **chants choisis** dans un répertoire dédié.

4. En éducation physique et sportive

La danse, activité physique et artistique met en relation le mouvement et la musique.

5. En enseignement moral et civique et « questionner le monde »

▶ En enseignement moral et civique, les échanges, le partage d'un ressenti ou d'une sensibilité amènent à respecter l'opinion d'autrui.

▶ L'enseignement « Questionner le monde » fournit des repères dans l'espace et dans le temps, et trouve une extension esthétique dans une mise en perspective avec l'histoire de la musique.

C Au cycle 3

▶ **Le cycle 3 ancre les apprentissages du cycle 2** en prolongeant et en consolidant les acquis précédents.

▶ **L'élève en cycle 3 est plus autonome.** Son engagement et son esprit d'initiative sont sollicités au travers de projets individuels ou collectifs.

1. En français

L'accent mis sur l'interprétation en éducation musicale qui sert l'expression à l'oral, la diction vivante et l'expressivité.

2. En sciences et technologie

▶ **L'utilisation des outils numériques** par des enregistrements sonores, des montages offre un pont entre les deux disciplines.

▶ Il est possible d'aborder la constitution du son (fréquence, timbre, vitesse, hauteur…).

3. Histoire, enseignement moral et civique

▶ Un des attendus de la fin de cycle est de *« mettre en lien des caractéristiques musicales et des contextes historiques, sociologiques et culturels »*. Il trouve sa place dans une **approche transversale**.

▶ **La variété des répertoires musicaux abordés** amène à percevoir les différences ou les similitudes. Ils conduisent à la connaissance et à l'appréciation d'autres cultures dans le respect de leurs spécificités. Les pratiques collectives participent de l'apprentissage de la citoyenneté, du positionnement de l'élève dans le groupe. L'éducation aux pratiques responsables et aux bons usages liés à l'utilisation d'Internet (sites musicaux par exemple) rejoint l'**apprentissage des droits et des règles**.

4. En éducation physique et sportive

Une des compétences travaillées pendant le cycle est de *« Mobiliser son imaginaire pour créer du sens et de l'émotion, dans des prestations collectives »*. La danse collective et la musique y participent. La traduction corporelle d'éléments rythmiques est bénéfique aux deux disciplines.

5. En mathématiques

L'approche de structures musicales simples, de succession, de simultanéité, de cycles, la mesure des durées… rejoint certains éléments mathématiques.

6. Des compétences transverses

▶ L'élève est amené en éducation musicale vers une **prise de conscience réflexive** de son travail **par l'auto-évaluation**.

▶ La **confiance en soi** gagnée en musique par une moindre pression scolaire est également profitable à l'ensemble des disciplines.

Pour réussir le concours

Il est recommandé d'expliquer comment une séquence en éducation musicale peut s'enchaîner ou amener vers une séquence dans une autre discipline.

À RETENIR

- L'éducation musicale dialogue avec l'ensemble des apprentissages.
- Le PE doit mettre en valeur ces interactions.
- En cycle 1, l'éducation musicale facilite l'entrée dans les apprentissages fondamentaux.
- Aux cycles 2 et 3, les ponts existant entre les différentes disciplines sont à souligner pour permettre à l'élève de saisir la cohérence de ses apprentissages.

8 La place de l'éducation musicale dans le socle commun

▶ THÈME 1 : LES TEXTES OFFICIELS EXPLIQUÉS

Le socle commun est l'ensemble des connaissances, des compétences et de culture que chaque élève, à partir du CP doit acquérir durant son parcours scolaire obligatoire. Il inclut les valeurs et attitudes nécessaires à la réussite de sa scolarité et au-delà à sa vie d'individu et de futur citoyen. Chacune des disciplines enseignées à l'école active un ou plusieurs champs du socle. En éducation musicale, comme dans les autres disciplines, le projet de construire une culture individuelle sur des fondements communs est en jeu.

A Des compétences en lien avec le socle commun

Les quatre compétences propres à l'éducation musicale sont mises en relation, dans le programme, avec tous les domaines du socle.

Compétences travaillées en éducation musicale (cycles 2 et 3)	Domaines du socle
Chanter	1, 2, 4, 5
Écouter, comparer	2, 3, 5
Explorer et imaginer	1, 3
Échanger, partager	1, 3, 5

B Les cinq domaines du socle commun

L'éducation musicale participe pleinement et intervient dans chacun des cinq domaines du socle afin de permettre à tous les élèves de six à seize ans d'acquérir des savoir-faire, des savoirs et un savoir-être.

REMARQUES

- Le socle commun débute au cycle 2.
- Au cycle 1, l'un des cinq domaines d'apprentissage « Agir, s'exprimer, comprendre à travers les activités artistiques » intègre pleinement l'éducation musicale. Plus qu'une initiation, ce sont bien les fondements de l'apprentissage musical qu'il convient de poser dès ce cycle 1 : le goût pour la matière, sa variété, le ressenti et la formulation des émotions ; le jeu expressif et créatif avec les sons de son corps et tous les autres sons, la mémorisation d'un corpus de chansons, l'écoute et le positionnement dans le groupe.

Domaine 1 : les langages pour penser et communiquer

▶ **L'éducation musicale sollicite l'expression du ressenti** par l'utilisation d'un champ lexical approprié.

▶ **Elle développe la construction d'une appréciation et d'un esprit critique** pouvant conduire au débat. C'est par exemple comprendre le sens d'une chanson, entrer dans la poésie d'un texte en percevant les différents niveaux de langue et leurs liens avec l'écriture musicale. C'est apprendre un nouveau vocabulaire disciplinaire, le langage musical, pour s'approprier un savoir spécifique.

Domaine 2 : Les méthodes et outils pour apprendre

▶ **L'enseignement de l'éducation musicale contribue au travail collectif et collaboratif**. Il prouve, par l'expérience, la pertinence de la répétition et du travail de mémorisation.

▶ **L'entraînement est une étape pour parvenir à une production individuelle** ou collective achevée et construite (qualité des nuances et de l'expressivité…). L'éducation musicale implique une démarche méthodique pour qu'il y ait création ou re-création donc pour faire aboutir le projet musical.

Domaine 3 : La formation de la personne et du citoyen

▶ **La pratique musicale sollicite la position de l'élève au sein du groupe** en se fondant dans l'ensemble ou en tenant son rôle (choriste ou soliste). C'est apprendre à se positionner dans le juste respect des autres et de soi-même, savoir jouer de l'autonomie et de l'initiative tout en respectant l'avis ou le travail des autres (sur l'interprétation par exemple).

▶ **Le développement de la sensibilité et du plaisir partagé** complète ce domaine 3.

Domaine 4 : Les systèmes naturels et systèmes techniques

▶ **L'apprentissage musical utilise la curiosité suscitée par les productions sonores** pour créer, identifier et pouvoir reproduire.

▶ **Il permet d'appréhender la mesure du temps**, les qualités du son et de son émission.

▶ **Il ouvre aussi la possibilité d'utiliser les technologies nouvelles** au service de l'apprentissage comme outils ou support de réalisation.

Domaine 5 : Les représentations du monde et l'activité humaine

▶ **Ouvrir son esprit à d'autres formes musicale**s, multiplier ses représentations du monde, croiser les savoirs est l'un des objectifs de l'éducation musicale.

▶ **C'est apprendre à percevoir les spécificités des différents modes d'expression musicale** dans divers espaces spatiaux et temporels.

▶ **C'est amener les élèves vers une attitude critique du monde musical** et à se forger un avis autonome.

EN PRATIQUE L'éducation musicale fait intervenir chaque domaine du socle. L'idéal dans la préparation des séquences est de solliciter chacun des domaines du socle et de bien les identifier.

À RETENIR

Il est indispensable de connaître les liens entre le socle commun et les programmes. L'objectif est de percevoir comment chaque enseignement développe, solidifie et ancre les compétences, les connaissances et les cultures.

9 La perception et la production au cœur des programmes

▶ THÈME 2 : QU'ENSEIGNE-T-ON EN ÉDUCATION MUSICALE ?

La perception et la production sont les deux grands champs de compétence sur lesquels s'appuie l'enseignement de l'éducation musicale à l'école.

A Une interaction permanente

▶ **Perception et production sont indissociables** l'une de l'autre et en interaction permanente. Cela induit une pédagogie qui ne s'appuie plus sur des connaissances transmises de manière abstraite et descendante mais qui vise, au contraire, à placer l'élève au centre des apprentissages.

▶ **La pratique musicale (production)** implique nécessairement une **démarche d'écoute (perception)**.

▷ L'apprentissage de comptines et chansons, du geste instrumental, des percussions corporelles s'appuie sur un modèle transmis par imprégnation ou imitation. L'élève développe, dans un premier temps, une écoute centrée sur le modèle donné par l'enseignant afin de le reproduire. Puis, dans un second temps, il est amené à détourner cette écoute vers le groupe afin de mesurer l'unité de l'ensemble puis d'apprendre à distinguer les différents éléments qui constituent cet ensemble. Il sera, par exemple, en capacité de chanter sa partie et de percevoir l'accompagnement fait en percussions corporelles par un autre groupe.

▷ L'écoute devient également peu à peu plus intérieure, permettant à l'élève de percevoir ce qu'il produit lui-même seul et au sein du groupe. Cette écoute personnelle intérieure devient un outil au service d'une autoévaluation (justesse, précision rythmique, adaptation de sa voix à la production collective, par exemple). Elle permet de développer progressivement la capacité de l'élève à porter un regard critique sur sa propre production et à l'améliorer de façon autonome.

▶ La perception de la musique et la construction d'une culture musicale passent nécessairement par la pratique. **L'élève doit vivre la musique** et être au cœur d'une expérience de perception sensori-motrice qui lui permet d'aller à la rencontre de ses sensations et de construire un apprentissage de l'émotion esthétique. L'enseignant guide l'élève qui va peu à peu construire des savoirs et savoir-faire.

Les actions au service de la construction des savoirs de l'élève

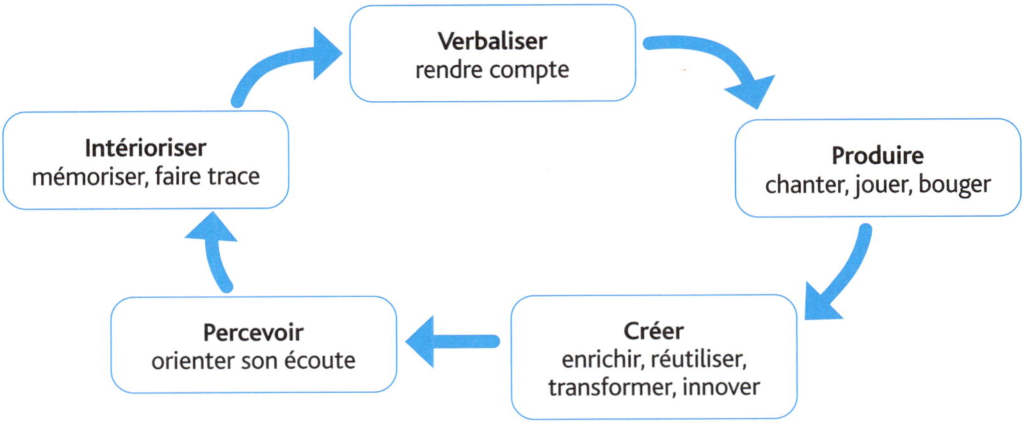

▶ Perception et production induisent un développement de l'écoute active et de la créativité :
▷ L'enseignant permet aux élèves d'acquérir attention et motivation pour entrer dans le monde abstrait de **l'écoute**. Il devient médiateur afin de construire collectivement une écoute amenant à la constitution d'un répertoire commun.
▷ L'enseignant se positionne également dans une **dynamique de création**. Celle-ci sera guidée par des propositions d'activités autour des répertoires appris, entendus, joués qui constitueront autant de réservoirs d'idées sur lesquelles s'appuyer pour construire une culture personnelle pour chacun des élèves.

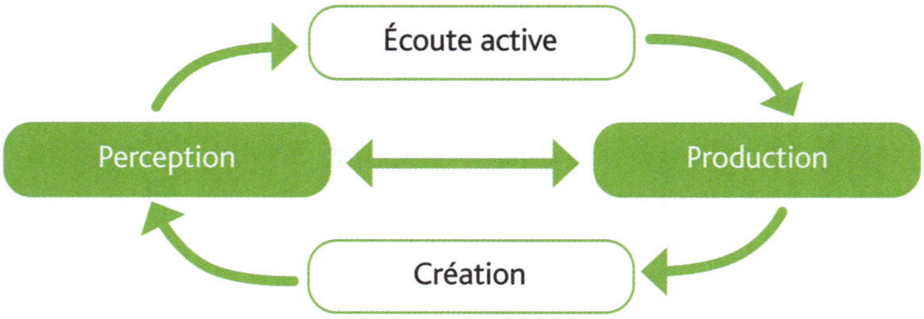

B L'écoute active

▶ **L'écoute active s'articule en deux temps.**
① Une écoute d'abord globale : découverte de l'extrait musical dans son intégralité, recueil des impressions, du ressenti des élèves, identification du caractère de la musique ;
② Une écoute analytique : identification d'éléments musicaux caractéristiques, de la structure.
Elle s'appuie en permanence sur des activités permettant à l'élève de vivre l'écoute, d'en faire l'expérience pour mieux se l'approprier et l'intégrer dans une culture en construction.

▶ L'enseignant donne différentes consignes et tâches pour guider l'élève dans son **parcours perceptif** :
– apprendre à entendre ;
– déterminer des éléments (intensité, hauteur, durée, timbre, tempo, mélodie, accompagnement), les nommer, comprendre leur structure et les classer dans un référentiel de temps et d'espace.

▶ L'élève utilisera son **corps**, sa **voix**, le **geste instrumental** mais aussi la **parole** et l'**écriture** pour rendre compte de son écoute et faire partager son ressenti.

▶ Les consignes de ces différentes tâches s'appuient essentiellement sur le geste et la voix.

1. Le geste

▶ Le geste peut représenter le **rythme**, le **tempo**, la **courbe mélodique** mais aussi les **nuances** et le **caractère** de l'œuvre.

EN PRATIQUE

Exemple : *Prélude à l'après-midi d'un faune* de Claude Debussy

▶ Identifier les éléments musicaux principaux : thème à la flûte traversière, *glissando* de harpe, dialogue en écho des cors.
▶ Proposer des gestes permettant de représenter dans l'espace chacun de ces éléments.
Faire enchaîner ces gestes pour comprendre la structure.

Vocabulaire

● **Glissando :** rapide succession de sons réalisée de façon continue du grave vers l'aigu ou inversement.

● **Thème :** idée musicale (mélodie, rythmes) sur laquelle est construite une composition.

▶ S'engager vers la création chorégraphique : un élève chef de danse guide la classe en partant des éléments musicaux mis en espace et en prolongeant les gestes pour donner à voir une version chorégraphiée de la musique.

▶ Le geste imite et se précise au travers de l'utilisation d'instruments de musique ou d'objets sonores (corps, table, stylos, papiers…) au service de la compréhension de l'œuvre.

EN PRATIQUE
▶ Réutiliser les éléments musicaux (flûte traversière, harpe, cors).
▶ Choisir dans l'instrumentarium (percussions corporelles, objets sonores, instruments de musique) un timbre pouvant figurer chacun de ces éléments.
▶ Jouer, avec les timbres choisis, les différents éléments musicaux.
▶ Créer un déroulé : jouer ensemble, en alternance, en boucle, en insérant des silences, en changeant l'ordre d'apparition des éléments musicaux.

▶ Le geste devient instrument au service d'un **graphisme** représentant l'œuvre. La courbe de la mélodie décrite par le bras se matérialise sur le papier, l'accompagnement se superpose, les couleurs se choisissent en fonction du ressenti, des timbres. Autant de choix à discuter, organiser afin que la trace écrite puisse rendre compte de la musique entendue tout en gardant l'approche singulière de chacun.

EN PRATIQUE
▶ Passer du geste dans l'espace au geste graphique.
▶ Déterminer une représentation de chacun des éléments musicaux et les positionner en respectant la structure et en veillant à l'axe du temps (abscisse) et à la hauteur (ordonnée).

Prélude à l'après-midi d'un faune de Claude Debussy.

2. La voix

▶ La voix peut **imiter ce qui a été perçu** et permettre ainsi d'**entrer dans le langage abstrait des sons** en reproduisant :
– une mélodie en respectant les hauteurs et le rythme ;
– une cellule rythmique sur onomatopées en recherchant des sonorités approchantes de la source sonore entendue.

▶ La voix permet également de verbaliser ce qu'on a intériorisé, d'user du langage pour transcrire l'abstraction du sonore : dire le ressenti, débattre du caractère d'une œuvre en s'appuyant sur les éléments factuels sur lesquels on se sera mis en accord.

C La créativité

▶ **Elle concerne davantage le champ de la production** même si cette compétence se développe également dans le champ de la perception au regard de la liberté laissée dans les activités proposées lors des écoutes.

▶ **La production** se construit par la constitution d'un répertoire commun de chants, de gestes chorégraphiques, de formules rythmiques et d'œuvres musicales. Ce réservoir d'idées va permettre d'aborder l'improvisation en réutilisant des éléments connus. La constitution de ce répertoire est déterminante dans ce voyage au sein du langage musical. Il offre un panorama où chacun puise des ressources, les organise puis les détourne afin d'aborder l'idée de la création musicale.

▶ **L'écoute** reste centrale puisqu'elle permet de contrôler chaque étape de la création.

▶ De la sonorisation d'une image, à la création d'une ambiance sonore pour une pièce de théâtre en passant par l'invention d'une chanson, **l'enseignant guide les démarches créatives** en mettant en scène des activités préalables ouvrant l'imaginaire. Il doit également réfléchir aux gestes professionnels pour garantir un encadrement pédagogique favorisant le débat nécessaire à l'émergence de la compétence de créativité.

À RETENIR

Dans le parcours d'éducation musicale, la production et la perception sont intimement liées. Vivre ce qu'on entend et entendre ce qu'on produit tout en s'engageant dans la compétence de créativité sont les piliers de l'éducation musicale au cours des trois cycles.

10 Le chant (préparation vocale et répertoire)

▶ THÈME 2 : QU'ENSEIGNE-T-ON EN ÉDUCATION MUSICALE ?

La voix tient un rôle central dans les pratiques musicales de la classe. Vecteur le plus immédiat pour faire de la musique, elle est particulièrement appropriée aux travaux de production et d'interprétation dans un cadre collectif en milieu scolaire.

A Le fonctionnement de la voix

▶ On peut penser la voix comme un **instrument à vent**, comme de l'air qui se transforme en son. C'est un instrument constitué d'une soufflerie : l'air est expulsé des poumons puis remonte dans la trachée vers le larynx et met en vibration les plis vocaux communément appelés cordes vocales. Le son produit va se modeler avec les différents résonateurs (larynx, pharynx et cavités buccale et nasale). Les dents, la langue et l'ouverture de la bouche participent enfin à l'articulation et à la production du chant. C'est le corps entier qui est mis en jeu dans l'action de chanter.

▶ Les **quatre paramètres du son** mobilisés sont :

▷ **la hauteur :** les cordes vocales soumises à la pression de l'air s'ouvrent et se ferment : elles vibrent. La hauteur se définit par la vitesse des vibrations (plus elles sont rapides, plus le son est aigu).

▷ **l'intensité :** elle se mesure en décibels et c'est la pression de l'air qui permet de la définir. Une conversation ne dépassera pas 50 décibels alors que le chant lyrique atteindra 120 db.

▷ **le timbre :** c'est l'identité de la voix, ce qui la rend unique. Il est produit par les résonateurs (gorge, bouche et nez).

▷ **la durée :** c'est la longueur de tenue des sons : elle a à voir avec le soutien (muscles de la respiration notamment le diaphragme).

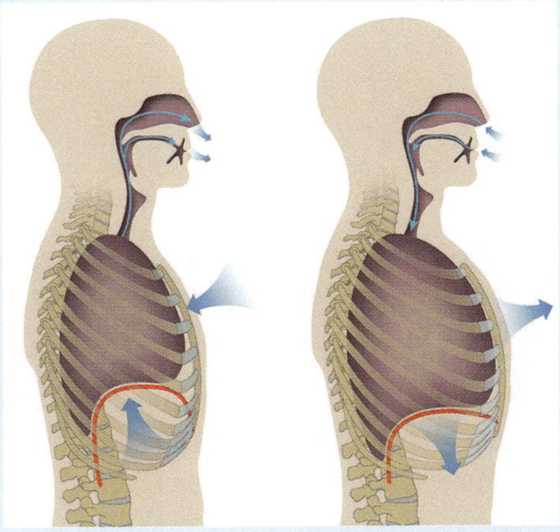
L'inspiration. L'expiration.

B La préparation et les rituels

▶ La mise en œuvre d'une séance de chant comporte différentes étapes permettant aux élèves de prendre conscience de leur corps pour en faire un instrument qu'ils contrôleront petit à petit au service d'une expression détendue et énergique.

▶ L'installation de rituels assure la progressivité des apprentissages. La séance doit s'enchaîner, rester ludique afin que chacun puisse s'exprimer librement. L'espace doit être pris en compte afin que l'on puisse travailler assis, debout et se déplacer.

1. La posture

▸ Chanter nécessite une **posture alignée, énergique et détendue**.

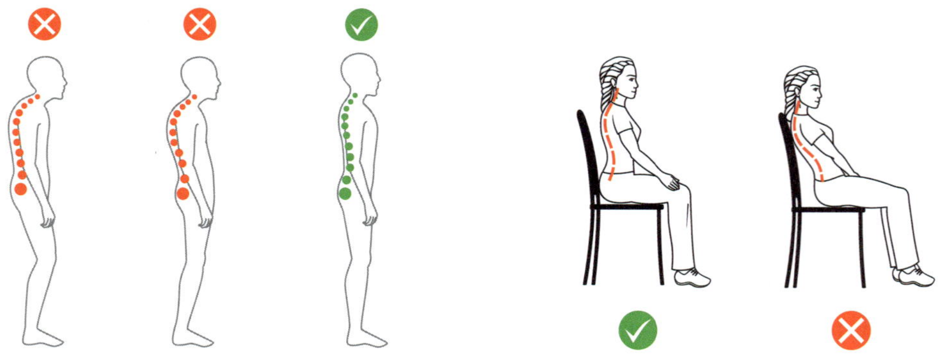

EN PRATIQUE

▸ On adopte les bonnes postures (en vert sur le schéma) pour le chant.

▸ Afin de bien intégrer les différentes postures, on demande aux élèves de les enchaîner rapidement.

▸ Sur un accompagnement musical (rythme frappé, base de blues, formule d'Anatole), changer de position à chaque arrêt de la musique, soit dans l'ordre préalablement établi, soit en fonction du chiffre donné par l'enseignant.

Vocabulaire

- **Anatole :** enchaînement d'accords caractéristiques d'une formule d'accompagnement en jazz mais aussi en variété (ex. : *La Mer* de Charles Trenet).
- **Blues :** ici, le sens est celui de la grille, soit un enchaînement typique d'accords (3 à 4 sons superposés) dans un mode spécifique (échelle de son).

▸ **En cycle 1,** l'enseignant privilégiera l'envie des élèves sans entrer dans des contraintes de posture. Il pourra néanmoins amener l'ouverture de la cage thoracique en montrant qu'on dessine un grand soleil sur sa poitrine ou en demandant des yeux grands ouverts pleins de joie.

▸ **Dès le cycle 2,** il est recommandé de donner des habitudes de posture pour chanter : sentir l'ancrage au sol, aligner le corps, des chevilles à la tête, et garder les articulations souples (genoux notamment) pour que le souffle puis le son circulent librement. La posture sera rappelée fréquemment afin qu'elle s'intègre au fil du temps.

EN PRATIQUE

▸ **« Arbre dans le vent »** (travail de l'alignement et de l'équilibre) : les élèves sont debout, les pieds bien ancrés dans le sol (tels des arbres). À l'écoute du son du vent (imité par l'enseignant), ils sont invités à bouger doucement d'avant en arrière, de droite à gauche, en veillant à ce que leurs pieds restent bien ancrés dans le sol.

▸ « **Jeu de la marionnette à fils** » (lâcher-prise, inspiration dynamique) : les élèves (marionnettes) sont debout, bras en l'air tenus par des fils imaginaires. Selon les indications données par l'enseignant (marionnettiste), ils relâchent peu à peu différentes parties de leurs corps (poignet, coude, bras…) jusqu'à se retrouver penchés en avant (bras ballants, mains près du sol) puis se redressent lentement en inspirant.

2. La respiration

▶ **La conscience de la respiration est fondamentale.** Elle permet l'émission du chant. Elle est un élément de cohésion dans le groupe et permettra une interprétation expressive. Ce travail spécifique commence plutôt lors du cycle 2.

▶ **La respiration sera matérialisée par des gestes :** montrer l'ouverture des côtes, le ballon qui se gonfle (inspiration), l'expiration sur « ss » qui se dessine avec la main (dessin de personnage, vitalité du trait, direction spatiale, arrêt et suspension). On proposera des exercices mettant en place la respiration dans un mouvement continu d'énergie (inspiration) et de détente (après l'expiration) puis l'enchaînement de sons « ss », « ch », « tss », « fouit » permettant un travail sur la vitesse de l'air et le ressenti du diaphragme.

3. La vocalité

▶ **Exercer sa voix sur des vocalises** permet :
– d'anticiper les difficultés du chant choisi ;
– de découvrir l'étendue de sa voix ;
– d'explorer le soutien et les résonances.

▶ Le groupe apprendra grâce au **travail des voyelles** à trouver une couleur sonore commune et recherchera une **articulation précise grâce aux consonnes** permettant un placement rythmique juste et une bonne compréhension du texte.

N PRATIQUE

On pourra faire travailler les élèves sur :
▶ les voyelles ;
▶ l'articulation ;
▶ soutien et conduite du son.
Pour accéder aux exercices, vous pouvez écouter des audios sur le site www.parascolaire.hachette-education.com ou flasher directement ce code.

Voyelles, articulation, conduite du son.

4. Improvisation et création

▶ **Les exercices d'invention** prennent leur place dans ces rituels de la séance de chant :
– inventer les paroles d'une vocalise ;
– proposer des interprétations (avec un accent étranger, une émotion particulière) ;
– mettre en place des jeux vocaux (cluster dans l'aigu, sirènes, sons courts, sons longs, superpositions de motifs).

▶ **Des habitudes d'exploration** se mettent en place invitant le groupe à faire une expérience créative pour se créer une sorte de **grammaire d'improvisation**.

▶ La préparation vocale est à penser en relation avec le chant que les élèves vont découvrir. L'enseignant s'appuie sur une phrase du texte pour créer une vocalise, raconte une histoire en rapport avec le texte pour créer lien et dynamique de la séance. Les exercices sont courts, variés et la posture est rappelée dès que nécessaire pour favoriser une pratique investie et collaborative.

C Le choix du répertoire

▶ Le répertoire va se construire au fil de la scolarité. Il doit être varié et assurer une progression.

▶ **La voix des enfants gagne en maîtrise et s'étend**, permettant d'aborder des chants avec un ambitus plus large (environ une octave au cycle 3) et des polyphonies (chants à plusieurs voix différenciées) de plus en plus complexes.

1. Des styles différents au service de la construction d'une culture commune

▶ Le répertoire se choisit en fonction de la difficulté vocale mais également de l'intérêt du texte et de son exploitation possible.

▶ Le **répertoire traditionnel** (chant de tradition orale, comptine) et les **chansons enfantines** offrent un réservoir riche et intéressant pour le cycle 1 et le début du cycle 2.

1-1. Au cycle 1

▶ **Les comptines** permettent un parler-chanter, amenant les enfants à entrer peu à peu dans la vocalité. Les textes peuvent aborder différents registres et thématiques qui permettront des liens interdisciplinaires et un enrichissement du lexique.

▶ **Les chansons traditionnelles** permettent de voyager en musique et de proposer une première entrée dans des styles musicaux caractérisés.

▶ Beaucoup d'auteurs-compositeurs ont créé des **chansons à destination du jeune public** dont on peut s'emparer : de Steve Waring à Anne Sylvestre en passant par Carmen Campagne, Elise Caron, Lise Borel ou Isabelle Aboulker. Cette liste est évidemment réduite et non exhaustive mais permet d'initier une plongée dans cet univers riche et varié.

EN PRATIQUE

▶ **Exemple de deux comptines :** « La danse des légumes » et « Bonjour », extrait de l'album *Chansons pour les petites oreilles* d'Élise Caron.

« La danse des légumes ».

« Bonjour ».

▶ Dans ces deux comptines, **le chant est proche de la parole** (peu de notes différentes), le rythme est marqué.
▶ Ces deux œuvres peuvent être théâtralisées avec des **gestes chorégraphiques**, une mise en espace.
▶ **Le lexique permet des apprentissages langagiers en cycle 1** pour « La danse des légumes » (exploration d'un lexique spécifique lié à la thématique de la comptine).
▶ **Les procédés d'écriture poétique** de la comptine « Bonjour » peuvent servir de porte d'entrée interdisciplinaire (musique et français) jusqu'au cycle 3.

1-2. Au cycle 2

▶ **À partir du cycle 2, l'enseignant s'attache à diversifier le répertoire** en abordant différents styles : chanson traditionnelle, chanson jazz, chant issu du répertoire dit « classique » (musique savante), chansons de variété, pop, rap (musique actuelle)

▶ La diversité viendra également des espaces géographiques et des dates de création des chansons. On voyage dans l'espace et dans le temps, on explore des styles, des rythmes et des sonorités différentes. Le chant permet d'aborder également les langues étrangères.

2. Travailler la polyphonie : s'écouter, différencier, construire ensemble

▶ **Chanter sa partie en écoutant celle des autres tout en étant conscient du tout :** cette affirmation peut sembler complexe mais la musique va permettre d'entrer dans cette écoute différenciée et globale, de prendre conscience de chaque élément qui permet l'émergence d'une œuvre « composée » avec différents sons superposés.

▶ **La polyphonie se développe** dans les rituels avec des vocalises travaillées en canon par exemple et des exercices d'improvisation où on expérimente la superposition de sons puis de lignes mélodiques. La pratique des *circle song* ou des *circle sound* permet le développement de l'écoute polyphonique. La deuxième voix peut s'installer par un contrechant répétitif et rythmique doublé par un instrument qui guidera les élèves. Petit à petit, on propose des deuxièmes voix plus développées (*Le Vagabond*, Yves Jacquet) et on aborde les canons qui permettent d'entrer dans une écriture contrapunctique complexe.

Le vagabond, Y. Jacquet.

D Interprétation

▶ **L'interprétation va guider la pratique vocale.** L'enseignant donne des indications permettant de mettre en avant le sens du texte : clarté, articulation, appui sur un mot, nuances *(crescendo, piano, forte)*, modes de jeu *(legato, staccato)* qui ouvrent la porte du phrasé musical et d'un langage au service du sens et de l'émotion.

▶ **Le chant peut être théâtralisé**, mis en espace pour accentuer la perception du sens. La chanson devient alors une forme artistique mêlant son, geste théâtral (mise en scène et jeu d'expressions) et geste chorégraphique.

Pour réussir le concours

- Pensez à un apprentissage ludique varié, cohérent avec le texte de la chanson.
- Soyez attentif à l'écoute mutuelle.
- Pensez l'interdisciplinarité possible.
- Pensez les activités de créations ou d'interprétations possibles (mise en scène, chorégraphie, mise en place d'un paysage sonore sur l'introduction, la conclusion, accompagnement instrumental des élèves).

E Mode de transmission

▶ **Plusieurs modes de transmission peuvent être utilisés.** Il est important que l'enseignant mette en place un système d'écoute mutuelle : les élèves écoutent le modèle puis le chantent. L'écoute et la reproduction sont deux actions qui doivent être différenciées pour les élèves comme pour l'enseignant. On ne chante pas en même temps que les élèves (ou occasionnellement pour les entraîner) afin d'être concentré sur leurs voix et pouvoir rectifier au fur et à mesure de l'apprentissage.

▶ **Les possibilités d'apprentissage :**

▷ **Apprendre par imprégnation :** il s'agit de favoriser la mémorisation d'un chant (paroles et musique) par des écoutes réitérées. Cette technique est particulièrement adaptée à de jeunes enfants. Les élèves peuvent fredonner spontanément et sont encouragés à chanter les passages mémorisés. Cette technique favorise l'envie d'interpréter, familiarisant les élèves avec un chant sans entrer dans un apprentissage très étayé.

▷ **Aborder la chanson par le texte :** l'enseignant aborde la diction mais aussi la projection de la voix en proposant une appropriation des mots et un jeu sur leurs sonorités. Il aborde l'intonation en jouant sur l'expressivité et en théâtralisant la diction (en chuchotant, en déclamant, « comme un secret », « comme un cri de joie »). Le texte est tout de suite inclus dans une structure rythmique rigoureuse.

▷ **Apprendre par imitation :** la chanson est apprise pas à pas dans une alternance entre le modèle donné par l'enseignant et la répétition produite par les élèves. Cette alternance se découpe phrase par phrase voire sur des cellules mélodiques plus courtes si nécessaires (difficultés rythmiques ou d'intonation particulières). Cet apprentissage doit être enchaîné rapidement. Il est important de maintenir une fluidité musicale afin de maintenir un rythme de travail soutenu pour garder l'attention des élèves.

▷ **Diversifier les techniques pour maintenir la dimension ludique :** l'apprentissage se fera en s'appuyant sur diverses activités qui rythmeront la séance, évitant une lassitude et un désinvestissement des élèves.

▶ **Quelques pistes d'activités** peuvent être proposées comme : scander les paroles en rythme, reproduire le rythme en percussions corporelles, varier les intensités (de chanter en chuchotant à chanter fort), chanter avec différentes intentions expressives (tristement, gaiement, avec sérénité…), alterner les groupes qui se répondent, alterner rythme et chant, alterner chant intérieur et chant à pleine voix.

À RETENIR

Le chant peut être enseigné comme :
- un mode d'expression ;
- une activité interdisciplinaire (gestion de classe, installation de rituels au fil de la journée, texte en lien avec l'approche du lexique, thèmes résonant avec d'autres disciplines) ;
- le langage du corps (engagement et prise de conscience de la respiration, de la posture alignée, des muscles du soutien).

11 L'écoute

▶ THÈME 2 : QU'ENSEIGNE-T-ON EN ÉDUCATION MUSICALE ?

L'écoute est une des pratiques fondamentales et constitutives de l'éducation musicale pour l'ensemble des trois cycles. C'est aussi une attitude largement sollicitée en classe dans toutes les disciplines.
La matière sonore impalpable se perçoit par l'écoute. C'est une pratique qui doit être exercée régulièrement pour s'affiner et qui demande un engagement de l'élève. Elle permet d'exprimer un ressenti, une émotion mais également de donner sens au discours musical.

A Se préparer à l'écoute

▶ **De la même façon que l'on se met en voix pour chanter, on se prépare à écouter.** Il est important de créer une attitude propice car cette activité exigeante demande une intention de la part des élèves. Pour être en éveil et concentré, on peut proposer des exercices de respiration pour se recentrer, demander de fermer les yeux, d'écouter le silence ou de choisir une position confortable. Certains élèves préféreront rester immobiles ou bouger, d'autres auront besoin de dessiner pour pouvoir se concentrer.

▶ **Les écoutes sont adaptées au cycle concerné dans leurs durées et leurs objectifs.** Pour le cycle 1, les extraits ne devraient pas dépasser 2 minutes. Pour les cycles 2 et 3, les extraits peuvent être prolongés mais pas au-delà de 3 minutes.

▶ **Les oreilles sont fragiles, les protéger s'apprend et s'enseigne.** On n'écoute pas mieux parce que le son est puissant. La qualité du son et l'intensité doivent être contrôlées. Tout comme il est nécessaire d'amener à l'écoute, il convient de la terminer correctement sans couper l'extrait en plein milieu mais en faisant, par exemple, attention à respecter les phrases musicales ou les suspensions.

EN PRATIQUE

Quelques jeux simples pour apprendre à développer son écoute :
– identifier une source sonore à partir du silence (reconnaître les bruits environnants, leur origine spatiale) ;
– jeu du silence : mener des actions silencieuses (lever le doigts, bouger la tête, sourire…) ;
– reconnaître la façon de faire un son (gratter, taper, souffler, etc.) ;
– jeu de la statue : mise en mouvement quand la musique intervient.

REMARQUE

Des rituels avant l'écoute peuvent être installés, une attitude, un jeu, des exercices de recentrage. Ils permettent tous un retour à soi favorisant la disponibilité pour écouter.

B Les différentes écoutes

▶ **L'écoute passive** est un moment de détente sans autre objectif que de se recentrer et de créer un climat propice à la détente. Elle peut intervenir entre deux disciplines, après un moment de tension ou de fatigue physique. L'écoute plaisir peut être un rituel permettant de commencer ou d'accompagner d'autres activités.

▶ **L'écoute active** va de pair avec un objectif pédagogique. Elle est un support aux apprentissages et va au-delà de la seule expression d'un ressenti. L'écoute permet de percevoir la relation entre un geste, un objet et un son. C'est une combinatoire. Il est nécessaire d'apprendre à reconnaître le geste qui produit le son (voix, corps, instruments…) en passant par la pratique avant la reconnaissance auditive.

▶ **Les objectifs de l'écoute** doivent être clairs pour l'enseignant afin d'amener les élèves à la perception désirée.

C La structuration de l'écoute

1. La découverte sans consigne pour être en posture d'ouverture

À la première écoute, l'enseignant peut laisser l'extrait musical se dérouler sans intervenir, sans aucune consigne. Une phase de verbalisation collective permettra en suivant de relever et de noter le cas échéant, ce qui a été perçu. Dans cette phase, l'enseignant reçoit toutes les perceptions sans *a priori* quelle que soit la pluralité des perceptions.

2. La réécoute

▶ **Plusieurs écoutes sont indispensables** pour entendre ce qui n'a pu être perçu et mémorisé. La réécoute qui suit la verbalisation permettra d'être de nouveau attentif pour entendre les éléments évoqués et en découvrir de nouveaux.

▶ **Le nombre d'écoutes est variable en fonction des objectifs à atteindre.** Il n'y a pas de normes. L'enseignant peut utiliser le mouvement pour faire prendre conscience de certaines notions ou d'analogies (répétition, accélération, reprise de thème…). Il fournira des clés d'écoute et des repères en s'appuyant sur les éléments déjà identifiés. Les réécoutes dirigées peuvent n'être que partielles (un court passage pour être attentif à des aspects non perçus).

REMARQUE

La confrontation régulière à la pratique d'écoute permet à l'enfant de se créer ses propres outils de repérages et de reconnaissances.

D Les objectifs de l'écoute

L'écoute active poursuit toujours des **objectifs pédagogiques**. Elle peut s'inscrire dans une des séances d'une séquence. Les objectifs potentiels sont nombreux et peuvent être combinés. En voici une liste des principaux.

1. La discrimination des sons

▶ **Dès les premières années,** l'écoute a pour but d'apprendre aux élèves à identifier, à discriminer et à nommer. C'est un ensemble indissociable. Il s'apprend en travaillant la qualité d'écoute par la confrontation à de nombreux extraits et en complexifiant progressivement les attendus.

▶ **L'utilisation d'une banque sonore** *(BBC Sound effects)* fournit un large éventail de sons pour affiner la perception. C'est une ressource pour le cycle 1 notamment. Un certain nombre de sons disponibles sont ceux de l'environnement des jeunes élèves. Ils offrent l'opportunité d'une reconnaissance facile et progressive. On peut ainsi à terme reconnaître différents sons combinés entre eux et aborder les paramètres du son (intensité, hauteur, timbre, durée). Les paramètres du son interviendront séparément durant les premières séances puis, une fois acquis, ils pourront être peu à peu mélangés.

▶ **Au cours des deux premiers cycles,** la mémorisation est facilitée par la perception du geste qui produit le son (gratter, souffler, taper, pincer, etc.).

REMARQUE

Il est important de partir des sons bien connus et ouvrir progressivement sur d'autres univers sonores. Ceci est particulièrement vrai pour le cycle 1. On utilisera les bruits que les enfants connaissent et/ou peuvent reproduire en les combinant avant d'introduire des nouveautés.

2. Le développement de la mémoire auditive

Par des activités régulières d'écoute, la mémoire s'activera plus rapidement. C'est un entraînement. Les seules traces d'une écoute sont dans les mémoires qu'il faut pouvoir réactiver par la parole, le chant, le mouvement ou la trace écrite.

3. Exprimer un ressenti, affiner sa sensibilité

▶ **L'écoute permet l'évocation et le partage de différentes sensibilités.** En communicant leur ressenti, les élèves montrent qu'ils sont entrés en musique, qu'ils ont « interagi » avec elle.

▶ À partir du cycle 2, l'enseignant devra s'attacher à souligner le lien entre une émotion ressentie et les moyens musicaux utilisés.

▶ Au cycle 3, les élèves seront peu à peu en capacité d'établir ce lien en donnant du sens aux éléments musicaux identifiés à l'écoute.

4. Identification d'éléments musicaux

▶ La **compréhension de l'écriture d'une pièce** est un des aspects importants de l'écoute.

▶ Comment la musique est-elle composée pour exprimer ou « faire passer » tel sentiment ou telle émotion ? Partir du ressenti des élèves facilite en général, l'identification. La **mise en mouvement sur la musique** est aussi un outil qu'il ne faut pas négliger tout comme **l'imitation vocale ou le codage** qui permettront d'ancrer ou de percevoir le discours musical en s'appuyant sur une représentation visuelle. Toutes ces entrées dans l'écoute sont autant de moyens servant l'identification.

▶ Apprendre à comprendre l'organisation d'une pièce musicale fait partie de la culture musicale transmise à l'école.

▶ Dans un souci de progressivité, le travail portera sur un élément musical (un rythme, un instrument…) puis, petit à petit, une forme, une construction…

EN PRATIQUE

▶ En écoutant, **les *Jeux d'eaux* de Maurice Ravel**, les élèves ressentiront probablement le lien avec cet élément. Il convient alors de les amener à percevoir que la tessiture, le rythme sont la traduction musicale du bruit des cascades, des ruisseaux, etc.
▶ En cycle 3, on pourra comparer les moyens musicaux mis en œuvre dans ***L'eau vive* de Guy Béart** et l'instrumentation de **Toru Takemitsu dans *Rain Tree Sketch II*** pour évoquer le même thème.
▶ De la même façon, la mise en musique du galop des chevaux s'écoutera dans ***Le Roi des Aulnes* de Franz Schubert** ou ***La chevauchée des Walkyries* de Richard Wagner**. Les moyens musicaux au premier abord fort différents (instrumentation, occupation de l'espace sonore...) dans ces deux œuvres laissent apparaître des similitudes (rythme répétitif) que les élèves pourront percevoir et verbaliser.

5. L'écoute comme support de création

▶ **La reproduction ou l'imitation** de ce qui a été entendu constitue un ensemble de matériaux sonores à réinvestir dans la perspective d'une création.

▶ **L'utilisation d'un enregistreur** pour garder une trace ou **un codage écrit (un musicogramme)** défini en classe facilitera le réinvestissement et le suivi de la musique.

6. La transversalité

6-1. Par le repérage dans le temps

La langue utilisée ou le choix des instruments (la guitare électrique, par exemple) sont autant d'indicateurs du style, de l'époque et fournissent ainsi des repères spatiaux et/ou temporels aux élèves. Cette activité peut amener à contextualiser l'extrait écouté et faire pont vers d'autres disciplines.

6-2. Par le sujet des œuvres musicales

Les tableaux d'une exposition de Modeste Moussorgski conduisent en cycle 3 vers l'histoire des Arts (visite d'une exposition) et les arts plastiques (réalisation d'une des toiles « jouées »). Le travail d'écoute d'un extrait peut trouver un prolongement dans la création d'une pochette de disque ou d'une illustration.

Pour réussir le concours

Il est conseillé d'avoir un corpus d'œuvres, bien connues que vous pouvez utiliser dans la constitution d'une séquence. Bien sûr, les œuvres à l'étude pour le concours pourront être réinvesties judicieusement.

E De l'écoute à la trace écrite

1. La transcription des sons ou de la musique

▶ **L'écoute est une façon d'amener à la réalisation d'une trace écrite.** Celle-ci passe par un travail de codage / décodage. La trace écrite réactive la mémoire. Le codage induit la compréhension du discours musical et la possibilité d'une reproduction. Des exemples peuvent être proposés par l'enseignant pour initier la recherche ou sont inventés en classe.

▶ **Comment reproduire par écrit ce qui a été entendu ?** Il faut d'abord identifier, nommer et donc ressentir ce que l'on vient d'entendre. Les élèves se questionnent sur les paramètres du son en jeu et sur l'articulation de la pièce (qui a commencé, qui a terminé, qui joue ensemble…). Ensuite, l'imagination au service du graphisme s'active pour passer à la représentation écrite. Ce travail gagne en pertinence en étant réalisé par des groupes de 5-6 élèves. La confrontation, le partage d'idées et la pluralité des éléments perçus (« personne n'entend tout immédiatement ») enrichiront les transcriptions.

▶ **Il existe de nombreuses façons de transcrire en signes la musique.** La lecture et la réalisation éventuelle par d'autres élèves sont un moyen de vérifier la « justesse » de la trace en dehors du groupe créateur. Des cartes prédessinées à afficher au tableau permettent la représentation dès le début du cycle 1 et en suivant le réinvestissement.

2. Mises en activité

▶ **Proposer des codages simples et demander aux élèves de rédiger une trace écrite les utilisant à la suite d'une écoute.** Les élèves dans un deuxième temps, créeront leurs propres codes à partir d'une autre œuvre le cas échéant. L'enseignant insiste sur la simplicité du codage et du graphisme afin qu'ils soient aisément lisibles et réinvestis. On peut alors, à partir de cette trace écrite, engager une activité de re-création et d'invention.

PRATIQUE

▶ Vous pouvez commencer par des œuvres significatives, courtes ou une partie d'œuvre. Soulignez les nuances à relever, les parties solistes ou à plusieurs, les motifs récurrents ou inopinés, un ostinato, un son tenu, les durées de chaque intervention…

▶ **Exemple d'œuvre :** « Canon », Charles Mingus (album *Mingus Moves*).

▶ **Investir le codage d'abord par la réalisation en proposant une succession de graphismes** et en donnant des consignes pour l'exécution. Par exemple : utiliser tous les sons possibles faits par les mains. Ces codages simples sont suggérés et réinvestis dans des activités d'invention.

▶ **Pour aller plus loin :** Chaque groupe invente et réalise une production et la trace écrite correspondante. Ces productions sont enregistrées. La classe doit identifier la « bonne » trace écrite en fonction de l'exécution.

À RETENIR

L'écoute offre des champs infinis d'investissement. On travaille son intériorité, sa communication, sa perception du discours musical et sa culture.

12 Les pratiques collectives

▶ THÈME 2 : QU'ENSEIGNE-T-ON EN ÉDUCATION MUSICALE ?

Aborder les pratiques collectives revient à bien cerner les objectifs de l'éducation musicale en classe. Il s'agit d'abord de développer le goût pour la pratique musicale par la mise en activité, le goût aussi de l'expérience vécue et partagée. La question n'est pas d'acquérir une technicité même si la prestation commune visée doit être aboutie. L'idée est bien de se forger un référentiel commun à travers une expression personnelle et des séquences étudiées et réalisées en commun. L'éducation musicale apprend à connaître et à « travailler » la matière sonore ensemble. Chacun y contribue et s'enrichit mutuellement.

A Les objectifs d'une pratique collective

▶ **Si la pratique collective facilite l'implication du groupe classe dans une mise en musique, elle établit d'autres relations en classe.** Elle détourne le face-à-face pédagogique habituel où l'enseignant est la référence. Chaque membre du groupe peut ainsi être valorisé puisque chacun a un rôle à jouer en fonction de son savoir-faire, son savoir être et ses habilités. C'est alors le rôle de l'enseignant de percevoir au sein du groupe qui peut faciliter les apprentissages en aidant les autres. La pratique collective permet de redistribuer les rôles au sein de la classe.

▶ Les modes de transmission propres à l'enseignement musical à l'école et surtout les attendus sont déterminés pour **rendre possible l'accessibilité de la discipline à tous sans prérequis** (ou avec les mêmes). C'est pourquoi, il n'est pas nécessaire de lire la musique ou de jouer d'un instrument pour engager un travail de chant, d'écoute, d'inventivité ou d'expressivité.

REMARQUE

On utilisera les compétences des élèves apprenant la musique par ailleurs – en conservatoire par exemple – au service du projet mené en classe.

Pour réussir le concours

Vous devez prévoir des pratiques de différentiation pour travailler des passages délicats : en réduisant le nombre d'élèves en production, en disposant judicieusement un élève qui a assimilé l'exercice et un autre en cours d'acquisition.

B Quelles pratiques collectives ?

Si la **diversité des pratiques possibles à investir en éducation musicale** est réelle (chant, jeux rythmiques, manipulation de corps sonores ou de petites percussions, écoute, mouvements, etc.), la place de la pratique vocale, plus immédiate, est prépondérante. Outre le chant, les jeux rythmiques, les manipulations d'objets sonores, l'écoute ou la création sont autant d'entrées dans la discipline et peuvent s'envisager en classe entière ou partagée.

1. Le chant

La **pratique vocale** est l'activité appropriée pour les travaux de production et d'interprétation collectifs. Elle nécessite une implication personnelle dans un but collectif. C'est tout à la fois savoir se positionner, anticiper, suivre, écouter pour transmettre une intention commune. C'est aussi vrai pour l'ensemble des pratiques collectives.

2. Les pratiques instrumentales

Peu d'écoles disposent d'un parc instrumental. Les pratiques orchestrales existent à l'école mais les intervenants sont des musiciens professionnels extérieurs. Les programmes d'orchestre à l'école (Démos par exemple) se mènent en partenariat avec des établissements spécialisés.

3. La pratique d'écoute

Si l'écoute est un entraînement individuel, la mise en commun par groupes des restitutions d'écoute est bénéfique. Elle permet de partager des ressentis, de relever des éléments, des nuances avec les autres élèves en soulignant les perceptions particulières. Tous les élèves n'entendront pas la même chose, certains identifieront un instrument, d'autres une nuance, d'autres une phrase qui revient. La mutualisation facilitera la perception de chacun. Il y a toujours une variété d'éléments à entendre qu'il est rare de percevoir par un seul élève en une écoute, d'où l'intérêt du travail en commun.

4. Les jeux rythmiques

En maternelle, il est éventuellement possible d'acquérir un ensemble de petites percussions ou de les réaliser. Ces pratiques offrent aux élèves la possibilité de joindre le geste à la production sonore en développant simultanément la motricité pour créer ensemble différentes sortes de sons : plus courts, plus longs, plus forts etc.
C'est un moyen d'apprendre progressivement à écouter à la fois sa production personnelle et le rendu global. Les pratiques rythmiques se réalisent également à la voix ou en frappé dans les mains. Au fur et à mesure de la scolarité, les jeux rythmiques se complexifient par des propositions en tuilage, en superposition, en juxtaposition. Ils offrent des possibilités innombrables de création.

REMARQUE

Le travail peut être scindé en groupes pour faciliter la phase de recherches en permettant à chacun de contribuer activement à la création. L'enseignant s'assurera que les consignes sont comprises, qu'il y a bien une phase de recherches et une mise en activité pour chaque membre du groupe.

C Travailler avec les percussions

▸ En classe, si l'on souhaite utiliser des instruments, on privilégie ceux de la famille des percussions. Ils présentent l'avantage d'une **rapide prise en main très intuitive**.

▸ La classe peut être divisée en plusieurs groupes devant chacun se concentrer pour garder le rythme sans accélérer ou ralentir. Les percussions peuvent aussi accompagner un chant.

REMARQUE

Il est nécessaire d'avoir un nombre suffisant de percussions à disposition. Si leur nombre est limité, l'attente risque d'être trop longue et diluera l'intérêt de la séance. Un instrument pour deux ou trois enfants présente un bon équilibre. On peut aussi combiner les activités (chant d'un côté et percussions de l'autre) et alterner les groupes.

1. Les percussions à peaux

On peut citer le tambourin et le bongo. On peut facilement jouer en frappant la peau avec la main, le jeu plus subtil sur les nuances ou les différences de timbres demande de l'entraînement. Ces instruments permettent de marquer les pulsations sur une musique ou d'assurer un *ostinato* sur un chant.

2. Les percussions à lames

▶ Les lames de ces instruments, frappés avec une mailloche, **produisent des sons précis**. Ce sont les métallophones (lames en métal) ou les xylophones (lames en bois).

▶ En classe, ils peuvent servir à créer ou à reproduire une phrase rythmée, jouée ensemble à des hauteurs de sons différentes (cycle deux et trois). En cycle 1, le motif à reproduire sera court.

▶ Notez que ces instruments permettent aussi des jeux pour prendre conscience des hauteurs des sons.

3. Les percussions secouées

Les grelots, maracas, etc., sont des instruments de manipulation facile. On peut produire des rythmes avec mais ils sont aussi une source de recherches en cycle 1 pour varier l'effet en changeant le geste : secouer en l'air, frapper dans sa main, rouler…

4. Les objets

▶ Inépuisables ressources, ils vont de la fermeture éclair au bruit de la porte, au froissement d'un anorak, feuille de papier froissée… Ce sont autant d'effets sonores qui peuvent servir la création (l'illustration d'une histoire ou un paysage sonore).

▶ Les **percussions corporelles** appellent l'exploration des sons produits avec les différentes parties du corps. Elles donnent, elles aussi, l'occasion d'approfondir la précision du geste individuel et collectif et nécessitent en amont un travail minutieux de recherches de cette matière sonore. L'enseignant devra lui-même être capable de montrer un exemple d'une phrase en percussions corporelles.

REMARQUE

Pour une activité de création, les consignes données sont toujours précises (jouer tous ensemble et utiliser les pieds, puis la bouche et s'arrêter brusquement ; utiliser la voix ensemble puis par deux avec beaucoup de silence).

À RETENIR

- Les pratiques collectives sont inhérentes à l'apprentissage de la musique à l'école. Elles passent essentiellement par les pratiques vocales. La chorale est privilégiée mais non exclusive.
- Les pratiques instrumentales, avec percussions ou l'instrumentarium à disposition, permettront aux élèves de faire un lien très direct entre geste et production.

13 Les activités de création

▶ THÈME 2 : QU'ENSEIGNE-T-ON EN ÉDUCATION MUSICALE ?

Il existe de nombreuses possibilités dans tous les cycles pour mener des activités de création en classe. La création est stimulante et contribue à ancrer d'une façon ludique les apprentissages.

A De multiples champs cognitifs et sensoriels mobilisés

▶ **La création développe les sens de :**

▷ l'attention, l'écoute, les perceptions pour atteindre le bon son, le bon bruitage, le bon moment…

▷ la précision (entrées, arrêts, fin), une bonne gestuelle du meneur, l'affinement de l'écoute (la sienne et celle du groupe) et de l'esprit critique à la réécoute. Elle part souvent de l'imitation qui peut-être une phase nécessaire pour gagner en confiance et pouvoir s'en éloigner.

▷ l'organisation et de l'intervention (prendre sa place), la perception du déroulement d'une action avec une articulation et donc le sens de la construction (un début, un développement, un fin/une chute).

▶ **Les aptitudes sensorielles sont entraînées par la communication non verbale** (apprendre à se comprendre en se regardant), par l'expression de sentiments ou d'émotions ou par leur traduction musicale.

▶ **La dimension symbolique** intervient dans la représentation graphique du geste musical. L'autonomie, la recherche et la créativité sont appelées pour produire une œuvre personnalisée.

REMARQUE

L'enseignant s'efforcera d'être attentif à toutes les propositions au sein des groupes pour que chaque élève trouve sa place et joue son rôle.

B Les activités préparatoires

▶ **Le travail en groupe** (5-6 élèves) permet à chacun de se positionner et d'être acteur. Durant les activités préparatoires, l'enseignant peut proposer des **activités en binôme**. Il fournit un cadre : utilisation de la voix, du rythme ou de sons pour évoquer une situation, un sentiment, un paysage.

▶ **Au cycle 1**, les consignes doivent être peu nombreuses et précises (un son ou un paramètre puis les deux). **En cycle 2 et plus encore en cycle 3,** les propositions sont plus complexes (par deux sons, une voix, trois rythmes…) et combinées à un ou plusieurs paramètres du son (durée, timbre, intensité, hauteur).

▶ Les activités préparatoires permettront de **donner envie et d'apprendre à expérimenter**.

PRATIQUE

On peut proposer différents exercices en classe :
- la création d'ambiance sonore : la gare, le stade, etc. ;
- les imitations simples comme les bruits du quotidien (bruit d'une porte fermée très doucement, qui grince, qui claque) ou des sentiments ;
- sur une chanson connue : l'invention d'un accompagnement rythmique avec des percussions corporelles, la création d'une introduction vocale ou instrumentale ou avec des objets ;
- l'illustration sonore d'une photographie ;
- la création rythmique imitant une forme musicale (le rondo, l'aria da capo, etc.).

C Le déroulement

L'enseignant fournit le cadre en définissant le projet, son objectif, le nombre de séances consacrées et les ressources disponibles (voix, instruments, objets, enregistreur…) et guide la formation des groupes d'élèves. Il précisera les étapes : investigation, articulation et restitution.

▸ **Le travail préparatoire est un travail de recherches et d'investigation libre.** Il se déroule sous forme de jeu pour que chacun exploite au maximum les ressources disponibles et leurs caractéristiques : la voix peut être criée, murmurée, dire des mots en boucle, des onomatopées, émettre des bruits de bouche, etc.

▸ Il convient de souligner la fonction des paramètres du son pour **enrichir la production**. Le rôle du silence est souvent négligé de même que le sens qu'il peut donner à la production (surprise, rupture, inquiétude, attente). Cette phase d'investigation peut-être longue, c'est le moment où toute la matière de la création émerge.

REMARQUE

Il est parfois souhaitable de continuer sur plusieurs séances, un travail préparatoire inabouti. Il permet aux élèves d'aller plus loin dans la recherche afin de pouvoir choisir dans l'ensemble des propositions.

▸ Une fois les éléments trouvés et sélectionnés, l'articulation de la création et les interventions doivent être abordées. Les élèves notent précisément le moment où chacun intervient surtout si la production est relativement longue et complexe (tous ensemble ou seul, canon, répétitions, dialogues, jeu sur les effets de nombre). Un meneur/chef d'orchestre peut être désigné.

▸ **La restitution devant la classe pousse à achever le travail collectif.** Elle est importante pour montrer et souligner la diversité des rendus.

▸ **Selon le cycle, l'enseignant donnera plus ou moins d'indications** sur les points suivants :
– quel type d'intervention (groupe, trio, duo, soliste…) ;
– comment organiser la production ;
– comment les élèves décident du rôle de chacun ;
– comment impliquer tous les élèves.

EN PRATIQUE L'enregistrement sonore (un smartphone) ou le musicogramme (une partition graphique réalisée par les élèves) sont des outils permettant de réactiver la mémoire d'une séance à l'autre pour reproduire le travail précédemment réalisé.

D Des exemples de création à proposer en classe

1. Illustration sonore d'un texte

▸ L'enseignant peut partir d'un texte déjà connu par la classe. Si ce n'est pas le cas, le texte doit être bien compris dans ses différents niveaux de lecture. Pour le cycle 3, on peut opter pour une illustration sans approche textuelle préliminaire. Celle-ci viendra *a posteriori* de la production. Il sera alors intéressant de comparer les différentes réalisations.

▸ Sur la base d'un texte travaillé en classe, chacun pourra intervenir sur les sons :
– évidents, c'est-à-dire ceux qui sont évoqués par le texte (une cloche, un animal un cri, etc.) ;
– suggérés ;
– qui donnent à entendre et à comprendre le texte.

▶ La difficulté peut être d'évoquer une idée, une description, un sentiment. Les exercices préparatoires ont la vocation d'éviter ces blocages.

▶ La restitution de chaque groupe permettra d'aller plus loin dans la lecture du texte par les différentes productions écoutées.

REMARQUE

Les activités de création prennent du temps, il convient de toujours les cadrer temporellement. Au cycle 1, les élèves seront guidés pour reproduire le son au bon moment jusqu'à être autonomes.

2. Les paysages sonores

▶ Créer un paysage sonore, c'est **assembler des sons, sans faire appel à une mélodie**, en jouant sur ses paramètres pour évoquer un lieu, un moment… L'organisation et la combinaison des sons choisis déterminent la qualité de l'effet et du rendu.

▶ Une fois le thème déterminé, les phases de création suivent le déroulement vu précédemment :
– la collecte des sons (après écoute de bruitages et reproduction de ceux-ci ou en exploration pure) ;
– la phase de création suivra autour du thème défini.

▶ **L'enseignant encouragera les explorations pour la production de sons** (avec le corps, des objets, des enregistrements…) et stimulera le jeu sur les variables (rapidité, lenteur, fort, doux, haché, continu, isolé, en écho…).

▶ Chaque groupe articule son paysage.

▶ **Lors de la présentation à la classe**, une captation peut être réalisée. Son écoute sera surprenante et stimulante. Elle permet d'affiner la production.

3. Le *soundpainting*

▶ **C'est un langage de signes permettant la création en direct.** Très élaboré, ce langage de 1 200 gestes peut servir la création en classe en apprenant progressivement un répertoire de quelques signes, en l'élargissant selon les besoins. En pratique, le *soundpainter* (le compositeur) communique avec le groupe par des signes (mains, corps) donnant ainsi des indications d'exécution à l'ensemble du groupe ou à une partie de celui-ci. La communication non verbale de ce jeu musical permet de traduire un geste en sollicitant, outre la concentration et la réactivité, la perception et la production.

▶ Des ressources d'accompagnement sont disponibles sur Eduscol : du geste (de sollicitation) au son : l'exemple du soundpainting et sur le site de référence www.soundpainting.com.

PRATIQUE

▶ **Penser à des remédiations** possibles pour les élèves ou les groupes qui ne « trouvent rien » qui ne savent pas quoi faire. L'enseignant ouvrira des portes en partant de ce que les élèves maîtrisent ou connaissent.
▶ L'activité peut dérouter certains élèves peu habitués ou mal à l'aise avec un espace de liberté… C'est pourquoi les objectifs de la production doivent être clairement posés.

À RETENIR

- La création musicale est présente dans les 3 cycles.
- Elle offre un espace nouveau stimulant de nouvelles compétences et sollicitant d'autres aptitudes.

Liées à l'écoute, la production ou la création, l'analyse et la compréhension de ce que l'on écoute, chante ou crée est un objectif de l'éducation musicale passant par la reconnaissance de caractéristiques musicales. C'est aussi une des clés pour s'approprier les œuvres, les apprécier ou se forger une opinion.

A Reconnaître les instruments et les voix

▶ **Identifier les instruments ou les voix est une des étapes dans l'analyse.** Souligner le lien entre le geste et le son facilite l'apprentissage et la mémorisation.

① Le souffle pour les voix (enfants, femmes et hommes) et les instruments à vent (bois et cuivres).

② Le frottement pour les instruments à cordes frottées (violon, alto, violoncelle, contrebasse).

③ Le pincé pour les instruments à cordes pincées (guitare, harpe, clavecin).

④ Le piano, instrument à cordes frappées.

⑤ Le frappé, le frotté, le secoué pour les percussions.

▶ **Une œuvre a été spécialement composée pour faire découvrir les instruments de l'orchestre et leurs timbres aux enfants** : *The young person's guide to the orchestra*, un thème et variations de Benjamin Britten.

▷ **Le thème** est d'abord présenté par l'orchestre puis repris par les flûtes et les hautbois, les cors et trombones, les cordes, les percussions avant d'être repris par l'orchestre.

▷ **Chacune des variations** met en valeur une famille ou un instrument :
– famille des bois (variations 1 à 4) ;
– famille des cordes (variations 5 à 8) ;
– la harpe (variation 9) ;
– famille des cuivres (variations 10 à 12)
– famille des percussions (variation 13)
puis à nouveau l'orchestre.

REMARQUE

On écoutera particulièrement la dernière variation dédiée aux percussions pour percevoir cette grande famille composée de multiples instruments.

B Les formations instrumentales ou vocales

Reconnaître les formations donne des indications sur le style musical (classique, jazz, traditionnel, etc.).

1. L'orchestre symphonique

▶ C'est un **ensemble instrumental** regroupant quatre **familles d'instruments** : les cordes, les bois, les cuivres et les percussions.

▶ Dans le **premier mouvement de la *Symphonie n° 6* de Mahler**, notez l'utilisation de tous les pupitres de l'orchestre et la place accordée aux percussions dans cette œuvre.

2. Le *big band*

▶ C'est un **orchestre de jazz** à géométrie variable caractérisé par une section rythmique et une section mélodique dominée par les instruments à vent.

▶ Dans ***Sing, sing, sing*** **de Benny Goodman**, on distingue au début la section rythmique seule (batterie) puis entrent les vents accompagnés par la section rythmique.

3. La musique électroacoustique

▶ Cette musique est apparue dans les années 1950 avec les outils technologiques permettant d'enregistrer, de modifier les sons, ou d'en créer.

▶ Pierre Henry est le précurseur de cette musique et a collaboré avec le chorégraphe Maurice Béjart en composant *Messe pour le temps présent*.

▶ La première pièce de *L'Œil écoute*, « Train de passage », de Bernard Parmegiani propose un voyage en train. La traversée mène l'auditeur à la rencontre de multiples paysages sonores.

4. La musique de chambre

▶ Cette formation de musique classique est composée d'un **nombre restreint d'instruments** (duo, trio, quatuor…).

▶ Dans le ***Trio pour violon, violoncelle et piano opus 100*** **de Franz Schubert**, *Andante con moto*, le piano commence seul en installant l'harmonie sur des notes répétées, le violoncelle entre et développe un long chant. Le violon ne joue pas. Il entre discrètement et s'accorde avec le violoncelle pour accompagner le piano qui chante à son tour le thème. La pièce se poursuit dans un équilibre des différentes voix.

5. L'ensemble de percussions

Ces ensembles peuvent être très variés, les instruments à percussion étant multiples et différents selon les pays. On peut citer entre autres la *batucada* d'origine brésilienne ou les ensembles de *Taiko* (grand tambour traditionnel japonais frappé avec des bâtons). À l'origine, utilisé dans l'armée, ce tambour est maintenant joué par de nombreux groupes. L'intensité du jeu s'accompagne de mouvements, de cris, de silences…

6. Le chœur

▶ C'est un ensemble de voix qui peuvent être mixtes (enfants, femmes et hommes) ou non. Il peut être accompagné ou chanter seul *a cappella*.

▶ **Dans l'opéra de Georges Bizet *Les Pêcheurs de perles***, le chœur mixte de « Sois la bienvenue » est accompagné par l'orchestre où l'effet de fluidité et de joie est immédiat. L'ambiance est à la danse, ponctué par le son d'un triangle. Les femmes commencent à chanter une mélodie simple, aux allures populaires. Les hommes (d'abord les basses puis les ténors) poursuivent à leur tour. Les femmes reviennent avant que tous ensemble, ils terminent en polyphonie.

C Les genres

Le genre est généralement lié à la finalité de l'œuvre (pour qui la musique sera-t-elle jouée ? où sera-t-elle jouée ?) Ainsi des regroupements peuvent s'opérer pour s'orienter : musique de scène, musique religieuse, musique de chambre, musique instrumentale ou vocale…

1. La musique vocale profane

▶ Elle regroupe les genres musicaux de l'opéra, l'opérette, la comédie musicale, la chanson…

▶ **L'opéra** est une œuvre composée à partir d'une histoire (un livret) jouée et chantée qui nécessite des décors, une mise en scène, des costumes, un orchestre, un chœur, des solistes. Il commence par une ouverture captivant l'attention et évoquant en général les grands thèmes à venir.

▶ Vincenzo Bellini signe avec ***Norma*** une œuvre majeure du romantisme italien en magnifiant la voix. L'orchestre soutient l'intensité dramatique par des effets d'éloignement ou de rapprochement.

2. La musique sacrée vocale

▶ Elle regroupe la cantate, l'oratorio, la messe, la passion, le requiem, le gospel…

▶ **Le gospel** est un chant religieux, le plus souvent à plusieurs voix, chanté par les Afro-Américains dans les églises.

▶ « *Take my hand, Precious Lord* », un des standards gospels écrit en 1932 par Thomas A. Dorsey, le père du gospel, a été repris entre autres par Aretha Franklin et Elvis Presley. Mahalia Jackson l'a chanté aux obsèques de Martin Luther King selon ses derniers souhaits.

3. La musique instrumentale

▶ Elle regroupe le concerto, le poème symphonique, la symphonie…

▶ **Le concerto**, apparu au XVIIe siècle, est un dialogue entre un instrument soliste et l'orchestre. Ensemble, ils se parlent, s'interrogent, s'interrompent ou s'écoutent. Il existe des concertos pour un deux ou parfois trois instruments solistes.

▶ On peut citer le ***Concerto pour flûte et harpe* de Mozart** : ce concerto en trois mouvements propose une combinaison entre la flûte et la harpe, inédite pour l'époque. Il répond à une commande du duc de Guînes à Mozart. La harpe est utilisée aussi bien mélodiquement qu'harmoniquement. Le deuxième mouvement, *Andantino*, est remarquable par son lyrisme.

D La forme

▶ La forme est la **structure de la pièce**, la façon dont elle est organisée et articulée. Il existe une grande variété de formes que l'on retrouve quelle que soit la formation instrumentale et vocale : le canon, la fugue, le rondo, le thème et variations, la forme sonate, l'aria da capo…

▶ **L'Aria da capo** (ou forme ABA) est, à l'origine, une forme vocale très appréciée au XVIIe siècle pour sa structure équilibrée. Elle se retrouve dans la chanson « J'ai du bon tabac » et dans la pièce pour voix mixte d'Adriano Banchieri, *Contrapunto bestiale alla mente*, écrit pour les fêtes du carnaval de Venise en 1608. La première partie (A) est gaie, enjouée, facile à chanter sur deux syllabes ; la deuxième (B) est pleine d'humour par l'emploi d'onomatopées et d'imitation d'animaux, la reprise de A est à l'identique.

REMARQUE

Les élèves pourront trouver des déplacements ou des mouvements pour caractériser chaque partie.

E Les notions musicales

▶ **La connaissance et la reconnaissance de notions musicales font partie du travail d'analyse.** L'approche est avant tout sensible, la qualité d'écoute permettra d'identifier un bourdon, un ostinato, un thème ou mélodie, une phrase musicale, des nuances, un tempo. Certaines notions sont plus immédiates à percevoir que d'autres.

▶ **La notion de phrase musicale** se percevra plus facilement en l'abordant par une chanson où le texte suivra la construction musicale (début et fin de phrase).

▶ **L'ostinato** peut être rythmique, mélodique ou harmonique. C'est un motif répété pendant une partie ou toute la durée du morceau. Il est indispensable à l'œuvre et accompagne les autres parties.

▷ L'ostinato rythmique est particulièrement perceptible et célèbre dans *Le Boléro* de Maurice Ravel, où la caisse claire répète 169 fois la même cellule rythmique.

▷ Les Blues Brothers utilisent un ostinato mélodique dans *Peter Gunn*.

▷ Il arrive que des ostinatos mélodique et rythmique se conjuguent. C'est le cas dans « C'est que du rap » de Bigflo et Oli qui commence par un ostinato mélodique au clavier et se poursuit conjointement avec un ostinato rythmique aux percussions avant l'entrée du chant.

▶ L'ostinato harmonique s'entend dans « Chan chan » de Buena Vista social Club, l'accompagnement est un ostinato de quatre accords.

REMARQUE

Après avoir repéré et reproduit l'ostinato, les élèves pourront à leur tour le chanter ou le frapper.

Pour réussir le concours

Pensez toujours à expliquer comment vous allez aborder et présenter en classe les nouvelles notions qui apparaissent au cours de l'étude de nouvelles œuvres. Ne cumulez pas les notions nouvelles afin que les élèves puissent les assimiler.

À RETENIR

Identifier, reconnaître et produire, c'est aussi savoir nommer avec le vocabulaire approprié.

15 L'échange, le débat et l'argumentation

▶ THÈME 2 : QU'ENSEIGNE-T-ON EN ÉDUCATION MUSICALE ?

Il s'agit du quatrième champ de compétences à travailler en éducation musicale, défini par trois verbes : échanger, partager et argumenter (le dernier verbe apparaissant, dans une logique de progression, au cycle 3). Ce champ de compétences souligne l'importance de l'oral qui, comme l'écoute et la pratique musicale, est au cœur de cette discipline.

A Pratique de l'oral au cycle 1

▶ **Le premier domaine d'apprentissage est « Mobiliser le langage dans toutes ses dimensions ».** L'oral occupe une place prépondérante et à la lecture des attendus, on peut remarquer qu'il est moteur des apprentissages : les enfants entrent en communication, précisent leur lexique, leur syntaxe et apprennent à exprimer ressenti, émotions et pensées dans le cadre d'une communauté scolaire.

▶ **L'éducation musicale va permettre d'enrichir le lexique** et d'apprendre par imprégnation des registres de langue et différentes tournures syntaxiques (apprentissage des comptines et de chansons, écoutes diverses avec voix chantée ou voix parlée).

EN PRATIQUE

Babar,
Francis Poulenc / Jean de Brunhoff.

Deux escargots s'en vont,
Jacques Prévert /Joseph Kosma.

À partir de ces deux extraits, plusieurs activités sont possibles :
- ▶ Le travail du lexique.
- ▶ Le travail sur la relation entre le texte et la musique.
- ▶ La théâtralisation ou la mise en image aidant à exprimer le ressenti.

▶ **L'enseignant encourage les élèves à mettre des mots sur le langage des sons :** décrire une ambiance, faire appel à une image, imaginer une histoire. Petit à petit, il les aide à entrer dans une pratique descriptive mais en utilisant le geste, la reproduction pour que les paramètres du son, les éléments de composition soient vécus, ressentis avant d'être nommés par un vocabulaire technique et précis.

▶ **Au cycle 1, on favorise l'acquisition d'un répertoire** (comptines, lexique, formules syntaxiques) et l'apprentissage de la communication en groupe (prendre la parole sans interrompre le camarade, savoir écouter l'autre, la question posée, prendre la parole en répondant à une question, une consigne, exprimer une ambiance, ce qu'on imagine).

B Mise en jeu du 4e champ de compétence aux cycles 2 et 3

Ce quatrième champ de compétences va être travaillé en s'inscrivant dans une progression. Il se rattache spécifiquement aux **compétences de l'oral**. L'éducation musicale, par sa didactique, peut également participer à la constitution d'une **approche de l'éloquence**.

1. La voix et l'éloquence

▶ **Le travail de la voix** par la technique d'une respiration contrôlée, du soutien, de l'articulation et du timbre, permet aux élèves de maîtriser peu à peu leur instrument et d'en comprendre les mécanismes.

▶ **La théâtralisation et la pratique d'un art vivant et scénique** renforcent la confiance en soi en apprivoisant le regard de l'autre, en apprenant à interpréter différents personnages, en mettant en jeu les émotions. La prise de parole sera rendue plus vivante la voix incarnant le sens, et le geste le prolongeant dans un langage de transmission qui gagne en aisance et en fluidité.

2. Les modes opératoires pour développer la prise de parole

▶ **L'écoute musicale est verbalisée.**

▶ **L'écoute globale** amène à l'expression d'un ressenti, d'une ambiance, d'un trait caractéristique qui a frappé chacun. Elle permet ainsi l'expression de la singularité de chacun mais également un échange sur différentes réceptions de l'œuvre.

▶ **L'écoute analytique** oriente vers une demande précise de l'enseignant (instrumentation, tempo, nuances, forme) qui met en jeu des connaissances et la capacité à les retrouver puis à les exprimer à l'oral. Cette partie de l'écoute peut également donner lieu à des échanges, chaque élève complétant la réponse de l'autre, la précisant ou la réorientant vers une direction plus exacte.

3. Parler pour progresser

▶ **La participation orale lors des activités d'écoute** permet de manier un lexique et des concepts musicaux avec une remédiation directe possible de la part des autres élèves et de l'enseignant. La description musicale va se construire pas à pas permettant à chacun d'utiliser un vocabulaire qui gagnera progressivement en précision. Des liens entre le ressenti et les éléments factuels de description seront établis menant à une recherche du sens, du caractère et de l'esthétique de l'œuvre (date, genre, style).

▶ **Les élèves vont également s'exprimer sur leur production** qu'elles concernent le chant, la création ou la pratique instrumentale. La prise de parole est ici au service d'une analyse critique qui leur permet de gagner en autonomie et de tracer une voie de progression. L'avis émis sur la prestation des camarades doit être guidé par des consignes enseignantes précises : « Dites ce que vous trouvez réussi. Proposez une piste pour poursuivre le travail ».

▶ Au fur et à mesure, l'élève apprend à écouter et analyser son propre travail afin d'évaluer ses acquis et d'améliorer sa performance avec l'aide de l'enseignant (co-évaluation).

4. Parler pour s'exprimer

▶ Les élèves ont la possibilité d'exprimer leur individualité (Exprimer ses émotions, ses sentiments et ses préférences, Programmes de cycle 2).

▶ Les élèves apprennent également à écouter l'avis des autres et à intégrer la différence de point de vue, de ressenti (Écouter et respecter l'avis des autres et l'expression de leur sensibilité, Programmes de cycle 2).

▶ **L'expression de soi au milieu du groupe** demande d'adopter un vocabulaire et des modes de communication adaptés. L'enseignant peut afficher un répertoire des émotions dans la classe qui aidera chacun à s'exprimer. On apprend à écouter sans juger, à entendre l'autre et à entrer dans une compréhension différente.

5. Créer une collaboration active à l'oral

▶ La prise de parole en classe est à penser. Elle doit être canalisée afin que chacun participe à l'élaboration du cours en amenant un mot, une phrase à la réflexion commune. L'enseignant guide vers la prise en compte de la parole de l'autre.

▶ On peut **créer une chaîne de parole** en :
– reformulant ce qu'a dit le camarade ;
– donnant son avis ;
– ajoutant une précision ;
– apportant un autre éclairage ;
– résumant l'ensemble des interventions.

Pour réussir le concours

• Lors des écoutes, distinguez la verbalisation après une écoute globale, après une écoute analytique.
• Lors des activités de production, sollicitez l'avis des élèves sur leur prestation (ressenti puis analyse pour développer l'autonomie dans le travail).

À RETENIR

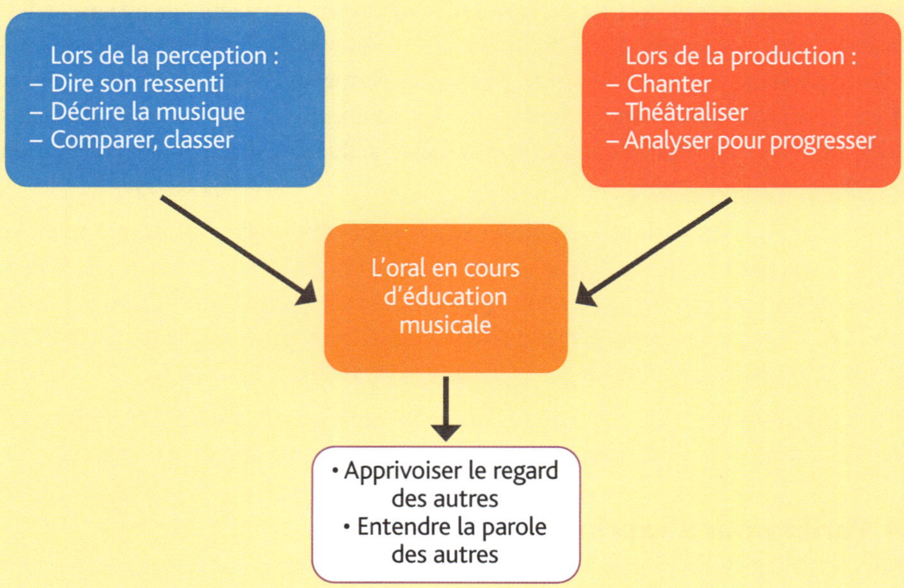

16 Où fait-on de l'éducation musicale ?

▶ THÈME 3 : COMMENT ENSEIGNE-T-ON L'ÉDUCATION MUSICALE ?

L'enseignement de l'éducation musicale demande parfois de repenser l'espace classe ou d'utiliser d'autres lieux dans l'école. Il est évident qu'il convient de combiner les possibilités offertes par le(s) lieu(x) et les pratiques possibles. L'éducation musicale se pratique aussi hors les murs selon les projets. Quels types d'activités pratiquer en adéquation avec le lieu ?

Les deux aspects de la perception et de la pratique appellent une organisation spécifique, la pratique individuelle est moins investie que le groupe ou l'ensemble de la classe. L'idéal est de proposer des situations d'apprentissage variées dans des lieux divers pouvant stimuler les aptitudes auditives (oralité, enregistrement pour réécoute), visuelles (recherches, tableau numérique interactif), kinesthésiques (exercices corporels, manipulation, expérimentation).

A Dans l'école

1. Organisation de l'espace classe

▶ L'idée est de **rendre accessible et repérable l'organisation de l'espace en fonction de l'activité** et d'éviter une réorganisation en cours de route. Les élèves sont impliqués dans cette redistribution (et son rangement). L'organisation de l'espace souligne la différentiation et/ou un parcours possible en ateliers. Elle permet de fluidifier les passages et de les identifier. La recomposition de l'espace classe est aussi la porte ouverte vers un autre univers celui de la musique, une autre forme d'apprentissage.

▶ Un espace devra être libéré des tables et des chaises **pour permettre aux élèves de se déplacer** lors des écoutes par exemple. La création de cet espace facilite l'écoute individuelle et collective lors des chants.

▶ **Quelques îlots composés de tables pour les travaux en groupe**, ou les zones d'apprentissage et d'expérimentations libres seront conservés.

2. Le matériel nécessaire

▶ Des tapis de sol pour les écoutes facilitent la détente et la concentration.

▶ Une étagère accessible accueille des ressources dédiées à la musique :
– une valise à sons ;
– des instruments ;
– du matériel de diffusion ou d'enregistrement.

▶ Le matériel de diffusion et les enceintes sont disponibles. Notons au passage que le matériel sera de bonne qualité pour une qualité d'écoute acceptable.

▶ Un coin informatique permet aux élèves d'effectuer des recherches le cas échéant.

EN PRATIQUE Il faut bien penser et visualiser le déroulement de l'activité menée pour gérer et utiliser au mieux l'espace disponible. Cela nécessite aussi de penser aux besoins de placement de la classe entière sans oublier les spécificités des élèves et les remédiations potentielles.

3. Une autre salle de l'école

▶ Utiliser une **salle de motricité** permet de plus grandes explorations corporelles et gestuelles (par exemple pour l'apprentissage des différents tempi ou des nuances en cycle 1).

▶ Une **salle spacieuse** peut être utile pour la chorale et des jeux de résonnance ou d'écho.

B En dehors de l'école

Pour réussir le concours

La séquence questionnée peut offrir des prolongements en dehors de la classe en programmant une sortie dans des lieux de diffusion ou de pratiques musicales (visite d'une école de musique).

▶ **Une sortie est l'occasion de collecter des sons** pour préparer un paysage sonore par exemple. Qu'a-t-on entendu ? Le son venait-il de loin / de près ? Était-il fort ? Amener à percevoir, prendre conscience et prêter attention à son environnement amène aussi des questionnements sur la perception et la création musicales. Ces sorties peuvent faire l'objet d'enregistrements qui seront réinvestis en classe (création, reconnaissance, reproduction, etc.).

▶ **La musique se vit aussi dans des lieux extérieurs dédiés :** les salles de concert ou de spectacle. Les représentations demandent à être préparées en présentant non seulement les artistes, les œuvres qui seront jouées mais également le lieu, son histoire, sa spécificité, le type de musique diffusée. De la même façon, qu'une sortie est préparée en amont, elle fera l'objet d'une séance *a posteriori* en classe.

À RETENIR

Il existe de multiples endroits pour pratiquer l'éducation musicale. L'idéal étant de varier les entrées dans la discipline par la multiplication des lieux fréquentés.

17 Quand fait-on de l'éducation musicale ?

▶ THÈME 3 : COMMENT ENSEIGNE-T-ON L'ÉDUCATION MUSICALE ?

Comme les arts plastiques, l'éducation musicale se pratique en cycle 1 à raison de deux heures hebdomadaires au moins puis d'une heure par semaine en cycles 2 et 3. La répartition de ces heures dépend des apprentissages. Il est possible de concentrer ces horaires pour répondre à un projet spécifique mais une activité régulière est un entraînement indispensable pour créer des habitudes, des réflexes d'écoute et de pratique.

A En cycle 1

EN PRATIQUE

L'activité régulière est nécessaire à l'ancrage de repères musicaux. Elle peut intervenir par le biais de séquences avec des thématiques traitées sur plusieurs séances. Des rituels (accueil, départ, reprise des cours après la pause méridienne, pause musicale ou chantée entre deux autres activités disciplinaires) sont aussi une façon ponctuelle et répétée de créer une relation à la discipline.

▶ **En cycle 1, les rituels sont particulièrement importants.** L'accueil en musique ou en chansons contribue à créer rapidement un répertoire de comptines et de chansons. Le plaisir d'identifier, de reconnaître, de répéter, de maîtriser est un facteur déterminant dans la prise de confiance par rapport à la matière et au sein du groupe.

▶ L'enseignant peut également travailler sous forme de séquences. Les fonctions de chaque activité (entre rituels et séquences) sont différentes mais elles permettent de créer une proximité avec la discipline. Les séquences peuvent être réparties sur plusieurs séances, donc sur la durée et avec une thématique spécifique.

▶ **Les contenus d'apprentissage au cycle 1** sont perméables et peuvent s'enrichir les uns les autres. Pour rappel, ce sont :

▷ Jouer avec sa voix et acquérir un répertoire de comptines et de chansons.
▷ Explorer des instruments, utiliser les sonorités du corps.
▷ Affiner son écoute.

▶ Il est possible de travailler un corpus de chansons régulièrement et de prévoir parallèlement une séquence sur l'exploration des instruments ou les sonorités du corps. L'enseignant peut ensuite combiner chansons et sonorités du corps ou geste instrumental. Il ne s'agit de travailler séparément chaque aspect du programme. Cela n'a pas de sens en éducation musicale même si un travail spécifique pour certaines acquisitions (justesse du chant, reconnaissance de timbres, mise en place rythmique, etc.) devra être repensé et proposé si les élèves ne les ont pas assimilées.

REMARQUE

L'écoute demande de l'attention, c'est une activité très impliquante pour les élèves qui active une trilogie : écoute-mémorisation-restitution. Il est préférable de la pratiquer le matin. L'écoute est aussi une pratique de tous les instants : relever un bruit inhabituel qui survient, une ambiance trop bruyante, chanter une nouvelle chanson…

B En cycles 2 et 3

La régularité est aussi indispensable. Il est bon de prévoir un temps hebdomadaire dédié à l'éducation musicale pour éviter de l'oublier dans un emploi du temps chargé.

EN PRATIQUE

▸ **Le matin, un accueil en musique thématisé** (un style de musique ou un instrument par semaine) suivi d'une courte présentation et d'un moment d'échanges installe une confrontation quotidienne à la discipline en donnant des repères culturels. On peut accrocher un visuel (représentation du compositeur ou de l'instrument ou frise historique).

▸ **En fin de semaine, l'enseignant récapitulera ou fera deviner une ou deux œuvres entendues** pendant la semaine. Les élèves peuvent aussi suggérer leurs propositions et expliquer leur choix (cycle 3).

▸ **Entre deux activités**, on peut prendre l'habitude de se ressourcer par une écoute ou un chant. Avec une organisation de classe fonctionnelle, la mise en musique est rapide. C'est un avantage qui permet, en ayant anticipé sur sa programmation, de se mettre en activité rapidement.

▸ Pour les cycles 2 et 3, **l'apprentissage continu se traduit par des séquences transverses** abordant les quatre compétences travaillées en éducation musicale. Les compétences ne sont pas cloisonnées, elles s'interpénètrent. Ainsi on écoute, on compare, on échange, on partage.

▸ En cycle 3, **on y associe l'argumentation et les commentaires**. On ne pratique jamais une compétence seule : pour chanter on écoute, on compare, on imagine, on peut tout aussi bien créer.

▸ Ainsi, le temps consacré à l'éducation musicale, s'il doit être prévu dans l'emploi du temps, peut intervenir en classe en de nombreuses occasions.

Pour réussir le concours

- Évaluez précisément le temps consacré à l'éducation musicale dans la semaine, par séquence et par séance. Plus les enfants sont jeunes plus les séances seront multipliées et courtes :
  – en cycle 1, de 20 à 40 minutes ;
  – elles se rallongeront ensuite pour arriver à 1 heure en cycle 2 et 3.
- Il est toutefois préférable d'augmenter le nombre de séquences plutôt que de programmer plusieurs heures de musique successives.

EN PRATIQUE

▸ **Pour couvrir l'ensemble des champs d'apprentissages**, il est bon de se projeter et programmer si ce n'est annuellement du moins par trimestre et d'ajuster en fonction des acquisitions. Ceci permet d'aborder l'ensemble du programme.

▸ **Pour gagner du temps**, l'enseignant notera toujours les apprentissages servis par la séquence ou les rituels afin d'ajuster la progression.

18 Les modalités de travail

▶ THÈME 3 : COMMENT ENSEIGNE-T-ON L'ÉDUCATION MUSICALE ?

Les allers-retours constants entre l'écoute, l'entrée en activité, la verbalisation, la création et l'écriture (représentation des sons, trace écrite) prédestinent l'éducation musicale à la conception de séances aux modalités de mises en œuvre variées offrant une différenciation pédagogique dans les modes de mises en situation.

A Imitation et collaboration

▶ **Une grande partie du travail se déroule en collectif,** lors de l'écoute comme de la production. L'enseignant donne un exemple qui sera reproduit par l'ensemble de la classe, notamment lors des apprentissages de chant ou de la pratique instrumentale (percussions corporelles, instruments). Ce jeu de questions-réponses permet de construire une écoute réciproque des élèves vers l'enseignant et de l'enseignant vers le groupe classe.

▶ **La répétition d'un exemple chanté,** rythmique ou instrumental par tout ou partie du groupe classe sécurise l'élève qui, épaulé et porté par l'ensemble, peut plus facilement s'exprimer. Petit à petit, la cohésion du groupe ainsi que l'apprentissage d'une écoute bienveillante et constructive permettent aux élèves de chanter, seuls ou en petit groupe, ayant peu à peu apprivoisé le regard des autres.

▶ Il existe bon nombre d'**exercices favorisant la cohésion du groupe et l'expression musicale** dans une perspective ouverte (gestes, théâtralisation, vocalité, gestion de l'espace). On peut s'inspirer des exercices proposés par Didier Grojsman dans le cadre de sa structure le « CRÉA d'Aulnay-sous-Bois » que l'on retrouvera sur le lien de Vox Radio France, sous la dénomination « Les tutos du CRÉA ».

La chauffe corporelle.

▶ **À partir de la fin du cycle 2, l'enseignant propose aux élèves de prendre en charge des exercices ritualisés** (jeu de théâtralisation, échauffement corporel, respiration, vocalise) afin de se placer en observateurs et de permettre une autonomie étayée dans le travail. L'utilisation de l'enregistrement est également une source d'autoévaluation du groupe, engageant une analyse du travail produit et des pistes de remédiations partagées ensemble puis discutées et argumentées. Cette adhésion du groupe facilite la prise de conscience collective et la poursuite vers un objectif commun assumé par l'ensemble, facilitant l'engagement dans un travail de plus en plus précis et exigeant.

▶ **Lors de la perception,** l'enseignant donne les consignes, pilote la séance en engageant l'ensemble des élèves à participer. Il propose des mises en activité (chanter un thème, reproduire un rythme) qui seront réalisées par l'ensemble des élèves en imitation. Il peut également favoriser d'autres modes de travail qui seront définis en fonction de la tâche à réaliser et de sa difficulté.

B Du travail individuel au travail de groupe

▸ **Le travail individuel** est un moment important qui permet à l'élève de se centrer sur une tâche, de développer une idée personnelle ou encore de prendre en main une trace écrite (de la simple copie de ce qui a été écrit au tableau à une élaboration plus personnelle).

▸ **La trace écrite peut se construire au fur et à mesure du cours au tableau**. Plus les enfants sont jeunes, plus l'enseignant devra veiller à organiser le tableau de façon à favoriser la copie des élèves. Dès le cycle 3, on peut imaginer que l'enseignant produise un squelette de cette trace écrite qui sera ensuite complété par chacun (temps individuel) puis rediscuté en collectif, vérifié par l'enseignant ou comparé en binôme. On peut envisager une disposition en carte mentale ou en sketchnote (note avec dessin), ou encore un texte à trous (dès le cycle 2).

▸ Le travail individuel est aussi **un préalable à la réflexion que l'on va ensuite partager en binôme, en petit groupe ou avec l'ensemble de la classe.** On peut réfléchir seul à une consigne après une première écoute : « Exprimez votre ressenti et donnez un élément musical qui vous a frappé ». Chacun écrit sa réponse puis on compare, on discute et on enrichit son point de vue, ses éléments de description.

▸ **Plus la tâche est complexe, plus le travail de groupe va s'avérer pertinent**. Celui-ci prend appui sur une organisation structurée en trois temps :

(1) Réflexion individuelle.

(2) Discussions.

(3) Réalisation.

▸ **Le travail est planifié** et chacun doit avoir un rôle lors des moments de mise en commun et de réalisation. Plusieurs rôles peuvent être définis par l'enseignant :
– médiateur (celui qui veille à l'équilibre de la parole) ;
– secrétaire (celui qui note les idées, les réponses…) ;
– porte-parole (celui qui présente le projet, l'exposé, la démarche…) ;
– expert (celui qui tranche ou vient rapporter les questions du groupe à l'enseignant).

▸ Il existe de **nombreuses méthodes de travail** qui permettent de varier les modalités et de favoriser l'engagement des élèves dans des travaux plus ardus nécessitant une collaboration active. Ces méthodes comme « le world café », « le jeu de rôles », le « jigsaw » sont autant de variantes projetant les élèves dans des dynamiques stimulantes pour se lancer dans des réalisations complexes (exposé ou travaux de création).

C Pédagogie collaborative et différenciation

▸ L'éducation musicale se construit dans une **interaction constante** entre :
– la production et la perception ;
– l'individu et le groupe ;
– l'imitation, le débat et la création nécessitant une pédagogie collaborative.

▸ C'est une **stratégie didactique impliquant chaque élève** de façon productive en combinant les méthodes adéquates. L'enseignant pense à varier :
– les mises en œuvre : activité, débat, test, construction de traces écrites ;
– les modalités de travail (de la tâche individuelle au travail en binôme en passant par le groupe jusqu'à l'ensemble de la classe).

▶ Cette variété va permettre d'éprouver une **pédagogie différenciée** et de créer une cohérence du groupe favorisant entraide et amélioration des résultats et de l'ambiance de la classe.

▶ **Les méthodes de travail se reflètent dans l'interprétation musicale et la création** (production).
– **Lors de l'interprétation d'une chanson**, on peut décider de différentes organisations : du solo au chœur en passant par l'alternance de deux groupes.
– **La création nécessite des choix de construction musicale**, d'une idée qui se développe et s'enrichit à la superposition de lignes (ostinato et chant, motifs qui se superposent…). L'élaboration du cours et les modalités de travail proposées résonnent avec l'interprétation musicale, créant un lien fort entre la didactique et l'artistique.

À RETENIR

- Les modes de travail sont à varier et à adapter à la tâche prescrite.
- La cohérence du groupe est primordiale pour laisser cours à la créativité et l'expression du sensible.
- La difficulté de l'objectif permet de guider l'enseignant dans le choix des modalités de travail.

19 L'usage du numérique

▶ THÈME 3 : COMMENT ENSEIGNE-T-ON L'ÉDUCATION MUSICALE ?

Le numérique est entré dans le quotidien de la pédagogie et permet à l'enseignant ainsi qu'aux élèves d'expérimenter des outils au service de leur réflexion, du travail à mener. L'usage du numérique peut être pensé comme un outil support en classe, un potentiel d'activité ou un préalable didactique (pédagogie inversée). S'il ne remplace pas l'enseignant, il est un média favorisant la transmission et une aide précieuse pour l'enseignant qui veut explorer les chemins de productions parfois difficiles à envisager de par les compétences techniques requises.

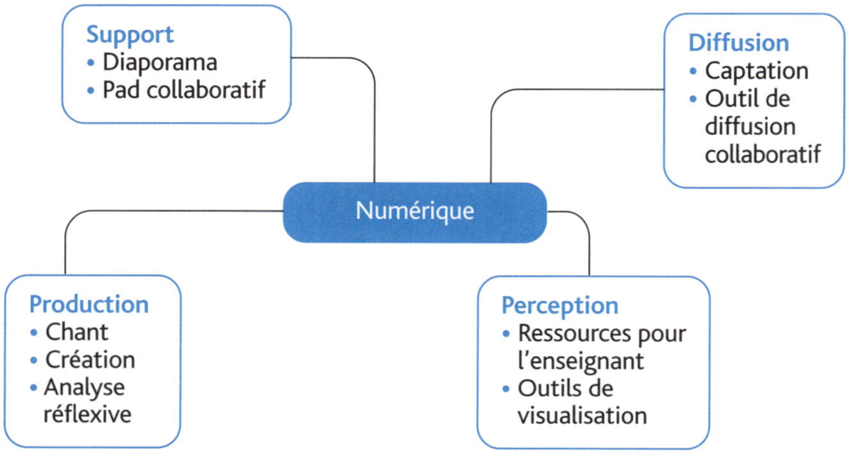

A Le numérique comme support

1. Le diaporama

▶ **L'utilisation d'un diaporama facilite le déroulement du cours** dans la mesure où il va réduire les manipulations à faire durant une séance de perception. Il permet d'avoir à disposition sur un même support les fichiers vidéo et/ou audio (œuvre complète, extraits sonores préalablement découpés grâce à un séquenceur de type *Audacity*).

▶ **Le déroulé du cours s'inscrit dans un schéma organisé** qui se déroule sous les yeux des élèves et offre un support visuel stimulant l'attention puis la mémoire.

▶ **Le danger du diaporama est une construction d'un cours trop rigide** ne laissant pas de place à l'élève et ne permettant pas à l'enseignant de rebondir sur leurs différentes propositions. Le diaporama doit rester un squelette avec un certain contenu (exemples musicaux, frise chronologique, illustrations, notions) qui montre des directions et sera amené à évoluer au fur et à mesure de la séance et plus largement de la séquence.

▶ Il est possible d'y insérer des productions écrites d'élèves, réalisées initialement sur leurs cahiers, qui seront ensuite comparées et discutées en classe. Le diaporama devient ainsi une **synthèse collective et une trace écrite** où chacun retrouve les activités du cours, les exemples auditifs et les notions abordées, puisqu'il est construit en amont par l'enseignant et complété au fur et à mesure de la construction du cours avec les élèves.

2. Les murs collaboratifs

▶ Certains outils numériques comme les murs collaboratifs *(padlet, e-lyco)* sont à privilégier comme **outils d'échange** lors des travaux de groupe pour partager des ressources, des points de vue, organiser un travail séquencé pour réaliser un exposé par exemple.

▶ Ces murs permettent de visualiser les étapes nécessaires à la mise en route d'un projet (planification, séquençage du travail, recherches et ressources, échanges de point de vue). Ils sont un support de visualisation et aident à asseoir une méthodologie du travail collaboratif.

3. Les logiciels d'évaluation

▶ L'évaluation **formative est facilitée par l'usage de logiciels** permettant de réaliser rapidement un questionnaire de type quizz ou autre en classe afin de vérifier la compréhension des élèves.

▶ On peut citer notamment l'application *Plickers* qui est facile à utiliser, relativement ludique (distribution de cartes à scanner) et qui donne un retour rapide aux élèves et à l'enseignant (pourcentage de bonnes réponses) permettant une remédiation précise et immédiate.

B Le numérique au service de la production

1. Pour accompagner une séquence de chant

▶ Beaucoup de ressources sont mises en ligne pour permettre à l'enseignant de prendre en main la conduite d'une **séquence de chant**. Certaines s'attachent aux gestes pédagogiques et de transmission (*Vox ma chorale interactive*, Radio France), d'autres au répertoire à aborder et son exploitation (*Musique Prim*). Ces deux sites, comme d'autres, sont conçus pour guider l'enseignant dans une pratique adaptée au niveau des élèves tout en lui permettant d'enrichir ses connaissances.

▶ **L'utilisation de karaoké d'accompagnement** est une aide qui peut permettre, une fois l'apprentissage bien avancé, d'accompagner les élèves et de les mettre en situation d'interprétation. Cette ressource ne doit pas être négligée même si elle ne permet pas une grande souplesse, nécessitant une conduite rythmique rigoureuse, et ne pourra être utilisée systématiquement.

2. Comme support pour les activités de création

▶ **Dans un premier temps,** certains logiciels comme *MusineKit* ou *Musique lab1* plongent les élèves dans la matérialité du son, les invitant à manipuler les différents paramètres qui le constituent.

▶ **Dans un second temps,** l'enseignant peut inviter les élèves à s'enregistrer, enregistrer des lignes instrumentales réalisées en classe, des ambiances sonores captées dans la cour, dans la classe. Ces différents enregistrements agrémentés de sons trouvés dans des banques de données pourront ensuite être montés dans un séquenceur comme *Audacity*. On crée ainsi un accompagnement pour une chanson, un paysage sonore, une œuvre en lien avec les écoutes analysées.

▶ Un logiciel comme *Book creator* sera particulièrement adapté et ce, dès la fin du cycle 1, pour la **création de livres interactifs** (illustration sonore et visuelle d'une histoire, d'un album). L'outil numérique devient une aide et permet une plongée au cœur du sonore. Les élèves peuvent réaliser des superpositions de plus en plus nombreuses en étant guidés par leur écoute. L'ajout de sons déjà existants (banque de sons, lignes d'accompagnement, rythmes) permet d'obtenir un résultat sonore plus immédiatement satisfaisant et de développer une palette de création plus importante.

▸ Enfin, **l'utilisation de l'enregistrement en classe** est une ressource intéressante d'**analyse réflexive**. Il permet au groupe classe de s'entendre et de proposer un avis sur leur prestation. Écouter par le biais d'un enregistrement permet de déplacer son écoute et de prendre conscience du son global. Les élèves comprennent ainsi les enjeux d'un travail collectif où chacun tient son rôle au service d'un chœur qui produira un son d'ensemble.

C Le numérique au service de la perception

▸ Comme pour les activités de chant, de nombreuses ressources en ligne sont disponibles pour permettre à l'enseignant de **construire des séquences variées et renseignées**. On citera les différents sites de la Philharmonie de Paris et de Radio France ainsi qu'Éduthèque. Les programmes des concerts éducatifs des différentes salles de concerts ou opéras sont également intéressants à consulter proposant de nombreuses pistes pédagogiques.

▸ Certains outils permettent également de **visualiser et d'entrer dans d'autres dimensions de l'écoute**. Des logiciels comme *Acousmographe* qui analyse le son et propose une représentation graphique notamment pour les musiques de tradition orale et les musiques électroacoustiques.

Capture de vidéo permettant de suivre l'orchestre, la partition et de voir défiler une représentation acousmographique du 1er mouvement de la 5e symphonie de Beethoven.

▸ On trouvera sur YouTube des vidéos réalisées grâce au logiciel *iAnalyse* permettant de **visualiser la partition défilant lors de l'écoute**. Ces représentations sont une aide, un support visuel guidant les élèves dans une représentation du temps. Elles facilitent le développement d'une mémoire d'écoute qui peut s'ancrer sur des repères plus concrets passant par un sens plus familier, la vue.

D Diffuser avec le numérique

▸ **L'éducation musicale est une pratique d'un art vivant amené à être diffusé en public.** Les spectacles de fin d'année, participation à la rentrée en musique ou à certaines cérémonies sont autant de rendez-vous mettant l'élève dans une situation d'interprète.

▸ **Les outils numériques sont un moyen de diffusion différée** qui fait entrer l'élève dans une dimension différente, permettant l'expression de la production mais également l'initiation à la médiation culturelle, soit une verbalisation de l'acte artistique à des fins pédagogiques.

▶ **La web radio, la tenue d'un blog ou la réalisation de capsules vidéos permettent un travail collaboratif** qui rejaillit sur l'ensemble de l'école. Ces outils sont des témoignages du travail, des avancées et de la progression des élèves dans leur expression et la construction d'un apprentissage artistique et culturel.

Pour réussir le concours

- Consultez les sites en ligne de ressources pour forger votre culture personnelle et les gestes de transmission de l'éducation musicale.
- Pensez le numérique comme un outil support et un prolongement.
- Appréhendez quelques logiciels comme *Book creator, Audacity, Padlet*.

À RETENIR

- L'usage du numérique est une compétence incontournable qui intervient dans les quatre champs de compétences.
- Le numérique, notamment par l'usage de tablettes en classe, est une des ressources qui se généralise pour les enseignants comme pour les élèves.

20 L'évaluation par compétences

▶ THÈME 3 : COMMENT ENSEIGNE-T-ON L'ÉDUCATION MUSICALE ?

En éducation musicale, on évalue par compétences.

A L'approche par compétences

▶ **L'adoption d'un socle commun de compétences** dans de nombreux pays a nécessité une définition commune fixée par le Parlement européen le 26 septembre 2006 : « Une compétence est une combinaison de connaissances, d'aptitudes (capacités) et d'attitudes appropriées à une situation donnée. Les compétences-clés sont celles qui fondent l'épanouissement personnel, l'inclusion sociale, la citoyenneté active et l'emploi ».

▶ **Pour l'enseignant, ce socle est un guide de formation et d'évaluation.** Les deux sont corrélées et constituent la base pour construire un enseignement adapté à une progression logique et aux évolutions de l'apprentissage des élèves.

▶ **Pour les élèves, l'approche par compétences est un outil** qui leur permet de s'emparer de leur progression et de comprendre quels sont les points acquis et les savoirs à travailler.

▶ En effet, on peut définir une compétence comme :
– un savoir (connaissance) ;
– un savoir-faire (méthodes de travail et de mise en œuvre) ;
– un savoir-être (attitude à adopter face à la tâche prescrite).

▶ **Le savoir-être** est sûrement le plus délicat à évaluer car il ne doit pas être confondu avec le comportement. Il doit être qualifié par des faits objectifs, observables permettant à l'élève d'identifier par exemple des attitudes favorisant le travail de groupe, l'interprétation musicale, l'attention lors des écoutes.

▶ Cette définition de la compétence comme ressource complexe mettant en jeu trois savoirs distincts met en exergue la nécessité d'une **pédagogie axée sur un apprentissage actif** où l'élève devra éprouver des situations ouvertes afin de mettre en jeu ses connaissances, trouver un chemin pour les utiliser et une attitude propice pour les mettre en avant et valoriser son apprentissage.

B Compétences et programmes en éducation musicale

▶ L'éducation musicale s'appuie sur **deux grands champs de compétences, percevoir et produire**, qui permettent à l'élève d'entrer dans une éducation à la sensibilité, de développer des moyens d'expression personnels et collectifs et de construire une culture commune et personnelle.

▶ La déclinaison de ces champs de compétences se définit ainsi :

Cycle 1	Cycle 2	Cycle 3
Jouer avec sa voix et acquérir un répertoire de comptines et de chansons	Chanter	Chanter et interpréter
Affiner son écoute	Écouter et comparer	Écouter, comparer et commenter
Explorer des instruments, utiliser les sonorités du corps	Explorer et imaginer	Explorer, imaginer et créer
	Échanger et partager	Échanger, partager et argumenter

▶ Ces compétences prennent également place dans le socle commun de compétences, permettant de les transférer à une évaluation plus générale prenant en compte des aptitudes regroupant différentes matières ou disciplines.

C Évaluer par compétences : planification et lisibilité

L'enseignant planifie, tout au long du cycle, des séquences proposant à l'élève d'entrer dans des activités afin d'atteindre les objectifs de fin de cycle. Le maniement des connaissances, la mise en œuvre (production), l'attitude collaborative, l'engagement dans une démarche créative, dans une partie soliste, la capacité à rebondir sur une idée, à exprimer une émotion, à résumer les propos échangés sont autant de chemins que l'élève apprend à emprunter pour parvenir à une autonomie dans son raisonnement et sa production artistique. La planification d'une progression tournée vers des objectifs précis est un préalable que l'enseignant sera amené à modifier au fur et à mesure en observant les remédiations à apporter pour chacun afin de répondre aux attendus de fin de cycle.

1. En cycle 2

▶ Voici un exemple donné sur le site Eduscol pour le cycle 2 (dans le document *La dynamique des compétences aux cycles 2 et 3*).

Champ de compétences	Chanter
Domaines de compétences du socle	Ce champ de compétences relève de : • 1.4 : Les langages pour penser et communiquer – Comprendre, s'exprimer en utilisant les langages des arts et du corps • 5 : Les représentations du monde et l'activité humaine
Attendus de fin de cycle	À la fin du cycle 2, l'élève doit « être capable de » : expérimenter sa voix parlée et chantée ; explorer ses paramètres, la mobiliser au bénéfice d'une reproduction expressive.
Compétences travaillées	Pour cela, il devra « pouvoir » : – chanter une mélodie simple avec une intonation juste, chanter une comptine ou un chant par imitation ; – interpréter avec expressivité ; – décrire et comparer des éléments sonores.
Compétences associées	Cela signifie qu'il doit « être en mesure de » : – reproduire un modèle mélodique, rythmique ; – chanter une mélodie simple avec une intonation juste ; – chanter une comptine, un chant par imitation ; – interpréter un chant avec expressivité (phrasé, articulation du texte) en respectant les phrases musicales.

Champ de compétences	Chanter
Connaissances et contenus associés	Donc « explorer » : – les principaux registres vocaux : voix parlée/chantée, aiguë, grave ; – les éléments consécutifs d'une production vocale : respiration, articulation, posture du corps ; – un répertoire varié de chansons et de comptines.
Vocabulaire	Et nommer (connaître, utiliser, réinvestir) : des éléments de vocabulaire concernant l'usage musical de la voix : fort, doux, aigu, grave, faux, juste, etc.
Exemples de situations	Jeux vocaux mobilisant les diverses possibilités de la voix : – mise en mouvement de son corps ; – recherche de la justesse dans l'interprétation ; – imitation d'un modèle ; – assimilation d'habitudes corporelles pour chanter.

▸ Dans ce tableau, on part de l'attendu pour aller vers la prescription, les connaissances à mettre en œuvre et enfin les méthodes et situations à proposer.

▸ Si ce tableau est un repère pour l'enseignant, l'évaluation par compétences nécessite une participation active de l'élève qui peut mesurer sa progression et l'implication nécessaire pour remédier à ses erreurs ou progresser dans l'un des savoirs visés. L'évaluation formative ainsi que l'autoévaluation prennent une part importante dans ce schéma du socle. On peut, pour cela, donner à l'élève un tableau intégrant des niveaux de compétences afin de lui permettre de participer à son évaluation en comprenant ce qui est attendu et en situant son niveau par rapport aux critères donnés.

2. En cycle 3

▸ Voici un exemple de tableau à destination des élèves de cycle 3 pour une évaluation en chant :

Critères	Maîtrise insuffisante	Maîtrise fragile	Maîtrise satisfaisante	Maîtrise très satisfaisante
Posture Alignement du corps	J'adopte la posture quand on me le demande mais ne la garde que très peu de temps.	Je garde la posture un certain temps mais pas sur l'ensemble de l'activité.	Je garde la posture comme attendu et sait la rectifier quand l'enseignant le demande.	Je prends la posture du chant naturellement et sait la rectifier lorsque j'entends que ma voix manque de tonicité (lien entre posture, chant et écoute).
Engagement • Être attentif • Chanter distinctement • Chanter avec une volonté d'expression	• Je reproduis un peu les exemples mais pas tout le temps. • Je chante très doucement.	• J'écoute et reproduis les exemples mais en chantant doucement et pas tout le temps. • Je dis le texte sans faire attention aux changements de nuances. • Je ne respire pas toujours au même moment que les autres.	• J'écoute et reproduis tous les exemples. • Je chante à pleine voix et essaie de suivre toutes les indications demandées (plus fort, moins fort, plus vite). • Je respire en même temps que les autres.	• Je suis très attentif et chante à pleine voix. • J'applique toutes les indications de respiration, de nuances et de tempo. • Je propose des façons de chanter, d'articuler pour donner plus de sens, de caractère, d'émotions à la musique.

Critères	Maîtrise insuffisante	Maîtrise fragile	Maîtrise satisfaisante	Maîtrise très satisfaisante
Reproduire le modèle vocal Respecter l'intonation et le rythme	• Je « parle » le chant. • Je suis parfois avec les autres.	• Je chante mais n'arrive pas toujours à reproduire la mélodie. • Je ne chante pas toujours en même temps que le groupe.	• Je chante avec la bonne intonation et le bon rythme. • Je sais suivre les gestes de direction.	• Je sais reproduire la chanson (intonation et rythme) et l'interpréter (nuances, expressivité). • Je sais suivre les gestes de direction et peux diriger mes camarades.
Connaître le texte • Connaître le texte par cœur • Comprendre le texte et lui donner un sens • Articuler	Je connais le début ou juste le refrain.	• Je connais une partie du texte. • Je dois encore m'efforcer d'articuler le texte.	• Je connais parfaitement le texte et en comprends le sens. • J'articule distinctement le texte.	• Je connais le texte par cœur. • Je maîtrise l'articulation et sais souligner le sens grâce à mon interprétation.

▶ Ce tableau décrit des critères observables qui vont permettre aux élèves de se repérer dans les attendus liés à l'activité et ainsi s'évaluer. C'est un exemple à titre indicatif qui peut se moduler différemment. Il s'agit de petits portraits qui guident l'élève dans son apprentissage.

▶ On peut également enregistrer les élèves à l'issue de l'activité de chant puis leur faire écouter cet enregistrement. Ce moment est suivi d'une discussion en classe à partir de questions posées au préalable. Ces questions servent d'évaluation formative guidant les élèves vers une prise en compte collective des pistes de remédiations possibles.

PRATIQUE

▶ Exemple de questions à poser :

– Chantons-nous assez fort ?
– Le texte est-il compréhensible ?
– Est-ce que la mélodie est bien juste ?
– Chantons-nous tous ensemble ?
– Le caractère du chant est-il mis en valeur ?

▶ On cherchera ensemble des solutions qui seront autant des pistes de travail que d'objectifs à atteindre pour la prochaine évaluation collective.

À RETENIR

- Les compétences permettent d'établir une courbe de progression et une évaluation positive. Elles valorisent les progrès et les acquis.
- La définition du cycle sous-entend un temps d'apprentissage différencié pour chacun.
- Le socle commun des compétences met en lumière la nécessaire interdisciplinarité et complémentarité des apprentissages.

21 La construction d'une séquence et d'une séance

▶ THÈME 3 : COMMENT ENSEIGNE-T-ON L'ÉDUCATION MUSICALE ?

La séquence s'inscrit dans une programmation annuelle et dans sa progressivité. Elle permet de travailler le programme par la thématique qu'elle aborde. Une même thématique peut être proposée dans différents cycles en reformulant son contenu pour l'adapter au cycle concerné. Une fois la thématique de la séquence déterminée, elle est déclinée en séances, toutes rédigées. Elles contribuent à objectiver la démarche pédagogique, les activités et les attendus.
Les séquences varient de 4 à 7 séances selon le sujet et le cycle concerné. Pouvant être plus nombreuses, elles articulent alors un projet sur l'année par exemple et incluent des étapes clairement définies.

A Le choix de la séquence

▶ Ce choix doit permettre des **activités transversales liant la perception et la pratique**, par la combinaison d'un chant et d'une écoute par exemple sans oublier le jeu, l'exploration et le plaisir. Les séances intègrent plusieurs activités.

▶ Les **objectifs pédagogiques précis** doivent être en lien avec le programme et les domaines de compétence. Les parties du programme engagées sont parfaitement identifiées.

▶ **Pour la rédaction, l'enseignant doit s'interroger sur :**
– les objectifs (écouter, reproduire et créer, découvrir une structure musicale…) ;
– les ressources (la voix, un instrument, un objet, un mouvement, un enregistreur...) ;
– les supports (un extrait, un chant, une vidéo, un texte…) ;
– les différents champs activés (mémoire, créativité, imitation, sensibilité…) ;
– les mises en activités variées et croisées ;
– les consignes ;
– les différentiations ;
– l'évaluation.

B L'articulation en séances

▶ La **durée des séances** est en relation avec le cycle :
– au cycle 1 : de 20 à 30 minutes ;
– au cycle 2 : de 30 à 40 minutes ;
– au cycle 3 : environ 45 minutes.

▶ La **progressivité des séances** est indispensable pour passer de la découverte de la thématique à sa compréhension et à la réalisation visée. Il est important par exemple de prendre le temps pour apprendre un chant sur plusieurs séances si nécessaire ou pour assimiler un rythme ou une notion.

▶ Les **interactions** sont permanentes entre l'écoute, le chant et ou les productions sonores.

▶ Un **bilan en fin de séance** récapitule de ce qui a été appris, éventuellement les élèves noteront le vocabulaire utilisé et les œuvres écoutées ou chantées.

▶ **Au commencement de la séance suivante,** une réactivation et un réajustement éventuel de ce qui a été vu précédemment sera judicieux.

C Un exemple de séquence

▶ Dans cette séquence, le chant est simple à retenir avec peu de paroles, pas de difficultés vocales ou rythmiques. Son caractère entraînant permet un apprentissage rapide.

▶ Attention toutefois à la structure répétitive qu'il convient de définir pour éviter les erreurs lors de la production. Choisissez un ordre de paroles et respectez-le (selon les versions, cet ordre varie). Profitez des différentes versions écoutées (instrumentale ou vocale) pour solliciter les élèves et affiner leur perception et leur sens critique.

▶ On propose ici une séquence autour de la perception musicale à travers une bourrée, *Je mène les loups* d'Yvon Guilcher.

Interprétation de la bourrée par les musiciens de Saint-Julien.

Écoute instrumentale de la bourrée par le Bruno Bizis Band.

1. Fiche descriptive de la séquence

Éducation musicale			**CE1 – Période 5**
Perception d'une structure musicale et de ses phrasés à travers une bourrée chantée et dansée			
Objectifs : – Apprendre un chant dansé. – Structure de la bourrée. – Ressentir la phrase musicale et son phrasé. – Réussir une production finale vocale et corporelle.			
Séance	**Titre**	**Compétences**	**Activité**
1re séance 30 minutes	Découverte de la bourrée	• Développer sa qualité d'écoute. • Exprimer ses sentiments et ses préférences artistiques et exercer son esprit critique tout en respectant l'avis des autres. • Reproduire un modèle mélodique.	• Écoute du chant *Je mène les loups* »par les musiciens de Saint-Julien *(Danses des Bergers, danses des Loups)*. • Déplacements libres. • Décrire ce qu'on a entendu, exprimer son ressenti. • Identification des instruments. • Explication ensemble des paroles. • Marquer la pulsation • Présentation de la bourrée (musique dansée à deux temps traditionnelle). • Échauffement corporel et vocal. • Apprentissage du chant (refrain) « Les Loups », faire sentir la suspension et la conclusion des phrases.
2e séance 30 minutes	Savoir reconnaître et identifier des éléments musicaux par l'écoute.	• Affiner son écoute et comparer. • Exprimer ses émotions, ses sentiments et ses préférences. • Comprendre des organisations simples. • Imaginer une représentation graphique.	• Écoute (instrumentale) de la bourrée, « Je mène les loups » par le Bruno Bizis Band (accordéons diatoniques et clarinette). • Description de la version écoutée, comparaison avec la version chantée (la réécouter si besoin) • Invention d'un codage de la chanson (identification et représentation des parties, des reprises et des changements de paroles). • Révision du chant après échauffement + les couplets. • Brève introduction de la danse sur la première partie (bourrée : pieds à plat, les pas se « dépassent », toujours en mouvement).

Séance	Titre	Compétences	Activité
3e séance 30 minutes	Affiner son écoute et prendre conscience de la phrase musicale.	• Chanter un chant avec expressivité. • Mise en mouvement en respectant une carrure.	• L'enseignant joue le rythme seul (en frappé) des deux phrases du chant, les élèves identifient les paroles correspondantes. • Notions : La phrase musicale, les respirations, la carrure, le lien musique/paroles dans le chant. • Chanter en utilisant le codage (réinvestir la séance 2). • Danse sur la première partie : la structurer par rapport aux paroles du chant.
4e séance 30 minutes	• Invention et identification d'une phrase. • Production vocale et corporelle.	• Explorer sa voix et/ou utiliser les sonorités du corps.	• L'enseignant rappelle la notion de phrasé. Il chante des extraits de chansons enfantines connues et demande d'identifier le début et la fin des phrases musicales et la place des respirations. • Invention de phrases musicales : l'enseignant chante un début et un élève imagine la suite. • Ré-inventer la suite de la mélodie de *Je mène les loups*. • Chant • Danse sur le refrain. • Rythme frappé sur les couplets
5e séance 30 minutes	Production vocale et corporelle.	• Respecter les règles et les exigences d'une production musicale collective. • Concentration sur l'expressivité.	• Refaire la chanson avec la danse et les percussions corporelles. • Ajouter des nuances (piano par exemple sur les répétitions). • Introduire le cas échéant des variantes : un couple sur deux chante et danse puis, aux reprises, les couples qui n'ont pas chanté et dansé enchaînent. • On peut aborder la notion de « chant à répondre » : séparer la classe en deux groupes qui interviennent à tour de rôle (le 2e groupe sur les répétitions). • Essayer de danser sur une autre bourrée.
6e séance 30 minutes	Production finale.	Interpréter une production finale en tenant sa place dans le groupe.	Présenter la production aux autres classes, aux parents.

2. Détail d'une séance

Séance n° 4		
Objectifs de cette séance : • Identifier, caractériser des éléments écoutés • Ressentir les notions de phrase et de carrure • Créer • Coordonner sa voix et ses gestes		
Matériel utilisé dans la séance : un espace permettant de réaliser les déplacements		
Phases	**Ce que fait l'enseignant**	**Ce que font les élèves**
A. Mise en situation	Attirer l'attention des élèves, on ferme les yeux, exercices de respiration courts. Échauffement.	Les élèves sont debout, librement placés.
B. Écoute 5 minutes	*« Maintenant, je vais chanter des chansons que vous connaissez et vous allez trouver les endroits où l'on respire, les phrases musicales. »* On peut commencer par des chansons du répertoire traditionnel ou des chansons apprises en classe. Même chose sur des airs connus (sans paroles).	Les élèves se concentrent, ils rechantent les chansons proposées par l'enseignant et font des propositions. C'est une phase de consolidation de l'apprentissage.

Phases	Ce que fait l'enseignant	Ce que font les élèves
C. Création 5 minutes	*« Maintenant, vous allez finir ma phrase. Attention, mon début et votre fin doivent bien "sonner" ensemble et ne pas être trop courtes ou trop longues. »* L'enseignant chante (sans les paroles) le début d'un chant (sans les paroles) ou d'une mélodie.	Les élèves prennent conscience du phrasé par la mise en création de façon sensitive. Ils font des tentatives, le climat est à l'encouragement. L'enseignant peut montrer un exemple en inventant lui-même une fin de phrase. C'est une pratique que l'on pourra répéter régulièrement pour que les élèves prennent confiance en eux. L'utilisation d'un enregistreur peut aider la création par la réécoute qu'il permet.
D. Danse et rythme 10 minutes	• Constituer deux groupes en ligne face à face. Puis réactiver les pas de la danse. • Apprendre un rythme frappé (mains /cuisses) simple pour les couplets.	• Les élèves sont répartis en deux lignes face à face. Ils dansent plusieurs fois sur le refrain. • Les élèves (sans mouvement) apprennent le rythme frappé qu'ils ajoutent aux paroles des couplets. Ils commencent sur un tempo lent. • Les élèves restent en ligne sans danser sur les couplets.
E. Conclusion 5 minutes	Demander l'avis des élèves sur leur propre production et sur les apprentissages de la séance.	S'exprimer sur ce qu'ils viennent de faire, d'entendre, de vivre.

4. Pour aller plus loin

▶ **Le chant s'apprend facilement :**

▷ On peut travailler une introduction (le refrain) bouche fermée par une partie de la classe puis à la reprise bouche ouverte sur une onomatopée par l'autre partie de la classe, continuer avec le refrain.

▷ Autre possibilité : on peut former trois groupes : deux groupes de chanteurs (le deuxième groupe répète) et un groupe rythmique.

▶ **Chercher la structure et les phrases sur une autre bourrée**, par exemple celle de Lully : « Bourrée du divertissement royal » puis sur d'autres musiques.

▶ Ce chant amène à **évoquer la figure du loup**. L'enseignant pourra travailler les différentes représentations de celui-ci dans les contes (*Le Petit Chaperon rouge*, etc.), dans les albums (Mario Ramos, *C'est moi le plus beau*) et la chanson « Le rapt de la fille en rouge » de Bruno Fontaine et Yvan Pommaux, une œuvre au programme (voir p. 255).

▶ **Différenciation :** si le rythme frappé est difficile à mettre en place, on le remplace par un frappé de la pulsation. On peut facilement enchaîner cette séquence sur une autre, « Les chants à répondre à différentes époques et dans différentes cultures » ou *Pierre et le Loup* de Prokofiev pour aborder un travail sur les timbres.

▶ **L'évaluation pourra être formative :** participation (prise de parole pour donner son avis) ou force de proposition et implication tout au long des séances.

À RETENIR

- La séquence et ses subdivisions, les séances, servent la progression pédagogique vers l'objectif fixé.
- Elles permettent de fixer un (des) champ(s) de compétences à activer en lien avec les programmes.
- Elles peuvent s'ajuster en fonction de l'apprentissage des élèves.
- La séquence peut être ponctuelle ou une partie d'un projet plus long.

3.

LES ARTS PLASTIQUES

1 Un enseignement sur trois cycles

▶ THÈME 1 : LES TEXTES OFFICIELS EXPLIQUÉS

Il faut comprendre les arts plastiques comme un cursus de formation sur les trois cycles. Cette discipline procède par approfondissements successifs. Les contenus se complexifient et les compétences se précisent.

A Les points-clés des programmes

Les arts plastiques s'inscrivent dans des principes généraux rappelés par l'introduction aux programmes pour les trois cycles.

Les enseignements artistiques :

- permettent aux élèves d'exercer leur sensibilité et leur capacité d'expression artistique ;
- contribuent à la construction de la personnalité et à la formation du citoyen ;
- développent l'**intelligence sensible** ;
- procurent des repères culturels nécessaires à la vie sociale ;
- FICHE 26, P. 173 s'inscrivent dans la démarche de projet ;
- s'associent facilement aux autres enseignements ;
- s'articulent aisément aux autres domaines artistiques tels que l'architecture, le cinéma, la danse, le théâtre ;
- offrent de multiples occasions de **partenariat** ;
- FICHE 5, P. 114 s'inscrivent dans le PEAC ;
- articulent constamment la **pratique et la réflexion**.

Un peu de vocabulaire

- **Intelligence sensible :** c'est le pendant de l'intelligence rationnelle. Ces deux intelligences sont complémentaires l'une de l'autre. Dès le plus jeune âge, l'éducation artistique et culturelle éveille et fait appel à la sensibilité des élèves pour les ouvrir à toutes les formes de langage.

- **Partenariat :** désigne toutes les formes de collaboration internes et externes à l'école (d'autres classes, des parents d'élèves, des associations, des intervenants, des institutions culturelles).

- **Pratique réflexive :** dans les domaines artistiques, la pratique ne s'oppose pas à la théorie. C'est un « agir réflexif » dans le sens d'une action qui engage en même temps le *faire* et le *penser*.

B Un enseignement fondamental

▶ **On ne parle pas de disciplines à la maternelle mais de domaines d'apprentissages** qui s'organisent en **disciplines** seulement au cycle 2 et 3. Au cycle 1, les arts plastiques sont désignés par les **arts du visuel** qui relèvent du domaine « Agir, s'exprimer, comprendre à travers les activités artistiques » et qui permettent de « développer les interactions entre l'action, les sensations, l'imaginaire, la sensibilité et la pensée ». Au cycle 2 et 3, les enseignements artistiques regroupent deux disciplines : l'éducation musicale et des **arts plastiques**.

▶ **L'école maternelle joue un rôle décisif dans le développement de l'enfant.** Dans tous les domaines d'apprentissage, et en particulier dans celui des formes plastiques, se jouent à cet âge des expérimentations très physiques, très concrètes, qui s'avéreront ensuite déterminantes dans son développement cognitif. « Ces premières années de scolarisation établissent les fondements éducatifs et pédagogiques sur lesquels s'appuient et se développent les apprentissages des élèves pour l'ensemble de leur scolarité. » (Programmes et horaires à l'école maternelle).

C Repères de progressivité sur les trois cycles

1. Au cycle 1

FICHE 2, P. 104

▶ **Au cycle 1, les arts du visuel sont les formes artistiques qui se fondent essentiellement sur une dimension visuelle.** Sont cités par les programmes : la peinture, la sculpture, le dessin (qui sont aussi des catégories des beaux-arts), la photographie, le cinéma, la bande dessinée, les arts graphiques, les arts numériques. Autant de formes artistiques que les élèves seront amenés à regarder, décrire, commenter et parfois aussi à expérimenter.

▶ Cependant, ces différentes formes d'art se prêtent plus ou moins à une expérimentation régulière en classe. Le **dessin**, qui inclut l'ensemble des jeux graphiques à l'aide d'outils traditionnels ou numériques, la **peinture** et la **sculpture**, seront sans aucun doute les formes artistiques les plus expérimentées par les élèves à la maternelle (mais aussi aux cycles 2 et 3). Il est également envisageable, selon des conditions et des objectifs précis, de leur faire ponctuellement réaliser des **photographies** à l'aide de moyens numériques ou de leur faire dessiner une suite d'images selon des logiques narratives.

2. Au cycle 2

FICHE 3, P. 107

▶ **Au cycle 2, les arts plastiques :**
– favorisent chez l'élève, inventivité, autonomie, initiative et recul critique ;
– s'articulent autour de quelques éléments du langage : forme, espace, lumière, couleur, matière, geste, support, outils, temps ;
– explorent tous les domaines de création plastique : dessin, peinture, collage, modelage, sculpture, assemblage, photographie, vidéo, création numérique… ;
– permettent la rencontre avec les œuvres par le biais d'une approche sensible et curieuse pour « accepter ce qui est autre et autrement en art et par les arts » (Programmes du cycle 2).

▶ Au cycle 2, l'élève passe d'une **posture autocentrée** à une **pratique tournée vers autrui**. Les réponses personnelles des élèves aux propositions du professeur sont rapprochées d'œuvres et de démarches d'artistes.
La démarche de projet (individuel ou collectif) permet de favoriser la motivation et l'initiative des élèves et de prolonger la production par l'exposition. L'élève réalise l'importance du spectateur en art et la présentation de ses démarches permet de développer le langage oral. Les espaces d'exposition sont à envisager dans la classe, dans l'école et même à l'extérieur de l'école.

Paysage vu de dessus, par des élèves de CE2, peinture associée à matériaux et outils divers.

LES ARTS PLASTIQUES

3. Au cycle 3

FICHE 4, P. 110

▶ **Au cycle 3, les arts plastiques :**
– favorisent l'engagement de l'élève vers une pratique sensible plus autonome qu'il apprend à analyser davantage (élaboration et affirmation d'intentions) ;
– conduisent l'élève à mieux expliciter ses productions, mais aussi les processus artistiques qu'il perçoit au sein des œuvres, ce qui l'amène à une première compréhension des grandes questions portées par la création artistique.

▶ **Les modalités de cet enseignement se caractérisent à ce stade par des situations ouvertes** favorisant initiative, autonomie et recul critique, une pratique exploratoire, inventive et réflexive. C'est dans ce contexte que s'élabore une **culture commune** enrichie par la culture des élèves.
La pratique occupe une place centrale dans les activités ; elle interroge l'efficacité des outils, des matériaux, des formats et des gestes au regard d'une intention, d'un projet.

▶ **L'analyse des résultats obtenus tire parti des expériences vécues,** permet d'identifier et de nommer les moyens choisis. On observe les effets produits selon diverses modalités de présentation des productions, on pense la relation de l'œuvre au dispositif de présentation (cadre, socle, cimaise…), au lieu (mur, sol, espace fermé ou ouvert, in situ) et au spectateur (frontalité, englobement, parcours…).

Personnage en mouvement, par un élève de CM1, terre et petits morceaux de branches.

D Contenus d'apprentissages et compétences sur les trois cycles

	Contenus d'apprentissages
Cycle 1	**Les arts du visuel sont découpés en quatre parties et envisagés en tant que productions plastiques et visuelles :** Le dessin Le graphisme décoratif Les compositions plastiques et en volume L'observation, la compréhension et la transformation des images
Cycle 2	**Les arts plastiques sont envisagés autour de trois grandes questions :** La représentation du monde L'expression des émotions La narration et le témoignage par les images
Cycle 3	**Les arts plastiques envisagés autour de trois grandes questions :** La représentation plastique et les dispositifs de présentation Les fabrications d'objets et la relation entre l'objet et l'espace La matérialité de la production plastique et la sensibilité aux constituants de l'œuvre

	Compétences et attendus de fin de cycle
Cycle 1	Pour ce cycle, les programmes ne précisent que les **attendus de fin de cycle** qui peuvent être retenus comme les compétences visées à ce stade.
Cycle 2	Pour ce cycle, sont précisés distinctement des **attendus de fin de cycle** et des **compétences** réparties en 4 champs identiques pour les cycles 2, 3 et 4 (c'est-à-dire du CP à la Troisième), et articulées aux compétences du socle : – Expérimenter, produire, créer. – Mettre en œuvre un projet artistique. – S'exprimer, analyser sa pratique, celle de ses pairs ; établir une relation avec celle des artistes, s'ouvrir à l'altérité. – Se repérer dans les domaines liés aux arts plastiques, être sensible aux questions de l'art.
Cycle 3	Pour ce cycle, sont repris les quatre champs de compétences du cycle 2 avec les mêmes indicateurs. En revanche, les programmes ne précisent pas d'attendus de fin de cycle.

À RETENIR

Cycle 1 : sensibilisation aux activités et à la perception des langages artistiques.
Cycle 2 : découverte de quelques notions fondamentales en arts plastiques et développement du potentiel d'invention et de création.
Cycle 3 : approfondissement des acquis des deux cycles précédents.

Un élève de CP réalisant un collage à partir de formes colorées, prédécoupées.

2 Les arts plastiques au cycle 1

▶ THÈME 1 : LES TEXTES OFFICIELS EXPLIQUÉS

A Les points-clés du programme

① Développer le goût pour les pratiques artistiques

② Découvrir différentes formes d'expression artistique

▶ Les familiariser avec une dizaine d'œuvres.

▶ Leur faire fréquenter des espaces d'expositions.

③ Vivre et exprimer des émotions, formuler des choix

Leur faire évoquer les réalisations.

④ Dessiner

▶ Faire expérimenter différents outils.

▶ Faire identifier les réponses apportées par des plasticiens.

▶ Proposer des consignes ouvertes.

▶ Mutualiser les productions individuelles.

▶ Leur faire percevoir leur progrès.

⑤ S'exercer au graphisme décoratif

▶ Leur faire découvrir des graphismes.

▶ Leur apprendre à les reproduire, assembler, enchaîner, transformer à des fins créatives.

▶ Leur faire maitriser les tracés qui deviendront également ceux de l'écriture.

⑥ Réaliser des compositions planes et en volume

▶ Les conduire à s'intéresser à la couleur, aux formes et aux volumes.

▶ Leur faire découvrir, les mélanges de couleurs, les nuances.

▶ Leur faire acquérir un lexique approprié pour décrire les actions ou les effets produits.

▶ Leur faire découvrir le travail en volume.

▶ Leur faire appréhender des matériaux très différents.

▶ Les encourager à représenter le monde en trois dimensions.

▶ Leur faire rechercher l'équilibre et la verticalité.

⑦ Observer, comprendre et transformer des images

▶ Leur apprendre à caractériser les différentes images.

▶ Leur faire distinguer le réel de sa représentation.

▶ Leur faire découvrir des œuvres en lien avec leur productions plastiques.

B Repères de progressivité sur les 3 années du cycle 1

1. Petite section (PS)

1-1. Dessin et peinture

▶ Le plaisir du geste, jouer avec différents outils graphiques sur différents supports (« faire se croiser les lignes » ou au contraire « ne les faire jamais se croiser », « traverser entièrement le support d'un bord à l'autre »), figurer les premiers bonhommes (« un bonhomme et son ballon », etc.).

▶ Répéter, reproduire, enchaîner, faire varier des formes graphiques et chromatiques, alterner des points de couleurs (« alterner des ronds et des

> **Pour réussir le concours**
>
> Les textes officiels ne décrivent pas une déclinaison des contenus par niveau. En revanche, au concours, il est attendu du candidat qu'il sache imaginer précisément pour un niveau de classe donné un dispositif d'enseignement adapté à l'âge des élèves. Pour ce faire, voici une proposition de quelques repères de progressivité sur les 3 années du cycle.

barres »), répéter plusieurs fois l'empreinte d'un gabarit sur le support puis compléter le dessin sans le gabarit, etc.

▶ Découvrir, faire varier et combiner les traces colorées laissées par différents outils couvrants, remplir, recouvrir, entourer, faire couler, projeter, éclabousser, etc.

1-2. Découpage et collage

▶ Déchirer et coller sur un support des petits morceaux de papier, découper une feuille de couleur en plusieurs parties et la reconstituer sur un support de couleur différente (« sans faire se toucher les morceaux »).

▶ Découper des images d'objets choisies dans un support imprimé et les coller alignées sur un support, découper des personnages et les associer à des objets, faire intervenir ensuite le dessin dans le collage, etc.

1-3. Modelages et assemblages

▶ Faire rouler des petits morceaux de terre sous la paume de la main pour faire un boule ou un boudin, combiner boules et boudins.

▶ Aplatir des morceaux de terre en forme de galettes et dessiner dessus avec un outil graveur.

▶ Associer des éléments naturels (épines de pin, plumes) à des petits volumes modelés, incruster des morceaux de papier découpés dans une pomme de pin, décorer une boîte en carton avec des boules de papier froissé, etc.

2. Moyenne section (MS)

2-1. Dessin et peinture

▶ Premières situations de recherche comme de dessiner « à partir de » ou « autour d'un » élément graphique collé sur le support, de dessiner en écho à une situation de motricité (« se dessiner en train de sauter », « dessiner les élèves avec les cerceaux »), combiner l'usage d'outils graphiques de différentes tailles, faire se succéder différents mediums, etc.

▶ Peindre et dessiner sur des supports de différents formats (formes et dimensions), de différentes couleurs, jouer de l'orientation du format pour représenter quelque chose, occuper tout l'espace du support, y inscrire entièrement ou partiellement la figure, inscrire son geste dans l'espace du support, etc.

▶ Dessiner avec de la peinture, changer de couleurs, mélanger les couleurs dans la palette ou sur le support, changer de taille de pinceaux, de brosses, utiliser des rouleaux, composer avec la couleur, jouer des contrastes.

Collage d'une élève de MS représentant la plage. Il disposait de différents fragments de papiers, cartons, ficelles, réunis dans une boîte. Il pouvait placer la sihouette jaune où il le souhaitait.

2-2. Découpage et collage

▶ Découper des bandes de papier coloré, des ronds, des triangles, des carrés et les disposer sur un support pour « faire un bonhomme ».

▶ Découper des éléments choisis dans un magazine et les associer dans un collage.

▶ Découper des formes dans du papier cadeau et en recouvrir entièrement le support.

2-3. Modelages et assemblages

▶ Associer des éléments modelés dans différentes pâtes colorées pour réaliser un bonhomme qui tient debout.

▶ Assembler des matériaux lourds et légers, solides et fragiles, plans et en volume pour ériger une composition la plus haute possible.

3. Grande section (GS)

3-1. Dessin et peinture

▶ Dessiner des histoires lues ou vécues, des situations vues, être attentif à la disposition des éléments dans la composition, à la signification des détails, aux proportions, à la ressemblance, faire se superposer des éléments dans la composition, jouer du montré-caché, explorer les marges du support (« faire sortir la figure du support »), etc.

▶ Dessiner à la peinture des personnages en pieds sur toute la hauteur du support, combiner des médiums humides et secs (fusain ou craie sur peinture sèche par exemple), combiner des lignes et des masses pour figurer, inscrire la figure dans l'espace de la représentation.

▶ Peindre en respectant des temps de séchage entre deux couches, jouer des effets d'outils graveurs dans la peinture (une fourchette en plastique par exemple), peindre avec des outils variés, en inventer (une plume, un morceau de ficelle effiloché, un morceau de carton), imaginer une composition en une, deux ou trois couleurs, créer des effets d'opacité et de transparence, etc.

3-2. Découpage et collage

▶ Découper des lettres, des mots et des images et les combiner dans une composition.

▶ Découper des morceaux de couleur dans un magazine pour réaliser ensuite une composition chromatique figurative ou non.

FICHE 9, P. 124

▶ Réaliser des photomontages, des animaux hybrides, des architectures fantastiques, en sélectionnant et découpant des fragments d'images, etc.

3-3. Modelage et assemblage

▶ Associer des matériaux très divers (morceaux de carton, pinces à linge) pour construire une tour la plus haute possible.

▶ Associer des matérialité très opposées pour imaginer des compositions en volume (terre modelée, ficelle et piques à brochettes…).

C Les attendus de fin de cycle du programme

▶ Choisir différents outils, médiums, supports en fonction d'un projet ou d'une consigne et les utiliser en adaptant son geste.

▶ Pratiquer le dessin pour représenter ou illustrer, en étant fidèle au réel ou à un modèle, ou en inventant.

▶ Réaliser une composition personnelle en reproduisant des graphismes. Créer des graphismes nouveaux.

▶ Réaliser des compositions plastiques, seul ou en petit groupe, en choisissant et combinant des matériaux, en réinvestissant des techniques et des procédés.

▶ Décrire une image et exprimer son ressenti ou sa compréhension en utilisant un vocabulaire adapté.

▶ Proposer des solutions dans des situations de projet, de création.

3 Les arts plastiques au cycle 2

▶ THÈME 1 : LES TEXTES OFFICIELS EXPLIQUÉS

A Les points-clés du programme

Mots-clés de l'introduction

▶ *Inventivité, autonomie, recul critique, rencontre avec les œuvres, approche sensible, démarche de projet, présentation, exposition, rôle du spectateur.*

Médiums concernés

▶ *Dessin, peinture, collage, modelage, sculpture, assemblage, photographie, vidéo, création numérique…*

Notions principales

▶ *Espace, lumière, couleur, matière, geste, support, outils, temps.*

Quatre champs de compétences

▶ *Expérimenter, produire, créer.*

▶ *Mettre en œuvre un projet artistique.*

▶ *S'exprimer, analyser sa pratique, celle de ses pairs ; établir une relation avec celle des artistes, s'ouvrir à l'altérité.*

▶ *Se repérer dans les domaines liés aux arts plastiques, être sensible aux questions de l'art.*

Trois grands chapitres de contenus

▶ *La représentation du monde.*

▶ *L'expression des émotions.*

▶ *La narration et le témoignage par les images.*

LES ARTS PLASTIQUES

B Repères d'approfondissement

FICHE 2, P. 104

▶ **Au cycle 1**, les contenus ont été décrits ici de façon à marquer la **progressivité des apprentissages** : trois années au cours desquelles l'enfant traverse des étapes cognitives très marquées.

▶ Pour ce qui concerne les **deux cycles à suivre**, les contenus sont abordés selon une autre **logique qui évite un découpage annuel** : ce serait à ce stade déconnecté de la réalité du terrain et de la grande diversité des élèves qui évoluent chacun à leur rythme.

FICHE 4, P. 110

▶ Pour présenter ces contenus de façon détaillée et complémentaire aux cycles 2 et 3, il est proposé ici d'exposer un large éventail d'approfondissements envisageables, sous la forme d'**exemples d'activités** (pour le cycle 2) et de **notions à explorer** (pour le cycle 3).

▶ **Les contenus d'apprentissages au cycle 2 sont traversés par de grandes questions** qui doivent être considérées comme des points de vigilance au cours des trois années du cycle :
- la **représentation** en deux et trois dimensions ;
- l'**expérimentation** des moyens plastiques ;
- l'écart entre ce que l'on voit et ce que l'on produit : **le regard et le geste** ;
- l'imitation et la pluralité des **ressemblances** ;
- l'expression des **émotions** et l'affirmation de soi ;
- le plaisir de **raconter des histoires**, de témoigner de situations ;
- la création et **la transformation des images**, en être auteur ou spectateur.

REMARQUE

Les contenus d'apprentissage sont toujours à aborder prioritairement du point de vue de la pratique de l'élève (ce qu'il va expérimenter) mais également du point de vue de la pratique artistique (les œuvres d'art) et de la mise en relation commentée des œuvres et des productions d'élèves (rapprochement, comparaison, confrontation).

Exemples d'activités	
La représentation du monde	
Représenter des espaces	En deux ou en trois dimensions : – dessiner des espaces que l'on connaît, que l'on a visités, que l'on pratique quotidiennement ; les représenter en plan vus de dessus ou tels qu'on les voit de là où l'on se trouve ; – représenter des espaces que l'on n'a jamais vus mais que l'on imagine ; – représenter des espaces naturels ou artificiels en relief ou en volume à l'aide de matériaux diversifiés.
Représenter des objets	En deux ou en trois dimensions : – imaginer des objets que l'on va fabriquer ou sculpter ; – représenter des motifs qui occupent pleinement des supports de formats variés ; – fabriquer des objets miniatures, des jouets, des objets factices ; – modeler et peindre des objets en trompe-l'œil, des fruits, des figurines, etc.
Représenter des animaux et des personnages	En deux ou en trois dimensions : – dessiner des personnages de fiction, des personnes réelles ; – réaliser des marionnettes en carton pour un spectacle ; – inventer des costumes pour une représentation théâtrale ; – inventer des animaux fantastiques en dessin et collage ; – modeler des animaux en terre et les installer dans un environnement ; – sculpter par assemblage des compositions qui tiennent en équilibre.
Représenter des actions, des situations	En deux ou en trois dimensions : – photographier des élèves en action, en mouvement ; – dessiner, restituer des actions, des évènements vécus ou imaginés.
Représenter des architectures	En deux ou en trois dimensions : – photographier des espaces ; – réaliser des collages d'images d'architectures ; – élaborer des constructions ; – réaliser des maquettes.
Représenter et situer des objets et des personnages dans des espaces	En deux ou en trois dimensions : – inscrire des personnages dans des espaces en jouant de leurs échelles, de leurs proportions ; – échelonner les plans, donner de la profondeur à l'espace de la représentation et y situer différentes scènes narratives.
L'expression des émotions	
Traduire ce que l'on perçoit	Explorer les relations forme / couleur / matière en expérimentant : – les outils graphiques (craies, fusains, crayons de couleur, feutres fins, gros feutres, calames et encres, etc.) ; – les outils pour peindre (rouleaux, brosses, pinceaux de différentes largeurs, couteaux, etc.) ; – les outils pour transformer la matière (pour graver, râper, rayer, découper, percer, attacher, etc.) ; – les pâtes colorées épaisses ou liquides (la peinture et ses différents liants) ; – les matériaux lourds, légers, sécables ou pas, modelables ou pas, poreux, rigides, souples, etc. ; – les supports (épais, légers, grands, petits, colorés, circulaires, rectangulaires, carrés, sphériques, parallélépipédiques, panoramiques, etc.).
Traduire ce que l'on ressent	
Traduire ce que l'on imagine	
La narration et le témoignage par les images	
Raconter ce qui s'est passé	• Raconter, inventer ou décrire : – en créant des images de toutes pièces (dessin, peinture, moyens numériques) ; – ou en utilisant des images préfabriquées de différentes origines (magazines, catalogues publicitaires, journaux, cartes postales, reproductions d'œuvres, tirages ou impressions photographiques en noir et blanc ou en couleurs, etc.).

Exemples d'activités	
Inventer des histoires	• Expérimenter diverses organisations de l'image en jouant des relations narratives entre : – les figures entre elles (rapport de proportion, disposition des unes vis-à-vis des autres) ; – les figures et le format (rapport de proportions, emplacements) ; – les figures et les espaces multiples (d'un espace à l'autre, faire intervenir des répétitions, des déplacements, des transformations, des variations, des évolutions).
Décrire des actions	• Expérimenter diverses modalités d'association du texte et de l'image : – en incluant le texte dans l'image (bulles de BD, texte descriptif, explicatif, etc.) ; – en légendant les images par de l'écrit (cartel, cartouche, titre, etc.) ; – en illustrant l'image par le texte ou inversement.

C Les attendus de fin de cycle

▶ Réaliser et donner à voir, individuellement ou collectivement, des productions plastiques de natures diverses.

▶ Proposer des réponses inventives dans un projet individuel ou collectif. Coopérer dans un projet artistique.

▶ S'exprimer sur sa production, celle de ses pairs, sur l'art.

▶ Comparer quelques œuvres d'art.

Le loup rouge, support de papier rouge, gros sel, photographie.

4 Les arts plastiques au cycle 3

▶ THÈME 1 : LES TEXTES OFFICIELS EXPLIQUÉS

A Les points-clés du programme

Mots-clés de l'introduction

▶ Engagement, pratique sensible explicitée, première compréhension des grandes questions de l'art, situations ouvertes, pratique exploratoire, inventive et réflexive.

▶ Exploration de matériaux, d'outils, de supports divers, la relation entre les moyens et les effets, les dispositifs de présentation, la relation au lieu et au spectateur.

Médiums concernés

Dessin, peinture, collage, modelage, sculpture, assemblage, photographie, vidéo, création numérique…

Notions principales

Espace, lumière, couleur, matière, geste, support, outils, temps.

Quatre champs de compétences

▶ Expérimenter, produire, créer.

▶ Mettre en œuvre un projet artistique.

▶ S'exprimer, analyser sa pratique, celle de ses pairs ; établir une relation avec celle des artistes, s'ouvrir à l'altérité.

▶ Se repérer dans les domaines liés aux arts plastiques, être sensible aux questions de l'art.

Trois grands chapitres de contenus

▶ La représentation plastique et les dispositifs de présentation.

▶ Les fabrications et la relation entre l'objet et l'espace.

▶ La matérialité de la production plastique et la sensibilité aux constituants de l'œuvre.

B Repères d'approfondissement

1. Des contenus à aborder à un niveau plus poussé

▶ Rappelons tout d'abord que **les contenus abordés aux cycles précédents demeurent toujours d'actualité** pour ce cycle. Les élèves continuent de représenter le monde en deux et trois dimensions et poursuivent l'exploration des moyens plastiques dans leur grande diversité. Ils continuent de **jouer avec les éléments du langage plastique** pour exprimer leurs émotions, leurs sensations et leurs idées. Leur désir de raconter des histoires, de les inventer, de les imaginer, demeure une motivation importante à leurs yeux.

▶ Les contenus d'apprentissages et les champs de questionnement qui leur sont associés sont cependant abordés à un **niveau d'approfondissement plus poussé** :

– la **représentation** est interrogée dans sa relation aux moyens plastiques qu'elle exploite.

– les **objets** sont considérés à la fois comme des moyens plastiques mais également comme résultats plastiques.

– la **matérialité des moyens plastiques** est abordée en tant qu'objet d'expérimentation technique mais également dans les effets sensibles qu'elle engendre.

Tempête en mer, peinture au doigt sur carton blanc, eau et gouache.

REMARQUE

Le mot *image* s'entend communément en deux dimensions en raison de son usage récurrent dans les domaines de l'illustration, de la photographie ou du cinéma. Cependant dans le domaine des arts plastiques, le mot *image* peut s'entendre également en trois dimensions ; on parle alors d'images en relief ou d'images en volume. Une sculpture peut être considérée comme une image en volume. Enfin, l'expression image 3D désigne plutôt la simulation sur écran plat de volumes et d'espaces au moyen d'outils numériques.

▶ Le cycle 3 se prolonge en 6e. Le CM2 ne représente pas une fin de cycle pour l'élève. Il lui reste encore une année pour découvrir toute la richesse de ce contenu. Par ailleurs, les programmes ne précisent pas de manière spécifique des attendus de fin de cycle comme pour le cycle 2. Les compétences visées jouent cependant le même rôle.

2. Les notions du programme

Les trois grands chapitres du cycle 3 prolongent les questionnements abordés aux cycles 1 et 2, principalement en termes de notions à aborder.

2-1. La représentation plastique et les dispositifs de présentation

▶ D'un côté, il s'agit d'expérimenter **la relation qu'entretient la représentation avec les moyens plastiques qui la portent**. Chaque caractéristique plastique de l'image (en deux ou trois dimensions) joue un rôle dans ce qui est représenté, que ce soit par exemple le cadrage, la palette chromatique, la simplification des formes, le degré de détail, la largeur du trait, etc.

▶ De l'autre côté, il s'agit également d'**expérimenter les diverses façons de montrer les productions**, de les donner à voir au spectateur, en exposant les travaux dans des espaces aménagés de manière intentionnelle, selon des dispositifs soigneusement élaborés dans le souci de leur découverte et de leur réception.

▶ **Les notions à interroger par la pratique sont :**

– la ressemblance et l'imitation ;
– la valeur expressive de l'écart ;
– l'autonomie du geste graphique, pictural, sculptural ;
– l'unicité de l'œuvre ;
– les notions d'original et de copie ;
– les différentes catégories d'images ;
– les procédés de fabrication des images ;
– la narration visuelle ;
– le récit ;
– le témoignage, le documentaire ;
– l'organisation des images entre elles ;
– les images fixes et les images animées ;
– l'exposition comme mise en regard et en espace ;
– les notions de cadre et de socle ;
– la notion de contexte privé ou public, intérieur ou extérieur ;
– la notion de dispositif de présentation comme la vitrine, la salle d'exposition ;
– les notions d'installation et d'in-situ ;
– les notions d'effet, de réception, de spectateur.

2-2. Les fabrications et la relation entre l'objet et l'espace

▶ « Fabrications » s'entend par rapport à des images et des objets : le mot fabrication insiste sur le **caractère composite de la composition**. On peut fabriquer des images et des objets en associant toutes sortes de matériaux ou d'images plus ou moins fragmentés.

▶ Par ailleurs, l'élève commence à considérer non plus seulement l'objet mais également l'espace qui l'entoure. Il prend conscience que **cet espace qui prolonge l'objet appartient aussi à l'objet**, participe de sa plasticité, de son apparence et donc de sa signification et de sa valeur expressive.

▶ **Les notions à interroger par la pratique sont :**
– les techniques mixtes ;
– les contrastes de matérialité ;
– l'hétérogénéité et la cohérence plastique ;
– la notion d'effet de matière, d'effet plastique ;
– le statut des matériaux et des objets ;
– la présence physique de la production plastique dans l'espace ;
– la mise en scène des objets ;
– l'origine, la fonction et le statut des objets et des matériaux ;
– en sculpture, les notions de forme ouverte et fermée, de vide et de plein, de contour et de limite, d'intérieur et d'extérieur, d'enveloppe et de structure, de passage et de transition ;
– l'espace de l'œuvre et l'espace du spectateur.

« Les deux bestioles » : assemblage de carton déchiqueté, de pièces de bois et touches de clavier informatique.

2-3. La matérialité de la production plastique et la sensibilité aux constituants de l'œuvre

▶ **Les œuvres d'art plastiques sont essentiellement matérielles**. Les sensations qu'elles génèrent, les effets qu'elles produisent sur le public, reposent entièrement sur le spectacle de cette matérialité plus ou moins transformée par des gestes souvent associés à des instruments.

▶ **Le choix des matériaux employés** et les effets engendrés par leur transformation traduisent une **attention**, une **intuition sensible** de la part de l'auteur dans laquelle le spectateur peut à son tour se reconnaître. Les arts plastiques touchent autant par les sens (la sensation qui convoque les cinq sens) que par le sens (la signification).

▶ **Les notions à interroger par la pratique sont** :
– la réalité concrète de la production ;
– les constituants de l'œuvre ;
– les qualités plastiques et physiques des matériaux ;
– les effets du geste et de l'instrument ;
– la matérialité de la couleur.

À RETENIR

Entièrement pensés comme prolongements des deux cycles précédents, les arts plastiques au cycle 3, approfondissent :
– la représentation et la notion d'écart expressif ;
– la matérialité des moyens plastiques et sa dimension expressive ;
– la relation entre l'objet et l'espace ;
– la place du spectateur dans le contexte de l'exposition.

5 Les arts plastiques et les autres domaines artistiques

▶ THÈME 1 : LES TEXTES OFFICIELS EXPLIQUÉS

Dans la formation de l'élève, les arts plastiques établissent nécessairement un **dialogue constant** avec les autres disciplines artistiques, notamment celles qui convoquent une dimension visuelle, comme les arts du spectacle vivant en maternelle ou l'histoire des arts au cycle 3. Associés à l'éducation musicale, ces enseignements participent à la priorité nationale de l'éducation artistique et culturelle.

A Les arts du spectacle vivant au cycle 1

1. Qu'est-ce que les arts du spectacle vivant ?

Les arts du spectacle vivant sont désignés par les programmes comme domaine d'exploration pour la maternelle exclusivement. Ils impliquent :

– la mise en place d'activités telles que la **danse**, le **cirque**, le **mime**, le **théâtre**, les **marionnettes**, etc. ;
– des activités qui engagent le **corps de l'élève**, suscitent des émotions et des sensations ;
– des activités qui incitent l'enfant à s'exprimer avec son corps, à inventer des **gestes** et des **mouvements** ;
– des activités au sein desquelles les enfants élaborent des **mises en espaces**, des **mises en scène** ;
– des **élèves acteurs** qui expriment leurs émotions, leurs sensations ;
– des élèves spectateurs qui s'ouvrent aux émotions des autres ;
– des activités qui relèvent de jeux d'expression, d'imitation, d'improvisation, d'enchaînements, de jeux individuels ou collectifs, proposés sous des formes tantôt directes et spontanées, tantôt ritualisées et quotidiennes, tantôt construites, élaborées et mémorisées.

Une scène de théâtre en maternelle.

2. Les liens avec les arts plastiques

▶ Les arts du spectacle vivant sont des formes artistiques qui associent bien souvent les **dimensions visuelle et sonore**, **l'oral**, **le geste**. Les élèves sont amenés à découvrir des spectacles et parfois également à participer collectivement à une production, toujours selon des modalités et des objectifs bien définis inscrivant les élèves dans des logiques de projets.

▶ **Les arts plastiques s'associent à cette expérience du spectacle vivant** en proposant aux élèves, par exemple :

– de **fabriquer des marionnettes** (assemblages de matériaux divers, découpages, peintures, dessins préparatoires, etc.) ;
– de **fabriquer des décors pour des représentations** (dessins préparatoires, réalisations collectives des décors, aménagements des espaces, installations, etc.) ;
– de **reprendre des gestes chorégraphiques en gestes graphiques et picturaux** formant des traces sur les supports bidimensionnels.

B L'éducation musicale aux cycles 1, 2 et 3

FICHE 6, P. 43

▶ **Les didactiques des arts plastiques et de l'éducation musicale sont très différentes**. Ces deux disciplines sont parfaitement **complémentaires** l'une de l'autre et se recoupent assez peu. L'histoire des arts fait le lien entre les deux. **Le vocabulaire permet également de les relier** : tonalité, harmonie, instrument, rythme, composition, etc. Comparer la signification de ces mots dans les deux champs donne l'occasion de transposer utilement les savoirs. Il est possible de proposer ponctuellement à des élèves d'interpréter plastiquement des extraits musicaux ; cela peut jouer un rôle déclencheur efficace.

> **Pour réussir le concours**
>
> Ne manquez pas d'affirmer si besoin qu'arts visuels et éducation musicale sont deux disciplines mises au service de l'expression artistique : l'une travaille les formes visuelles et l'autre les formes sonores.

C L'histoire des arts au cycle 3

▶ **Les arts plastiques s'associent naturellement à l'enseignement de l'histoire des arts** au cycle 3. À la différence de cet enseignement, les arts plastiques donnent une place prioritaire à la pratique artistique, et les résultats plastiques des élèves sont régulièrement confrontés à des œuvres d'art, le plus souvent postérieurement aux temps de production.

▶ **Ce rapprochement se fait principalement sous l'angle des problèmes soulevés par la pratique**. Les œuvres présentées dans ce cadre viennent s'inscrire dans le corpus d'œuvres découvertes par les élèves lors des séances d'histoire des arts, elles y sont même réinterrogées, analysées et confrontées à d'autres. Elles y apparaissent au même titre que les autres en tant que repères historiques et stylistiques communs à l'ensemble de la classe.

D L'éducation artistique et culturelle

1. Définition

▶ **L'éducation artistique et culturelle (EAC) est une priorité nationale** qui concerne l'élève tout au long de son parcours scolaire, périscolaire et extrascolaire, et qui se traduit par :
– une **charte** qui peut être affichée en classe par exemple ou dans l'école ;
– un **parcours** autour duquel les différents acteurs éducatifs doivent se coordonner ;
– un **plan de renforcement** de l'EAC, initié en 2018, associant le ministère de l'Éducation nationale et le ministère de la Culture, se traduisant par une **feuille de route visant « 100 % d'EAC »** sur tout le territoire.

2. La charte

Cette charte défend 10 principes importants :

1. L'EAC est accessible à tous.
2. L'EAC associe la pratique à la découverte des œuvres.
3. L'EAC est une éducation à l'art en tant que culture partagée.
4. L'EAC est une éducation par l'art en tant que formation du futur citoyen.
5. L'EAC s'inscrit dans le temps scolaire et hors temps scolaire.

(6) L'EAC permet de mieux appréhender le monde contemporain.
(7) L'EAC s'inscrit dans une dynamique de projet partenarial.
(8) L'EAC nécessite une formation commune de ses différents acteurs.
(10) Le développement de l'EAC fait l'objet de travaux de recherche et d'évaluation.

3. Le parcours

▶ « Le parcours d'éducation artistique et culturelle est l'ensemble des connaissances acquises par l'élève, des pratiques expérimentées et des rencontres faites dans les domaines des arts et du patrimoine, que ce soit dans le cadre des enseignements, de projets spécifiques, d'actions éducatives, dans une complémentarité entre les temps scolaire, périscolaire et extrascolaire. » (eduscol.education.fr)

▶ Le PEAC s'inscrit dans le **projet global de formation de l'élève** défini par le socle commun de connaissances, de compétences et culture ; il est **mis en application par les programmes de cycle**. Une feuille de route 100 % EAC définit les priorités à l'échelle des académies.

▶ Les arts plastiques, au même titre sur les autres disciplines artistiques, participent de l'EAC. Son apport principal se fait par le biais des *pratiques expérimentées* articulées à la dynamique de projet.

Pour réussir le concours

Dans l'analyse d'une séance ou sa conception, il convient de mettre en valeur comment l'expérience de la pratique artistique en arts plastiques participe de l'acquisition d'une culture commune. Les productions d'élèves sont toujours mises en lien avec des œuvres ce qui permet aux élèves de mémoriser ces références par le biais d'une entrée moins historienne que plasticienne.

À RETENIR

• Les arts plastiques en tant que discipline d'enseignement général et obligatoire dotée d'une didactique spécifique, s'inscrivent dans un partenariat ouvert et fructueux avec les autres domaines artistiques dont les élèves font aussi la découverte à l'école, par exemple, les **arts du spectacle** au cycle 1.
• Ils s'articulent également selon les logiques cette fois inter et pluridisciplinaires aux autres enseignements artistiques que sont l'**éducation musicale** et l'**histoire des arts**.
• Enfin, l'ensemble de ces activités relèvent, à une échelle qui dépasse le cadre strictement scolaire, de l'**éducation artistique et culturelle** en tant que priorité nationale.

6 Les arts plastiques et les autres domaines disciplinaires

▶ THÈME 1 : LES TEXTES OFFICIELS EXPLIQUÉS

Au sein des programmes officiels, la discipline des arts plastiques se reconnaît au travers de principes pédagogiques communs, qui s'articulent aux autres apprentissages dans d'autres domaines ou disciplines. Ils participent activement à l'acquisition de compétences relevant des apprentissages fondamentaux mais pas seulement.

A Au cycle 1

À l'école maternelle, les arts plastiques (désignés « arts du visuel ») participent au développement global de l'enfant :
– en le faisant progresser en termes de **socialisation**, de **langage**, de **motricité**, de **capacités cognitives** ;
– en lui proposant un **univers qui stimule sa curiosité**, qui répond à ses besoins de jeu, de mouvement, de découverte, d'expériences sensorielles, motrices, relationnelles ;
– en valorisant, au-delà du résultat obtenu, le **cheminement de l'enfant** et les progrès qu'il fait, en gardant des traces de ces apprentissages lui permettant de percevoir ses évolutions ;
– **en préservant un espace où il traverse des situations d'apprentissage variées** qui font intervenir le jeu, la résolution de problème, etc. ;
– **en proposant des activités** qui donnent une place importante à l'observation et à l'imitation des autres et des adultes, qui favorisent des interactions entre enfants ;
– en proposant des activités qui favorisent l'usage de **moyens numériques** ;
– **en participant d'une école où l'enfant se construit comme personne singulière** tout en apprenant à vivre au sein d'un groupe.

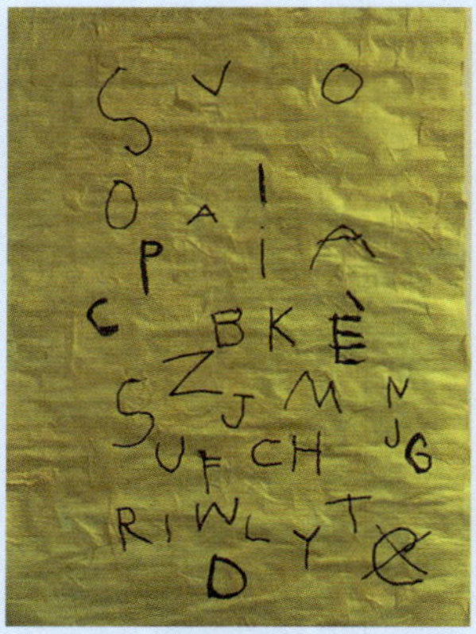

Peinture et écriture en GS.

Sélectionner et trier des formes en GS.

Pour réussir le concours

Que ce soit dans l'analyse d'une séance ou dans sa conception, il est très important de situer les arts plastiques en interrelation avec les autres disciplines dans le cadre de la polyvalence.

B Au cycle 2

Dans une partie du programme consacrée aux croisements entre les enseignements, il est précisé que les arts plastiques :
– **s'articulent aisément aux autres enseignements** dans le cadre de projets interdisciplinaires (consolidation des compétences, transfert des acquis) ;

– motivent l'expérimentation, la participation à des projets communs, l'ouverture à l'altérité, stimulent les activités d'exploration et de recherche au même titre que l'**histoire**, la **géographie** ou les **sciences** ;
– se prêtent à des rapprochements avec **les enseignements scientifiques** (***Questionner le monde***) en tant que démarche exploratoire et réflexive, induites par des propositions ouvertes, des situations problèmes qui visent le passage de l'expérience à la connaissance ;
– se prêtent à des rapprochements avec les mathématiques autour des notions de mesure ou de figure géométrique ;
– s'associent facilement à l'**expression orale** notamment lors des échanges autour des productions plastiques, et à la **production d'écrit** (le texte illustre l'image et inversement) ;
– se comparent également à la **production d'écrit**, en tant que moyen d'expression d'une sensibilité et en tant que forme qui peut sans cesse être remodelée.
– s'associent à l'**apprentissage de la lecture** ou de l'**enseignement des langues vivantes**, notamment autour de la relation texte / image ;
– s'associent à la découverte de contes ou de mythes fondateurs (**en français et en histoire**) à travers l'expression des émotions.

C Au cycle 3

On retrouve au cycle 3 les mêmes associations initiées au cycle 2 et prolongées :
– la représentation plastique et les dispositifs de présentation se relient naturellement à l'enseignement du **français**, de la **géographie**, des **sciences** et de l'**EPS** ;
– les compétences se repérer dans les domaines liés aux arts plastiques et être sensible aux questions de l'art s'accordent avec la découverte des **langues vivantes** et des **cultures** ;
– l'expérimentation et la recherche en arts plastiques sont des principes communs aux **sciences et à la technologie**, occasionnant des rencontres dans les domaines des arts appliqués et du design ;
– **la modélisation et la classification en sciences** peuvent être rapprochées de l'organisation des collections d'œuvres dans le contexte des musées ;
– l'hybridation d'animaux imaginaires en arts plastiques, l'invention de traces archéologiques fictives permettent une confrontation avec les dimensions d'authenticité et d'objectivité des sciences ;
– **le travail sur l'espace** (perspective, proportion, mesure) rapproche mathématiques et arts plastiques ;
– la mise en œuvre de projets artistiques pluridisciplinaires permet l'association potentielle au **français**, aux **langues vivantes**, à l'**éducation musicale**, à l'**EPS**, à l'**histoire** et à la **géographie** autour notamment de représentations théâtrales.

Pour réussir le concours

Une erreur grave et pourtant récurrente consiste à désigner la discipline par le singulier. « L'art plastique » est une expression impropre. **Les arts plastiques** désignent l'ensemble des formes d'art qui tirent parti de la plasticité des matériaux et s'inscrivent dans une dimension principalement visuelle.

À RETENIR

Les arts plastiques en tant que domaine de recherche portant à la fois sur l'espace, le temps, la lumière, la couleur, la matière, la forme, le corps, les techniques, les cultures, les idées et les langages, croisent naturellement toutes les autres disciplines. Il n'est pas un domaine de disciplinaires qui échappe réellement à l'approche artistique. Toute connaissance peut trouver son écho dans l'art. Quel que soit le domaine transversal abordé, il est toujours possible de trouver des œuvres d'art et des pratiques artistiques qui l'interrogent.

7 La place des arts plastiques dans le socle commun

▶ THÈME 1 : LES TEXTES OFFICIELS EXPLIQUÉS

Le **socle commun de connaissances, de compétences et de culture** couvre les dix années de la scolarité obligatoire de 6 à 16 ans. C'est un référent commun à tous les acteurs du système éducatifs. Il se divise en cinq domaines auxquels concourent les arts plastiques en tant que discipline d'enseignement général et obligatoire.

A Des compétences en lien avec le socle

Les quatre compétences propres aux arts plastiques sont mises en relation, dans le programme, avec tous les domaines du socle.

Compétences travaillées (cycles 2 et 3)	Domaines du socle
Expérimenter, produire, créer.	1, 2, 4, 5
Mettre en œuvre un projet artistique.	2, 3, 5
S'exprimer, analyser sa pratique, celle de ses pairs ; établir une relation avec celle des artistes, s'ouvrir à l'altérité.	1, 3
Se repérer dans les domaines liés aux arts plastiques, être sensible aux questions de l'art.	1, 3, 5

B Les grands domaines

Le BO spécial n° 11 du 26 novembre 2015 détaille dans le volet 2 les *Contributions essentielles des différents enseignements au socle commun*. On retient ci-dessous les passages intéressants pour les arts plastiques.

Domaine 1 : Les langages pour penser et communiquer

▶ Comprendre, s'exprimer en utilisant la langue française à l'oral et à l'écrit : les arts plastiques y concourent en s'intéressant à des formes et des représentations variées, en fournissant l'occasion de les décrire, de les comparer, à l'oral comme à l'écrit, en usant de lexiques spécifiques propres à chaque modalité de représentation et domaine d'expression.

▶ Comprendre, s'exprimer en utilisant une langue étrangère et, le cas échéant, une langue régionale : les arts plastiques sensibilisent les élèves à sa dimension culturelle en rapprochant les expériences de pratique artistique d'œuvres étrangères appartenant à des courants artistiques ayant marqué l'histoire de l'art.

▶ Comprendre, s'exprimer en utilisant les langages mathématiques, scientifiques et informatiques : les arts plastiques s'approprient ces langages en les détournant à des fins artistiques.

▶ Comprendre, s'exprimer en utilisant les langages des arts et du corps : les élèves expriment leurs émotions par des tracés gestuels. Ils ont recours aux langages dans leur grande diversité, en les associant, en les articulant, en les combinant, en les enrichissant mutuellement.

Domaine 2 : Les méthodes et outils pour apprendre

▶ Les arts plastiques concourent à développer les compétences méthodologiques pour améliorer l'efficacité des apprentissages. En travaillant sur des projets individuels ou collectifs, les élèves apprennent notamment à s'organiser dans le temps et l'espace pour parvenir à une finalité anticipée et programmée de leurs productions.

Domaine 3 : La formation de la personne et du citoyen

▶ Développement de la sensibilité et des opinions, respect des autres : la confrontation à la diversité des œuvres et des productions (représentatives de la diversité des cultures, des croyances et des sensibilités) participe de la formation de la personne et du citoyen.

▶ La règle et le droit : l'expérience de la pratique artistique se conçoit toujours à partir de contraintes, de règles et d'exigences qu'il convient de respecter. Par ailleurs les codes de représentation et de communication visuelle s'apparentent à des règles communes.

▶ Réflexion et discernement, responsabilité, sens de l'engagement et de l'initiative : les arts plastiques concourent à développer l'esprit critique, le sens de l'engagement et de l'initiative par la mise en œuvre de projets individuels et collectifs qui les impliquent physiquement et intellectuellement.

Domaine 4 : Les systèmes naturels et les systèmes techniques

▶ Démarches scientifiques : sous un angle complémentaire à celui des sciences, l'enseignement des arts plastiques interroge les caractéristiques physiques et plastiques des objets et des matériaux, qu'ils soient naturels ou artificiels. Comme en sciences, les élèves ont recours à la démarche expérimentale et la démarche exploratoire.

▶ Conception, création, réalisation : comme en technologie, chaque réalisation en arts plastiques passe par chacune de ces phases. Mais l'élève en tant qu'auteur invente les moyens et les fins presque simultanément, à la différence du technicien qui applique une modalité opératoire.

Composer avec les matériaux collectés au square, au cycle 2.

Domaine 5 : Les représentations du monde et l'activité humaine

▶ L'espace et le temps : ils sont au fondement même des apprentissages en arts plastiques à commencer par le travail de la composition qui explore nécessairement les caractéristiques spatiales des moyens mis en œuvre. Les logiques de production réclament de la part de l'élève, la prise en compte de temporalités spécifiques aux médiums (temps de séchage, succession des étapes, protocoles et processus à respecter ou à définir, temps de conservation, etc.).

▶ Organisations et représentations du monde : en arts plastiques, l'élève comprend progressivement les multiples façons qu'il y a de se représenter le monde. Ces modalités sont révélatrices à chaque fois d'une approche, ou d'une sensibilité au monde spécifique.

À RETENIR

Les arts plastiques, en tant que discipline articulant démarche opérationnelle et démarche intellectuelle, souvent en écho direct ou indirect aux autres disciplines, participent à des titres et des degrés divers, de l'acquisition des connaissances et compétences de chacun des cinq domaines du socle.

8 Le dessin et la peinture

▶ THÈME 2 : QU'ENSEIGNE-T-ON EN ARTS PLASTIQUES ?

Dessiner est le premier contenu d'apprentissage des arts du visuels pour le cycle 1. La priorité est donc donnée à l'action de dessiner au sens large, à cette expérience du tracé qui marque un support. **La peinture** est introduite sous l'angle des compositions en couleurs, planes ou en volumes. Aux cycles 2 et 3, les programmes présentent simplement le dessin et la peinture comme deux médiums différents. Peindre et dessiner sont pourtant deux expériences cognitives et sensorielles à la fois complémentaires et distinctes.

A La question du dessin au concours

Qu'il s'agisse d'**analyser** une séance ou de la **produire**, la question du **dessin** sera toujours abordée explicitement ou implicitement. Il est donc important d'avoir quelques repères en termes de capacités à représenter chez l'élève, même s'il existe de fortes disparités à tous les âges. C'est pourquoi les situations d'apprentissage qu'on leur propose doivent accueillir toutes les capacités à tous moments.

B L'évolution du dessin d'enfant

1. Le parralèle avec l'évolution psychomotrice

L'évolution du dessin de l'enfant est parallèle à son évolution psychomotrice. La plupart des études réalisées font référence à des stades précis auxquels elles donnent des noms (gribouillage, pré-schématisme, ou « bonhomme-têtard », réalisme fortuit, etc.) prenant en compte l'âge de l'enfant, le niveau, la qualité, les caractéristiques de ses productions. Cette évolution n'est bien sûr jamais exactement la même d'un enfant à l'autre.

2. Du réalisme forfuit au réalisme virtuel

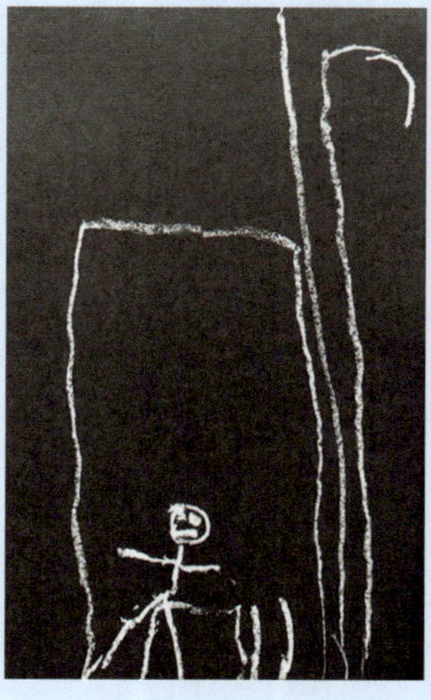

▶ **Après un premier stade où il joue principalement avec le tracé** (on parle de « **gribouillage** »), l'enfant associe ses tracés hasardeux avec des objets (on parle d'un « **réalisme fortuit** »).

▶ Mais très vite, le dessin devient **intentionnellement représentatif** et peu à peu les formes sont effectivement identifiables. Le dessin acquiert même rapidement une dimension narrative et, dès la moyenne section, les enfants associent leurs dessins à des histoires qu'ils se racontent et qu'ils racontent aux autres. L'enfant de cet âge dessine plutôt ce qu'il sait (on parle de « **réalisme intellectuel** ») que ce qu'il voit. Il multiplie les détails, associe plusieurs points de vue. Les contours se superposent ce qui provoque un effet de transparence des motifs qui dans la réalité seraient opaques.

▶ Le **réalisme visuel** (l'enfant tient compte de ce qu'il voit) intervient ensuite à des âges très différents selon les accompagnements proposés, mais dès la maternelle il est possible de demander aux élèves d'y être attentif (sans pour autant que ça leur soit présenté comme une exigence ou un incontournable). Les motifs cessent peu à peu de flotter dans l'espace de la feuille ; l'enfant situe mieux les objets, les personnages les uns par rapport aux autres et l'espace gagne progressivement en profondeur.

3. L'apparition d'éléments de perspective

Au cours des trois cycles de l'école primaire, des éléments de perspective apparaissent dans son dessin comme les rapports de proportion, l'échelonnement des plans, les lignes de fuite ou d'horizon, et progressivement les objets et les personnages viennent occuper un espace mieux défini, mieux délimité. Le dessin acquiert alors des **qualités descriptives** plus grandes, les **espaces et les formes deviennent plus conformes avec une réalité perçue**.

4. La dimension expressive

▶ Le **dessin académique** (ressemblance, mimétisme, respect des conventions) ne doit pas être présenté comme le **point d'aboutissement** de cet apprentissage. L'élève évolue à son rythme et selon sa sensibilité dans l'adoption de ces codes de représentation. Car ce qui compte en effet pour cette discipline d'expression artistique, c'est moins la ressemblance objective que la dimension expressive du dessin qui prend appui en partie sur ces effets de ressemblance.

▶ **Aussi, la dimension expressive du dessin** (qui associe sensation, forme et sens) existe tout au long de cette évolution depuis la petite section jusqu'au CM2 ; elle doit être prioritairement encouragée.

REMARQUES

- **La parole et l'écrit** vont très vite apparaître aux yeux de l'enfant (et précisément au CP avec la mise en place de l'apprentissage de la lecture et de l'écriture) comme les moyens d'expression de l'adulte, préconisés et valorisés par l'école, au point d'entraîner progressivement un délaissement des moyens d'expression plastiques et une diminution de sa créativité.
- Il convient donc d'entretenir avec conviction cette inventivité expressive de l'élève propre aux langages plastiques (physiques, gestuels, matériels, subjectifs), parallèlement et de façon complémentaire, à la mise en place de ces « apprentissages fondamentaux » que représentent l'acquisition et la maîtrise de langages plus immatériels, plus conceptuels, plus codés et plus objectifs.

C Quelle différence entre dessin et peinture ?

▶ **La peinture est fondamentalement différente du dessin.** Cela tient moins à la couleur (le dessin peut très bien être en couleur) qu'à la matérialité particulière de la peinture et aux opérations qui lui sont propres.

Pour réussir le concours

Au concours, sitôt qu'il est question de peinture, il est important d'interroger la matérialité du médium, les caractéristiques du support, la diversité des teintes, les conditions spatiales de réalisation et les outils proposés. Ce sont avant tout les moyens plastiques qui conditionnent l'expérience.

1. La peinture, un matériau coloré

▶ **La peinture est un matériau coloré plus ou moins fluide** qui se fixe en séchant. Peindre consiste à faire l'expérience sensorielle du recouvrement d'un support par cette matière colorée et au moyen de gestes et d'outils, à faire l'expérience de ces lignes et de ces masses colorées qui se juxtaposent, se superposent et s'entremêlent. La peinture procède par plages et par couches qui s'organisent en rapports de formes, de couleurs et de textures (contrastes, passages, fusions, opacités et transparences).

▶ **Peindre ne doit pas se limiter à faire du dessin peint.** Donner de la peinture aux élèves ne garantit pas que les élèves vont en faire pleinement l'expérience. Trop souvent les élèves ne font que dessiner et remplir les contours de couleurs. S'ils ne sont pas amenés à jouer avec la matérialité de la couleur, les effets du geste et des instruments, l'expérience de la fabrication d'une image tirant parti des potentialités plastiques et visuelles de la peinture risque d'être fort limitée.

Un arbre peint par un élève de cycle 2.

2. Le dessin, un tracé

Le dessin (en partie plus conceptuel que sensoriel) renvoie principalement à un tracé qui interagit avec un fond. Les outils graphiques déposent peu de matière sur le support (aucune dans le cas d'un outil graveur), ce qui inscrit le dessin plutôt du côté du signe et moins du côté de la sensation ; cela explique qu'il soit perçu comme anticipation de l'écriture, auquel il ne faudrait pas le réduire pour autant.

REMARQUE

L'élève dessine et peint le plus souvent sur des **supports plans**. Mais le dessin et la peinture se pratiquent également en **trois dimensions**, sitôt que les supports sont en volume. La multiplicité des points de vue déjoue partiellement les stratégies de représentation pensées en deux dimensions et invite l'élève à en imaginer d'autres.

3. Le graphisme décoratif

S'exercer au graphisme décoratif : cet objectif apparaît dans le programme de maternelle. Le mot *exercice* (différent mais à comparer au mot *problème*) est ici associé au graphisme décoratif dont la principale vertu est de préparer l'élève à la graphie de l'écrit. Il s'agit globalement de reproduire, répéter, remplir, enchaîner, combiner, associer différents types de motifs simples ou complexes, constitués de lignes continues ou discontinues, courbes ou droites, d'angles, de points, de ponts, de boucles, de croix, etc.

EN PRATIQUE

▶ Un modèle est proposé – par exemple en début de ligne – et l'élève répète le modèle jusqu'au bout de la ligne. Il s'exerce à reproduire fidèlement le modèle, à enchaîner le motif de manière continue, ce qui l'oblige à bien identifier les caractéristiques du motif, à en repérer la logique combinatoire et à adopter la bonne modalité opératoire et motrice pour le réitérer plusieurs fois avec régularité.

▶ Toutes ces difficultés qui demandent à la fois de l'adresse et de la concentration nécessitent de l'entrainement, de la reprise régulière sur le long terme. Il s'agit donc d'exercices courts et réguliers, d'une difficulté progressive dans le respect des rythmes de chaque élève. Cet exercice amène également l'élève à mieux maîtriser son tracé, à bien coordonner son geste, ce qui lui sera très utile également en dessin d'expression.

D Des situations d'expérimentation variées

▶ **Pour concevoir des situations d'apprentissage en dessin et peinture** (et sans doute plus généralement en arts plastiques), il convient prioritairement de penser les dispositifs en termes de **moyens** avant de les penser en termes de **résultats**. En faisant varier les supports (couleur, matériau, format), les outils (craies, crayons, feutres, pinceaux, brosses, rouleaux, bouts de ficelle, morceaux de carton, etc.) et les médiums (encres, peintures, fusains, graphite, etc.), l'enseignant ouvre à chaque fois un nouvel espace de création, d'expérimentation et d'invention.

▶ **En tirant le meilleur parti expressif de ces moyens qui leur sont confiés**, et en répondant à des consignes ouvertes, les élèves dessinent et peignent ce qu'ils savent, ce qu'ils pensent, ce qu'ils se racontent, ce qu'ils voient, ce qu'ils sentent, ce qu'ils imaginent, ce qu'ils rêvent.

À RETENIR

- Le dessin et la peinture sont **deux expériences essentielles dans la pratique des arts plastiques**. Elles sont spécifiques et complémentaires. Dessin et peinture se pratiquent en deux et trois dimensions.
- Les situations d'apprentissage se conçoivent à partir de **moyens diversifiés** et toujours renouvelés, assortis de **consignes ouvertes**.

9 Le collage et l'assemblage

▶ THÈME 2 : QU'ENSEIGNE-T-ON EN ARTS PLASTIQUES ?

Le collage et l'assemblage figurent parmi les activités récurrentes en arts plastiques. On les retrouve dans les principaux chapitres des programmes (la question de la représentation, la matérialité des productions plastiques ou la fabrication des images). Le collage et l'assemblage permettent d'aborder très directement les logiques de la composition plastique en deux et trois dimensions, le principe de l'hétérogénéité et de la cohérence plastique, les contrastes de forme, de couleur ou de matière, les problèmes d'équilibre ou la relation plein-vide en sculpture.

A Les collages

1. Les collages de papier

▸ **Composer sur un support papier ou cartonné** à l'aide de fragments d'images, de papiers colorés, de journaux, de papiers d'emballage, de papiers recyclés, etc., permet d'expérimenter à l'infini la confrontation des couleurs, des formes, des motifs et des matières, dans leur capacité à produire des sensations et du sens.

▸ **Découpés, déchirés, pliés : l'agencement contrasté des fragments offre des potentialités** expressives inépuisables. Ces compositions peuvent être complétées par du dessin ou de la peinture (pastel, fusain, encre, gouache, crayon, etc.). Les papiers collés sont des collages généralement de faible relief qui permettent d'entrer directement dans les logiques de la composition plane et ses effets de spatialité (planéité et profondeur).

REMARQUE

Les **papiers collés** s'imposent avec le cubisme au début du XXe siècle. Ce sont des problèmes d'espace et de représentation qui poussèrent les artistes (Picasso et Braque) à manipuler ainsi des fragments de papiers de différentes origines et à les associer au dessin puis à la peinture.

2. Les collages d'images et le photomontage

Parmi toutes les sortes de papier, les images imprimées ont un statut différent. On parle de matériau iconique. Découper des images, que ce soit des reproductions de dessins, de peintures ou de photographies, présente un intérêt particulier pour les élèves dans la mesure où il s'agit de motifs figuratifs préfabriqués. Les assembler dans la planéité du support permet de créer des images hybrides aux évocations souvent très puissantes.

3. Des collages en relief

Il s'agit d'éléments tridimensionnels collés sur un plan bidimensionnel. On peut utiliser toutes sortes de matériaux naturels ou artificiels pour mettre en relief une composition. Le collage en relief est souvent associé à la peinture car elle permet de négocier les passages entre le plan bidimensionnel du support et le volume des objets collés.

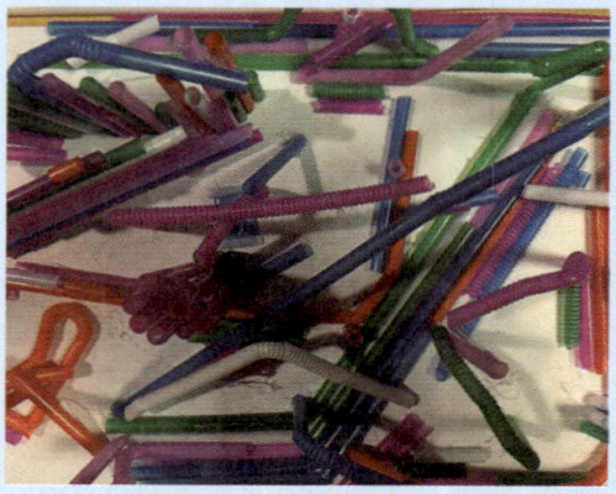

Collage en relief au cycle 3 avec des pailles de couleur.

B Les assemblages

1. Un collage en trois dimensions

▶ **L'assemblage relève du collage en trois dimensions.** Il est très différent des autres formes de sculptures. C'est une sculpture additive qui procède par ajouts successifs, de matière ou d'objets, et non par soustraction ou retrait de matière comme c'est le cas dans la sculpture de taille. La sculpture par assemblage apparaît globalement au début du XXe siècle. Par définition, elle permet d'associer des matériaux d'origines diverses, des objets préfabriqués, neufs ou usagés, transformés ou non. Tous les moyens de fixation sont possibles : colles, pinces à linge, rubans adhésifs, liens de toutes sortes, fil de fer, terre ou pâte à modeler, etc.

▶ **À la différence du collage bidimensionnel dont la composition peut être abordée de tous côtés simultanément,** l'assemblage procède généralement du bas vers le haut par augmentations successives ; les éléments se supportent mutuellement, avec ou sans fixation. Cela pose de véritables problèmes techniques liés aux qualités physiques des matériaux employés (poids, malléabilité, solidité, etc.).

▶ **L'assemblage est une composition tridimensionnelle.** À la différence du collage plan et frontal que le spectateur découvre d'un seul coup, l'assemblage – en tant que sculpture – rend possible une multiplicité de points de vue dont la découverte s'inscrit dans le temps : il suffit d'en faire le tour. La sculpture par assemblage s'inscrit dans l'espace physique du spectateur. Elle permet facilement de travailler les effets de vide et de plein.

Assemblage de pièces en bois avec des pinces à linge au cycle 3.

Pour réussir le concours

Il est recommandé de bien distinguer les deux termes collage et assemblage en réservant si possible le mot assemblage pour les travaux en trois dimensions dont on peut faire le tour alors que le mot collage désignera plus clairement les travaux en relief et en deux dimensions, même si le collage est générique.

2. Assemblages et matériaux

▶ **Un assemblage peut parfois être constitué de plusieurs éléments d'un même matériau** (des éléments en bois par exemple). Un assemblage peut être réalisé avec des éléments intentionnellement triés pour leurs caractères communs (forme, couleur, origine, etc.). Cependant l'assemblage peut aussi être conçu à partir d'éléments totalement hétérogènes entre eux. Cette hétérogénéité apparente s'effacera naturellement au profit de l'ensemble. Elle peut également disparaître par recouvrement de peinture.

REMARQUE

Dans l'histoire de l'art, notons que certains assemblages étaient moulés et ensuite transférés dans un seul matériau, tel que le bronze. L'assemblage vient alors se substituer au plâtre qui traditionnellement anticipait le bronze.

▸ L'importance des matériaux dans l'assemblage conduit souvent l'enseignant à organiser auprès de ses élèves une **récupération** de matériaux divers, ce qui les sensibilise à la question du détournement, du recyclage, du tri et par extension à des questions d'environnement.

C Situations d'apprentissage diversifiées

▸ **Quand il s'agit d'une composition plane réalisée sur table**, il est conseillé de ne coller qu'au dernier moment. L'un des avantages des papiers collés ou du photomontage c'est de pouvoir réviser la composition à tout moment. Jusqu'au dernier instant, l'élève peut être encouragé à déplacer les parties de son montage pour obtenir l'effet le plus juste à ses yeux. Une fois que l'ensemble lui paraît efficace, il peut le fixer.

▸ **Les situations de collage et d'assemblage reposent essentiellement sur la spécificité des matériaux proposés** pour composer. L'enseignant garantit l'adéquation des matériaux fournis par rapport à la situation d'expérimentation qu'il propose. Parmi les matériaux explicitement réunis pour chaque occasion, les élèves doivent pouvoir choisir les éléments qui correspondent aux projets qu'ils se donnent.

À RETENIR

- Collage et assemblage sont deux modes d'expression motivants et efficaces car ils ont recours à des éléments plastiques préfabriqués qu'il s'agit simplement de combiner. Les élèves peuvent ainsi travailler directement la composition plane ou en volume en ajustant les effets sensibles obtenus au plus près de leurs intentions expressives.
- Collage et assemblage inscrivent également les élèves dans des préoccupations matérielles très concrètes, en les amenant à sélectionner et tirer le meilleur parti des qualités physiques et plastiques d'une grande diversité de matériaux et d'objets.

Pratique du collage au cycle 2.

10 Le travail en volume

▶ THÈME 2 : QU'ENSEIGNE-T-ON EN ARTS PLASTIQUES ?

Le travail en volume représente une expérience très spécifique aux arts plastiques. Les apprentissages scolaires sollicitent trop rarement les manipulations en trois dimensions qui sont pourtant très efficaces du point de vue cognitif. **Donner une forme tridimensionnelle à ses idées** relève d'une expérience très concrète, très physique qui participe activement de la construction de soi. **La réalisation d'un volume inscrit l'expérience de la création dans une réalité très proche de notre réalité corporelle**.

A Aborder le travail en volume à l'école

FICHE 9, P. 124

▶ **À l'école, les moyens de la sculpture sont forcément limités.** Les assemblages (en tant que collage en trois dimensions), les constructions et les maquettes, figurent certainement parmi les moyens les plus usités. Le **moulage** et la **taille** réclament une technicité plus lourde et moins directement accessible pour les élèves. Le **modelage** en revanche apparaît comme un moyen très efficace pour aborder la sculpture à une échelle plus ou moins réduite.

Pour réussir le concours

Il est vraiment bienvenu de parler de travail en volume sachant qu'il est trop peu représenté à l'école. Toutes les questions traitant de la représentation notamment, permettent de l'évoquer.

B Voir en trois dimensions

▶ À la différence de la frontalité propre aux travaux plastiques bidimensionnels, **la composition en trois dimensions peut être regardée de tous les côtés**. Pour travailler en volume, les enfants apprennent à tourner autour, à regarder ce qu'ils font sous des angles différents. Quand ils travaillent à plusieurs sur un même volume par exemple, l'enseignant demande d'intervertir les places à intervalles réguliers. Cette multiplicité des points de vue, caractéristique de la sculpture, exige que soient travaillées toutes les faces du volume ou d'en privilégier certaines.

▶ **La sculpture partage le même espace que le spectateur,** elle le sollicite physiquement, pas seulement visuellement. Elle donne envie de toucher, elle invite au déplacement.

ATTENTION

Le travail en trois dimensions n'est pas le travail en 3D ; la 3D correspond à la simulation de volumes principalement sur écran par le biais du numérique. Il est donc inapproprié de parler de travail en 3D quand on fait de la sculpture. De même, il est plus correct de parler d'un travail bidimensionnel que d'un travail en 2D.

C Faire « en vrai »

▶ Les conditions restreintes d'expérimentation en classe amènent trop souvent les enseignants à **négliger les compositions en volume**. Elles sont encombrantes, elles obligent à réunir et conserver des matériaux très divers, elles réclament une certaine technicité qui peut paraître délicate à aborder avec des élèves.

▸ **Pourtant ce type d'activité est essentiel pour les élèves** qui auront le sentiment de faire des choses « en vrai », de prendre en compte des données très concrètes (poids, dimension, texture, solidité, équilibre) qui inscrivent la réalisation dans une réalité physique partagée avec le corps qui la produit. C'est une expérience fondamentale dans le développement cognitif de l'enfant. **L'objet produit n'est pas seulement une image.** Son existence est plus tangible que dans un dessin, il peut tomber, se casser, se détériorer ; il est soumis aux mêmes lois que tous les autres corps qui existent « en vrai ».

D Faire, fabriquer, construire

▸ **L'élève dit qu'il « fait » un bonhomme, un château ou un pont** aussi bien quand il les dessine que quand il les fabrique. *Faire* correspond aussi bien à *représenter* qu'à *construire*. *Faire* c'est réaliser au sens de donner une réalité plus ou moins virtuelle à une chose, et c'est agir, prendre charge, décider de donner existence à quelque chose.

▸ **Fabriquer et construire, renvoient plus directement à la matérialisation** de ce qu'il fait :
– *Fabriquer* quelque chose insiste sur le procédé, notamment technique, qui se trouve convoqué et même le processus (de fabrication) dans lequel il se trouve engagé.
– *Construire* quelque chose insiste sur le fait de bâtir, d'élever, d'échafauder et sans doute également de structurer dans le sens d'organiser une chose que l'on souhaite voir *tenir debout*.

▸ On voit donc comment ces trois mots *faire*, *fabriquer*, *construire* renvoient à des apprentissages bien précis pour l'élève, tous convoqués par l'expérience de la sculpture, du moins de la représentation en trois dimensions.

E La technique

▸ **C'est l'ensemble des opérations convoquées successivement** pour réaliser quelque chose. Il est possible de définir ou d'appliquer des règles techniques pour obtenir un résultat.

REMARQUE

En arts plastiques, la technique est abordée intuitivement. C'est en peignant que l'élève découvre les lois de la peinture, en construisant qu'il découvre les lois de la pesanteur, les règles de répartition des masses…

▸ **Par l'expérience, et grâce aux accompagnements** qui lui permettent de prendre du recul, d'analyser et de conscientiser les relations de causes à effets dans ce qu'il produit, l'élève mémorise peu à peu les logiques techniques propres aux différents médiums d'expression. L'apprentissage technique n'est pas une fin en soi mais un moyen. L'élève « invente » des techniques dans le sens où il met au point des procédés qui lui permettent d'obtenir des effets plastiques, artistiques, expressifs. Il convient de valoriser cette ingéniosité comme vecteur d'expression.

Sculpture par assemblage de pièces en carton plume, à l'aide de cure-dents.

F Situations d'apprentissage diversifiées

Au-delà des assemblages déjà évoqués dans la fiche précédente, les situations d'apprentissage proposées aux élèves durant les trois cycles de l'école permettront d'aborder notamment des problèmes liés :

▶ **aux dimensions :**
– représenter en grand (le monumental) ou en petit (la miniature) ;
– représenter à l'échelle d'une figurine (proportions) ;
– à l'échelle de la main ;

▶ **à la transformation des matériaux** (plier, déchirer, froisser, modeler, tordre, couper, casser, ficeler, coller, scotcher, tresser, imbriquer, incruster, recouvrir de peinture, emballer de papier, etc.) :
– réaliser une « sculpture en papier » qui tient debout ;
– réaliser un « danseur en fil de fer » ;

Dessiner sur un volume en carton à la craie au cycle 2.

▶ **à la fabrication et au bricolage d'objets :**
– fabriquer des choses, un outil pour peindre, une chaise de poupée, un chapeau, un bouclier, etc. ;
– fabriquer des faux objets (un faux téléphone, un faux gâteau, un faux bouquet de fleurs, etc.) ;
– fabriquer une machine à dessiner ou à compter, un bateau qui flotte, un cerf-volant qui vole, une voiture qui roule, un avion qui vole ;

▶ **à la construction d'architecture :**
– réaliser la maquette d'un palais merveilleux, d'une nouvelle école, d'un monument visité, etc. ;
– construire des cabanes à l'aide de tissus, de cartons, de ficelles et de pinces à linge ;

▶ **à l'aménagement d'espace :**
– disposer des objets sur une étagère, sur une table ;
– transformer un espace avec de la ficelle ou du ruban adhésif ;
– décorer un coin de la classe ;
– réaliser des sculptures à suspendre, des mobiles pour le hall de l'école ;

REMARQUE

Toutes ces expériences interrogent notamment les relations :
– équilibre / déséquilibre ;
– solidité / fragilité ;
– éphémère / pérennité ;
– vide / plein ;
– forme / contre-forme ;
– apparence / structure ;
– intérieur / extérieur ;
– stabilité / mobilité.

À RETENIR

• Modeler, assembler, transformer, aménager, construire, bricoler permettent à l'élève **de faire l'expérience d'une représentation en trois dimensions** à des échelles très variées. C'est l'expérience de la sculpture à l'école ; elle relève d'apprentissages fondamentaux liés à l'espace et la physique des matériaux.

• **Faire tenir ensemble**, faire tenir debout, des formes, des couleurs, des matériaux, convoquent des **opérations très concrètes** dont il faut faire le plus souvent possible l'expérience car elles ont toutes leur équivalent abstrait en termes de raisonnement et de pensée.

11 La couleur et la lumière

▶ THÈME 2 : QU'ENSEIGNE-T-ON EN ARTS PLASTIQUES ?

Aborder la couleur avec des élèves de primaire consiste tout d'abord à interroger sa matérialité, quand il s'agit par exemple de médiums aussi différents que le crayon, la peinture, le collage ou l'assemblage de matériaux colorés. Chaque procédé technique engendre des nuances et des variations chromatiques dont les effets sont très différents selon les modes opératoires (projection, étalement, remplissage, dilution, superposition ou juxtaposition). Les rapports de couleur (mélanges, passages, contrastes, variations) sont au cœur de cette problématique sur laquelle repose, en grande partie, la dimension expressive des formes.

A Le vocabulaire de la couleur

▸ **Le lexique de la couleur est infini** à commencer par les noms de couleur qu'il est passionnant de faire découvrir car ils sont à eux seuls une évocation sensible de formes, de sensations, d'environnements et d'origines (bleu turquoise, gris souris, lilas, etc.).

▸ Gardons en mémoire quelques mots importants à utiliser quand on parle de couleur : teinte, valeur (degré de clarté), nuance (de teinte ou de valeur), contraste, aplat, camaïeu (des teintes proches sur le cercle chromatique), monochromie (une seule teinte), polychromie (plusieurs teintes), degré de saturation (couleur plus ou moins vive), tonalité (impression donnée par un ensemble coloré).

REMARQUE

Les trois verbes important de la couleur sont : *dégrader* (ajouter du blanc à la couleur, l'éclaircir), *rompre* (ajouter sa couleur opposée ou complémentaire à la couleur ce qui la neutralise) et *rabattre* (ajouter du noir à la couleur, l'assombrir).

B La théorie de la couleur

▸ **La couleur répond à des lois physiques** assez bien connues depuis la fin du XIXe siècle. Les lois qui la régissent sont passionnantes à étudier mais le cours d'arts plastiques ne peut pas se réduire à un cours de physique de la couleur. Rappelons-nous que les élèves ont simplement besoin de quelques éléments de connaissance sur la couleur pour l'utiliser de façon avertie. Un **cercle chromatique** accroché dans la classe leur permettra de voir comment deux couleurs peuvent se trouver proches ou opposées, ce qui peut s'avérer très utile pour composer. Il y reconnaîtra également les trois couleurs primaires à partir desquelles on obtient par mélange, en quantités égales, les trois couleurs secondaires.

▸ Il leur sera également très utile de savoir à partir du cycle 3 qu'**une couleur se caractérise principalement par sa teinte et sa valeur**. Les teintes vermillon et magenta peuvent se décliner en différentes valeurs de ton, foncées ou claires. Contrairement à une idée reçue, **les enfants peuvent distinguer autant de couleurs qu'un adulte** ; ils sont très sensibles aux moindres nuances chromatiques. En revanche, ils ne savent pas forcément les nommer ni exprimer les nuances qu'ils perçoivent.

ATTENTION

Une erreur récurrente consiste à dire « la pastel » alors que le mot est bien masculin. On peut parler d'une couleur pastel pour désigner une teinte douce et peu saturée. Les pastels désignent également des craies sèches ou grasses. Enfin, le pastel des teinturiers est une plante qui était transformée en pâte tinctoriale permettant de teinter les tissus en bleu (c'est d'ailleurs l'origine du mot).

C Matière et volume de la couleur

▸ **La couleur dépend directement de la matérialité du médium.** Une craie sèche, une gouache très liquide, un papier teint dans la masse : autant de matérialités différentes qui donneront à une même teinte des rendus très distincts. Cette matérialité donne à la couleur sa texture, son opacité ou sa transparence. C'est également cette matérialité qui conditionne le choix et l'usage des outils que l'on emploie pour utiliser la couleur, ce qui aura des conséquences également sur les effets produits (gestes, touches, aplats, etc.). La matérialité du support qui accueille la couleur, participe aussi activement à ces effets de matière colorée.

Paysage en couleurs au cycle 2.

▸ **La couleur se travaille aussi en volume**. Il est possible de transformer des volumes par la couleur en les peignant ou en les emballant de papiers colorés par exemple. On se rend compte alors que la couleur change la perception des formes ; elle transforme, sculpte les supports. Elle les met en lumière ou au contraire les assombrit, elle les creuse, les modèle, les déforme La couleur rend les volumes expressifs, elle agit sur la dimension sensible de l'espace.

D Appliquer et mélanger les couleurs

▸ **La couleur s'expérimente facilement dans la planéité.** Juxtaposer deux teintes permet d'établir un contraste expressif déterminé, les superposer permet d'obtenir des effets de transparence. L'application de la couleur sur le support engendre des effets de matière à l'infini grâce à l'association geste / outil. Couleur et lumière permettent également de créer des effets de spatialité dans la composition. Ce qui est vif et contrasté apparaît plutôt au premier plan alors que les couleurs très douces et transparentes désignent plus facilement des plans éloignés.

▸ **Pour simplifier, il y a trois façons de mélanger les couleurs :**

(1) Sur la palette. (2) Sur le support.

(3) Dans l'œil du spectateur.

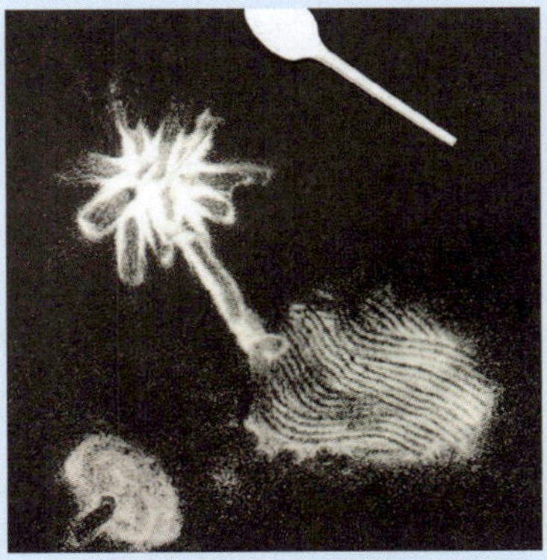

Dessin de lumière au sel sur fond de papier noir au cycle 3.

LES ARTS PLASTIQUES

▸ **La palette permet de préparer la teinte que l'on souhaite utiliser**. Mais il est possible également de faire se rencontrer les couleurs sur le support en les mélangeant partiellement ou totalement. Enfin, deux touches de couleurs côte à côte, se mélangent à partir d'une certaine distance dans l'œil du spectateur ; on parle alors de mélange optique. C'est un procédé très utilisé par les peintres pointillistes.

▸ **Le mélange des couleurs primaires** (magenta, cyan, jaune primaire) deux à deux et en quantités équivalentes permet d'obtenir les **couleurs secondaires** (orangé, vert et violet). On peut mélanger toutes les couleurs au blanc et au noir pour les dégrader ou les rabattre, mélanger des couleurs complémentaires pour les rompre et mélanger toutes les couleurs entre elles pour inventer toutes les teintes et toutes les valeurs que l'on veut.

E La relation forme-couleur

▸ **Les élèves sont parfois tentés de remplir les formes de couleurs unies (colorier) sans se poser de question**. Mais il y a mille façons de faire dialoguer formes et couleur : dessiner après avoir déposé la couleur, décaler la couleur du contour, la faire déborder, colorer partiellement les formes, faire varier les teintes et les valeurs des formes, jouer des dégradés et obtenir des effets de modelé.

▸ Par ailleurs**, le choix de la couleur ne doit pas nécessairement respecter l'association couleur / forme perçue dans la réalité** (le ton local) ; l'herbe peut être peinte en rose, le ciel en vert et l'eau en jaune.

REMARQUE

Il existe sept contrastes de couleur :
– le contraste de la couleur en soi (contraste de deux couleurs saturées et lumineuses) ;
– le contraste clair/obscur ;
– le contraste chaud/froid ;
– le contraste de qualité (pureté, saturation de la couleur) ;
– le contraste simultané (couleur fabriquée par l'œil par effet de proximité avec une autre) ;
– le contraste des complémentaires ;
– le contraste de quantité.

F Situations d'apprentissage diversifiées

Comme toujours, pour aborder une question en arts plastiques, il convient de **faire varier les conditions d'expérimentation.**

1. Couleur et crayon

Les crayons de couleur ne doivent pas servir qu'à colorier un dessin réalisé au crayon à papier. Il est possible de **dessiner** avec des crayons de couleur exclusivement, de **créer** des contrastes entre contours et formes, de **colorer** en faisant des hachures de plusieurs couleurs. Tout ce qui permet aux élèves d'innover par rapport au coloriage (remplissage, uniformité) sera bienvenu.

REMARQUE

L'estompe est un petit outil fait de papier buvard roulé qui permet d'adoucir des zones hachurées, de fusionner les couleurs, de créer des passages d'une couleur à l'autre, de dégrader une couleur en jouant avec la couleur du support (qui peut être blanc mais pas exclusivement). L'estompe peut être proposée aux élèves quand ils utilisent les crayons de couleur et les craies sèches.

2. Couleur et feutre

Faites varier la taille des feutres, du plus fin au plus large. Travailler l'espace en jouant avec l'épaisseur et la couleur des lignes, des formes, des plans, des cernes, des contours, des limites. Éviter de colorier avec des feutres qui sont essentiellement des outils graphiques ; recourir plutôt à des encres colorées ou des jus (gouache diluée) pour compléter le dessin de masses colorées si nécessaire.

3. Couleur, encre et aquarelle

Les encres de toutes les couleurs s'appliquent sur le support à l'aide de calames, de porte-plumes, de pinceaux et de brosses. Elles se diluent et se mélangent, s'appliquent sur des supports secs ou humides, plus ou moins granuleux et absorbants. L'expérience des encres colorées rejoint celle de l'aquarelle. Les jeux de couleurs diaphanes se superposent, s'irisent et se répandent, permettant de créer des effets aléatoires très expressifs.

4. Couleur, collage et assemblage

Faire composer avec la couleur des matériaux que l'on trie par couleur, que l'on assemble en plan ou en volume.

5. Couleur et peinture

La peinture fournie le plus souvent en pâte fluide et colorée est appliquée sur le support. Le liant liquide en s'évaporant, fixe le pigment à la surface. Cet état initial (pâteux, fluide ou liquide) de la peinture autorise maintes formes d'application de la couleur : projection, coulures, empâtements, etc.

6. Couleur et craies grasses et sèches

Les craies sont des bâtonnets de peinture solidifiée. Elles permettent de travailler presque simultanément dessin et peinture. Elles s'estompent facilement, en particulier les craies sèches, ce qui permet d'obtenir de beaux effets de modelé.

7. Sculpter avec la couleur

Transformer des volumes en les peignant (un galet peint se transforme un chat endormi), utiliser des pâtes à modeler de couleur ou peindre des volumes réalisés en argile.

8. Couleur, lumière et photographie

L'appareil photo ou la tablette permet **de collecter dans notre environnement de nombreuses nuances de couleurs**. Il permet aussi de capturer des reflets, des ombres plus ou moins colorées. Toutes les couleurs de l'arc-en-ciel sont dans la lumière qui rencontre la matière des objets, ce qui génère une infinité de teintes. L'outil numérique graphique permet de dessiner et peindre sur écran.

À RETENIR

La couleur est un moyen d'expression sensationnel. Les jeux de contraste sculptent l'espace en deux et trois dimensions. Associée à la matérialité des supports et des médiums ainsi qu'au geste, la couleur devient « musicale ». La couleur donne aux formes leur dimension lyrique et expressive.

12 La représentation et la ressemblance

▶ THÈME 2 : QU'ENSEIGNE-T-ON EN ARTS PLASTIQUES ?

Représenter (re-présenter) consiste simplement à proposer une forme (reconnaissable ou non) pour équivalente à autre chose. Figurer, c'est représenter quelque chose de façon reconnaissable. La ressemblance est au cœur de ces questionnements.

A La représentation de l'espace

1. Représenter les choses que l'on voit

▶ On parle souvent de **représenter des choses que l'on voit**, des objets ou des personnages, qui relèvent finalement de formes pleines que le contour suffit principalement à figurer. Il est plus délicat de **représenter l'espace au sein duquel les objets prennent place**. C'est d'ailleurs une étape importante dans l'évolution du dessin d'enfant : ce moment où l'enfant cesse de dessiner des objets flottants dans l'espace de la feuille et choisit de les inscrire quelque part, à commencer bien souvent par le bas de la feuille.

▶ Représenter l'espace, c'est le signifier, entre autres :
– par des **lignes** qui délimitent des zones (une ligne de sol, une ligne d'horizon, le contour de la maison) ;
– par des **relations de proximité entre les figures** (près de / loin de) ou de proportion (loin derrière, proche devant) ;
– par des **jeux de superposition** entre les motifs (montré / caché, plans échelonnés)
– par **une certaine attention portée aux limites du support** (cadrage, champ et hors champ, ici et ailleurs, dedans et dehors).

Fusain d'élève de maternelle sur un support ajouré.

REMARQUE

La ressemblance est souvent la seule préoccupation des adultes et par conséquent des enfants face à leurs productions. L'art bien entendu imite le réel mais cette simulation ne doit pas être perçue comme une fin en soi. C'est avant toute chose, un moyen pour exprimer ce que l'on pense, ce que l'on ressent face à cette réalité perçue, vécue. La ressemblance désigne une proximité formelle ou sensible sans pour autant être tout à fait la même chose. C'est cette différence qui fait que l'art n'est pas la simple reproduction du réel.

2. Distinguer représentation, figuration et abstraction

▶ Au concours, **il faut utiliser à bon escient les mots *représentation*, *figuration* et même *abstraction***. L'abstraction (action d'abstraire quelque chose de quelque chose) relève de la représentation mais elle est peu ou pas ressemblante formellement (abstraction de Mondrian ou de Kandinsky).

▶ Le schéma d'un jardin par exemple est une abstraction. Pourtant, dans le langage courant, on désigne comme « abstrait », ce qui ne représente rien (ce qui, dans l'Histoire de l'art, relève plutôt de l'art concret). À l'école, on fera simplement remarquer « qu'en y regardant de plus près », ou « en y réfléchissant bien », l'« abstrait » peut représenter quelque chose dans le sens de « faire penser à quelque chose » par exemple, contrairement aux apparences et aux idées reçues.

Un peu de vocabulaire

- **Espace littéral et espace suggéré :** cette distinction intervient quand il s'agit de regarder comment les formes plastiques qui occupent la planéité du support (espace littéral) simulent une certaine profondeur (espace suggéré). C'est vraiment intéressant de voir et de faire voir comment l'un génère l'autre.

- **Forme ouverte et forme fermée :** une forme fermée est une forme dont le contour n'est pas interrompu. L'enfant réalise assez vite des formes dont le contour se referme. La forme devient une entité, un objet délimité qui apparaît comme un **plein** entouré de **vide**. Peu à peu, plusieurs formes pleines cohabitent dans l'espace de la feuille.

3. Représentation symbolique, indicielle et iconique

Dans une logique sémantique, il y a bien trois façons de signifier (représenter) quelque chose.

① **La représentation symbolique** signifie la chose par convention ; c'est un code reconnu a minima entre l'auteur et lui-même (ce qui est le cas du jeune enfant qui donne à son dessin une signification qu'il est le seul à reconnaitre) et plus généralement entre l'auteur et les spectateurs (la colombe qui représente symboliquement la paix).

② **La représentation indicielle** signifie la chose par l'empreinte : les traces de doigts, l'empreinte d'une main, qui représentent l'enfant dans son travail par exemple.

③ **La représentation iconique** qui renvoie à la chose parce qu'elle lui ressemble formellement. Bien souvent ces trois sortes de signes sont présentes dans les œuvres et les productions plastiques des élèves. On n'évoquera pas ces trois sortes de signes avec les élèves. En revanche, eux les mettront en œuvre dès le départ.

B Profondeur, perspective et volume

▶ **Pour suggérer de la profondeur dans un dessin**, une peinture, un travail en deux dimensions, il est possible d'avoir recours à la **perspective**. Il existe d'ailleurs plusieurs formes de perspectives, mais la plus connue est la **perspective centrale et linéaire** qui fait converger les lignes de fuite vers un point de fuite placé sur la ligne d'horizon. C'est une construction géométrique assez complexe qu'il est possible de montrer aux élèves dans les œuvres d'art ou les photographies.

▶ Cependant, d'autres moyens (évoqués plus haut) pour suggérer de la profondeur dans l'image sont à leur portée. Une **simple ligne d'horizon** dans un paysage désignera déjà des zones très éloignées du premier plan que désigne finalement le bord inférieur du support. Entre ces deux lignes reconnues, les élèves pourront intentionnellement occuper l'espace en profondeur (disposition, superpositions, proportions, etc.).

▶ Trop souvent quand on parle de représentation, on pense image en deux dimensions. Or, les élèves pratiquent aussi la **représentation en volume**. Une sculpture est une image en trois dimensions. La relation entre le vide et le plein y est essentielle comme pour les images en deux dimensions. Mais ici le vide est un « vrai vide » à la différence du vide simulé dans le dessin.

C Situations d'apprentissage diversifiées

1. Représenter le monde

Cet intitulé dans les programmes fait référence au *monde* en tant que terme générique. C'est le monde et tout ce qu'il contient de visible et même de non visible, tout ce que l'on imagine, tout ce que l'on ressent. C'est aussi la représentation du monde comme espace, comme globe, comme paysage, comme territoire. Les élèves pourront confronter au moins deux façons de représenter le paysage : de face avec une ligne d'horizon et de dessus (paysage vu d'avion, cartes, planisphères).

2. Représenter des constructions

Les maisons, les cabanes, les ponts, les constructions architecturales figurent parmi les référents importants dans les représentations des élèves ; ce sont principalement des lignes qui structurent l'espace, délimitant intérieur et extérieur, dessus et dessous, devant et derrière, quand il s'agit d'images en deux dimensions. En trois dimensions, construire des cabanes « en vrai », des maisons pour des poupées (ou des figurines), ou des maquettes d'architecture est également très formateur pour représenter l'espace tel qu'on le voit ou qu'on l'imagine.

À RETENIR

La représentation est le projet fondateur des arts plastiques. Les élèves sont constamment dans cette logique de rendre visible à nouveau une réalité. Ce sont les formes dans leur relation à l'espace qui évoquent par effet de ressemblance, cette réalité vécue ou rêvée.

13 La représentation du corps

▶ THÈME 2 : QU'ENSEIGNE-T-ON EN ARTS PLASTIQUES ?

L'art est lié au corps. Il en est toujours l'indice. C'est à travers la marque du corps (empreintes, projections, tracés) que l'on reconnaît l'origine humaine des peintures rupestres. Le corps est le vecteur de l'œuvre et son objet d'étude privilégié.
Pour l'enfant peindre, dessiner, sculpter consiste toujours à coordonner des gestes qui laissent des traces. Ces traces qui font signe désignent donc le corps en tant que symboles, en tant qu'empreintes et peu à peu en tant que figures. Son travail représente par l'action de son corps, le corps en action. Dessiner des bonshommes apparaît chez l'enfant comme un incontournable lié directement à la représentation qu'il a de son propre corps (le « schéma corporel »).

A Le corps représenté et le corps agissant

La matérialité de l'œuvre ou de la production de l'élève est la conséquence d'un processus de transformation plus ou moins complexe, d'une succession d'étapes plus ou moins anticipées. Les actions, souvent instrumentées, se sont succédées pour aboutir à un résultat qui conserve en mémoire ce processus de transformation et le laisse transparaître à des degrés divers. C'est en ce sens que l'on peut faire le lien entre le ***corps de l'œuvre*** **et le** ***corps à l'œuvre***, entre **les corporéités physiques de l'objet produit et du corps agissant.**

Un peu de vocabulaire

- **Facture :** manière dont une chose est faite. En arts plastiques, la facture de l'œuvre trahit souvent le corps facteur. Ses apparences matérielles laissent imaginer les gestes de son auteur qui l'ont engendrée comme résultat. Il est très utile de faire verbaliser les élèves sur les apparences finales des travaux plastiques en valorisant « la façon dont c'est fait et qui se voit ».

- **Geste :** le mot désigne à la fois le geste réel et physique qui laisse une trace, mais aussi la démarche, l'intention de l'auteur qui orientent ce geste. La peinture gestuelle, par exemple, met en œuvre explicitement des gestes qui renvoient clairement à des intentions lyriques.

B Travailler avec son corps en arts plastiques

1. Le schéma corporel

Le **schéma corporel** désigne la représentation que l'on a de son propre corps et de chacune de ses parties, de sa forme, de ses limites dans l'espace, de ses possibilités motrices. Cette représentation résulte des multiples informations sensorielles ressenties par l'enfant qui conscientise et affine progressivement ce schéma. La pratique du dessin et de la représentation en général participe activement de cette conscientisation.

2. La touche

La ***touche*** **en peinture désigne la surface déposée par la brosse à la surface du support**. Le mot rappelle aussi l'action de toucher la surface avec l'outil. Il souligne la dimension tactile de la peinture en train de se faire ; mais la *touche* picturale déclenche également dans l'œil du spectateur une certaine sensation de toucher (on parle alors d'une relation haptique au tableau ou au modelage). Les élèves sont sensibles à ses qualités visuelles très physiques perceptibles dans les productions plastiques. Ils ne manquent généralement pas de l'exprimer : « ça donne envie de toucher ».

3. Des œuvres immersives

Les œuvres sont parfois décrites comme immersives quand elles accueillent entièrement le corps du spectateur. L'architecture est immersive par exemple et certaines sculptures pénétrables le sont également. Un enfant qui réalise une cabane réalise en fait un assemblage immersif ; les sensations générées par ce type de production sont très spécifiques. En faire l'expérience est très formateur ; elle permet de comprendre comment l'espace bâti agit sur nos sens, comment il fait parfois même « sensation ».

4. Les cinq sens convoqués

Les arts plastiques ne sont pas seulement visuels. Les cinq sens sont convoqués face aux œuvres que ce soit au moment de leur production qu'au moment de leur perception. Les matériaux ont une qualité sonore perceptible et même odorante notamment dans leur transformation. La représentation fait facilement référence également aux cinq sens : représentation de fruits, de fleurs, etc.

Pour réussir le concours

Que ce soit en situation d'analyse ou de conception de séquence, il faudra être attentif au fait, qu'en arts plastiques, le corps est toujours convoqué d'une manière ou d'une autre, que ce soit en tant que motif ou en tant que vecteur d'expression. Ce sera l'occasion de faire valoir le caractère à la fois moteur (motricité, mouvement et trace du corps) et la dimension cognitive (conscience du schéma corporel, se connaître et connaître les autres en tant qu'êtres-corps) de cet apprentissage.

C Situations d'apprentissage diversifiées

1. Du « bonhomme » au portrait en pied

▸ Bien entendu, à l'instar des artistes à travers les temps, **les enfants aiment dessiner des « bonhommes »**. La figure humaine est bien le motif privilégié de l'art et de l'expression artistique. L'art est le reflet de notre relation au monde. Très naturellement les enfants faisant l'expérience de l'expression artistique, dessinent très tôt des « bonhommes » pour exprimer leur propre existence au monde (s'exprimer, c'est exister, c'est dire que l'on existe).

▸ **Progressivement, le bonhomme – très schématique au départ** (« bonhomme têtard, bonhomme bâton ») – **s'étoffe et se précise**. Les théories de l'évolution du dessin d'enfant prennent toujours le « bonhomme » comme figure type pour expliquer visuellement les étapes de cette évolution. Tout le long des trois cycles de l'école, les élèves se plairont à représenter des personnages réels, fictifs ou imaginaires, situés dans l'espace, agissant, jouant des rôles dans des histoires ; ils se plairont à se représenter et à représenter les autres, sous la forme de portraits en pied ou en buste, de façon ressemblante ou non, en caricaturant plus ou moins les traits et les allures.

2. Représenter les corps en photographie

Une séance de motricité ou d'EPS offrira de multiples occasions de photographier des corps en action, en mouvement, en équilibre. Les images réalisées par les élèves eux-mêmes, commentées en classe, triées et sélectionnées, pourront utilement servir de point de départ à des collages, des dessins, des peintures, des modelages, ou des assemblages.

3. Corps et images numériques

Sur ordinateur ou sur tablette, en utilisant quelques fonctions logicielles simples de traitement d'image, **les élèves peuvent expérimenter la déformation des corps ou l'hybridation des corps**, le changement de contexte, l'insertion de corps dans des espaces inattendus selon des rapports de proportions surprenants.
Corps support : sculpter un chapeau, réaliser un masque, peindre des costumes en carton, sont autant d'expériences à l'échelle en référence au corps.

À RETENIR

Le corps est toujours convoqué en arts plastiques en tant que motif privilégié et en tant que moyen incontournable. C'est une discipline très « physique » qui relie toujours l'élève à la matérialité de ce qu'il fait. Ses capacités motrices sont toujours associées à son intention créatrice.

14 Des images qui racontent des histoires

▶ THÈME 2 : QU'ENSEIGNE-T-ON EN ARTS PLASTIQUES ?

Avant toutes choses, les enfants aiment les histoires et, à l'école, la narration est un ressort transversal à tous les apprentissages. Dès le plus jeune âge, les histoires sont associées à des images (albums, illustrations, dessins animés). Les élèves se racontent des histoires sitôt qu'ils commencent à dessiner.

A Des histoires à produire et à regarder

▶ L'élève doit comprendre peu à peu que **les images qu'il produit deviennent des images à voir**. L'enfant est certainement le premier spectateur des images qu'il fabrique. Il ne les anticipe jamais entièrement à l'avance ; il les découvre en les faisant. **Le spectacle que représente, pour l'auteur, une image en train de se construire est toujours fascinant.** Pour s'en convaincre, il suffit de regarder un enfant dessiner : l'histoire s'élabore sous ses yeux, il en est l'auteur-spectateur, ce qui l'absorbe entièrement.

▶ **Peu à peu, l'enfant découvre que les images dont il est auteur, sont regardées** et même interprétées par les autres. Ils se racontent eux aussi des histoires en les regardant. L'enfant fait l'expérience de la dimension expressive et même narrative de ses images tout en mesurant l'**écart entre leur réception et leur intention**. Cette expérience est en soi une expérience fondatrice de l'art. Les programmes insistent d'ailleurs sur l'expérience de l'image en tant que spectateur autant qu'auteur (« Comprendre et observer des images » en cycle 1, « être auteur ou spectateur des images » au cycle 2).

Une histoire racontée en image au cycle 1.

▶ On observera avec les élèves que **les images sont plus ou moins polysémiques**. Les publicités le sont peu ou pas du tout quand les productions d'élèves ou les œuvres d'art le sont plus généralement (Umberto Eco parle d'« œuvre ouverte »). Les images nous racontent des histoires différentes selon les sensibilités et les œuvres ou les travaux d'élèves en arts plastiques sont précisément des révélateurs de sensibilités.

Pour réussir le concours

Quelles que soient les situations qui seront données à analyser ou à élaborer, souvenez-vous que les élèves aiment les histoires. Ce plaisir d'en raconter, d'en écouter ou d'en voir, représente un déclencheur et une motivation essentiels. **L'introduction d'une séquence d'apprentissage**, par exemple, peut facilement s'appuyer sur une lecture d'album, et **la verbalisation finale** autour des travaux affichés, pourra simplement consister à oraliser les histoires que nous racontent ces images.

B Des histoires toutes différentes

1. Des histoires en images uniques ou multiples

Les images racontent des histoires y compris quand elles sont uniques. C'est en soi un véritable apprentissage de découvrir la dimension narrative d'une image, sa capacité à évoquer une action se déroulant, à suggérer des événements passés et potentiellement en devenir. Une image se prête à maintes spéculations qui se traduisent potentiellement par un récit. Ce qui vaut pour une image vaut également pour plusieurs qui se succèdent en séquence, la narration se trouvant découpée en plusieurs moments.

REMARQUE

On désigne, par facilité, les arts plastiques comme « arts de l'espace » par comparaison avec la musique comme « art du temps ». Cependant, on se rend compte rapidement que la temporalité intervient également dans les productions plastiques, que ce soit du point de vue des processus de fabrication ou des logiques de leur réception progressive, voire du temps représenté dans l'image (le déroulement d'une histoire).

2. Des histoires vraies et des histoires inventées

Parmi toutes les images auxquelles les élèves sont soumis, certaines « **décrivent la réalité** », d'autres « **racontent des histoires** ». Aux cycles 2 et 3, les programmes prescrivent d'aborder les notions de « fiction », « récit », « témoignage » et « narration visuelle ». Il s'agit globalement d'amener les élèves à évaluer le caractère vraisemblable des images dans ce qu'elles décrivent et ce qu'elles évoquent. Ils apprennent très vite à différencier les images de la réalité. Ils découvrent peu à peu que **toutes les images sont des leurres,** des faux-semblants, des simulacres qui tantôt décrivent des choses possibles, tantôt évoquent des choses impossibles. Cette expérience du point de vue de la réception des images est complétée par l'expérience de leur fabrication.

L'animal veut se cacher dans la forêt, peinture, feutre et collage au cycle 2.

C Situations d'apprentissage diversifiées

▶ Les apprentissages à mettre en place autour des images dans leur dimension expressive et narrative sont multiples. Ils concernent aussi bien leur production que leur réception. La règle demeure celle de diversifier les situations d'expérimentation en faisant varier les moyens fournis (matériels et instrumentaux), de même que les consignes.

▶ **Des activités de création « d'images à raconter » :** peindre et dessiner des histoires qu'on vient d'entendre ou qu'on invente, représenter un moment précis d'une l'histoire.

▶ **Des activités de fabrication « d'images à raconter » :** proposer des situations de collage, d'assemblage d'images en insistant sur les dimensions expressive et narrative de la composition. Selon l'organisation des éléments dans l'espace, ce n'est pas la même histoire qui se trouve racontée.

▶ **Des ateliers de capture et de traitement « d'images à raconter » :** il est envisageable de recourir à des appareils photos numériques ou des tablettes pour enregistrer sous forme d'images fixes ou multiples des situations, des actions, des scènes narratives, pour « capturer des instants ». Les images peuvent être recadrées, colorisées, contrastées, modifiées en usant simplement des premières fonctions associées à la prise de vue sur l'appareil lui-même. De retour en classe, ces images peuvent être retouchées de manière plus détaillée pour créer ou renforcer leur caractère mystérieux, surprenant, extraordinaire et donc leur dimension fictionnelle ou documentaire.

▶ **Des ateliers de « lecture » d'images :** les images, qu'elles soient produites ou non par les élèves, peuvent également être employées à des ateliers de lecture d'images consistant à les commenter, à les discuter, à débattre de leurs interprétations potentielles qui tourneront naturellement sur leurs caractères expressif et narratif.

À RETENIR

Les images témoignent de ce qui s'est passé, de ce qui se passe ou de ce qui pourrait se passer.
- Les regarder consiste à les interpréter aussitôt dans leur dimension expressive et narrative.
- Les créer revient également à rapporter ou inventer des histoires.
- Les associer à l'oral ou l'écrit, les décrire ou les traduire en récit, permet de discuter ou de mettre en valeur leur caractère documentaire ou fictionnel.

15 Des images fabriquées et manipulées

▶ **THÈME 2 : QU'ENSEIGNE-T-ON EN ARTS PLASTIQUES ?**

En arts plastiques, il s'agit moins de consommer les images que de les produire, moins de les contempler que de les comprendre. Du cycle 1 au cycle 3, on travaille avec des images que l'on fabrique ou que l'on détourne en explorant sans cesse leur capacité à nous dire le monde tel qu'il est ou tel qu'on l'imagine.

A Des procédés de fabrication divers

1. Créer des images en deux et trois dimensions

Même si le langage courant entend le mot *image* en deux dimensions, en arts plastiques on montrera qu'un volume sculpté qui représente quelque chose est également une image en trois dimensions qui offre de nouvelles possibilités d'expression et de narration.

2. Créer des images dans tous les médiums

La création d'images intervient dès le cycle 1 au moyen des procédés de fabrication les plus divers que l'élève des cycles 2 et 3 continue d'explorer. Les images sont dessinées ou peintes, gravées ou moulées, photographiées ou sculptées ; elles sont fabriquées de toutes pièces, reproduites, détournées ou reconstituées.

3. Copier des images

▶ **Les notions d'*original* et de *copie* sont à aborder au cycle 3.** Le besoin « d'avoir un modèle » apparaît souvent au cycle 2 et parfois dès la grande section de maternelle. C'est sans doute lié à ce besoin de maîtrise qui s'affirme chez l'enfant dans la pratique des langages auxquels il se forme. C'est parfaitement normal ; les modèles ont toujours existé dans les pratiques artistiques.

▶ **On proposera utilement à l'élève plusieurs images plutôt qu'une** (dessins, photos, peintures), de sorte qu'il ne reste pas bloqué sur la « copie conforme » d'un référent mais qu'il puisse au contraire s'inspirer de plusieurs. C'est l'occasion d'aborder ces notions d'original et de copie qui peuvent même faire l'objet d'une expérience collective : le même modèle proposé à tout le monde avec un médium au choix pour chacun, ce qui permettra de découvrir que la reproduction est nécessairement une interprétation.

▶ **Un imagier de classe** peut s'avérer fort utile pour répondre à cette attente naturelle de « modèles ». Il s'agirait par exemple d'un grand classeur avec pochettes transparentes regroupant des images de différentes natures (dessins, photos, etc.), classées par catégories (les animaux, les architectures, les personnes, les plantes, etc.). Il permettra aussi de comparer des natures et des origines différentes d'images lors de phases orales de découverte collective dès la maternelle.

4. Dépasser les stéréotypes

Un peu de vocabulaire

- **Archétype :** modèle primitif, **image idéale et universelle**.
- **Stéréotype :** cliché souvent partagé, **image toute faite qui réduit les particularités et caricature le sujet**.

▶ Archétype et stéréotype sont nécessaires à l'élaboration en soi et à tout âge d'une représentation du monde. Mais si nous sommes porteurs d'archétypes qui nous fondent, il est nécessaire d'interroger et de dépasser les stéréotypes auxquels on adhère trop facilement.

▶ Quand il s'agit de figurer des personnes ou des objets, **les enfants imitent et adoptent inconsciemment ou consciemment des modèles** ayant une valeur de codes reconnus de tous. Adopter ces codes représente un passage obligé dans l'apprentissage de la figuration. L'enseignant doit s'assurer néanmoins que l'élève envisage des variations possibles pour ces représentations convenues, qu'il précise, qu'il met en valeur les particularités de ce qu'il représente, de sorte que ces codes ne se figent pas en **stéréotypes indépassables**.

B Les différents types d'images

1. Les caractéristiques et les catégories d'images

On parle de caractéristiques au cycle 1 et de catégories d'images au cycle 3. Il s'agit principalement de nommer les éléments constitutifs de l'image (couleurs, motifs, format, support, composition, organisation) qui font sens et qui permettent bien souvent de déduire son origine, sa nature et même sa catégorie (une image dessinée par un élève, une image documentaire tirée d'un magazine, une image peinte exposée dans un musée, une image publicitaire).

2. Des images fixes ou mobiles

Au-delà du *flipbook* qui permet déjà d'expérimenter l'effet de mouvement que produit une succession rapide d'images (abordable au cycle 3), il existe aujourd'hui des logiciels simples qui permettent d'animer des images fixes.

3. Des images uniques ou multiples

Une image fonctionne parfaitement de façon autonome et c'est sans doute l'expérience de l'image la plus courante que font les élèves. Elles fonctionnent aussi par paires (on parle de *pendants* en peinture par exemple) ou par association en plus grand nombre (un polyptyque, un album photo, un trombinoscope). Plusieurs images peuvent se combiner entre elles de multiples façons dans le temps et dans l'espace : affichage d'images sur un mur, collage d'images sur un support, série ou suite d'images sur une ligne ou sur une page, diaporama, etc.

Collage sur le support transparent de la fenêtre.

4. Des images numériques

Les logiciels de traitement d'images et de montage permettent de transformer les images (cadrage, couleur, contraste), de les combiner (collages, assemblages), de les fragmenter (copié-collé, insertion de fragments proportionnés, échelonnage des plans).

5. Des matériaux iconiques

Dès le cycle 1, les élèves sont amenés à découper, coller, transformer des images qu'ils associent à d'autres médiums (dessin, peinture). Pour réaliser des images, ils exploitent en fait toutes sortes de matériaux dont des images ou des fragments d'images que l'on nomme alors « matériaux iconiques ».

REMARQUE

Les images aujourd'hui sont associées à leurs modalités de diffusion. L'expérience de la publication des images commence dès l'affichage des productions dans la classe jusqu'à leur diffusion par des moyens numériques (sites, blogs, applis).

C L'éducation à l'image

▶ **Dès le cycle 1, les images sont interrogées pour leur caractère vraisemblable.** Nous disent-elles la vérité ? Sont-elles fidèles à la réalité ? Sont-elles vraies ou sont-elles fausses ? Comment sont-elles fabriquées ? D'où viennent-elles ? Cette capacité à analyser les images en fonction de leur origine, leur procédé de fabrication, leur signification et même leur visée, grandit au fil des années chez l'enfant qui se trouve chaque jour confronté à un monde d'images. L'enseignant l'accompagne dans cette clairvoyance progressive face aux images pour qu'il n'en devienne pas victime. On parle d'éducation à l'image.

Pour réussir le concours

Les sujets seront constitués d'images et de textes. Le candidat devra témoigner vis-à-vis des images (y compris dans leur relation aux textes) d'une prudence identique à celle qu'il préconisera pour ses élèves : les images (photos, reproductions d'œuvres ou de travaux d'élèves) ne disent pas tout, elles sont à décrypter.

D Des situations d'apprentissage diversifiées

Les axes d'activités décrits ici renvoient à des situations d'apprentissage à organiser par l'enseignant sous la forme de séquences.

▶ **Des activités de création d'images telles que :**
– produire, dessiner, peindre ou sculpter des images en deux et trois dimensions ;
– produire des images en utilisant l'appareil photographique ou la tablette numérique, varier les points de vue, les cadrages, les orientations ;
– produire des images en série en ayant recours au procédé du monotype ;
– reproduire, c'est-à-dire résumer, accentuer, interpréter des images dans d'autres médiums, d'autres formats pour inventer, créer de nouvelles images.

Personnage peint à la gouache en MS de maternelle.

▸ **Des activités de manipulation et de transformation d'images telles que :**
– imprimer des images photographiées et les retravailler, les accentuer, les déformer…
– retravailler les images dans un logiciel de traitement d'images ;
– combiner des fragments d'images (collages, photomontages, assemblages) ;
– combiner, mixer des images entre elles en les superposant, en jouant de leur transparence.

▸ **Des activités d'analyse et d'échange autour des images :** que nous raconte cette image ? Que décrit-elle ? À quoi nous fait-elle penser ? D'où vient cette image ? Comment a-t-elle été fabriquée ? À quoi sert-elle ?

▸ **Des activités de tri, de classement, de sélection telles que :**
– réaliser des imagiers collectifs ou individuels, matériels ou dématérialisés ;
– réaliser des expositions d'images sélectionnées, en classe ou dans l'école ;
– numériser et conserver sous forme de fichiers, les travaux réalisés par les élèves ;
– collecter, trier, classer des photographies, des reproductions d'œuvres d'art ;
– sélectionner, collectionner des images ;
– rassembler, agencer, organiser des images : les réunir sur un support, les enchaîner en diaporamas et en animations.

À RETENIR

Les images sont au cœur de la motivation des élèves en arts plastiques ; en apprenant à les fabriquer et en les manipulant, ils en découvrent les mécanismes expressifs. Face à ce monde d'images auquel ils sont confrontés, ils se montrent alors plus avertis mais aussi plus exigeants.

La composition et le support

Les programmes préconisent de « Réaliser des compositions plastiques » à l'école maternelle. Même si le terme « composition » n'apparaît pas explicitement dans les programmes de cycle 2 et 3, les apprentissages liés à la représentation, la narration, la fabrication d'objets en volume s'appuient également sur la prise en compte des logiques organisationnelles des compositions en deux ou trois dimensions.

A Qu'est-ce que composer ?

▶ ***Composer* est un terme générique et transdisciplinaire.** On compose aussi bien en musique, qu'en littérature, en danse qu'en arts plastiques. L'étymologie du mot nous renseigne très concrètement. Il s'agit bien de « poser ensemble », de « placer ensemble », et par extension de constituer un tout à l'aide de plusieurs éléments. D'un autre côté, le mot signifie également le fait de s'adapter, de « faire avec » (« composer avec les moyens du bord », par exemple).

▶ Cette double définition est utile pour comprendre de quel apprentissage relève la composition. Il s'agit d'**apprendre à réunir des éléments pour constituer un ensemble** (un tout constitué de parties), en s'adaptant aux moyens dont on dispose. Cela suppose de sélectionner, créer, disposer les éléments entre lesquels s'instaurent des relations qui créent une unité plastique et sémantique. Le mot *composition* désigne la disposition des éléments entre eux, tandis que le mot *organisation* désigne plus précisément les relations entre les éléments.

B Supports et formats

1. Des supports de natures différentes

Le papier n'est pas le support unique des arts plastiques. On peut peindre sur toile, sur bois, sur plastique, sur carton. On peut dessiner au sol, au tableau, sur une feuille d'arbre ou un emballage de céréales, sur des supports imprimés, du papier journal, des papiers de couleur, avec des textures diverses… Sitôt que le support change, c'est une nouvelle expérience de composition pour l'élève et donc une nouvelle situation d'enseignement pour le professeur.

REMARQUE

Le support peut être tridimensionnel, en relief (un support de cartons collés) ou en volume (une boîte en carton, un galet), ce qui ouvre encore sur de riches expérimentations.

2. Des formats à l'échelle du corps

Le format des supports a beaucoup d'importance à commencer par l'implication du corps qu'il induit. Lorsqu'un élève dessine sur un petit format (une carte bristol par exemple), son corps n'est pas impliqué de la même façon que lorsqu'il dessine sur un format raisin ou grand aigle (en arts plastiques, les formats portent des noms diffèrents des formats de l'impression A5, A4, 13, etc.). Les traces plastiques révèlent le corps qui les génère, révèlent les gestes à la fois dans leur amplitude et leur temporalité.

PRATIQUE

Au lendemain d'une séance de motricité en maternelle, séance au cours de laquelle on aura appris à faire de « grands gestes qui tournent et qui dessinent dans l'espace avec un ruban attaché au bout d'un bâton », le professeur proposera à ses élèves de tracer avec des craies de couleurs, des arabesques à l'intérieur d'un support fixé au mur ou au sol.

3. Des formats variés

► **Quand il s'agit de supports bidimensionnels, le format relève de trois informations :**

① **la forme** (rectangulaire, triangulaire, circulaire, aléatoire, etc.) ;

② **les dimensions** (largeur, longueur) ;

③ **l'orientation** (horizontale, verticale, de travers, etc.).

► **Chaque variation dans les caractéristiques du format entraîne une nouvelle expérience :** dessiner à plusieurs sur un format panoramique, peindre un grand format vertical, réaliser un collage sur un format circulaire, etc. Le papier machine (feuille blanche de format A4), apparaît par facilité comme le support souvent proposé pour dessiner. C'est une mauvaise habitude qu'il convient de faire évoluer.

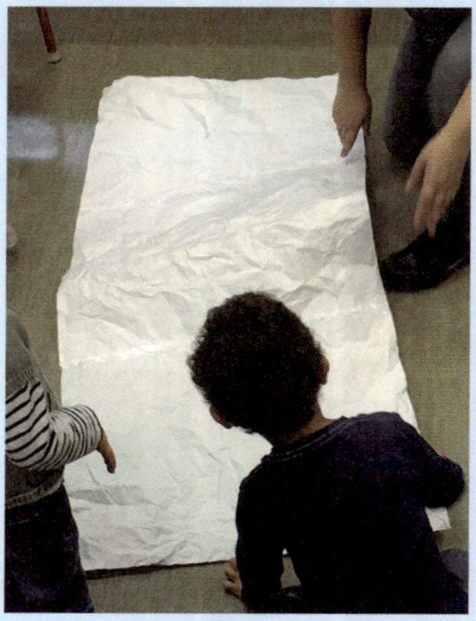

Dessiner sur un grand support froissé au sol au cycle 1.

Pour réussir le concours

Quel que soit le sujet, il est nécessaire d'être attentif aux supports proposés aux élèves et de bien mettre en valeur les potentiels de composition auxquels ils donnent accès.

4. Le cadrage

La notion de cadrage intervient lorsque la composition explore les limites du support. L'élève peut choisir de faire sortir le motif de la composition, de le « couper », ou au contraire de le laisser dans le cadre. Ce choix aura beaucoup d'incidence sur la dimension expressive de l'image qui pourra être ensuite appréciée et commentée.

C Des situations d'apprentissage diversifiées

► **Aucune situation d'apprentissage en arts plastiques n'échappe à la question de la composition.** Quels que soient les moyens d'expression qui leur sont donnés à expérimenter, les élèves sont forcément confrontés à des difficultés de mise en place, de mise en regard, de mise en valeur. Ils doivent décider ce qui entre (ou pas) dans la composition, ce qui participe à l'élaboration de cette unité expressive qu'ils génèrent souvent en tâtonnant puis en tranchant.

► On peut concevoir de nombreux dispositifs d'apprentissage en ciblant simplement **l'exploitation de supports variés dans leur format et leur matérialité**. Pour représenter un paysage, un support plan horizontal de 10 × 100 cm ou vertical de 24 × 32 cm, un support naturel comme une feuille de bananier ou une écorce d'arbre, permettent des expériences de la composition très différentes.

À RETENIR

Composer consiste à réunir des éléments plastiques pour créer un ensemble doté d'une unité. Le professeur enseigne la composition, en faisant porter l'attention des élèves sur l'espace d'exploration que délimite le support mais également sur l'organisation des éléments qu'il accueille.

17 La matérialité des moyens plastiques

▶ THÈME 2 : QU'ENSEIGNE-T-ON EN ARTS PLASTIQUES ?

Un matériau est plastique si tôt qu'il est déformable, malléable, transformable. L'essentiel de la pratique en arts plastiques relève donc de la *transformation* d'un matériau donné. Les apprentissages liés à cette expérience consistent en la reconnaissance et l'exploitation des potentialités expressives des matériaux.

A Exploiter la qualité des matériaux

▶ **Les élèves travaillent les matières et les matériaux.** C'est un aspect essentiel de l'apprentissage qui s'inscrit dans une réalité concrète. La transformation des matériaux donne forme aux idées.

▶ **Des matériaux d'origines différentes :** l'origine des matériaux, naturelle ou artificielle, n'est pas sans importance dans l'exploitation qu'on en fait. Ils sont souvent détournés de leur contexte ou de leur usage d'origine, mais leur relation avec cette origine participe activement du caractère expressif du résultat (par exemple, une marionnette réalisée en tissus de récupération versus une marionnette réalisée avec des matériaux collectés en forêt).

▶ **Les qualités physiques du matériau :** ce sont les qualités propres au matériau. Un matériau est lourd ou léger, fragile, liquide ou solide, son état est éphémère ou durable. Reconnaître ces qualités avant de les exploiter est une réelle compétence chez l'élève.

▶ **Les qualités plastiques du matériau :** ce sont les qualités d'apparence telle que la couleur ou la forme mais aussi les modifications potentielles (plasticité) que l'élève peut faire subir au matériau comme le plier, le casser, le couper, le froisser, le modeler, le découper, le rayer, le déchirer, etc.

B Des gestes et des procédés adaptés

La matérialité est mise en œuvre par des gestes, des opérations conjuguées entre elles :

▷ **Des procédés matériels :** une composition est toujours le résultat d'un certain nombre d'opérations ou de procédés plastiques mettant en jeu – souvent de façon complémentaire – les qualités physiques et plastiques des matériaux employés.

▷ **La réalité concrète d'une production ou d'une œuvre :** les effets sensibles que produit une œuvre reposent sur cette matérialité perçue par le spectateur ; il déduit de ces effets les procédés mis en œuvre. Face à l'œuvre, il ne regarde pas seulement l'image, mais la genèse de l'image.

Pour réussir le concours

La matérialité conduit souvent les candidats à parler de « technique », terme qui désigne l'ensemble des procédés mis en œuvre pour parvenir à un résultat. En arts plastiques, les élèves expérimentent, inventent, toutes sortes de procédés techniques. Il serait maladroit de dire que l'élève « apprend la technique de la peinture ou de l'assemblage », dans le sens où il s'exercerait à partir de procédés qu'on lui montrerait au préalable. Il est plus juste de dire qu'il découvre ces procédés, de manière intuitive et qu'il les verbalise une fois mis en œuvre.

C La matérialité de la peinture

▶ **La matérialité de la peinture :** la peinture se travaille à l'état liquide ou fluide et elle durcit en séchant. L'élève tire parti de ce passage d'un état à l'autre, de la matière picturale. On utilise la gouache ou l'acrylique mais la peinture est toujours un mélange de pigment et de liant.

▶ **La spatialité et la temporalité de la peinture :** en peinture, les choses vont par étapes successives. Le temps de séchage entre deux couches est à prendre en compte, de même que l'orientation du plan sur lequel on travaille : peindre sur une surface sèche ne produira pas les mêmes effets que peindre sur une surface humide, peindre sur plan incliné peut entraîner des coulures.

▶ **Peindre entièrement une image :** les enfants utilisent souvent la peinture pour dessiner (tracés peints sur le fond du support). Ils peuvent s'arrêter là mais l'expérience de la peinture est plus complexe, plus matérielle. Elle procède par juxtaposition et superposition de plages et de traces colorées, de matérialités et de teintes différentes. Tout le support peut être recouvert de peinture, les pleins et les vides rendus par les contrastes de couleurs et de formes.

Pour réussir le concours

La matérialité des moyens plastiques s'entend trop souvent en trois dimensions, notamment dans le cas des assemblages. Mais elle doit faire l'objet d'une attention toute particulière aussi quand il s'agit de compositions en deux dimensions, notamment la peinture.

D Des situations d'apprentissage diversifiées

Toute situation d'apprentissage en arts plastiques convoque des questions de matérialité. Il est possible de les différencier notamment de la façon suivante :

▶ **Des situations d'assemblage qui soumettent les élèves à des choix de matériaux** parmi une banque de matériaux les plus divers.

▶ **Des situations d'assemblage qui incitent les élèves à travailler avec des matériaux imposés** en quantité et/ou en qualité.

▶ **Des situations de modelage** (terre, pâte à modeler) en associant le modelage à d'autres matériaux ou à la peinture.

▶ **Des situations de collage** qui amènent les élèves à trier des matériaux de faible relief pour les organiser dans le plan du support.

Maquette d'architecture en carton au cycle 3.

▶ **Des situations d'expérimentation de la peinture** avec différents médiums, différents outils, différents supports.

▶ **Des situations d'observation et analyse** d'œuvres ou de productions d'élèves du point de vue de la matérialité mise en œuvre (opérations, gestes, procédures).

À RETENIR

La matérialité des moyens caractérise la pratique en arts plastiques ; l'expérience et la conscientisation des processus de transformation des matériaux représentent un apprentissage en soi, en lien avec la maîtrise des gestes convoqués.

18 La présentation et l'exposition

▶ THÈME 2 : QU'ENSEIGNE-T-ON EN ARTS PLASTIQUES ?

La présentation de son travail représente un apprentissage pour l'élève. Il apprend à montrer aux autres ce qu'il a fait. Il accepte que les autres l'interprètent librement. Il se voit représenté parmi les autres au travers de sa production plastique qui se trouve exposée.

A La présentation comme mise en partage

1. Afficher les travaux

▶ **Dès la maternelle, il est important d'afficher les travaux réalisés.** C'est un moment de bilan qu'il convient même de ritualiser. L'élève prend conscience progressivement que son travail va être montré à l'ensemble de la classe. Cette expérience représente le complément nécessaire à la production.

▶ Présenter son travail, c'est – pour l'élève – accepter qu'il le représente. Exposer, c'est s'exposer, se faire connaître en tant que sujet qui s'exprime, qui dit ce qu'il ressent, ce qu'il pense, ce qu'il voit.

2. Présenter oralement son travail

La présentation orale de la production plastique par l'élève se fait parfois au moment du bilan final et collectif mais aussi de manière plus individualisée. Elle permet à l'élève de mettre des mots sur son expérience : les difficultés rencontrées, les solutions trouvées, les opérations mises en œuvre. Il s'agit moins de justifier ses choix que d'expliciter les procédés et les processus mis en œuvre au regard du résultat obtenu. Le professeur ne demande pas à l'élève pourquoi il a fait quelque chose mais comment il l'a fait. Il l'amène à verbaliser ses choix, ses intuitions.

Pour réussir le concours

Il est primordial de bien faire apparaître que la présentation du travail d'expression artistique par l'élève n'est pas un moment anodin ou optionnel mais au contraire un moment incontournable où se jouent des apprentissages langagiers, sociaux et artistiques clefs.

3. Approcher collectivement les travaux

Tous les élèves ne peuvent pas s'exprimer oralement sur leur propre travail en bilan collectif. Ils s'expriment potentiellement sur tous les travaux et ponctuellement sur le leur. Le professeur les interroge sur l'ensemble des productions et les élèves y répondent en s'appuyant sur ce qu'ils voient. Ils doivent peu à peu se détacher de leur expérience personnelle pour la relier à celles des autres. L'élève découvre qu'il a parfois les mêmes préoccupations sensibles que les autres, mais qu'il est aussi porteur d'une sensibilité singulière.

4. Interpréter

L'expérience de la pratique artistique réclame également d'accepter de voir son travail interprété par les autres. Bien entendu, ces interprétations diffèrent souvent des intentions expressives de l'auteur. Cette appropriation par l'autre du sens de son travail, est troublante pour l'élève. Elle mérite cependant qu'il y accorde une grande attention car elle contient des indications importantes sur son travail, sur sa dimension communicante, son potentiel polysémique.

B L'exposition comme événement et comme projet

▶ **Les élèves sont amenés à faire attention à la relation entre l'œuvre et l'espace avoisinant.** Plusieurs opérations participeront de la mise en valeur de leurs réalisations :

▷ **Le cadre :** coller son travail sur un fond plus grand dans une couleur choisie, réaliser un encadrement en écho à la composition.

▷ **Le socle :** choisir un volume simple préfabriqué comme support pour son travail, fabriquer un socle pour sa sculpture, l'isoler sur un tabouret, une table, une étagère ou dans une boîte-écrin décorée.

▶ **Les élèves sont amenés à accompagner l'accrochage de leurs travaux par des éléments textuels**. Le cartel contient a minima le nom de l'élève auteur du travail, le titre (s'il y en a un), la date de réalisation, le médium employé et éventuellement un court texte de présentation.

▶ **Informer des classes, des adultes d'une exposition** de travaux d'élèves sous la forme d'une affiche, inviter à son inauguration avec des cartons d'invitation participent également à la mise en valeur du travail.

▶ **L'exposition collective peut apparaître comme l'aboutissement d'un projet de classe** ou d'école. Elle offre l'occasion de travailler en partenariat avec d'autres classes, avec des institutions extérieures. Elle crée un lien particulier avec des intervenants, la communauté éducative et les parents d'élèves.

Une exposition de travaux d'élèves.

C Des situations d'apprentissage diversifiées

Les situations d'apprentissage liées à la présentation comme dispositif artistique s'inscrivent en écho direct à des situations de production. Elles peuvent se décrire ainsi :

▷ Apprendre à **afficher** son travail après l'avoir réalisé.
▷ Apprendre à **regarder** son travail, à prendre du recul.
▷ Apprendre à **parler** de son travail, à **échanger** à son sujet.
▷ Apprendre à **regarder** les autres productions, à les **apprécier**.
▷ Apprendre à **donner son impression** sur ces productions et les **questionner**.
▷ Apprendre à **comparer** plusieurs productions entre elles.
▷ Apprendre à **mettre en valeur plastiquement** des productions.
▷ Apprendre à les **mettre en valeur oralement** ou par l'écrit.
▷ Apprendre à **participer collectivement au montage** d'une exposition.
▷ Apprendre à **accueillir des spectateurs** dans une exposition et à leur **présenter les travaux de la classe**.

À RETENIR

La présentation de son travail plastique relève pour l'élève d'un véritable apprentissage. C'est le pendant de la phase de production. Elle lui permet d'apprécier la manière dont son travail est perçu par les autres, de prendre la mesure de ce qui se joue entre intention expressive et interprétation subjective. De l'affichage-bilan de fin de séance à l'exposition-événement de fin de cycle, la restitution publique de ce travail parfois très introspectif représente un événement majeur dans la formation de l'élève.

19 La transformation et le détournement d'objet

▶ THÈME 2 : QU'ENSEIGNE-T-ON EN ARTS PLASTIQUES ?

Les objets sont souvent convoqués dans les arts plastiques que ce soit pour les détourner, les transformer, les assembler entre eux. Les productions plastiques sont elles-mêmes assimilables à des objets.

A Représenter des objets

1. Les objets du quotidien

Toutes sortes d'objets accompagnent les élèves au quotidien. Ils sont dotés de valeurs symboliques et affectives. Les représenter permet de traduire cet attachement particulier qu'ils leur portent. C'est aussi une façon d'exprimer ce quotidien au même titre qu'une nature morte dépeint le quotidien du peintre. Mais l'objet se prête à la représentation de manière spécifique dans le sens où il est possible de le représenter en l'ayant sous les yeux et selon l'angle de son choix. Représenter un objet revient assez vite chez l'élève à le décrire, à le traduire par une restitution fidèle. La représentation des objets s'associe rapidement à un désir d'objectivité.

2. Représenter des objets en deux dimensions

À l'école, dessiner ou peindre un objet, c'est d'abord le décrire par ses contours puis par les détails qui le caractérisent. Peu à peu, l'élève intègre l'idée que l'objet est un volume que le dessin peut simuler par des effets d'ombre et de lumière (ce que l'on nomme le modelé) et plus tard par la perspective.

REMARQUE

Les collections d'œuvres d'art s'apparentent à des collections d'objets matériels. Ces œuvres elles-mêmes représentent souvent des objets, voire les emploient directement. Sur le même principe, les élèves dessinent, peignent, sculptent, moulent, assemblent et produisent des objets. À l'échelle de la classe, toutes ces productions d'élèves constituent de véritables collections d'objets qui méritent d'être présentées, exposées.

3. Représenter des objets en trois dimensions

▶ **Modeler des objets :** dès la maternelle les élèves ont le goût pour le modelage de petits objets (une boule, une assiette). Il y a une correspondance très directe entre l'objet physique de référence et l'objet physique qui le représente. C'est un faux mais qui a déjà le volume du vrai. Le peindre permet de travailler ses apparences au point d'en faire un véritable faux-semblant.

▶ **Fabriquer des objets par assemblage :** la technique de l'assemblage est également très proche de la logique matérielle des objets car ils sont eux-mêmes constitués de différents éléments assemblés. Le mot *fabrication* insiste sur cette idée de *bricoler* un objet. Le bricolage est une activité très formatrice pour l'esprit des élèves car il fait intervenir des logiques combinatoires spécifiques, interroge intuitivement la solidité, la fonctionnalité de l'assemblage.

Pour réussir le concours

Au concours, on utilise souvent les mots *sujet* et *objet*. Rappelons-nous qu'au-delà de l'usage courant de ces deux mots, les arts plastiques interrogent la relation sujet (individu-élève) / objet (création). Les œuvres d'art et les productions d'élèves sont des objets expressifs. Objectivité et subjectivité découlent du bon usage de ces deux mots.

B La transformation et le détournement des objets

▸ **L'utilisation des objets fabriqués (*ready-made*) représente un ressort important de la création en arts plastiques.** Dans le cadre des collectes de matériaux pour créer, les élèves et leur enseignant sont amenés à conserver des objets initialement destinés au rebut. Ces objets peuvent être pris comme point de départ à des créations.

▸ **Transformer, détourner, métamorphoser un objet :** l'objet est tout d'abord considéré par l'élève sous tous les angles, il prend en compte sa matérialité, sa valeur d'usage, sa valeur affective et s'engage dans sa métamorphose : il change sa forme, sa couleur, son apparence. Il l'augmente de matériaux, il l'associe à d'autres objets, il le peint, il le décore, etc. L'objet devient autre chose. Un réveil devient une télévision, un fouet de pâtissier se métamorphose en arbre, un téléphone portable en animal fantastique, etc.

REMARQUE

Le *détournement* insiste sur le changement de fonction de l'objet. La *métamorphose* désigne plutôt le changement d'apparences. Dans les deux cas, l'objet se transforme en autre chose. L'élève conçoit cette transformation en tirant parti des qualités physiques et plastiques de l'objet au profit d'une nouvelle composition.

C La relation entre l'objet et l'espace

Qu'il soit sculpté, peint, dessiné, transformé ou détourné, l'objet apparaît toujours dans un environnement déterminé : selon les cas, **l'objet s'en détache ou au contraire s'y confond**. Représentation et présentation doivent donc être pensées dans la même logique expressive par l'élève qui adoptera des fonds mettant l'objet en valeur (peinture, dessin, photographie), ou des dispositifs qui l'isolent et permettent de le voir de tous les côtés (réalisations en volume). **L'élève se rend compte alors que le contexte est tout aussi signifiant que l'objet lui-même** et que c'est parfois le contexte qui donne à l'objet son importance, sa valeur, son sens. Il lui sera très utile de regarder comment cette relation entre l'objet et l'espace interfère dans des contextes aussi différents que le musée ou le supermarché : dans les deux cas, la présentation de l'objet conditionne sa réception et la considération qu'on lui porte.

D L'objet et l'échelle

Les élèves seront amenés à travailler avec des objets à différentes échelles. Une cabane est une construction à échelle humaine mais c'est aussi un objet de grande échelle. La même cabane peut être réalisée en maquette à échelle réduite, ce qui la fait passer du côté de la représentation.

De même, un chapeau que l'on porte sur la tête peut être un objet réalisé à l'échelle 1/1 ou réalisé dans une échelle démesurée pour devenir un chapeau de géant, donc un chapeau de fiction. Cette question de l'échelle est abordée également quand il s'agit de représenter (maquette, dessin, photographie) l'objet architectural ou le monument. Des figurines (dessinées ou fabriquées voire préfabriquées) permettront de « donner l'échelle » par le rapport de proportion.

Pour réussir le concours

L'échelle des productions dépend des quantités des matériaux et de la dimension des supports. Penser à y être attentif que ce soit en termes d'analyse ou de conception de séquence. Lorsque l'on décrit les matériaux dont disposent les élèves, il convient de donner les dimensions et les quantités.

E Situations d'apprentissage diversifiées

Les situations d'apprentissage en relation avec les objets sont multiples. Pour faire écho aux différentes entrées décrites ci-dessus, voici quelques exemples :

▷ **Les élèves peuvent modeler des fruits en terre** et les peindre ensuite pour réaliser collectivement une fausse corbeille de fruits.

▷ **À l'aide de divers éléments tels que des bouchons**, des cylindres de carton, des boîtes en carton, des trombones, des attaches parisiennes, du fil de fer, des tiges en bois et métal, des boulons et des vis, du carton, de la ficelle, du tissu, etc. :

– les élèves créent de toutes pièces des **objets** fonctionnels : un chapeau, un panier, etc.

– les élèves créent de toutes pièces des **objets partiellement fonctionnels** : une petite voiture qui roule, un bateau qui flotte, une guitare, etc.

– les élèves créent de toutes pièces des **objets totalement non fonctionnels** : un téléphone portable, une machine à café, une machine à fabriquer des bonbons, etc.

« Petits desserts » : sculptures modelées en terre puis peintes à l'acrylique au cycle 3.

▷ Les élèves inventent des machines imaginaires : « une machine à faire rigoler », « une machine à remonter le temps », « une machine à faire voir en couleurs », etc.

▷ **Les élèves créent des objets qui racontent des histoires extraordinaires** : une fourchette qui s'habille pour aller au bal, une paire de ciseaux qui se transforme en oiseau merveilleux, la boîte mystère du sorcier, une pierre précieuse qui se faisait passer pour un caillou, etc.

▷ **Les élèves photographient un monument**, une sculpture urbaine, une architecture. À leur tour, ils imaginent des monuments, des architectures pour les installer dans la ville (maquettes, dessin, etc.).

À RETENIR

Les objets sont des référents privilégiés dans l'expérience de la représentation. On peut les dessiner mais on peut aussi les fabriquer. Les objets apparaissent également en arts plastiques en tant que matériaux qu'il est possible de récupérer pour fabriquer autre chose. Enfin, les objets peuvent être directement transformés, détournés. Leur échelle mérite dans tous les cas d'être interrogée.

20 Où fait-on des arts plastiques ?

▶ THÈME 3 : COMMENT ENSEIGNE-T-ON LES ARTS PLASTIQUES ?

L'enseignement des arts plastiques réclame une organisation spatiale de la classe, bien pensée. Les élèves, et tout particulièrement ceux de maternelle, associent souvent les espaces à des rituels, à des symboliques. Consacrer un espace à la peinture sur plans inclinés, un autre au dessin sur table, dédier une étagère à l'exposition de travaux en volume, un mur à l'accrochage des travaux bidimensionnels, accueillir chaque matin les enfants avec une nouvelle reproduction d'œuvre d'art fixée au tableau, ranger les matériaux dans un meuble, les outils dans des boîtes, toutes ces bonnes habitudes permettent aux élèves de mieux se repérer dans les apprentissages.

A Les conditions spatiales

La pratique en arts plastiques se conçoit en individuel ou en groupe sous la forme d'ateliers. L'espace de la classe s'adapte alors aux besoins de cette activité matérielle, encombrante et parfois salissante.

1. Des espaces de production

De manière permanente ou non, il est nécessaire que l'espace de travail soit adapté aux expérimentations visées.

1-1. Espaces en deux dimensions

Il est possible de dessiner sur table individuelle en faisant usage de médiums secs tels que les crayons, les fusains ou les craies. Les médiums liquides comme la peinture ou les encres seront sans doute plus adaptés aux plans inclinés. De manière plus ponctuelle, on peut fixer une grande feuille sur le mur du couloir ou au sol permettant un travail collectif, ou encore proposer aux élèves de dessiner à la craie au tableau ou au sol et dans la cour.

1-2. En trois dimensions

La pratique du modelage est à envisager sur table et celle de l'assemblage sur table également mais de préférence debout ou alors au sol. Les tables peuvent être regroupées en îlots de sorte que les matériaux soient mis à disposition des élèves au centre. Ponctuellement, il sera possible de proposer aux élèves de réaliser une composition suspendue (un mobile par exemple) en leur proposant de travailler directement à partir d'une ficelle accrochée au plafond, ou encore, de réaliser de petits assemblages, à l'occasion d'une sortie au parc avec des matériaux directement collectés sur place.

2. Un espace informatique

Un ou deux ordinateurs peuvent être installés dans un coin de la classe pour faire travailler des élèves seuls ou en binômes sur des activités décrochées.

3. Un espace photographique

Dans un coin à proximité de l'espace informatique, il est recommandé d'aménager un coin dédié à la prise de vue photographique, en disposant une grande feuille noire ou blanche sur une table placée contre un mur, de sorte les élèves puissent photographier sur fond neutre, les objets qu'ils fabriquent.

4. Un espace de nettoyage

Si un évier se trouve dans la classe, c'est l'idéal ; dans le cas contraire, un seau et une cuvette peuvent suffire. Mettre à disposition également un balai, des éponges, un sèche-mains, des chiffons, des savons et un produit de nettoyage (non toxique). **Il est important que les élèves prennent en charge le nettoyage des outils et des espaces de travail** ainsi que le rangement des matériaux et des éléments mobiliers.

5. Un espace de séchage

Il existe des grilles de séchage pour les techniques à séchage lent comme la peinture. Cependant un espace ponctuellement réservé (comme un ou deux bancs le long du tableau) permettra aux élèves d'aligner à plat leurs travaux à sécher.

6. Des espaces ressources

Selon les consignes et/ou des règles de fonctionnement fixées préalablement, **les élèves doivent également identifier des espaces de mise à disposition des outils graphiques**, des médiums, des matériaux et éléments textuels et iconiques de référenciation (livres d'art, dictionnaires, imagiers, fiches avec tutoriel, etc.).

7. Des espaces de présentation

Au terme de chaque moment de pratique, il est nécessaire d'organiser un bilan intermédiaire ou final autour d'un espace de regroupement des travaux. Selon les dimensions de ces travaux, cet espace peut être le tableau aimanté ou un panneau de liège fixé au mur (les élèves regroupés devant), une grande table ou un fil tendu en travers de la classe (élèves regroupés autour, travaux posés, ou fixés avec des pinces à linges). Ces espaces diffèrent des espaces d'exposition de la classe ou de l'école où les travaux sont installés plus durablement.

Un espace de production et d'affichage.

8. Des espaces de conservation

Dans un coin de la classe ou dans une réserve, sur une étagère, dans des cartons à dessins, prévoir a minima de conserver les travaux bidimensionnels réalisés, à l'échelle du trimestre ou de l'année. Les travaux tridimensionnels plus encombrants et plus fragiles par nature peuvent être photographiés et conservés sous forme d'images numériques avant d'être emportés chez eux par les élèves.

Pour réussir le concours

En situation d'analyse ou d'élaboration de séance ou de séquence, vous serez attentif aux conditions spatiales de travail en arts plastiques car les élèves fonctionnent sur le mode de l'atelier. L'utilisation des supports et la gestion des matériaux et des outils nécessitent une adaptation de l'espace classe, permanente ou ponctuelle.

B Les conditions matérielles et instrumentales

1. Un imagier pour la classe mis à disposition des élèves

Des images choisies par les élèves et leur professeur peuvent être collectées, répertoriées, conservées dans un imagier de classe et mis à la disposition des élèves. Ce répertoire doit être perçu comme une ressource, une aide ponctuelle à la composition décorative (cycle 1 principalement) et au dessin d'expression également (cycle 1, 2 et 3). Ces images peuvent être compilées dans une boîte ou un classeur, ou encore disposées sur un pan de mur de la classe telle une collection qui s'enrichit au fil des jours, des semaines et des mois de l'année, au fil des découvertes d'œuvres et d'albums illustrés. Le vocabulaire formel et iconique des élèves s'en trouvera enrichi.

2. Des matériaux très différents

▸ **Les matériaux exploitables en classe sont très divers :** matériaux recyclés, carton, papier, le bois de cagette, plastique, ficelle, baguettes chinoises, piques à brochette, chutes d'atelier de menuiserie, branches, galets, écorces, etc. On peut faire distinguer aux élèves les matériaux naturels des matériaux artificiels, les matériaux-objets (des pinces à linges, des bouchons de liège) des matériaux bruts (de l'argile, du sable).

▸ **L'enseignant implique les élèves (et potentiellement les parents), dans une collecte progressive et sélective**. Une étagère ou un meuble de la classe sera consacré à leur conservation et les élèves pourront participer à leur tri qui offre l'occasion de multiples apprentissages (tri par ordre de grandeur, par origine, par couleurs, etc.).

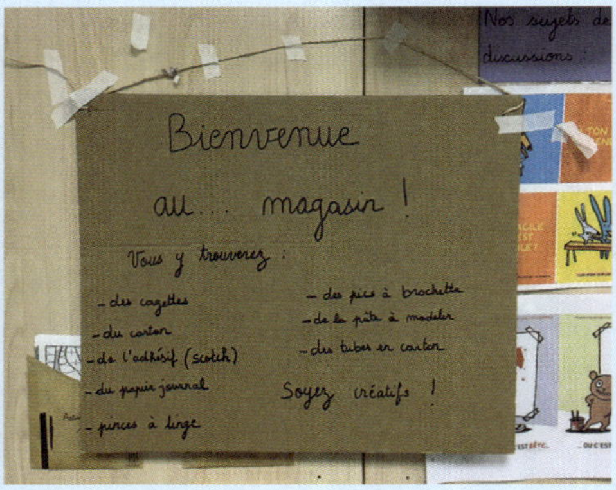

Le magasin des matériaux

3. Des supports pour peindre et dessiner

Les élèves découvrent dans l'année différents types de supports constitués de matériaux plus ou moins durs, légers, absorbants, colorés, offrant différentes textures de surface, disponibles en différents formats. Par exemple, un tissu coloré tendu, un carton ondulé, un morceau de lino, une grande feuille de papier à fort grammage, etc. En peinture, ils peuvent ponctuellement préparer des fonds, par exemple, en assemblant plusieurs supports, en passant des premières couches d'enduit.

4. Des outils pour peindre, dessiner ou sculpter

Pour faire découvrir la peinture aux élèves, le professeur propose différents types d'outils : des pinceaux et des brosses, des rouleaux, des couteaux à peindre, des fourchettes en plastiques. L'élève obtient des effets visuels en associant des outils, des médiums, des supports à des gestes. Il en va de même pour leur faire découvrir le dessin qui s'adapte également à la matérialité du médium graphique (pierre noire, graphite, fusain, craie, feutre, encre, etc.) et aux outils qui lui sont associés (crayon, estampe, gomme, plume, etc.). Enfin, les outils de la sculpture en classe concernent principalement la terre et les assemblages : ce sont souvent des outils du quotidien comme la fourchette et les couteaux en plastique, les ciseaux, les pinces, etc.

Pour réussir le concours

Les situations d'apprentissage reposent essentiellement sur les conditions matérielles et instrumentales confiées aux élèves. Plutôt que de laisser entendre que les élèves « utiliseront ce qui est disponible dans la classe », il est préférable de préciser clairement de quels moyens concrets ils disposent pour répondre à une consigne.

À RETENIR

L'organisation précise des conditions spatiales, matérielles et instrumentales de la classe apparaît comme décisive dans la réussite des élèves. Ceux-ci peuvent naturellement être associés à cette organisation et responsabilisés dans l'entretien de cet outil de travail que représente la classe comme lieu d'expérimentation, de découverte et d'expression en arts plastiques.

21 Quand fait-on des arts plastiques ?

▶ THÈME 3 : COMMENT ENSEIGNE-T-ON LES ARTS PLASTIQUES ?

La semaine à l'école compte 24 heures réparties sur neuf demi-journées. L'année scolaire compte 36 semaines réparties en cinq périodes. Les arts plastiques représentent a minima deux heures par semaine au cycle 1, puis une heure par semaine aux cycles 2 et 3. L'enseignant organise le temps des apprentissages à partir de ce cadrage.

A Un apprentissage étalé sur toute l'année

▶ À l'échelle de l'année, l'enseignant répartit les contenus d'apprentissage prescrits par les programmes sur les cinq périodes de classe que délimitent les vacances scolaires.

EN PRATIQUE

Au CE2 (cycle 2), l'enseignant doit aborder trois grands axes de contenus (la représentation du monde, l'expression des émotions, la narration et le témoignage par les images). En tenant compte des différentes orientations préconisées par les textes, il choisit d'organiser son année de la manière suivante :

- ▶ Période 1 : représentations et ressemblances / en deux et trois dimensions
- ▶ Période 2 : représentations et émotions / couleur et geste
- ▶ Période 3 : images, collages et fictions
- ▶ Période 4 : images et témoignages
- ▶ Période 5 : représentations, constructions et assemblages

Une fois cette programmation établie, il définit pour chaque période de cinq semaines, une, deux ou trois séquences d'apprentissage auxquelles il associe des compétences précises. Il s'assure de faire apparaître une certaine progressivité dans la succession des séquences.

▶ **Rappelons que les arts plastiques procèdent par approfondissements successifs** et non par une succession de contenus délimités qu'il conviendrait d'aborder dans un certain ordre, à l'instar d'autres disciplines. Les contenus d'apprentissage se succèdent selon une logique définie par l'enseignant.

EN PRATIQUE

Une notion, telle que la ressemblance, est abordée plusieurs fois dans l'année, à travers des dispositifs différents ; l'expérience de l'élève s'enrichit progressivement et la compréhension de ce qu'elle recouvre se complexifie. À chaque fois qu'il reprend ce thème, l'enseignant demande aux élèves de se remémorer les apprentissages passés. Au besoin, il leur montre les travaux réalisés auparavant.

B Des temps d'apprentissages bien calibrés

1. Séquences et séances

FICHE 27, P. 176

Une séquence se définit par l'unité d'apprentissage qu'elle recouvre. Les séances correspondent aux différents moments successifs que l'on consacre à cette unité d'apprentissage. En général, une séquence se découpe en plusieurs séances réparties sur une ou plusieurs semaines. Une séquence peut cependant tenir en une séance si le professeur considère qu'un apprentissage peut se faire en un seul temps dédié.

2. Ritualiser les pratiques

Les élèves apprécient les rituels. Ils représentent des repères stabilisants nécessaires aux apprentissages. Chaque semaine, ils pratiquent les arts plastiques à des moments préalablement établis. C'est un rendez-vous régulier avec l'expression artistique qui leur apparaît comme une respiration nécessaire, une rupture dans les modes de fonctionnement, et les registres de travail.

3. La durée des séances

Elle peut varier tout en respectant le cadrage d'une heure par semaine. En définitive, sur cinq semaines l'enseignant peut envisager de faire trois séquences d'une heure et quarante minutes chacune, ce qui représente pour une séquence – par exemple – quatre séances de vingt-cinq minutes ou deux séances de cinquante minutes.

4. Le déroulé d'une séance

▶ **Une séance en arts plastiques se déroule selon des modalités qu'il convient également de ritualiser**. Elle se découpe globalement en trois parties :

① Une présentation collective du travail à faire.

② Un temps de pratique individuelle ou collective.

③ Un bilan collectif.

▶ **Des temps de transition sont nécessaires entre chaque partie.** Il faut quelques secondes aux élèves pour se mettre en position d'écoute des consignes ou d'échange autour des productions. Les temps de mise en place (aménagement possible de l'espace, réunion des conditions matérielles et instrumentales) et de rangement (remise en place des outils, nettoyage) sont également à prendre en compte.

▶ Bien entendu, le professeur consacrera plus de temps à la présentation du travail à faire lors de la première séance. De même, il consacrera plus de temps au bilan final lors de la dernière séance. Cependant, mêmes courts, les temps de relance et de bilan intermédiaire sont essentiels pour les élèves, qui doivent conscientiser la progression au sein de la séquence

5. Le temps comme contrainte pour l'élève

Le temps imparti pour une réalisation ou une expérimentation est une contrainte que l'élève doit prendre en compte dans son projet dès le cycle 2. Le professeur introduit à cet effet une pendule dans la classe ; quand les enfants ne savent pas encore lire l'heure, il leur montre la position qu'aura la grande aiguille quand le travail sera terminé.

Pour réussir le concours

Vous devrez être attentif au vocabulaire décrivant les différents moments qui rythment les apprentissages : séquence, séance, bilan, relance. Pour la conception d'une séance notamment, vous aurez soin de préciser le découpage retenu, en tenant compte du rythme et du potentiel des élèves par rapport au niveau de classe suggéré. Un élève de maternelle peut difficilement se consacrer à une même tâche plus de 20 minutes, alors qu'un élève de CM2 se déconcentrera au-delà de 35 minutes.

À RETENIR

Le temps est une donnée cruciale dans l'organisation des apprentissages à l'école. Le temps de la pratique artistique s'y trouve nécessairement calibré au même titre que les autres temps d'apprentissage de la classe, même si l'expérimentation et la recherche sont difficiles à contraindre.

22 Plaisir d'apprendre, plaisir d'enseigner

▶ THÈME 3 : COMMENT ENSEIGNE-T-ON LES ARTS PLASTIQUES ?

L'expression artistique n'est pas aussi spontanée qu'on pourrait le croire. Elle s'encourage, s'accompagne, se déclenche par le biais de stratégies pédagogiques spécifiques. Mettre en forme ce que l'on pense, traduire ce que l'on ressent, concrétiser ses représentations, sont des apprentissages à part entière qu'il convient de bien encadrer.

A Le plaisir d'apprendre

L'objectif d'expression des arts plastiques impose que les élèves abordent cet apprentissage en confiance et selon des principes de curiosité et de plaisir qui fondent les activités artistiques.

1. Contrainte et création

Le principe de liberté est très souvent associé aux arts mais jamais la contrainte alors que c'est le meilleur allié de la création. L'exploration libre d'un outil, d'un matériau, consiste précisément à en exploiter les caractéristiques contraignantes, à les dépasser, à les adapter à son projet. Les contraintes délimitent des possibles que l'élève reconnaît progressivement et dont il tire finalement profit pour son plus grand plaisir.

2. Jouer avec les effets produits

▶ **Toute expérimentation plastique produit des effets.** Un geste associé à un outil ou un matériau engendre des formes intentionnelles ou non. Découvrir que le résultat obtenu ne coïncide pas avec résultat escompté, c'est faire l'apprentissage de la forme artistique. Dépasser la déconvenue, se laisser séduire par l'inattendu, accepter les « bonnes surprises » que nous réserve la matérialité : c'est l'apprentissage de l'expression artistique.

▶ **Il y a du plaisir et du jeu dans l'expression artistique**. Les élèves jouent à se raconter des histoires en dessinant, en construisant des objets ou des architectures. Ils jouent entre eux en collaborant à des réalisations. Le jeu au sens large représente un déclencheur efficace et motivant pour entrer dans les apprentissages.

3. Jouer à résoudre des problèmes

▶ L'invitation à surmonter une contrainte matérielle ou instrumentale sollicitera **l'inventivité, l'ingéniosité de l'élève**. Les résultats plastiques paraîtront d'autant plus singuliers qu'ils auront été obtenus par le détour d'une difficulté résolue. La manipulation des moyens plastiques incite en permanence l'élève à réfléchir la manière dont il peut adapter leur matérialité à son intention. Les situations d'apprentissage en arts plastiques s'apparentent souvent à une résolution de problème qui représente un défi et que l'élève aborde comme un jeu.

▶ **L'élève apprend en faisant** : Pour parvenir à un résultat, l'élève procède par tâtonnements. Il tire un enseignement de l'expérience à chaque étape de la réalisation. Son initiation se fait en pratiquant. La phase de bilan final permet de revenir sur cette expérience, de la conscientiser par la verbalisation, de la mettre à distance tout en la mémorisant.

▶ Démarche artistique et démarche d'apprentissage : comme la démarche scientifique, la démarche artistique procède également de l'observation, de l'hypothèse et de l'expérimentation. Les élèves observent les matériaux et les effets qu'ils parviennent à obtenir, ils imaginent des projets et expérimentent des moyens.

4. Apprendre en se remémorant et en mémorisant

En début de séance, engager la classe dans une activité offre l'occasion d'un rappel d'expériences menées antérieurement et sur lesquelles les élèves peuvent s'appuyer. Le professeur leur montre comment l'activité du jour s'inscrit en écho à une activité passée et comment ils peuvent ainsi tirer parti d'une expérience acquise. En fin de séance, il amène les élèves à bien fixer les acquis de l'expérience, de façon à pouvoir ultérieurement les mobiliser. La simple question « qu'avons-nous appris aujourd'hui ? » permet de faire le point sur ce que l'on considère comme tel.

Pour réussir le concours

Vous devez avant tout penser aux élèves quand vous concevez une situation d'enseignement ou quand vous l'analysez. Mettez-vous à leur place. Qu'est-ce qui les motive ? Quelles options ont-ils ? Peuvent-ils librement exercer des choix déterminants dans leur travail ? La proposition est-elle attractive, ludique ?

B Le plaisir d'enseigner

Pour que les élèves aient du plaisir à apprendre, il faut que le professeur ait lui-même du **plaisir à enseigner**. Les dispositifs d'apprentissages qu'il propose sont des situations de recherche et d'expérience conçues par lui spécialement pour ses élèves. Sa motivation à les mettre en place trouve son écho direct dans la motivation des élèves à s'y projeter. Une véritable connivence professeur-élève se joue dans ce contrat didactique.

1. Des consignes ouvertes

« Le professeur propose des consignes ouvertes qui incitent à la diversité des productions » (extrait des programmes). Une consigne ouverte est une consigne qui autorise plusieurs compréhensions et donc plusieurs options de réponse. Elle laisse à l'élève le choix d'orienter son travail dans un sens qu'il détermine seul, ou avec les autres quand il travaille en groupe.

N PRATIQUE

La consigne : « Peindre un paysage observé lors de la promenade d'hier » (cycle 3) est ouverte. Elle ouvre à de nombreuses questions : quel point de vue retenir ? Quelles couleurs utiliser ? Quels outils employer ? Quel format de support choisir ? Si l'élève est libre de faire des choix, la demande est ouverte.

2. Des problèmes à résoudre

▶ « Peindre un paysage en utilisant seulement une couleur » est une consigne ouverte mais associée à une contrainte qui pointe un problème à résoudre : comment peindre un paysage d'une seule couleur ? Le problème posé est le même pour tous mais sa résolution peut passer par des stratégies multiples. La comparaison finale des productions permettra d'interroger la couleur dans sa relation au motif, d'observer différentes façons de peindre, de dégrader la couleur, de jouer de sa transparence et de son opacité, etc.

▸ Plus généralement, **la résolution de problème** intervient dans les apprentissages quand la situation réclame de l'élève une certaine ingéniosité face aux difficultés. Celles-ci sont multiples en arts plastiques, que ce soit dans l'usage des outils, l'adaptation des matériaux, la maîtrise du geste, etc. **Toute expérimentation** (y compris celles répondant à des consignes ouvertes) **confronte l'élève à des problèmes qu'il lui faut dépasser**.

3. Encourager l'expérimentation avant toutes choses

En arts plastiques, les élèves expérimentent les outils, les médiums, les supports et les gestes, à l'infini. Un test rapide sur une feuille de papier, comme une composition plus complexe sur un support plus grand, relèvent toujours de l'expérimentation, à l'inverse de l'application d'une règle ou d'une technique. Toute production se fait dans une logique de tentative, d'essai, d'expérience, de proposition. En découle la nécessaire analyse des résultats qui y fait suite.

4. Approfondir et prolonger

Conserver des réalisations plus anciennes dans la classe permet à l'enseignant de s'appuyer sur une expérience passée pour en relancer une nouvelle. En ressortant trois ou quatre travaux d'élèves réalisés précédemment, l'enseignant propose aux élèves un bond en arrière. : « Qu'avions-nous fait ? », « Quels outils avions-nous utilisés ? », « Qu'avions-nous remarqué en les utilisant ? » Ce jeu de questions-réponses permettra d'introduire efficacement une nouvelle situation d'apprentissage donnant l'occasion aux élèves de pousser plus loin leurs expérimentations et de prendre conscience aussi de leur progrès.

5. Diversifier les situations et les objectifs

À l'échelle de l'année, il est nécessaire que les élèves aient exploré des champs d'expérimentation très différents. D'une séquence à l'autre, le professeur change de registre ou de thématique, propose de nouveaux médiums, de nouveaux matériaux, de nouveaux supports, de nouveaux outils. Pour chaque nouvelle situation, il propose des moyens spécifiques.

Pour réussir le concours

Vous devez être attentif à la relation entre les moyens mis à disposition et les consignes proposées. C'est dans ce jeu entre le *comment* et le *quoi*, entre les moyens et les fins, que s'inscrit le projet de l'élève.

6. S'ouvrir à toutes les propositions d'élèves

L'accueil bienveillant des productions est une règle dans la mise en place d'un apprentissage artistique. L'expression de soi ne va pas de soi. L'élève qui tente quelque chose se teste lui-même dans ses capacités et teste les autres, face à ce qu'il produit. Il donne quelque chose qui vient de lui parfois très profondément, il s'expose. Le contexte est donc celui de la générosité et du don ; le professeur garantit le respect mutuel, encourage la curiosité et l'ouverture à toutes les sensibilités qui s'expriment.

À RETENIR

Les modalités didactiques des arts plastiques sont fondées sur un principe simple : faire découvrir aux élèves l'expérience de la pratique artistique. *Pratiquer* en arts plastiques consiste globalement à agir plastiquement tout en réfléchissant à ce qui advient dans la perspective d'un projet. Le professeur assure à ses élèves des moyens diversifiés de mise en œuvre autour de consignes ouvertes autorisant de multiples expérimentations au service de l'expression. Les principes de jeu et de plaisir sont toujours au cœur de leur motivation.

23 Arts plastiques et vivre ensemble

▶ THÈME 3 : COMMENT ENSEIGNE-T-ON LES ARTS PLASTIQUES ?

Les arts plastiques représentent une discipline d'échange et de socialisation. Les élèves pratiquent individuellement ou collectivement mais toujours en regard les uns des autres. Le temps de regroupement et de verbalisation en fin de séance ou de séquence apparaît comme un moment de réflexion collective et de partage.

A L'individu dans le collectif

▶ La première partie du programme du cycle 1 établit les principes fondamentaux qui régissent le premier cycle d'apprentissage. La question de l'individu dans le collectif y trouve une place importante.

▶ La découverte et l'expérimentation des formes artistiques se jouent donc sur deux plans qui sont imbriqués : l'individu et le collectif. **Cela va au-delà des modalités de travail individuel ou collectif** qu'il convient en effet de faire varier. Rappelons que les expérimentations – y compris quand elles sont proposées à l'échelle individuelle – sont nécessairement introduites et accompagnées par des consignes collectives. Les résultats mutualisés de ces expérimentations sont également observés, analysés et commentés collectivement de façon à ce que chacun puisse en tirer le meilleur parti. Le cadre collectif garantit ainsi la richesse des apprentissages.

Collage et dessin au cycle 2.

B Travailler seul ou à plusieurs

1. Travail collectif ou mutualisation des productions individuelles

▶ Les programmes insistent sur « l'inscription des singularités dans un cadre collectif ». La démarche de création en termes d'initiative peut être perçue comme relevant d'une projection singulière difficile à partager. Cela ne doit pas empêcher les enseignants de mettre les élèves en situation de collaboration, de coopération en vue d'une seule et même production. Au-delà d'une socialisation légitimement prioritaire pour cette classe d'âge, cette coopération les amène à verbaliser leurs intentions, ce qui leur est souvent très profitable.

▶ **Quand le travail est plus individualisé, la mutualisation s'opère au moment du regroupement** et de verbalisation collective que l'enseignant organise autour des productions. À ce stade, il convient de regarder les travaux dans leur globalité et non plus nécessairement comme le travail de tel ou tel individu ; c'est le travail de la classe perçu comme une production d'atelier. C'est à l'enseignant de le valoriser pleinement, permettant ainsi à chaque élève de se sentir concerné par le travail de ses camarades aussi bien que par le sien.

Pour réussir le concours

Que ce soit dans l'analyse d'une séance ou dans son élaboration, il est important de bien faire apparaître la dimension collective des apprentissages en arts plastiques. Même quand les élèves travaillent individuellement à leurs réalisations, ils partagent les espaces, les outils et les matériaux avec leurs camarades, ils s'entraident, se conseillent, s'encouragent respectivement les uns les autres.

2. Travailler individuellement autour d'une question commune

Lorsque le travail est individuel, il ne faut pas perdre de vue que le « sujet » est commun. Les élèves en sont parfaitement conscients. Il y a une émulation qui s'instaure au sein du groupe, chacun adoptant une approche singulière – sans doute – mais chacun étant attentif aussi aux approches mises en œuvre par les autres. C'est une expérience très particulière que de suivre son idée tout en hésitant à s'inspirer de celles des autres. On retrouve à l'échelle des élèves dans la classe le même jeu d'influence et d'imitation mutuelle que l'on constate entre les artistes d'une même époque ou même d'époques différentes.

3. Travailler en binôme, par équipe de trois, quatre ou cinq élèves

Travailler à plusieurs au cycle 3.

Résultat d'un travail collectif au cycle 1.

▸ **La création en binôme est une expérience très riche** ; elle permet à des élèves de mettre leur connivence au service d'un projet commun. C'est aussi l'occasion pour des élèves qui ne se connaissent pas de se rencontrer réellement.

▸ **Si le groupe s'étend à trois, quatre ou cinq élèves**, l'expérience est encore différente. Il s'agit alors de se répartir les tâches, de s'écouter et de s'entendre, d'accepter des compromis. Ce travail en commun représente un apprentissage à part entière qui s'ajoute aux apprentissages disciplinaires.

4. Participer à un projet de classe

Lorsque le projet devient celui de la classe, c'est encore une autre aventure pour les élèves. Le professeur donne le cadre et les élèves décident collectivement de la forme qu'ils souhaitent donner à leur projet collectif. Toujours sous la gouverne de l'enseignant, des orientations sont établies démocratiquement ; les élèves défendent leurs points de vue, verbalisent leurs projections, tentent de convaincre de la pertinence de leurs idées. Chaque initiative est mise au service du groupe, les élèves se responsabilisent mutuellement dans la réussite du projet commun, en faisant valoir l'entraide et le partage.

C Vivre ensemble, reliés par le langage

1. Les consignes

La pratique des élèves n'est déclenchée qu'une fois les consignes bien enregistrées. La phase orale et collective de présentation du travail à faire, du problème à résoudre, de l'objet à expérimenter est essentielle. Le professeur énonce les consignes clairement et les fait répéter par les élèves qui peuvent proposer également des reformulations. Les élèves se projettent oralement dans les réalisations qu'ils vont mettre en œuvre. Ils partagent leurs intentions, leurs intuitions. Ce moment de partage est très stimulant pour les élèves qui se communiquent leur motivation avant de débuter.

2. Bilan et verbalisation

Lors du regroupement final autour des productions, le langage permet de faire collectivement le bilan de l'activité :

- **À l'oral tout d'abord, les élèves verbalisent les difficultés rencontrées**, les opérations mises en œuvre, l'écart entre leurs intentions et les résultats obtenus, les surprises rencontrées en chemin, etc.
- **À l'oral toujours, ils verbalisent la façon dont ils perçoivent les travaux des autres**, ils se placent en spectateurs attentifs, interprétant la dimension expressive des productions
- **Enfin, le professeur les guide vers une réflexion plus globale** autour des questions soulevées par l'expérimentation et en comparaison aussi avec des exemples d'œuvres ; les élèves raisonnent en prenant appui concrètement sur les productions et les œuvres. En contrepoint à cet oral, le professeur inscrit au tableau les mots-clés (cycles 2 et 3), les notions importantes qui ponctuent cette réflexion.

Pour réussir le concours

Dans l'analyse ou la création d'une séance, vous aurez soin de valoriser la façon dont les apprentissages en arts plastiques s'articulent à des apprentissages langagiers grâce aux différents moments de mise au travail, d'échange et de verbalisation.

3. Un lexique approprié

Le lexique des arts plastiques est infini. Prenons l'exemple du vocabulaire de la couleur : les élèves auront plaisir à mémoriser le nom de couleurs aux connotations souvent poétiques. Les verbes liés à la manipulation des couleurs, et tous les adjectifs qui décrivent les effets engendrés, méritent également d'être utilisés à bon escient car ils permettent de bien comprendre les phénomènes physiques (voire chimiques) qui sont à l'œuvre : éclaircir, mélanger, diluer, foncer, recouvrir, étaler, rabattre une teinte, rompre une teinte, faire ressortir, clair, sombre, lumineux ou contrasté, flou, net, lointain, proche, rayé, poudreux, transparent, opaque, etc.

À RETENIR

L'expression artistique apparaît souvent comme une expérience individuelle, mais dans le contexte de la classe, elle s'inscrit dans une logique de partage et de mutualisation. Il s'agit pour l'élève exprimant sa sensibilité, extériorisant ses représentations, ses points de vue, ses intuitions, de trouver sa place dans le groupe et de se faire reconnaître comme une personne à part entière, dotée d'une vision singulière et curieuse de celles des autres.

24 L'usage du numérique

▶ THÈME 3 : COMMENT ENSEIGNE-T-ON LES ARTS PLASTIQUES ?

Le numérique recouvre globalement l'usage de données à caractère numérique recourant nécessairement à des outils du même nom. En arts plastiques, le numérique intervient dès que l'on utilise un ordinateur ou une tablette, un appareil photo numérique voire un smartphone pour créer, capturer, projeter, transformer, combiner ou enchaîner des images et les associer parfois à du texte ou du son.

A Un outil pour apprendre et pour enseigner

1. Les outils numériques

Il est assez exceptionnel qu'il y ait une tablette ou un ordinateur par élève dans la classe mais cela peut ponctuellement arriver. Ce sont plus souvent des outils partagés :
– un tableau blanc interactif (TNI ou TBI) pour pratiquer collectivement des recherches, pour montrer le fonctionnement d'un logiciel ;
– un vidéoprojecteur pour visualiser des œuvres en grand ou des productions photographiées ;
– un appareil photographique numérique pour capturer des images en classe ou en extérieur ;
– un ou plusieurs ordinateurs installés en fond de classe confiés aux élèves pour sélectionner, trier des images mais aussi les manipuler, les mixer, les associer à du texte ou à du son.

2. Une éducation aux usages

FICHE 15, P. 143

Les arts plastiques participent d'une éducation au bon usage des médias numériques. Les enfants passeraient en moyenne deux fois plus de temps devant les écrans qu'en classe. Il est donc important que l'école joue un rôle de formation : comment utiliser ces outils et à quelle fin ? En proposant aux élèves de découvrir par la pratique comment les images peuvent être manipulées, les arts plastiques permettent d'adopter une posture critique face aux médias. Plus généralement, ils encouragent les élèves à devenir moins des consommateurs que des créateurs de contenus.

3. La réalité virtuelle

Que la simulation soit 2D ou 3D, cela demeure toujours une réalité virtuelle, c'est-à-dire une réalité potentielle et crédible, partiellement au moins. Simuler une sculpture en volume pourrait permettre par exemple d'anticiper sa réalisation concrète. De même, simuler une peinture ou un dessin pourrait représenter une phase préparatoire. Cela ne veut pas dire que cette phase de création virtuelle doit nécessairement être suivie d'une phase de création matérielle bien entendu. Mais l'expérience de la réalisation concrète par opposition à sa simulation virtuelle permettra d'aborder de manière éclairante, la différence entre ces deux types de réalité.

B Apprendre à créer avec des outils numériques

1. La simulation 2D

Les logiciels de création et de traitement d'image sont nombreux. Ils offrent plus ou moins de potentialités, mais pour l'école, les logiciels les plus simples seront certainement les plus adaptés :

▷ **des logiciels de dessin-peinture** qui permettent de créer des images de toutes pièces : ils simulent les outils et les médiums traditionnels (feutres, crayons, craies, gouaches, pinceaux, brosses, couteaux, etc.) mais sans matérialité. Tous les problèmes liés aux mélanges de couleurs, aux temps de séchage, aux coulures, sont évacués ;

▷ **des logiciels de traitement d'images préexistantes** qui permettent de multiples manipulations dont le découpage-collage (copier-coller) mais aussi des modifications sur les teintes, les textures et l'apparence de l'image (notamment par le biais des filtres).

Pour réussir le concours

• Vous devez bien marquer la différence entre une situation où vous proposez un recours à des outils numériques pour mettre en place un apprentissage en arts plastiques et une situation d'apprentissage ayant pour visée la maîtrise des outils numériques.

• Vous pouvez également évoquer le fait que le numérique peut être un moyen de diffusion des productions d'élèves (sites, blogs, réseaux, etc.). C'est l'occasion d'aborder les questions liées à la circulation des images et plus généralement des contenus.

2. La simulation 3D

Des logiciels de simulation 3D sont aujourd'hui à la portée des élèves. Simuler un volume, une architecture, simuler un éclairage, un déplacement, changer de point de vue, tout cela est désormais possible en quelques clics. Les algorithmes formatent les manipulations et les rendus mais les résultats sont spectaculaires. Créer un volume en 3D est une expérience apparemment proche de la création d'un volume matériel et pourtant très différente ; la matérialité étant simulée, il n'y a pas de relation tactile à l'objet et surtout, toute la dimension physique de la création disparaît. Ne reste que l'apparence de l'objet qu'il est possible de faire varier à l'infini (forme, couleur, texture). La relation de l'objet à l'espace peut également être envisagée sans limite : jeu de contextualisation, d'échelle, de proportion, de dissimulation, d'association, etc.

REMARQUE

Dans les logiciels de traitement d'images, les calques ouvrent des possibilités nouvelles. Leur stratification est modulable ; une couche du dessous peut passer au-dessus. De même, les logiciels enregistrent les étapes intermédiaires de la création si bien qu'il est toujours possible de revenir en arrière. Ces deux caractéristiques modifient profondément l'expérience du processus de création. *Finir* n'a plus le même sens : il s'agit simplement d'opter pour une des multiples alternatives qui se présentent comme toujours possibles.

3. Le geste

En 2D comme en 3D, l'expérience du geste est particulière. Il n'est pas totalement simulé puisque la main se déplace sur le tapis de souris ou que le doigt se déplace à la surface de l'écran. Il n'a simplement pas d'effet direct. Il est interprété, traduit et retranscrit par la machine. Ici encore, l'expérience du geste se trouve totalement bouleversée.

À RETENIR

Le numérique bouleverse profondément l'expérience de la création. Il en évacue la dimension matérielle et ouvre à de nouvelles potentialités spatiales et temporelles. L'expérience de la création numérique permet aux élèves de mieux comprendre comment fonctionnent ces contenus auxquels ils sont quotidiennement confrontés, face aux écrans.

25 L'évaluation

▶ THÈME 3 : COMMENT ENSEIGNE-T-ON LES ARTS PLASTIQUES ?

L'approche par compétences est un principe de formation qui cherche à décrire moins des résultats à obtenir que des compétences à maîtriser. Ce principe concerne aussi bien la formation que l'évaluation. Les compétences disciplinaires s'articulent aux compétences du socle commun.

A Qu'est-ce qu'évaluer ?

1. Viser des compétences et non des contenus

▶ Plutôt que de viser des contenus d'apprentissage (apprendre ce qu'est la perspective, ou les sept contrastes de couleur), on vise l'**acquisition de compétences disciplinaires** et on explore des contenus. Un des avantages de cette approche par compétences, c'est qu'une compétence se transfère d'une situation à l'autre, et même d'une discipline à l'autre, ce qui rend possible l'articulation des compétences disciplinaires aux compétences des cinq domaines du socle commun.

▶ Une compétence est une capacité dont témoigne l'élève dans une situation donnée. Plus précisément, c'est une « combinaison de connaissances, d'aptitudes et d'attitudes appropriées à une situation donnée » (définition adoptée par le parlement européen en 2006). Pour schématiser, l'élève mobilise des ressources propres (connaissances, capacités, habiletés) et externes (documents, outils, personnes) pour agir en situation.

2. Évaluer, c'est former

L'évaluation n'a pas pour but de classer les élèves et encore moins de les sanctionner. L'évaluation est un des aspects de la formation proposée aux élèves dans le sens où elle leur permet de se situer dans les apprentissages et dans la maitrise des compétences visées. Un retour d'évaluation doit donc être une information utile pour l'élève. Il lui indique les progrès qu'il a réalisés et lui permet aussi de cibler ses efforts à l'avenir sur certains aspects de son travail.

3 Une évaluation non chiffrée

L'évaluation par compétences ne se traduit pas par une note chiffrée mais par une **appréciation du niveau atteint**. Pour indiquer le degré de maîtrise d'une compétence donnée, le professeur peut utiliser une échelle de 4 ou 5 niveaux qu'il aura préalablement expliquée, telle que :

– **Niveau non acquis**, ou pour l'élève : « C'est insuffisant. »

– **Niveau en cours d'acquisition**, ou pour l'élève : « C'est bien mais pas encore suffisant. »

– **Niveau intermédiaire**, ou pour l'élève : « C'est bien, mais tu peux faire mieux. »

– **Niveau avancé**, ou pour l'élève : « C'est très bien. »

– **Niveau confirmé**, ou pour l'élève : « C'est parfait. »

B Comment évaluer ?

1. Prioriser des compétences

Pour chaque situation d'apprentissage, le professeur priorise une ou plusieurs compétences qu'il choisit dans le référentiel et qu'il reformule au besoin pour ses élèves. Il sera attentif à ce que les différentes compétences décrites par le référentiel spécifique du cycle, soient toutes au moins une fois visées au cours de la programmation annuelle.

2. Reformuler des compétences pour ses élèves

Il n'est pas inutile parfois de proposer à ses élèves une **formulation adaptée à la fois au profil et au niveau des élèves, et en même temps à la situation d'apprentissage**. Cette reformulation des compétences prescrites par les programmes pour chaque cycle peut passer par l'emploi de la première personne du singulier (ou du pluriel s'il s'agit d'un travail collectif). Cela permet une compréhension plus directe du savoir-faire visé par les élèves.

PRATIQUE

▸ Voici un exemple de reformulation des compétences pour le champ *Expérimenter, produire, créer* au cycle 3, où l'élève mobilise et enrichit ses ressources propres face aux ressources disponibles.

▸ J'ai choisi mes outils et mes matériaux de manière réfléchie.

▸ J'ai cherché la meilleure façon de les utiliser dans ma réalisation.

▸ J'ai représenté un objet ou une chose observée ou imaginée par le dessin, le collage, le modelage, la sculpture, la photographie ou encore la vidéo

▸ J'ai utilisé un outil informatique pour produire ou rechercher des images ou des informations.

Pour réussir le concours

Lorsque vous décrivez ou analysez une séquence, vous devez intégrer nécessairement l'évaluation au dispositif de formation. Vous ne devez pas faire apparaître l'évaluation comme un moment à part qui concernerait principalement le professeur mais bien comme un moment inclus au temps d'apprentissage des élèves.

3. Une évaluation positive

▸ L'évaluation par compétences en arts plastiques repose sur une **observation attentive de ce que chaque élève fait ou dit** (lors de la pratique et de leur prise de parole). Elle met en valeur le cheminement et les progrès réalisés au-delà du résultat obtenu. L'élève identifie ses réussites et en garde les traces. Le professeur rend explicite aux yeux des élèves et de leurs parents la démarche d'évaluation qu'il met en place (les attendus et les modalités retenues).

▸ Dès le cycle 2, les programmes précisent que l'évaluation en arts plastiques est essentiellement **formative**, qu'elle accompagne les apprentissages, lesquels se fondent sur des propositions ouvertes favorisant la diversité des réponses.

C Quelles compétences évaluer ?

▸ Les programmes précisent :

FICHE 2, P. 106

– des attendus de fin de cycle pour le cycle 1 qui peuvent être considérés comme des compétences ;

FICHE 3, P. 107

– des compétences pour les cycles 2 et 3 avec, pour le cycle 2 seulement des attendus de fin de cycle qui sont la reformulation synthétiques des différentes compétences détaillées.

▶ Le tableau ci-dessous reprend la déclinaison des compétences à travers les cycles 2 et 3 et pour leurs quatre champs communs, telle qu'elle est décrite dans les programmes.

Cycle 2	Cycle 3
Expérimenter, produire, créer (*Domaines du socle : 1, 2, 4, 5)*	
• S'approprier par les sens les éléments du langage plastique : matière, support, couleur… • Observer les effets produits par ses gestes, par les outils utilisés. • Tirer parti de trouvailles fortuites, saisir les effets du hasard. • Représenter le monde environnant ou donner forme à son imaginaire en explorant la diversité des domaines (dessin, collage, modelage, sculpture, photographie…).	• Choisir, organiser et mobiliser des gestes, des outils et des matériaux en fonction des effets qu'ils produisent. • Représenter le monde environnant ou donner forme à son imaginaire en explorant divers domaines (dessin, collage, modelage, sculpture, photographie, vidéo…). • Rechercher une expression personnelle en s'éloignant des stéréotypes. • Intégrer l'usage des outils informatiques de travail de l'image et de recherche d'information, au service de la pratique plastique.
Mettre en œuvre un projet artistique *(Domaines du socle : 2, 3, 5)*	
• Respecter l'espace, les outils et les matériaux partagés. • Mener à terme une production individuelle dans le cadre d'un projet accompagné par le professeur. • Montrer sans réticence ses productions et regarder celles des autres.	• Identifier les principaux outils et compétences nécessaires à la réalisation d'un projet artistique. • Se repérer dans les étapes de la réalisation d'une production plastique individuelle ou collective, anticiper les difficultés éventuelles. • Identifier et assumer sa part de responsabilité dans un processus coopératif de création. • Adapter son projet en fonction des contraintes de réalisation et de la prise en compte du spectateur.
S'exprimer, analyser sa pratique, celle de ses pairs ; établir une relation avec celle des artistes, s'ouvrir à l'altérité *(Domaines du socle : 1, 3)*	
• Prendre la parole devant un groupe pour partager ses trouvailles, s'intéresser à celles découvertes dans les œuvres d'art • Formuler ses émotions, entendre et respecter celles des autres. • Repérer les éléments du langage plastique dans une production : couleurs, formes, matières, support…	• Décrire et interroger à l'aide d'un vocabulaire spécifique ses productions plastiques, celles de ses pairs et des œuvres d'art étudiées en classe. • Justifier des choix pour rendre compte du cheminement qui conduit de l'intention à la réalisation. • Formuler une expression juste de ses émotions, en prenant appui sur ses propres réalisations plastiques, celles des autres élèves et des œuvres d'art.
Se repérer dans les domaines liés aux arts plastiques, être sensible aux questions de l'art *(Domaines du socle : 1, 3, 5)*	
• Effectuer des choix parmi les images rencontrées, établir un premier lien entre son univers visuel et la culture artistique. • Exprimer ses émotions lors de la rencontre avec des œuvres d'art, manifester son intérêt pour la rencontre directe avec des œuvres. • S'approprier quelques œuvres de domaines et d'époques variées appartenant au patrimoine national et mondial. • S'ouvrir à la diversité des pratiques et des cultures artistiques.	• Repérer, pour les dépasser, certains a priori et stéréotypes culturels et artistiques. • Identifier quelques caractéristiques qui inscrivent une œuvre d'art dans une aire géographique ou culturelle et dans un temps historique, contemporain, proche ou lointain. • Décrire des œuvres d'art, en proposer une compréhension personnelle argumentée.

À RETENIR

Le principe de l'approche par compétences concerne à la fois la formation et l'évaluation. Il permet aux élèves de mieux identifier les capacités que visent les apprentissages et les progrès qu'ils réalisent. L'évaluation fait partie de la formation. Les séquences priorisent à chaque fois certaines compétences. L'évaluation en arts plastiques ne classe pas les élèves ni ne les sanctionne. Elle est nécessairement positive et encourageante.

26 Pratique artistique, pédagogie de projet et culture artistique

▶ THÈME 3 : COMMENT ENSEIGNE-T-ON LES ARTS PLASTIQUES ?

La pratique artistique relève d'une activité à la fois physique et mentale qui inscrit l'élève dans une démarche de projet. Cette expérience régulière lui permet d'aborder l'art par le biais du *faire* et pas non pas seulement du *dire* et du *voir*. La culture artistique de l'élève se construit en arts plastiques autour des liens établis principalement sur le plan de la genèse entre des œuvres d'art et ses productions.

A Pratique et projet artistiques

1. La pratique artistique

▶ **La pratique en arts plastiques ne s'oppose pas à la théorie comme dans d'autres domaines.** Elle s'entend plutôt au sens d'une *praxis*, d'une action réfléchie en vue d'un résultat pratique. Elle est nécessairement motivée par un projet. La pratique artistique se traduit par un mélange d'invention et d'expérimentation, un va-et-vient permanent entre action et réflexion au service d'une réalisation.

▶ **La pratique artistique est l'apanage de l'artiste**. Pour ce qui concerne l'élève, il est plus juste de dire qu'il fait l'expérience de la pratique artistique : le professeur le met en situation de faire cette expérience. Il pose un cadre d'expérimentation à la fois matériel et conceptuel, de sorte que l'élève conçoive, invente, combine des modalités opératoires qu'il met au service de son projet d'expression.

2. La notion de projet en arts plastiques

La pédagogie de projet est souvent citée parmi les nombreuses méthodes susceptibles de motiver les élèves mais elle s'applique différemment selon les disciplines. L'apprentissage par projet place l'élève en position d'acteur responsable de son action, cherchant des solutions aux problèmes qui se posent sur le chemin de la réalisation. L'enseignement des arts plastiques est propice à la démarche de projet en général (projets de classe, projets interdisciplinaires, etc.) mais aussi et surtout quand il s'agit du projet de l'élève. Parmi les compétences des programmes de cycle 2 et 3, apparaît clairement celle de « mettre en œuvre un projet artistique ».

3. Projet artistique et démarche personnelle de l'élève

Qu'il soit seul ou en groupe, l'élève cherche à **concrétiser ses intentions par le biais des moyens qu'il se donne**. « Mettre en œuvre son projet » consiste à donner une réalité concrète à une idée de départ qui se modifie et s'adapte en chemin. Cela passe par un processus qui se détermine en cours de route à travers des choix, des opérations, des innovations, toutes sortes de dépassements successifs face aux difficultés qui se présentent. L'élève prend peu à peu conscience de cette démarche et il en reconnaît la dimension artistique.

Pour réussir le concours

La notion de projet apparaît comme la notion clef pour décrire les apprentissages en arts plastiques. Vous aurez tout intérêt à l'articuler constamment aux notions d'expression et de singularité. L'élève apprend à être responsable de son projet, à le mettre en œuvre et le mener à bien. C'est la condition de l'expression de sa singularité.

B Pratique et culture artistiques

1. La confrontation des productions aux œuvres d'art

▸ En rapprochant les productions d'élèves des œuvres d'art, l'enseignant aide les élèves à **reconnaître dans ces productions d'artistes des modalités opératoires** comparables à celles qu'ils ont expérimentées. Ces artistes plasticiens qu'ils soient peintres, dessinateurs, sculpteurs, architectes, illustrateurs ou graphistes ne produisent pas réellement des « réponses » à des « sujets » comme les élèves, mais leurs propositions peuvent également être présentées comme des expérimentations, des essais, des innovations faisant écho à des recherches.

▸ **L'artiste chevronné demeure dans une démarche d'expérimentation, d'invention, de création, au même titre que les élèves**. Le rapprochement de leurs travaux avec les œuvres, permet aux élèves de se reconnaître dans les démarches artistiques et de s'approprier les œuvres.

REMARQUE

Un passage des programmes de cycle 1 insiste sur le fait que les graphismes décoratifs sont repérables dans certains objets ou éléments d'architecture, notre environnement quotidien, mais aussi parmi les œuvres ou objets d'art des collections muséographiques. L'enseignant s'attachera à faire découvrir aux élèves ces références qui exploitent le caractère décoratif de ces motifs (un vase de l'Antiquité grecque, un tapis oriental ou un pull au motif Jacquard).

▸ **Les moyens d'expérimentation pour l'élève demeurent limités** en raison du contexte scolaire. L'élève ne fait pas l'expérience de la peinture à l'huile, ne moule pas une sculpture en bronze, ne bâtit pas d'architectures. Il est cependant important que des expérimentations, aussi modestes soient-elles, soient rapprochées d'œuvres usant de moyens non comparables à ceux des élèves.

▸ Le rapprochement pourra se faire utilement autour de **notions communes** mises en jeu dans les productions et les œuvres car la didactique consiste précisément à proposer aux élèves de travailler des questions communes à des œuvres très diverses. Par exemple : le plein et le vide que l'on va trouver en sculpture, en architecture, en peinture et que les élèves auront facilement pu aborder avec moyens plastiques rudimentaires mais efficaces.

2. Montrer des œuvres avant, pendant, après la pratique

La question se pose souvent de savoir **quand montrer les œuvres d'art aux élèves**.

▹ **Les montrer avant** c'est risquer que les élèves cherchent seulement à les imiter sans réellement aborder le problème qui est posé. Il n'y a aucune raison en effet qu'un élève auquel on montre une bonne réponse décide d'en inventer une autre.

▹ **Les montrer pendant** qu'ils pratiquent, c'est parfois permettre aux élèves de recentrer leurs recherches, de retrouver le cap, d'anticiper déjà le bilan final et sa verbalisation.

▹ **Les montrer à l'issue de la pratique,** c'est leur permettre de situer leurs démarches au regard des démarches dont témoignent les œuvres.

REMARQUES

- On utilise le terme de *production* pour désigner un travail d'élève en arts plastiques. Il permet de distinguer le travail de l'élève de l'œuvre d'art que l'on présente en classe sous forme de reproduction et que l'on découvre au musée en tant qu'original.
- On peut certes considérer un dessin d'élève comme une véritable œuvre d'art, ce que bien des artistes eux-mêmes n'hésitent pas à faire. Mais, en classe, les travaux d'élèves sont abordés du point de vue des apprentissages dont ils sont la trace et non pas du point de vue esthétique dont leur statut d'œuvre serait susceptible de relever.

3. La construction d'une culture artistique

▶ **La notion de culture est à prendre au sens large** dans l'expression « culture artistique personnelle » des programmes. Expérimenter un outil, mettre en œuvre un projet artistique, regarder une œuvre, l'analyser, en parler avec les autres, entendre un artiste parler de son travail, sont autant de démarches qui relèvent de la construction d'une culture artistique personnelle.

▶ ***Culture* peut s'entendre comme une complicité avec les formes artistiques et les œuvres d'art** aussi bien du côté de leur conception, de leur fabrication, de leur technicité que du côté de leur réception, de leur analyse, de leur commentaire et de leur mémorisation. Une année scolaire permet aux élèves d'une même classe de découvrir ensemble différentes formes et œuvres d'art autour desquelles va s'établir entre eux une certaine connivence, un partage, une mémoire commune ; le professeur les aide à identifier ces « repères communs ».

4. Peindre « à la manière de » ?

▶ « À la manière de », l'expression est vieille comme le monde et semble s'être imposée comme une dispense totale de penser la didactique des arts plastiques. L'imitation et la copie ont ou avaient sans doute leurs vertus dans d'autres contextes (pratiques amateurs, anciens exercices d'écoles des Beaux-arts).

▶ Cependant dans le contexte de la classe, pour aborder cette discipline d'enseignement général que sont les arts plastiques (on ne forme pas des artistes mais des élèves), la copie d'un modèle n'est pas appropriée.
– La première raison est celle évoquée plus haut : **il n'y a rien à inventer en copiant**.
– La seconde, c'est que la copie en classe, c'est : « Faites la même chose mais sans les mêmes moyens. » Les élèves en sont donc réduits à une **pâle imitation** qui semble n'avoir pour seul but que de leur prouver qu'ils ne sont effectivement pas des artistes.
– La troisième raison, c'est que **tous les résultats vont se ressembler** : impossible de faire apparaître l'expression des singularités visées par les programmes et l'expérience de la pratique artistique.

À RETENIR

L'élève fait l'expérience de la pratique artistique. Il met en œuvre des projets qu'il conçoit seul ou en groupe. À l'issue de cette expérience, le professeur lui propose de faire des liens entre productions d'élèves et œuvres d'artistes, autour des problèmes soulevés et résolus de différentes manières. La culture artistique (culture personnelle de l'élève et culture commune de la classe) se construit progressivement au rythme de ces rapprochements successifs. Cette approche vient compléter celle de l'Histoire des arts.

27 Concevoir un dispositif d'apprentissage

Le professeur élabore les dispositifs d'apprentissage dans le respect du cadrage proposé par les programmes. Il les conçoit de telle sorte qu'ils apparaissent motivants pour ses élèves et qu'ils garantissent des apprentissages effectifs et vérifiables. Un dispositif d'apprentissage est doté de qualités didactiques et pédagogiques.

A Qu'est-ce que la didactique ?

▶ La didactique, c'est la **méthode employée pour enseigner une discipline**. On parle de *transposition didactique* dans la mesure où l'enseignant est amené à transposer des savoirs disciplinaires spécifiques à un domaine, dans le champ des apprentissages.

▶ Les arts plastiques, avant d'être une discipline d'enseignement, relèvent d'un domaine de recherche et d'activité. Ils correspondent à ce que l'on désigne globalement par *les sciences de l'art*. Tous les savoirs scientifiques ne sont pas transposables à tous les niveaux de classe, bien entendu. C'est le professeur qui choisit les savoirs qu'il souhaite transposer didactiquement (toujours en respectant le cadrage des programmes). Les didactiques diffèrent forcément d'une discipline à l'autre. On n'enseigne pas les mathématiques de la même façon que l'on enseigne les arts plastiques.

B Quelles sont les spécificités de la didactique des arts plastiques ?

▶ Comme il a été dit précédemment, **les arts plastiques en tant que discipline d'apprentissage se fondent sur l'expérience de la pratique artistique**. Dans le contexte de la classe, le professeur réunit artificiellement les conditions de cette expérience. Il pose des problèmes à résoudre avec des moyens donnés et à partir de consignes ouvertes. Il suscite des démarches d'exploration et d'expérimentation. Les élèves sont amenés à les verbaliser après coup, à les questionner, à les confronter à d'autres, notamment celles des artistes.

▶ **Les élèves n'appliquent pas des procédés prédéfinis**, ils les inventent. Ils sont motivés par une intention expressive singulière. Le professeur les encourage à être responsables et autonomes dans la conduite de leur projet artistique. Toutes ces modalités didactiques relèvent d'une stratégie spécifique aux arts plastiques.

▶ S'il fallait schématiser simplement la didactique des arts plastiques, on **placerait la question soulevée au centre** (le sujet, l'objet de la recherche, la consigne associée aux contraintes matérielles), et tout autour, on disposerait l'ensemble des expérimentations ou réponses possibles. Chaque élève décide de la forme que prend sa réponse mais il doit bien reconnaître préalablement la question.

▶ On dit souvent aux élèves de bien respecter les consignes et c'est d'autant plus nécessaire en arts plastiques qu'elles sont ouvertes à des résolutions multiples. Cette idée de **résolutions multiples** peut dérouter le professeur qui est habitué (dans d'autres disciplines) à n'attendre qu'une réponse : la bonne. Ici, toutes les réponses sont bonnes du moment qu'elles respectent le champ des possibles ouvert par le dispositif. Toutes les réponses s'enrichissent mutuellement au service des apprentissages visés : d'où l'importance de cette mutualisation en phase de verbalisation et de bilan, qui valorise les démarches dans leur diversité au regard d'un problème commun.

C La différence entre la pédagogie et la didactique

▶ La pédagogie, à l'inverse de la didactique, est commune aux différentes disciplines. **C'est la science de l'éducation et de l'instruction**. Elle tient compte du profil des élèves, elle s'appuie sur une bonne connaissance de leur psychologie et de leurs rythmes de travail. Elle définit les conditions générales de l'apprentissage visé, comme le travail individuel ou collectif, le temps consacré à chaque phase, l'alternance entre différentes activités, la clarté des consignes et leur rappel régulier, etc.

▶ On parle de **pédagogie différenciée** quand il est nécessaire d'adapter les méthodes à l'hétérogénéité des élèves, notamment les élèves à besoins éducatifs particuliers (école inclusive).

REMARQUE

Dans le contexte scolaire, la didactique des arts plastiques peut apparaître déroutante car ce qu'il « faut faire » n'est pas décrit mais reste à inventer. Il n'est pas évident pour un élève de se lancer sans avoir la certitude que ce qu'il va faire convient. Il est plus souvent habitué à répéter des modèles et des méthodes clairement explicités au préalable. L'objectif d'expression artistique que vise la discipline, oblige l'élève à concevoir lui-même son projet en s'appuyant sur son propre désir d'expression. En quelque sorte, il apprend à devenir auteur de ce qu'il produit.

D La séquence d'enseignement

1. La construction

▶ Le plus souvent, les séquences se conçoivent de façon très pragmatique à partir de matériaux ou d'outils dont on dispose, de supports que l'on vient de récupérer, d'une œuvre que l'on vient de découvrir, d'une question que les élèves viennent de soulever.

▶ Rappelons que c'est un **enseignement qui procède par approfondissements successifs**. Les séquences s'enchaînent donc par jeu de rebonds dans cette logique d'exploration et d'approfondissement des contenus. Pour construire une séquence, il est nécessaire d'isoler un contenu d'apprentissage et de déterminer une stratégie didactique et pédagogique pour l'aborder.

2. La description d'une séquence

▶ Pour décrire une séquence au service d'un contenu d'apprentissage donné et de compétences priorisées, il convient de **définir les différents paramètres** qui vont la caractériser :

(1) Combien de séances ?

(2) Avec quels moyens matériels et instrumentaux ?

(3) Quel déroulé pour chaque séance ?

(4) Selon quelles modalités spatiales et quelles modalités sociales ?

(5) Quelles consignes donner et à quels moments ?

(6) Quelles questions poser au moment de la verbalisation ?

7. Quelles œuvres montrer aux élèves pour les rapprocher de leur expérience ?
8. Quelles compétences sont évaluées et selon quelles modalités ?

▶ Une fois ce paramétrage défini, il sera utile de compléter ce descriptif en traduisant la situation par :

1. Le problème principal dont elle est porteuse et que les élèves seront amenés à rencontrer.
2. Les résolutions différentes que les élèves pourraient proposer.

Pour réussir le concours

Concevoir une séquence ou séance en arts plastiques réclame de bien connaître ses élèves et les moyens dont on dispose pour les faire pratiquer. Au concours, bien entendu, vous ne connaissez pas les élèves mais seulement leur niveau de cycle ou de classe. Vous ne savez pas non plus de quels moyens vous disposeriez. Mais vous pouvez vous appuyer sur les observations menées en stage pour concevoir des projets d'enseignement adaptés.

▶ Lors d'une séance, il arrive qu'il soit parfois nécessaire de mettre en place une phase de découverte des matériaux, des médiums, des outils, permettant à l'élève de découvrir leurs potentialités. Vient ensuite une seconde phase dite de réinvestissement permettant à l'élève de mettre à profit les découvertes mutualisées au service d'un projet artistique. La recherche et la réflexion irriguent les deux phases mais la première permet d'enrichir la seconde.

3. Le scénario pédagogique

Le scénario est le déroulement ou le déroulé d'une séquence d'apprentissage, la façon dont les tâches sont planifiées dans le temps. Il est pensé de manière à atteindre un objectif. Il est clairement présenté aux élèves dès le départ pour qu'ils puissent se situer dans l'apprentissage visé et les étapes qui permettent de l'atteindre.

Pour réussir le concours

Vous devrez être attentif au déroulé de la séance (ou séquence). Si vous la concevez, vous devrez la décrire étape par étape. La réussite de votre enseignement repose beaucoup sur cette succession qui doit être bien pensée : les temps de présentation, de questionnement et d'échange, les temps de bilan et de verbalisation, les temps de pratique, les temps de rangement, les temps d'accrochage, etc. Si la séquence se déploie en plusieurs séances, il faudra bien penser le déroulé, l'unité et la cohérence de chaque séance. Il y a un déroulé pour chaque séance et pour chaque séquence.

À RETENIR

Dans le respect du cadrage imposé par les programmes, le professeur propose à ses élèves une situation d'apprentissage qui se déroule sous la forme d'une séquence. Il en détermine librement le contenu et la modalité pourvu qu'ils respectent quelques principes didactiques simples tels que :

– des élèves qui pratiquent la majeure partie du temps mais qui s'expriment aussi oralement ;
– des élèves qui font des choix autonomes et individuels à partir d'un questionnement commun,
– des élèves qui partagent leurs expériences ;
– des élèves qui expriment leur singularité et qui sont responsables de leur projet artistique.

Une séquence se décrit à travers son déroulé et le paramétrage de toutes les conditions de travail qu'elles soient matérielles, temporelles, spatiales, sociales ou cognitives.

4.

L'HISTOIRE DES ARTS

1 Un enseignement récent

▶ THÈME 1 : LES TEXTES OFFICIELS EXPLIQUÉS

L'enseignement de l'histoire des arts est apparu récemment, en 2008.

A Avant 2008

1. Une approche pluridisciplinaire

▶ **L'histoire des arts concerne l'approche sensible des œuvres d'art**, la fréquentation des productions artistiques et culturelles des hommes réalisées dans des temps et dans des espaces géographiques extrêmement variés. C'est également l'association ou la mutualisation, pour aborder ces créations, des méthodes, des savoirs et des compétences de différentes disciplines présentes à l'école : les arts plastiques et l'éducation musicale, mais aussi le français, l'histoire, la géographie, l'enseignement moral et civique, l'éducation physique et sportive, les mathématiques ou les autres sciences.

▶ **À ce titre, avant 2008**, les professeurs pouvaient construire pour leur classe une activité, une séance ou un **projet de plus grande envergure** en travaillant de manière transversale plusieurs disciplines autour d'une sélection d'œuvres artistiques, sans en référer à un enseignement institutionnalisé qui n'existait pas.

2. Les choix variés des enseignants

▶ Certains enseignants avaient pour habitude, en particulier en CM1 et en CM2, de **privilégier des rapprochements et des croisements** entre des textes littéraires, des œuvres d'art étudiées en classe, dans les musées ou à travers la ville, et les cours d'histoire de la période au programme. Cela donnait du sens aux différents enseignements, en articulant les périodes abordées, des auteurs et des notions, ainsi que différents types de production des élèves.

▶ **D'autres professeurs mobilisaient d'autres disciplines**, selon la même logique, convoquant, en fonction de l'âge des élèves, des programmes et de la familiarité de chacun avec tel ou tel domaine artistique, ici les mathématiques, là la sculpture, l'architecture, l'art des jardins, le théâtre ou la danse. Leurs méthodes, leurs objectifs (en particulier la construction d'une culture commune), l'importance accordée à une éducation à la sensibilité par les œuvres artistiques suggèrent qu'ils faisaient de l'histoire des arts avant l'heure et qu'ils ont poursuivi cette démarche en adoptant les nouveaux programmes.

B Le contexte de son apparition en 2008

▶ **La création au mois d'août 2008 d'un enseignement de l'histoire des arts**, institué sous la forme d'un encart publié au *Bulletin officiel*, est une forme de réponse aux historiens de l'art qui le réclamaient depuis le début du XXe siècle. Le contexte de la campagne électorale de 2007 pour les élections présidentielles place l'enseignement culturel et artistique au cœur d'une politique de démocratisation de la culture, initiée déjà depuis les années 1960. Les difficultés sont nombreuses, mais un nouvel enseignement finit par voir le jour en 2008, héritier d'une option « histoire des arts » existant au lycée et prenant place au sein de plusieurs dispositifs récents, tels que le socle commun et l'éducation artistique et culturelle.

▶ **Le résultat ne satisfait guère les revendications anciennes :** il n'est pas question d'une discipline scolaire, mais d'un enseignement interdisciplinaire, dépourvu de moyens, c'est-à-dire d'horaires dédiés. On dispose d'une seule indication générale : 20 heures annuelles sont consacrées à cet enseignement au cycle 3, comprises dans les horaires impartis aux disciplines.

▶ **Le nom de cet enseignement est lui-même source de confusions durables avec l'histoire de l'art**, parfois avec les arts plastiques. Certains enseignants y voient toutefois une opportunité de travailler selon des modalités nouvelles.

C Aujourd'hui : abandons et survivances

▶ **Aujourd'hui, l'enseignement de l'histoire des arts est régi par le programme publié en novembre 2015.**

▶ **Le principal changement** d'ordre général introduit par ce nouveau programme est la **disparition de l'histoire des arts aux cycles 1 et 2**. Quand bien même les manuels ou les pratiques observées proposent parfois des activités pour les autres cycles, tant pour les plus petites classes de l'école élémentaire que pour la maternelle, seul le cycle 3 est désormais concerné par l'histoire des arts.

> **Pour réussir le concours**
>
> Les séances à analyser ou construire porteront donc nécessairement sur le cycle 3.

▶ **L'acquisition d'une culture artistique diversifiée et structurée** est renforcée au cycle 3 par l'introduction d'un enseignement d'histoire des arts, transversal aux différents enseignements.

▶ **Dans les programmes de 2015, il n'est plus fait mention de volume horaire prévu pour cet enseignement** ; l'histoire des arts est associée aux arts plastiques et à l'éducation musicale dans les volumes horaires officiels.

▶ « Durant les deux premières années du cycle 3, le professeur des écoles exerce sa polyvalence pour trouver les cadres et les moments les plus propres à la construction de cet enseignement et de ses objectifs. »

À RETENIR

- **L'histoire des arts est un enseignement récent.** Au moment de son introduction dans les programmes en 2008, il est pensé pour tous les élèves, comme un enseignement obligatoire depuis la maternelle jusqu'au lycée.
- Depuis les programmes de 2015 entrés en vigueur en 2016, **l'enseignement de l'histoire des arts est limité aux cycles 3** (classes de CM1, CM2 et 6e) **et 4** (5e, 4e et 3e).

2 Un enseignement de culture artistique

▶ THÈME 1 : LES TEXTES OFFICIELS EXPLIQUÉS

L'histoire des arts (au pluriel) n'est pas une discipline enseignée à l'université, ni par ailleurs à l'école, au collège et au lycée. Elle n'est ni l'objet d'un concours spécifique de recrutement des enseignants (comme le CAPES) ni dotée d'un volume horaire précisément défini (comme le sont toutes les autres matières enseignées). L'histoire des arts est un enseignement.

A Nature et esprit du texte

▶ **Cet enseignement existe depuis 2008 seulement en France** et n'a pas d'équivalent chez nos voisins. Deux cadrages officiels le définissent :

▷ **Le premier, qui date de 2008,** est le point d'origine, la création d'un enseignement de l'histoire des arts (*Organisation de l'enseignement de l'histoire des arts,* BOEN n° 32 du 28 août 2008).

▷ **Le second date de 2015 :** c'est le programme (*Programme d'enseignement*, BOEN spécial n° 11 du 26 novembre 2015). C'est ce dernier qui importe pour les candidats, car c'est celui qui régit l'enseignement de l'histoire des arts à l'école aujourd'hui. Il fait partie du volumineux programme de 2015, appliqué à partir de la rentrée 2016. Si ce second texte seul est la référence institutionnelle, la connaissance des deux documents est importante pour saisir ce qu'est cet enseignement récent, atypique et contesté.

▶ **Des changements apparaissent entre les deux textes,** mais la primauté du rapport aux œuvres artistiques et la construction d'un bagage culturel commun constituent un fort élément de continuité.

▶ **L'histoire des arts ne consiste pas en un éclairage d'une période historique par les arts considérés comme caractéristiques de cette époque.** Une telle démarche n'aurait rien de nouveau et ne justifierait pas de travailler en articulant ensemble plusieurs matières le plus souvent distinguées. L'histoire des arts prend les œuvres artistiques comme point de départ et privilégie une « éducation de la sensibilité ».

REMARQUE

L'histoire des arts :
– **est** un enseignement créé pour le milieu scolaire impliquant potentiellement toutes les disciplines ;
– **n'est pas** une discipline universitaire appliquée à tous les arts.

B Les piliers de cet enseignement

Dans le texte de 2008, l'enseignement d'histoire des arts était **structuré par des repères, appelés « piliers »** : les périodes historiques traditionnelles, les domaines artistiques et la liste des œuvres (dite de référence).

1. Les repères chronologiques

FICHE 9, P. 197

Le texte d'origine établissait un lien fort entre l'enseignement de l'histoire des arts et l'histoire. Il n'est plus fait référence en 2015 à ce pilier des périodes historiques, mais aux œuvres comme constituant des repères historiques. La relation est donc désormais moins systématiquement établie entre un projet construit en histoire des arts et son ancrage historique dans une période donnée, voire dans une période du programme d'histoire au programme du CM1 ou du CM2. Le cadre est beaucoup moins contraignant, tout en conservant sa pertinence. Les élèves acquièrent une culture artistique en fonction de repères tels que les périodes historiques, les siècles, des épisodes fondateurs, selon différentes échelles (locale, nationale et mondiale), éventuellement des courants artistiques ou encore des personnages-clés.

2. Les domaines artistiques

▶ En 2008, le second pilier de cet enseignement tout neuf correspondait à une classification des œuvres en **six grands domaines artistiques** : arts de l'espace, arts du langage, arts du quotidien, arts du son, arts du spectacle vivant, arts du visuel. Cette classification donnée par le *Bulletin officiel* contribuait, elle aussi, à distinguer l'histoire des arts de l'histoire de l'art. L'histoire de l'art en effet concerne déjà des domaines artistiques aujourd'hui assez étendus : outre la triade classique des beaux-arts (peinture, sculpture, architecture), elle englobe aussi la photographie, le cinéma, les jardins et le paysage. **À partir de 2015, la classification en domaines artistiques disparaît entièrement pour le cycle 3,** mais l'esprit de grande ouverture demeure.

FICHE 10, P. 202

▶ **L'histoire des arts étend très largement le champ des possibles** du côté de la littérature dans son ensemble, du théâtre, de la danse et du cirque. L'œuvre d'art est donc à entendre dans un sens très large : un poème ou un extrait de roman, une pièce musicale, un bâtiment architectural, une peinture, un dessin, un extrait cinématographique, des planches d'une bande dessinée, une sculpture, mais aussi un clip vidéo, une peinture murale de rue contemporaine, un élément de mobilier scolaire…

▶ « L'histoire des arts intègre autant que possible l'ensemble des expressions artistiques du passé et du présent, savantes et populaires, occidentales et extra-occidentales. Son enseignement s'appuie sur le patrimoine, tant local que national et international, en exploitant notamment les ressources numériques. Constitutif du parcours d'éducation artistique et culturelle de l'élève, il associe la fréquentation des œuvres et l'appropriation de connaissances sans s'arrêter aux frontières traditionnelles des beaux-arts, de la musique, du théâtre, de la danse, de la littérature et du cinéma. » (Programme de cycle 3)

3. Le choix des œuvres

La liste, qui correspondait à un ensemble d'œuvres considérées en 2008 comme « de référence », a disparu en 2015. Aussi **le choix d'un corpus est-il entièrement libre pour chaque projet**. Il revient à chaque enseignant de le constituer avant de penser à une séquence, selon les objectifs et les éléments principaux de sa mise en œuvre.

Pour réussir le concours

Au concours, vous aurez des œuvres à connaître, au nombre de neuf pour la partie histoire des arts. Elles sont présentées et analysées dans la partie correspondante de cet ouvrage (p. 254).

À RETENIR

L'histoire des arts n'est :
– ni une discipline scolaire ;
– ni la discipline universitaire de l'histoire de l'art ;
– ni la discipline universitaire et scolaire de l'histoire.
Elle est un enseignement défini comme pluridisciplinaire, transversal et partagé entre plusieurs domaines académiques que l'on a l'habitude de distinguer à l'école élémentaire.

3 Les objectifs de cet enseignement

▶ THÈME 1 : LES TEXTES OFFICIELS EXPLIQUÉS

L'éducation de la sensibilité des élèves est l'objectif principal de l'enseignement de l'histoire des arts. Cet objectif fondamental se décline en plusieurs champs que les enseignants entreprennent d'atteindre avec leurs élèves.

A Le texte du programme

Selon les programmes de 2015 :

« Les objectifs généraux de cet enseignement pour la formation des élèves peuvent être regroupés en trois grands champs :
– des objectifs d'ordre esthétique, relevant d'une éducation de la sensibilité et qui passent par la fréquentation des œuvres dans des lieux artistiques et patrimoniaux ;
– des objectifs d'ordre méthodologique, qui relèvent de la compréhension de l'œuvre d'art, de sa technique et de son langage formel et symbolique ;
– des objectifs de connaissance destinés à donner à l'élève les repères qui construiront son autonomie d'amateur éclairé. […]

FICHE 4, P. 186

À la fin du cycle 3, les élèves ont acquis les éléments de lexique et de compréhension qui les rendent capables, devant une œuvre plastique ou musicale, face à un monument, un espace ou un objet artistiques, d'en proposer une description qui distingue les éléments :
– relevant d'une présence matérielle (matériaux, dimensions, fabrication) ;
– caractéristiques d'un langage formel ;
– indicateurs d'usages ou de sens. »

B Les objectifs d'ordre esthétique

Il s'agit avant tout de chercher à **éduquer la sensibilité des élèves aux œuvres d'art**, en favorisant autant que faire se peut le contact direct avec les œuvres, la rencontre des œuvres. Le texte initial, celui de 2008, évoquait ces mêmes objectifs en mettant en avant le développement d'une curiosité, la pratique sensible des élèves et la notion de créativité. L'enseignement de l'histoire des arts cherche à :
– développer le goût des élèves ;
– habituer les élèves à regarder, à fréquenter, à écouter des œuvres artistiques assez tôt pour que cette pratique devienne suffisamment familière et ne soit pas réservée à quelques-uns.

C Les objectifs d'ordre méthodologique

▶ Dans un deuxième temps, il convient d'**aider les élèves à acquérir un vocabulaire spécifique pour aborder les œuvres d'art** dans leur aspect matériel, pour les décrire et pour exprimer ce qu'elles leur inspirent.

▶ Si l'on reprend le texte de 2008, plus en détail, il s'agit de favoriser :
– le travail sur les différents sens (« développer [...] l'aptitude à voir et regarder, à entendre et écouter, observer, décrire et comprendre ») ;

– la capacité de les relier entre eux et de comprendre ces relations ;
– la capacité aussi d'analyser une œuvre d'art.
Les élèves apprennent ainsi :
– des éléments de vocabulaire précis et adapté à chaque domaine artistique (ou lexique) ;
– des méthodes : méthode de lecture, de mise en relation, de classement, puis de décryptage, de sélection, d'organisation.

D Les objectifs de connaissance

Dans un troisième temps seulement, il faut chercher à **transmettre des connaissances**. S'il y a bien des éléments, des repères à connaître en histoire des arts, ce n'est ni une priorité, ni une acquisition systématique de notions savantes qu'il faudrait apprendre impérativement aux élèves. C'est là la différence avec l'histoire de l'art, universitaire, qui présuppose des savoirs savants très précis et donc une formation conséquente sur des domaines étendus. Loin de là, on est avec l'histoire des arts dans la **construction d'une culture commune à tous, dans la constitution d'une culture humaniste**. Le projet de cet enseignement est en effet ambitieux et séduisant : « Son objectif est de donner à chacun une conscience commune : celle d'appartenir à l'histoire des cultures et des civilisations, à l'histoire du monde. » (Programme 2008). Les objectifs présentés auparavant participent, à leur manière, de la formation de la connaissance entendue, non pas de manière savante, mais comme un bagage commun au plus grand nombre d'élèves.

Pour réussir le concours

Dans la séquence proposée, ou bien dans l'analyse que vous serez conduit à en faire, il faudra veiller à travailler ces trois principaux objectifs d'ordre général, à un âge où les enfants vont pouvoir emmagasiner ces œuvres sélectionnées et présentées par leurs enseignants à la manière d'une collection mentale d'images, d'objets, de morceaux musicaux qui constituera pour eux un bagage.

E La description d'œuvres

FICHE 4, P. 186

Outre les attendus de fin de cycle, le programme concentre l'attention à la fin du cycle 3 sur la description d'œuvres. Placée au cœur de l'enseignement de l'histoire des arts, la capacité à **décrire une œuvre artistique constitue un objectif essentiel** dans la mesure où il associe les éléments suivants, déjà mentionnés :
– la maîtrise d'un vocabulaire adéquat pour dire ce que l'on voit ou entend, ce que cela raconte, comment cela fonctionne ;
– des principes méthodologiques ;
– des repères de connaissances utiles pour établir des rapprochements, des liens, des distinctions.

FICHE 16, P. 215

À RETENIR

- L'enseignement de l'histoire des arts vise à :
– développer la sensibilité ;
– acquérir des méthodes pour réagir face à une œuvre artistique, à l'oral, à l'écrit, seul ou à plusieurs ;
– construire une culture artistique ;
– développer la créativité des enfants selon des principes de différenciation.
- Ces objectifs généraux participent à la formation d'une culture artistique partagée, entendue dans un sens large, et à la structuration de savoirs, de savoir-faire et de savoir-être des élèves.

4 Les quatre compétences

▶ THÈME 1 : LES TEXTES OFFICIELS EXPLIQUÉS

C'est en mettant en œuvre des situations appropriées et bien pensées, en faisant appel à des compétences spécifiques à acquérir par les élèves, que les objectifs d'un enseignement en histoire des arts sont atteints. À côté des compétences partagées avec telle ou telle discipline, les compétences propres à l'histoire des arts sont au nombre de quatre.

A Les compétences du programme

Les programmes (BO spécial n° 11 du 26 novembre 2015) énoncent d'abord **quatre grandes compétences travaillées**. Puis, chacune de ces compétences travaillées est associée à d'autres **compétences** et à des **connaissances**.

Compétence travaillée : Donner un avis argumenté sur ce que représente ou exprime une œuvre d'art.

Connaissances et compétences associées :
- Identifier des personnages mythologiques ou religieux, des objets, des types d'espaces, des éclairages.
- Résumer une action représentée en image, déroulée sur scène ou sur un écran, et en caractériser les personnages.
- Caractériser un morceau de musique en termes simples.
  - Connaissance de mythes antiques et récits fondateurs, notamment bibliques.
  - Caractéristiques et spécificités des discours (raconter, décrire, expliquer, argumenter, résumer, etc.).
  - Lexique des émotions et des sentiments.

Compétence travaillée : Dégager d'une œuvre d'art, par l'observation ou l'écoute, ses principales caractéristiques techniques et formelles.

Connaissances et compétences associées :
- Identifier des matériaux, y compris sonores, et la manière dont l'artiste leur a donné forme.
- Retrouver des formes géométriques et comprendre leur agencement dans une façade, un tableau, un pavement, un tapis.
- • Dégager d'une forme artistique des éléments de sens.
  - Caractéristiques des familles de matériaux.
  - Caractéristiques et spécificités des champs artistiques et éléments de lexique correspondants.

Compétence travaillée : Relier des caractéristiques d'une œuvre d'art à des usages, ainsi qu'au contexte historique et culturel de sa création.

Connaissances et compétences associées :
- Mettre en relation une ou plusieurs œuvres contemporaines entre elles et un fait historique, une époque, une aire géographique ou un texte, étudiés en histoire, en géographie ou en français.
- Mettre en relation un texte connu (récit, fable, poésie, texte religieux ou mythologique) et plusieurs de ses illustrations ou transpositions visuelles, musicales, scéniques, chorégraphiques ou filmiques, issues de diverses époques, en soulignant le propre du langage de chacune.
- Mettre en relation des œuvres et objets mobiliers et des usages et modes de vie.
  - Constitution d'un premier « musée imaginaire » classé par époques.
  - Fiche signalétique/cartel pour identifier une œuvre d'art.
  - Premiers éléments de lexique stylistique.

Compétence travaillée : Se repérer dans un musée, un lieu d'art, un site patrimonial.

Connaissances et compétences associées :
- Effectuer une recherche (dans le cadre d'un exercice collectif et sur la base de consignes précises) en vue de préparer une sortie culturelle.
- Se repérer dans un musée ou un lieu d'art par la lecture et la compréhension des plans et indications.
- Être sensibilisé à la vulnérabilité du patrimoine.
  - Premiers grands principes d'organisation muséale.
  - Métiers de la conservation, de la restauration et de la diffusion.
  - Identification et localisation d'une œuvre ou d'une salle.

B Comment comprendre ces compétences ?

À partir de ce tableau, il est important de comprendre à quelles activités correspondent ces compétences et selon quelle logique elles doivent être pensées et articulées par l'enseignant, autrement dit dans quel ordre il va les envisager pour construire un travail avec les élèves.

1. Apprendre à voir, regarder et écouter

▶ **Observer** les œuvres considérées comme artistiques.

▶ **Repérer** ce que l'on voit (des couleurs, des formes, des matières), ce que l'on entend à la lecture d'un texte, à l'écoute d'un morceau de musique.

▶ **Examiner** une œuvre pour comprendre comment elle est faite, de quels éléments elle est constituée (comment ils sont disposés les uns par rapport aux autres, devant, derrière, à côté…).

▶ **Identifier** des caractéristiques de l'œuvre et les formuler selon un ordre (pour une peinture par exemple, partir du centre, ou au contraire du bas, mais ne pas tout dire dans le désordre).

▶ **C'est apprendre à décrire.** Cette compétence s'exerce à l'oral et à l'écrit. L'élève apprend à parler des œuvres en employant un vocabulaire précis et juste ; il apprend aussi à exprimer ce que l'œuvre suscite chez celui qui la rencontre, à traduire des sentiments, des émotions ressenties.

2. Apprendre à caractériser

▶ **Énumérer**, formuler des hypothèses, établir des relations de cause à effet, pour comprendre comment une œuvre est organisée, comment elle fonctionne, ce qu'elle montre, ce qui s'y passe.

▶ **C'est apprendre à analyser.** Toute œuvre d'art est constituée d'un ensemble de signes que le spectateur déchiffre, signes qui varient en fonction du langage artistique mis en œuvre.
Ex. : Quels personnages peuvent être identifiés ? Quelle histoire est racontée dans une peinture, une sculpture, un dessin ? Quel est le type de bâtiment ? un édifice défensif ? d'agrément ?

3. Apprendre à mettre en relation

▶ Classer et trier, comparer et discerner.

▶ Associer les œuvres entre elles, rapprocher une œuvre d'autres que l'élève connaît.

▶ Mettre en relation une œuvre avec une période ou une aire géographique données.

▶ Mettre en relation des œuvres de nature différente, relevant de pratiques artistiques distinctes.
Ex. : un récit, une fable, un texte mythologique et des illustrations visuelles, musicales, scéniques, cinématographiques… mais aussi une architecture, un château, une façade d'immeuble, un pont, une sculpture, un chant, des objets du quotidien.

▶ **C'est apprendre à établir des liens entre les œuvres d'art** et, aussi, entre ces œuvres et le contexte dans lequel elles ont été créées (historique, géographique, social).

4. Acquérir une familiarité avec les lieux où l'on rencontre des œuvres d'art

C'est apprendre aux élèves à devenir visiteur d'un lieu où se trouvent ou bien sont présentées des œuvres (musée, site patrimonial, chantier archéologique, scène de théâtre, tout autre lieu d'art).

À RETENIR

Privilégier une approche par le biais des compétences spécifiques à l'histoire des arts, et donc par des activités et des situations d'enseignement qui lui sont propres, permet de bien se situer du côté des apprentissages et d'éviter la confusion avec l'histoire de l'art.

5 Un enseignement pluridisciplinaire et transversal

▶ THÈME 1 : LES TEXTES OFFICIELS EXPLIQUÉS

« L'enseignement pluridisciplinaire et transversal de l'histoire des arts structure la culture artistique de l'élève par l'acquisition de repères issus des œuvres et courants artistiques divers et majeurs du passé et du présent et par l'apport de méthodes pour les situer dans l'espace et dans le temps, les interpréter et les mettre en relation. » Programmes 2020.

A Un enseignement ouvert à toutes les matières

1. Un enseignement pluridisciplinaire et transversal

Pluridisciplinaire et transversal, ce sont les termes employés par les textes officiels pour qualifier l'enseignement de l'histoire des arts qui structure la culture artistique de l'élève. Autrement dit, c'est un enseignement ouvert à toutes les matières que l'enseignant du premier degré aborde dans le cadre de la polyvalence et fondé sur les liens tissés entre les disciplines. « Tout au long du cycle 3, l'histoire des arts contribue à créer du lien entre les autres enseignements et met en valeur leur dimension culturelle, indique le programme. »

Un peu de vocabulaire

- **Pluridisciplinarité :** terme qualifiant l'enseignement de l'histoire des arts dans la mesure où il associe différentes disciplines, aux traditions et méthodes propres. La pluridisciplinarité n'est pas en soi une démarche pédagogique, mais un état qui induit de telles démarches, que ce soit l'interdisciplinarité ou la transdisciplinarité.

- **Interdisciplinarité :** association de disciplines dans un projet commun en conservant les spécificités, les savoirs, les concepts, les méthodes de chacune d'entre elles, pour un résultat, une production, une expérience enrichie de ces échanges, de ce croisement des expertises et de cette collaboration.

- **Transdisciplinarité :** une étape supplémentaire, où l'on poursuit – toujours au bénéfice des élèves et des enseignants – des objectifs communs, l'acquisition de compétences transversales mais aussi de savoirs et de savoir-faire partagés, selon une démarche plus complexe mais qui dépasse les limites disciplinaires.

2. Un enseignement lié aux autres disciplines

Toujours connectée aux autres disciplines, l'histoire des arts est depuis 2008 abordée par les professeurs des écoles à travers les différentes matières qu'ils enseignent, en relation aussi, le cas échéant, comme à Paris, avec les professeurs de la ville en éducation musicale, en arts visuels et en éducation physique et sportive. Au collège, tous les professeurs, quelle que soit leur discipline, sont invités à participer à cet enseignement, autour d'un projet de classe commun, par exemple.

Pour réussir le concours

Veillez donc à bien intégrer la composante de la pluridisciplinarité et de la transversalité dans l'analyse ou la construction de la séquence.

3. Les conséquences sur la construction d'une séquence

La construction d'une séquence en CM1 ou en CM2 – ou d'un projet plus ambitieux, plus long envisagé sur une période plus vaste de l'année – en histoire des arts implique de réfléchir autour d'une thématique problématisée qui va intégrer plusieurs matières et des types d'œuvres que l'on a plutôt l'habitude traditionnellement d'aborder dans une matière donnée et pas dans les autres. Il s'agit pour l'enseignant d'imaginer comment au moins deux ou trois disciplines, voire davantage, vont être mobilisées dans ce travail monté avec les élèves.

B Les croisements entre les matières

▸ L'enseignant est invité à établir des liens avec d'autres enseignements.

▸ **Le programme du cycle 3** souligne à plusieurs occasions les croisements possibles entre différents enseignements :

▹ **le français :** « Les entrées du programme de culture littéraire et artistique permettent des croisements privilégiés avec les programmes d'histoire, d'histoire des arts et d'enseignement moral et civique. »

▹ **les mathématiques :** « [les] activités de reconnaissance et de construction de figures et d'objets géométriques peuvent s'appuyer sur des réalisations artistiques (peinture, sculpture, architecture, photographie, etc.). » Plus précisément, si l'on considère les pages consacrées à l'histoire des arts dans le programme, on observe que pour chacune des quatre compétences à laquelle sont associés des « exemples de situations, d'activités et de ressources pour les élèves », l'enseignant est invité à établir des liens avec d'autres enseignements :

① **Identifier** (donner un avis argumenté sur ce que représente ou exprime une œuvre d'art) : français, histoire, arts plastiques, éducation musicale, éducation physique et sportive.

② **Analyser** (dégager d'une œuvre d'art, par l'observation ou l'écoute, ses principales caractéristiques techniques et formelles) : arts plastiques, éducation musicale, mathématiques, sciences et technologie, français.

③ **Situer** (relier des caractéristiques d'une œuvre d'art à des usages ainsi qu'au contexte historique et culturel de sa création) : français, histoire, géographie, arts plastiques, éducation musicale, enseignement moral et civique.

④ **Se repérer** (dans un musée, un lieu d'art, un site patrimonial) : histoire, géographie, sciences et technologie, arts plastiques, éducation musicale.

EN PRATIQUE

On peut prendre l'exemple d'une peinture sur vase, dite classique, de l'Antiquité grecque, représentant un sacrifice à Apollon. Les expériences menées en classe vont pouvoir être envisagées tout aussi bien :

▶ **en histoire :** étude de la mythologie et donc des dieux et de la religion des Grecs dans l'Antiquité ; mais aussi étude du contexte historique de la création de l'œuvre et du public auquel elle était destinée ;

▶ **en arts plastiques :** à propos des matériaux employés et de la fabrication des objets, de leurs qualités physiques et des usages qu'ils permettent ;

▶ **en français :** étude des dieux à partir des textes de la mythologie, et plus particulièrement l'histoire d'Apollon, mais aussi des textes de d'autres périodes abordant ce thème (extrait de roman de littérature de jeunesse, planche d'album de bande dessinée) ou encore un extrait de film mettant en scène Apollon. À partir de ces supports, on peut travailler la langue, le vocabulaire, la lecture, l'expression orale et écrite.

Sacrifice à Apollon, vers 430-420 av. J.-C., céramique à figures rouges, musée du Louvre, Paris.

À RETENIR

- Enseigner l'histoire des arts implique ainsi d'imaginer puis de **mettre en œuvre des situations et des stratégies pédagogiques particulières**, selon une démarche qui consiste, entre autres choses, à dépasser un cloisonnement traditionnel des matières que l'on enseigne à l'école et à associer au contraire ces disciplines dans un projet commun et dans une sorte de dialogue. Il s'agit donc d'une association bien réelle et non pas d'une juxtaposition artificielle.
- C'est un **enseignement ouvert**, fondé sur un **principe essentiel, l'interdisciplinarité**.

6 La place de l'histoire des arts dans le PEAC

▶ THÈME 1 : LES TEXTES OFFICIELS EXPLIQUÉS

Par les approches et les expériences qu'elle met en œuvre, l'histoire des arts est un maillon spécifique dans le PEAC (parcours d'éducation artistique et culturelle de l'élève à l'école).

A Qu'est-ce que le PEAC ?

▶ **Le PEAC est un dispositif d'ouverture**, d'initiation et de familiarisation à l'art et à la culture, supposé accompagner un élève tout au long de sa scolarité.

▶ **Il est associé à la priorité nationale de l'éducation artistique et culturelle**, qui a été définie dans ses objectifs, ses programmes et ses dispositifs par plusieurs textes officiels, rappelés par la circulaire n° 2017-003 du 10 mai 2017 relative au développement d'une politique ambitieuse en matière d'éducation artistique et culturelle, dans tous les temps de la vie des enfants et des adolescents (BO du 6 juillet 2017).

Pour réussir le concours

Lors de l'analyse critique ou bien de la construction d'une séance ou d'une séquence, à partir des documents proposés le jour de l'épreuve, il sera intéressant que vous replaciez un travail mené en histoire des arts dans la perspective plus large du PEAC, en principe mis en œuvre dans l'établissement pour tous les élèves.

B Les points-clés

1. Les élèves, des amateurs éclairés

L'enseignement de l'histoire des arts a pour but de **permettre aux élèves de devenir** des amateurs éclairés, capables de découvrir, de classer et de décrire des œuvres artistiques. C'est cette familiarisation avec le monde de l'art et de la culture que l'on poursuit à la fois en construisant un projet en histoire des arts et en contribuant au PEAC de chaque élève.

2. L'histoire des arts associée dans les programmes au PEAC

Le programme de 2015 indique clairement que : « l'enseignement de l'histoire des arts est constitutif du parcours d'éducation artistique et culturelle de l'élève, il associe la fréquentation des œuvres et l'appropriation de connaissances sans s'arrêter aux frontières traditionnelles des beaux-arts, de la musique, du théâtre, de la danse, de la littérature et du cinéma ».

2-1. La place de la séance d'histoire des arts dans le PEAC

▶ Les séances d'histoire des arts prévues par l'enseignant peuvent prendre place dans un **projet plus global mené par l'école** pour familiariser les élèves avec les œuvres artistiques, dans un cahier spécifique. En fonction de ce qui a été élaboré dans les classes antérieures, le professeur privilégie un thème, un lieu, un partenariat qui entre dans le cadre du PEAC.

▶ **Si l'école n'a pas développé de projet particulier**, libre à l'enseignant d'inscrire ses séances en histoire des arts, selon ses choix personnels, dans les objectifs définis par les textes de cadrage du PEAC. En ce cas, le professeur des écoles contribue à sa manière, seul, à l'éducation artistique et culturelle de ses élèves, sans que cela soit inscrit « officiellement » dans ce parcours qui devrait exister idéalement dans chaque établissement et suivre chaque élève tout au long de sa scolarité.

2-2. Histoire des arts, PEAC et éducation au patrimoine

▶ L'enseignement de l'histoire des arts et le PEAC des élèves sont étroitement associés à la **découverte du patrimoine**. Enseigner l'histoire des arts, c'est envisager et questionner, à partir des manifestations artistiques et de la notion de patrimoine, son environnement à différentes échelles (proche, nationale, plus large).

▶ **L'éducation au patrimoine passe en partie par la pratique**, quelle que soit la situation de l'école. Elle est abordée par plusieurs sites de l'Éducation nationale qui proposent des ressources numériques, des actions éducatives (concours, résidences d'artiste, festivals), un calendrier des événements remarquables (tels que les Journées européennes du patrimoine ou les Journées nationales de l'architecture) :

▷ **Sur le site Eduscol,** une ressource numérique « Arts et patrimoine » propose une définition du terme *patrimoine*, des objectifs éducatifs liés à la sensibilisation et une entrée intitulée « Éduquer au patrimoine de proximité à l'école élémentaire ». Elle s'appuie sur un document téléchargeable en ligne, le vade-mecum *Connaître le patrimoine de proximité*, constitué de fiches méthodiques et modules pédagogiques pour découvrir des lieux et bâtiments proches de l'école et, à travers eux, amener les élèves à faire l'expérience de l'art et de la beauté ;

▷ **Deux autres sites ressources :** celui de la Cité de l'architecture et du patrimoine et celui du Centre des monuments nationaux.

▶ « On pourrait définir le **patrimoine** comme l'ensemble des biens, matériels ou immatériels, ayant une importance artistique, technique et/ou historique que l'on veut transmettre. Civil, religieux, hospitalier, scolaire, militaire, urbain, rural, industriel, naturel, etc., le patrimoine est préservé, restauré et montré au public, parfois de façon exceptionnelle, comme lors des Journées européennes du patrimoine en septembre. »

EN PRATIQUE

Faire de l'histoire des arts, c'est par, exemple, consacrer une séance à découvrir le quartier de l'école, le type de bâti, les immeubles, l'aménagement des espaces, les jardins, les murs.

▶ À Paris, par exemple, dans le XIIIe arrondissement, l'observation des fresques réalisées sur les murs de nombreux immeubles introduira au *street art* ou art urbain, encouragé par une politique de la ville.

À RETENIR

• L'enseignement en histoire des arts s'inscrit pleinement dans le **projet d'un parcours d'éducation artistique et culturelle** dont bénéficierait chaque élève dans son établissement. Soit elle y participe si ce PEAC existe effectivement, soit elle contribue au principe qui le sous-tend même s'il n'est pas mis en œuvre dans l'école.

• En effet, l'**histoire des arts intègre autant que possible l'ensemble des expressions artistiques du passé et du présent**, savantes et populaires, occidentales et extra-occidentales. Son enseignement s'appuie sur le patrimoine, tant local que national et international, en exploitant notamment les ressources numériques (BO spécial n° 11 du 26 novembre 2015).

7 L'histoire des arts et les autres domaines disciplinaires

▶ THÈME 1 : LES TEXTES OFFICIELS EXPLIQUÉS

L'histoire des arts participe aux apprentissages fondamentaux. On peut l'observer à travers les compétences qu'elle fait travailler, à travers les situations d'enseignement qu'elle invente et les activités qu'elle organise.

A Les programmes officiels d'histoire des arts

« Tout au long du cycle 3, l'histoire des arts contribue à créer du lien entre les autres enseignements et met en valeur leur dimension culturelle.
[…] Dans le domaine des arts, de l'EPS et de la littérature, en lien avec le parcours d'éducation artistique et culturelle, les élèves sont amenés à découvrir et fréquenter un nombre significatif d'œuvres [...]. Le cycle 3 [...] garantit l'acquisition d'une culture commune, physique, sportive et artistique, contribuant, avec les autres disciplines, à la formation du citoyen. » (BO spécial n° 11 du 26 novembre 2015)

En outre, pour chacune des quatre compétences spécifiques à l'histoire des arts, le programme donne des exemples de situations en établissant des liens avec d'autres enseignements.

Compétences propres à l'histoire des arts	Exemples de situations, d'activités et de ressources pour les élèves	Liens avec d'autres enseignements
Identifier	• Expression à l'oral et à l'écrit, éventuellement dans le cadre d'un travail d'imagination, à partir d'une action représentée par un tableau, une pièce de théâtre, une séquence cinématographique, un extrait musical instrumental, une chorégraphie. • entraînement à raconter des histoires […]. • Recréer une action ou une situation sous forme chorégraphiée. • Prise de parole, débat, jeux de rôles.	Français Histoire Arts plastiques Éducation musicale EPS
Analyser	Construction d'une description par l'expression écrite, le relevé, le dessin ou le schéma, etc. : – observation et description d'une œuvre en deux dimensions, d'un volume, d'un objet d'art, de design ou d'artisanat, d'un instrument de musique ; – écoute d'un extrait musical avec relevé des événements musicaux (changements de timbres, de mouvements ou de thèmes) ; – observation d'une séquence filmique : plans, personnages, action.	Arts plastiques Éducation musicale Mathématiques Sciences et technologie Français
Relier	• Visite de maisons de collectionneurs ou d'artistes, de bâtiments palatiaux ou officiels, en y observant les détails de l'architecture et la place de l'art. • Travail collaboratif en vue d'une présentation commune […]. • Manipulation et modélisation de formes (picturales, architecturales, musicales et matériaux) […]	Français Histoire Géographie Arts plastiques Éducation musicale EMC
Se repérer	• Visite de musées ou de lieux patrimoniaux sous forme de jeux de piste. • Visite d'ateliers de restauration. • Visite d'un chantier d'archéologie préventive. • Observation et relevé photographique de traces du passé dans un environnement immédiat de l'établissement.	Histoire Géographie Sciences et technologie Arts plastiques Éducation musicale

B L'articulation avec les apprentissages fondamentaux

On peut relever plusieurs points de rencontre et d'articulation entre l'histoire des arts, les apprentissages fondamentaux et les autres domaines disciplinaires (voir BO spécial n° 6 du 25 juin 2015).

1. Autour de la langue française

L'histoire des arts permet :
– d'acquérir du vocabulaire, un lexique, pour décrire ;
– de travailler la lecture autonome d'un texte retenu comme artistique ;
– de travailler l'expression orale, en apprenant à s'adresser à un auditoire ;
– de travailler l'expression écrite, la rédaction pour savoir raconter une histoire, dire ce que l'on voit, entend, ressent, expliquer, résumer, inventer ;
– d'apprendre à argumenter, en participant à des échanges autour des œuvres présentées ;
– de s'initier à la lecture des styles.

2. Autour des mathématiques

L'histoire des arts permet :
– de retrouver des formes géométriques et de comprendre la façon dont elles sont disposées et ordonnées dans un tableau ou un dessin, une architecture, un pavement, un décor ;
– d'étudier les proportions et les mesures ;
– d'aborder une œuvre en deux ou en trois dimensions.

3. Autour des autres domaines disciplinaires

Les compétences travaillées en histoire des arts rejoignent celles :
▷ **des deux disciplines de l'éducation artistique et culturelle** – les **arts plastiques** et l'**éducation musicale** –, par l'approche des œuvres (matérialité, fabrication, production et réception) ;
▷ **de l'histoire** pour situer une œuvre dans son contexte historique de création et de réception ;
▷ **de l'enseignement moral et civique** et la construction sociale et citoyenne de l'élève par :
– l'éducation de la sensibilité, le retour réflexif sur les expressions premières des émotions et des sentiments, l'élucidation de leurs motifs ou leurs mobiles ;
– la culture du jugement et la construction d'une réflexion critique ;
– la question de la laïcité et du fait religieux, la sensibilisation par les arts à la diversité des cultures et des religions ;
– l'éducation à la mémoire des guerres, des crimes contre l'humanité.
▷ **de la géographie** pour travailler à partir des repères dans l'espace, de l'architecture, de l'urbanisme, de l'environnement.
▷ **de l'éducation physique et sportive** pour utiliser le pouvoir expressif du corps de différentes façons ;
▷ **des langues vivantes** dans leur dimension culturelle ou du point de vue du lexique.
▷ **des sciences** et la **technologie**.

À RETENIR

Mettre en place un enseignement en histoire des arts implique, par sa nature pluridisciplinaire et transversale, de faire travailler aux élèves des contenus et des méthodes qui relèvent des apprentissages fondamentaux (apprentissage de la langue, des mesures, des dimensions) et aussi de certains autres domaines disciplinaires.

8 La place de l'histoire des arts dans le socle commun

▶ THÈME 1 : LES TEXTES OFFICIELS EXPLIQUÉS

Le socle commun de connaissances, de compétences et de culture définit l'ensemble des connaissances et des compétences qui doivent être acquises par les élèves au terme de leur scolarité obligatoire, progressivement de l'école élémentaire au collège.

A Des compétences en lien avec le socle

Les quatre compétences propres à l'histoire des arts sont mises en relation, dans le programme, avec les domaines 1, 2, 3 et 5 du socle.

Compétences travaillées	Domaines du socle
Donner un avis argumenté sur ce que représente ou exprime une œuvre d'art.	1, 3, 5
Dégager d'une œuvre d'art, par l'observation ou l'écoute, ses principales caractéristiques techniques et formelles.	1, 2, 3, 5
Relier des caractéristiques d'une œuvre d'art à des usages ainsi qu'au contexte historique et culturel de sa création.	1, 5
Se repérer dans un musée, un lieu d'art, un site patrimonial.	2, 5

Pour réussir le concours

Dans une séquence en histoire des arts, veillez à ce que les situations d'apprentissage élaborées mettent en œuvre à tour de rôle ou, parfois conjointement, les compétences des domaines 1, 2, 3 et 5 du socle.

B Les grands domaines

Le BO spécial n° 11 du 26 novembre 2015 détaille dans le volet 2 les « contributions essentielles des différents enseignements au socle commun ». Voici les passages concernant l'histoire des arts.

Domaine 1 : Les langages pour penser et communiquer

« Le français a pour objectif principal au cycle 3 la maîtrise de la langue française qu'il développe dans trois champs d'activités langagières : le langage oral, la lecture et l'écriture. […]
L'histoire des arts ainsi que les arts de façon générale amènent les élèves à acquérir un lexique et des formulations spécifiques pour décrire, comprendre et interroger les œuvres et langages artistiques. »

▶ L'enseignement de l'histoire des arts participe :
– de l'acquisition d'une expression orale précise et juste ;
– de la maîtrise de la langue écrite (dans la description d'une œuvre ou dans le travail d'imagination d'une histoire par exemple) ;
– de la capacité à lire un document textuel.

▶ Que ce soit de manière individuelle ou en groupe, l'élève, sensibilisé à la rencontre des œuvres artistiques, apprend à parler de ces œuvres et à communiquer à travers plusieurs formes de langage artistique, dont il acquiert les codes. L'élève apprend en effet à créer des réalisations verbales, narratives, plastiques, sonores, ou encore gestuelles et corporelles.

▶ L'histoire des arts invite à repérer et caractériser les formes et les objets présents dans les œuvres, ainsi les formes géométriques, les grandeurs, les proportions.

Domaine 2 : Les méthodes et outils pour apprendre

« Tous les enseignements doivent apprendre aux élèves à organiser leur travail pour améliorer l'efficacité des apprentissages. Ils doivent également contribuer à faire acquérir la capacité de coopérer en développant le travail en groupe et le travail collaboratif à l'aide des outils numériques, ainsi que la capacité de réaliser des projets. Des projets interdisciplinaires sont réalisés chaque année du cycle, dont un en lien avec le parcours d'éducation artistique et culturelle. »

L'enseignement de l'histoire des arts permet :
– d'apprendre à travailler à plusieurs, en binôme ou en groupe ;
– d'apprendre à se répartir des tâches ;
– d'apprendre à confronter des idées et des points de vue différents sur les œuvres, sur la manière d'en parler et de les présenter ;
– d'acquérir une culture artistique commune, partagée avec les autres élèves, dans le cadre du PEAC.

Domaine 3 : La formation de la personne et du citoyen

« Tous les arts concourent au développement de la sensibilité à la fois par la pratique artistique, par la fréquentation des œuvres et par l'expression de ses émotions et de ses goûts. L'histoire des arts, qui associe la rencontre des œuvres et l'analyse de leur langage, contribue à former un lien particulier entre dimension sensible et dimension rationnelle. »

Les situations et les activités choisies pour enseigner l'histoire des arts contribuent à :
– développer la sensibilité des élèves, à former leur goût ;
– exprimer ses impressions, ses sentiments et émotions face à une œuvre, au moyen d'un vocabulaire précis et à expliquer ce qui les produit ;
– réfléchir au sens de l'engagement de l'artiste à travers ses œuvres, à une époque et dans un contexte donnés, et à la responsabilité de l'artiste dans une société ;
– ouvrir le regard des élèves sur les autres et leurs réalisations.

Domaine 5 : Les représentations du monde et l'activité humaine

« C'est à l'histoire et à la géographie qu'il incombe prioritairement d'apprendre aux élèves à se repérer dans le temps et dans l'espace. […] L'enseignement des arts apprend aux élèves à identifier des caractéristiques qui inscrivent l'œuvre dans une aire géographique ou culturelle et dans un temps historique, contemporain, proche ou lointain. Il permet de distinguer l'intentionnel et l'involontaire, ce qui est contrôlé et ce qui est le fruit du hasard, de comprendre le rôle qu'ils jouent dans les démarches créatrices et d'établir des relations entre des caractéristiques formelles et des contextes historiques. Par l'enseignement de l'histoire des arts, il accompagne l'éducation au fait historique d'une perception sensible des cultures, de leur histoire et de leurs circulations. »

L'histoire des arts permet :
– de découvrir et d'étudier des œuvres associées à une période historique et un espace dans le monde particuliers ;
– d'associer des œuvres artistiques à des sociétés et des cultures spécifiques ;
– d'envisager les formes de circulation dans le monde des artistes, des œuvres, des motifs et des traditions artistiques et culturelles.

À RETENIR

Interdisciplinaire et transversal, l'enseignement de l'histoire des arts développe des compétences spécifiques – au nombre de quatre – en relation avec quatre domaines du socle commun de connaissances, de compétences et de culture, fondement de la formation de tous les élèves depuis 2016.

9 Les repères historiques

▶ THÈME 2 : QU'ENSEIGNE-T-ON EN HISTOIRE DES ARTS ?

L'histoire des arts apprend à lire des formes et à leur trouver du sens, ce qui suppose de les replacer dans leur contexte et de pouvoir les comparer sans les confondre.

A Des œuvres liées à leur contexte d'apparition

▶ **Les œuvres d'art correspondent à quelque chose de très différent selon la période historique** dans laquelle elles s'inscrivent et selon l'héritage civilisationnel dont elles sont porteuses. Ainsi, par exemple, une paroi peinte à Lascaux (Dordogne, entre 19 000 et 15 000 avant notre ère) peut-elle être rapprochée d'une peinture murale retrouvée dans une villa à Pompéi (Campanie, vers 70 avant notre ère) ou d'un décor de la Renaissance peint à Fontainebleau pour le roi François Ier (château de Fontainebleau, environ 1530-1540) dans la mesure où l'on a à chaque fois affaire à un décor peint sur un mur ? Certes, le principe semble être le même mais chaque réalisation renvoie à des représentations très différentes que les hommes se font de la création, de l'art, du geste expressif.

▶ On ignore si les peintures de la Préhistoire, peintures rupestres (du latin *rupa*, qui signifie « mur »), dites aussi pariétales (du mot « paroi »), figurant sur les murs de grottes peu accessibles, avaient un sens religieux, magique ou autre. Il est très difficile d'interpréter et de comprendre ces représentations figuratives qui sont les plus anciennes peintures du monde aujourd'hui conservées : des animaux surtout, quelques humains, des signes abstraits.

Peinture rupestre. Grotte de Lascaux, salle des Taureaux, (Dordogne), vers 17 000 avant notre ère.

▶ Décors destinés à des tombes ou à des demeures privées, les peintures antiques monumentales des époques grecque et romaine appartiennent à un mode de représentation somme toute plus familier pour nous, mais leur lecture nécessite aussi de la prudence. Tout comme les cycles peints par les artistes italiens venus à la cour de France au XVIe siècle.

▶ Si l'on peut rapprocher des œuvres, les comparer, les mettre en relation, on ne saurait confondre leur raison d'être, leur fonction, leur destination, leur signification, toutes données liées à leur contexte d'apparition.

B Des œuvres pour chaque période historique

▶ Comme son nom l'indique, l'histoire des arts est inscrite dans une dimension historique : elle suppose des **repères dans le temps et dans l'espace** qui sont nécessaires pour la structuration de la pensée et l'appréhension par les élèves des objets qui leur sont proposés. Au nombre des attendus de fin de cycle 3, le programme de 2015 énonce que les élèves doivent pouvoir « émettre une proposition argumentée, fondée sur quelques grandes caractéristiques d'une œuvre pour situer celle-ci dans une période et une aire géographique, au risque de l'erreur ».

▸ À ce titre, il est attendu du candidat une **bonne connaissance des principaux repères historiques**. Ces repères correspondent, selon les programmes de 2008, au découpage suivant :
– de la Préhistoire à l'Antiquité gallo-romaine ;
– le Moyen Âge ;
– les Temps modernes ;
– le XIXe siècle ;
– le XXe siècle et l'époque contemporaine.

▸ On peut le représenter plus précisément sous la forme d'une frise chronologique.

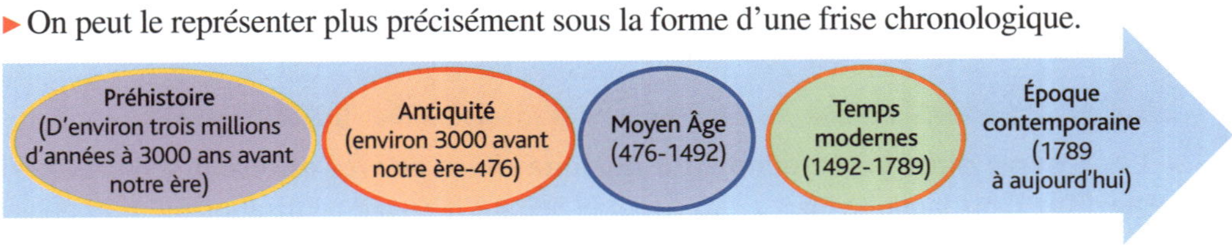

C Des créations issues d'un héritage occidental commun

Si les élèves ne savent pas facilement rapporter ce qu'ils voient ou entendent à une période ou à un lieu précis, ils pourront en revanche déterminer si ce que l'enseignant leur montre appartient à leur héritage patrimonial, ou plutôt à un autre continent, une autre région du monde, une autre époque que la leur. Le candidat au CRPE devra donc avoir une certaine représentation de l'histoire des grandes civilisations et de la façon dont elles ont interféré avec la civilisation occidentale.

1. L'art et l'héritage antique et chrétien en Occident

▸ Dans le monde occidental, en Europe plus précisément, jusqu'au XIXe siècle, voire au tout début du XXe siècle, ce qu'on entend par **héritage artistique et intellectuel** – c'est-à-dire ce que les générations précédentes ont laissé aux générations actuelles – est constitué de deux ensembles :

① **Une culture dite « classique »,** d'origine antique, née au Proche-Orient et en Égypte, dans ce qu'on appelle le Croissant fertile, épanouie en Grèce, puis à Rome qui se constitue en empire et connaît son apogée autour du début de notre ère, avant de se diffuser en Occident. Elle est ensuite réapparue partiellement et revisitée par les artistes de périodes postérieures, à l'époque carolingienne par exemple, plus encore lors de ce que l'on appelle justement la grande Renaissance, celle du XVIe siècle.

Le Panthéon d'Agrippa, reconstruit après deux incendies, sous l'empereur Hadrien, entre 118 et 125. Il fut transformé en église au début du VIIe siècle. Rome, place du Panthéon. Photographie de 1935.

② **Une culture dite « chrétienne »**, née elle aussi au Proche-Orient, diffusée dans l'Europe entière vers l'an 1000. Sa forte cohérence et son identité se construisent et s'affirment contre ce qui n'est pas elle. Elle se bâtit aussi sur des scissions, des divisions et des affrontements internes :
– la séparation de l'État romain entre un empire d'Orient et un empire d'Occident (395) ;

– la séparation entre une chrétienté orthodoxe, grecque, et une autre catholique, latine et romaine (Grand Schisme de 1054) ;
– en Occident, une nouvelle séparation de l'Église chrétienne entre catholiques et protestants. Puis, à partir de la fin du Moyen Âge s'affirment des grands royaumes rivaux et États monarchiques.

▶ Plus tard, le profond **bouleversement de la Révolution française**, le rétablissement de l'Empire par Napoléon Bonaparte et le mouvement des nationalismes au cours du XIXe siècle introduisent d'autres formes de conflits et de dissensions.

▶ **Ces deux héritages ne coexistent pas toujours facilement**, loin de là. Cependant, l'articulation, plus ou moins harmonieuse ou au contraire plus difficile selon les moments, entre la tradition de l'Antiquité païenne et l'idéal d'un humanisme chrétien lui-même varié, a produit quantité de créations et de formes, architecturales, littéraires, picturales ou autres d'une immense qualité.

2. L'art et l'ouverture de l'Occident à d'autres civilisations

▶ **Sous l'influence de conquêtes** depuis Alexandre le Grand, du commerce, des grandes découvertes de Marco Polo à Christophe Colomb, des voyages d'exploration scientifique sous les rois de France, **le monde occidental s'est ouvert à d'autres mondes et à d'autres civilisations** qui s'épanouissaient depuis plusieurs millénaires :
– l'Asie, la Chine et le Japon ;
– les régions situées à l'ouest jusqu'aux montagnes du Caucase et de l'Oural, et au sud la péninsule indochinoise et le subcontinent indien ;
– l'Amérique du Nord, les mondes précolombiens, à savoir l'Amérique centrale, l'Amérique du Sud ainsi que les Caraïbes ;
– les empires de l'Islam, à commencer par le pourtour du bassin méditerranéen ;
– l'Afrique sub-saharienne ;
– l'Océanie, l'Australie, la Nouvelle-Zélande.

Navire portugais déchargeant des marchandises au Japon. Détail d'un paravent japonais réalisé par Kano Domi (fin XVIe – début XVIIe siècle).

▶ **L'héritage culturel et artistique de l'Europe s'est alors enrichi d'autres créations**, produites par des logiques formelles et des valeurs symboliques différentes, mais aussi des savoir-faire inconnus : peintures, sculptures, objets du quotidien et ornementaux, édifices, temples, palais, tombeaux. Ces créations artistiques extra occidentales ont attiré l'attention, éventuellement l'admiration. Elles ont pu être importées assez tôt en Europe, collectionnées, et exercer des influences. Elles ont pu aussi être méprisées, détruites, détournées au service des puissances colonisatrices.

Repères

L'Europe chrétienne

306-337 : règne de Constantin, premier empereur romain à se convertir à la religion chrétienne.

313 : édit de Milan qui autorise la pratique de la religion chrétienne dans l'Empire.

380 : édit de Thessalonique qui fait du christianisme la religion officielle de l'Empire romain.

Entre 496 et 499 : baptême et conversion du roi mérovingien Clovis.

L'HISTOIRE DES ARTS

3. De nouvelles formes artistiques (XIXe et XXe siècles)

▶ **Le XIXe siècle et le début du XXe portent la marque des plus grandes révolutions industrielles et techniques** que le monde ait connu. Elles transforment les sociétés dans leurs structures, les modes de vie, les paysages, urbains et naturels, les conditions sociales de la création et les conditions matérielles de production des œuvres. C'est ce qu'on peut appeler la **modernité**. Dans un monde en changement, de nouveaux moyens artistiques apparaissent, parmi lesquels :

① **la photographie**, entre 1827 (première photographie expérimentale du chimiste français Nicéphore Niépce) et 1839 (procédé de Louis Daguerre) ;

② **le cinéma**, inventé par les frères Lumière en 1895 (puis sont introduits le son en 1927 aux États-Unis, et la couleur pour un long-métrage en 1935).

▶ Ces deux inventions constituent des **ruptures radicales dans l'appréhension du réel** et le processus de création.

Affiche publicitaire représentant le Transsibérien pour l'Exposition universelle de 1900, dessinée par Rafael de Ochoa y Madrazo (1858-1935), Musée Carnavalet, Paris.

4. L'art et la mondialisation

▶ Le monde dans lequel nous vivons, caractérisé par des modes de vie, de pensée, des valeurs et des références communes, est l'héritier aussi d'**événements dévastateurs et sans précédent** qui ont introduit une **rupture dans l'histoire**. La Première Guerre mondiale, le développement des totalitarismes, fascisme, nazisme, stalinisme, la Seconde Guerre mondiale, l'usage de la bombe atomique, la Shoah, puis d'autres conflits et désastres plus récents, ont profondément marqué nos sociétés, nos univers et nos représentations, tout comme la création artistique.

▶ **Dans les années cinquante et soixante**, ce n'est plus en Europe que l'on peut situer l'un des cœurs les plus actifs de la scène artistique, mais aux **États-Unis**, et plus précisément à New York, qu'une génération d'artistes – poètes, peintres, photographes, musiciens, danseurs – apportent une contribution radicalement neuve à l'évolution internationale de l'art.

Repères

- **1803 :** pont des Arts à Paris, premier exemple d'architecture métallique.
- **1804 :** 1re locomotive à vapeur inventée par un ingénieur britannique.
- **1829 :** 1er éclairage au gaz dans une rue de Paris.
- **1873 :** 1er véhicule automobile pour particulier inventé en France (Amédée Bollée : l'Obéissante).
- **1889 :** 4e exposition universelle, organisée à Paris, palais des machines et dôme central de métal.
- **1903 :** 1er vol motorisé en avion par les frères Wright.

▶ **Le dernier tiers du XXe siècle et le début du XXIe** voient un reflet de l'accélération des échanges, des transformations que connaissent l'économie et la culture et de la **mondialisation dans l'art**. Des moyens d'expression artistique variés sont toujours investis, éventuellement associés entre eux, tels qu'installations, performances, art vidéo ou autres. De nouveaux espaces et les matériaux les plus divers sont mobilisés tandis que l'on parle d'une mondialisation artistique pour désigner la multiplicité des auteurs dont les œuvres sont exposées et vendues aujourd'hui.

D Rappel du programme d'histoire du cycle 3

Depuis 2015, les textes du programme ne font pas aussi nettement référence aux grandes périodes historiques comme un cadre obligé pour construire une séquence ou un projet plus long en histoire des arts. Cependant, par commodité et pour bien ancrer le travail mené dans un cadre rigoureux, on peut tout à fait se référer au découpage en six thèmes du programme d'histoire pour le cycle 3. Les trois premiers thèmes sont traités en classe de CM1, les trois autres en classe de CM2. Il n'est en aucun cas obligatoire de procéder ainsi, mais dans la mesure où le professeur des écoles au cycle 3 enseigne l'histoire, la connaissance de ces grands jalons et de ces éléments de programme font partie de son bagage. Ces thèmes sont rappelés ci-dessous :

Niveau de classe	Thèmes	Chapitres
CM1	**Thème 1. Et avant la France ?**	Quelles traces d'une occupation ancienne du territoire français ?
		Celtes, Gaulois, Grecs et Romains : quels héritages des mondes anciens ?
		Les grands mouvements et déplacements de populations (IVe-Xe siècles)
		Clovis et Charlemagne, Mérovingiens et Carolingiens dans la continuité de l'empire romain
	Thème 2. Le temps des rois	Louis IX, le « roi chrétien » au XIIIe siècle
		François Ier, un protecteur des Arts et des Lettres à la Renaissance
		Henri IV et l'édit de Nantes
		Louis XIV, le Roi-Soleil à Versailles
	Thème 3. Le temps de la Révolution et de l'Empire	De l'année 1789 à l'exécution du roi : Louis XVI, la Révolution, la Nation
		Napoléon Bonaparte, du général à l'Empereur, de la Révolution à l'Empire
CM2	**Thème 1. Le temps de la République**	1892 : la République fête ses cent ans
		L'école primaire au temps de Jules Ferry
		Des républiques, une démocratie : des libertés, des droits et des devoirs
	Thème 2. L'âge industriel en France	Énergies et machines
		Le travail à la mine, à l'usine, à l'atelier, au grand magasin
		La ville industrielle
		Le monde rural
	Thème 3. La France, des guerres mondiales à l'Union européenne	Deux guerres mondiales au XXe siècle
		La construction européenne

À RETENIR

Il s'agit – avant tout pour l'enseignant, puis pour ses élèves, de disposer de grands repères artistiques et historiques (non de se perdre dans une chronologie trop détaillée inutile), de comprendre que chaque œuvre n'a de sens que replacée dans son contexte de création, puis de savoir établir des liens entre les créations artistiques de différentes périodes et origines qui sont proposées au regard et à l'écoute.

10 Les domaines artistiques

▶ THÈME 2 : QU'ENSEIGNE-T-ON EN HISTOIRE DES ARTS ?

L'histoire des arts a pour objectif de faire découvrir des œuvres artistiques du patrimoine mondial, issues de civilisations variées et de périodes s'étendant de l'Antiquité à nos jours. L'histoire des arts entend la notion d'œuvre dans un sens large, étendu à l'ensemble des domaines considérés comme artistiques.

A Les textes officiels

« L'histoire des arts intègre autant que possible l'ensemble des expressions artistiques du passé et du présent, savantes et populaires, occidentales et extra-occidentales. Son enseignement s'appuie sur le patrimoine, tant local que national et international, en exploitant notamment les ressources numériques. Constitutif du parcours d'éducation artistique et culturelle de l'élève, il associe la fréquentation des œuvres l'appropriation de connaissances sans s'arrêter aux frontières traditionnelles des beaux-arts, de la musique, du théâtre, de la danse, de la littérature et du cinéma. Il repose sur la fréquentation d'un patrimoine aussi bien savant que populaire ou traditionnel, aussi diversifié que possible. Il s'enrichit des pratiques artistiques de tous ordres. » (BO spécial n° 11 du 26 novembre 2015)

Pour réussir le concours

Ne vous contentez pas de donner des exemples relevant d'une catégorie artistique – ainsi les arts visuels par exemple – mais au contraire mobilisez toujours des références à des œuvres d'art issues de différents domaines artistiques bien distincts, en les associant entre elles.

B Une grande étendue des domaines artistiques

▶ **Au départ (en 2008),** les domaines ou champs artistiques concernés par l'histoire des arts étaient répartis selon une **classification en six grands domaines artistiques** :
- arts de l'espace ;
- arts du langage ;
- arts du quotidien ;
- arts du son ;
- arts du spectacle vivant ;
- arts du visuel.

▶ **Aujourd'hui, cette classification initiale est abandonnée.** Elle pouvait paraître rigide et, comme toute classification, contestable : un art peut être en effet rattaché à un domaine mais aussi bien à un autre, une œuvre d'art peut elle aussi être apparentée à deux champs distingués dans cette répartition.
Pour le cycle 3, il n'y a plus aucune classification des œuvres d'art en domaines ou quelconques catégories, mais seulement ces termes : « l'ensemble des expressions artistiques ».

▶ **Au concours, et en classe par la suite,** les candidats peuvent emprunter les œuvres choisies pour construire une séance, ou un projet de plus grande ampleur, aux domaines qui leur sont le plus familiers, « sans s'arrêter aux frontières traditionnelles des beaux-arts, de la musique, du théâtre, de la danse, de la littérature et du cinéma » :
- **les arts liés à l'espace :** architecture, urbanisme, paysage, jardin… ;

– **les arts liés à la littérature :** sous forme écrite ou orale, roman, poésie, théâtre, conte, légende, albums… ;
– **les arts liés à la musique :** musique vocale, musique instrumentale, chanson, opéra… ;
– **les arts visuels :** peinture, arts graphiques, sculpture, photographie, cinéma, vidéo, planches de bande dessinée… ;
– **les arts dits décoratifs et arts appliqués** (à l'industrie), les arts rencontrés dans un cadre quotidien (mobilier, objets de la vie quotidienne) ;
– **les arts du spectacle, ou du spectacle vivant :** théâtre, danse, cirque, marionnettes, mime, art équestre…

C Une variété des espaces, des temps et des productions

▶ L'enseignement de l'histoire des arts invite à **familiariser les élèves avec des œuvres issues de toutes les civilisations**, participant ainsi à leur découverte et à l'ouverture aux autres. « Son enseignement s'appuie sur le patrimoine, tant local que national et international, en exploitant notamment les ressources numériques. » (BO spécial n° 11 du 26 novembre 2015).

▶ Cet enseignement **traverse les périodes historiques** et retient aussi bien des œuvres produites dans des époques très éloignées des élèves que des créations d'artistes contemporains : « L'histoire des arts intègre autant que possible l'ensemble d'expressions artistiques du passé et du présent. »

▶ Cet enseignement **aborde des œuvres considérées comme des jalons significatifs dans l'histoire de l'art** à une période et dans une aire géographique données ainsi que des œuvres dites populaires, artisanales, issues de savoir-faire très différents : « expressions artistiques du passé et du présent, savantes et populaires. […] Il repose sur la fréquentation d'un patrimoine aussi bien savant que populaire ou traditionnel. »

▶ Cet enseignement peut enfin **retenir des œuvres produites selon des techniques considérées comme traditionnelles ou anciennes** (peinture, vitrail, tissage, sculpture de certains matériaux par exemple) mais aussi des œuvres relevant de **techniques et de technologies plus récentes et novatrices** (numérique).

Pour réussir le concours

Attention certes, le programme indique que l'histoire des arts « s'enrichit des pratiques artistiques de tous ordres ». Cependant, dans le cadre du concours, il est prudent de privilégier des œuvres qui peuvent être connues des membres du jury et constituer des références, sinon systématiquement attendues – car il est intéressant et important de disposer d'un certain bagage personnel –, du moins relativement familières et aisément identifiables par les correcteurs.

À RETENIR

- Le programme de 2015 privilégie une grande diversité des supports considérés comme artistiques, mais il renonce à donner un cadre précis.
- L'abandon d'un classement en domaines peut donner davantage de liberté. Le risque, pour le candidat, est de perdre en clarté pour déterminer et désigner ce dont on parle. C'est pourquoi, dans la mesure où la classification de 2008 est validée par le texte fondateur de l'enseignement d'histoire des arts, il peut être légitime et commode de la conserver en mémoire, à titre d'outil, et de s'y référer en le précisant.
- Outre cette très grande variété dans la nature des œuvres envisagées, la diversité vient aussi des périodes et des aires géographiques auxquelles s'apparentent ces œuvres d'art.

11 Des œuvres de référence

▶ THÈME 2 : QU'ENSEIGNE-T-ON EN HISTOIRE DES ARTS ?

Construire une séance en histoire des arts, une séquence ou un projet plus ambitieux qui permette une expérience sensible collective et des pratiques artistiques repose sur le choix d'un corpus d'œuvres artistiques.

A Les textes officiels

« Le terme "œuvre" est employé dans un sens très large et peut désigner par exemple, outre une œuvre d'art au sens usuel, un objet architectural, urbanistique ou encore artisanal, ou une performance (théâtrale, chorégraphique…) » (BO n° 28 du 7 juillet 2015, arrêté du 1er juillet 2015 définissant le Parcours d'éducation artistique et culturelle et son référentiel)

B Les œuvres au concours

▶ Dans le cadre de la préparation du concours, **le candidat dispose d'une liste d'œuvres données chaque année**. Ces œuvres sont présentées, décrites et analysées aux pages 317-336 de cet ouvrage, accompagnées des pistes d'exploitation pédagogiques utiles pour l'examen. Cette liste est propre à l'option histoire des arts, elle comporte cependant quelques œuvres communes avec la liste proposée pour l'option arts plastiques et avec celle proposée pour l'option éducation musicale.

▶ **C'est à ce corpus d'œuvres au programme avant tout que le candidat doit se référer** pour concevoir et/ou analyser la ou les séance(s) ou séquence(s) d'enseignement qui lui sont données le jour de l'épreuve. Rien ne lui interdit, en complément, de faire référence à quelques autres œuvres qui relèvent de sa culture et de son musée imaginaire personnel, afin de les utiliser comme exemples.

C Les œuvres en classe

▶ Une fois le concours passé**, le professeur est amené à choisir lui-même les œuvres** qu'il va faire découvrir aux élèves dans l'exercice de son métier, et travailler avec eux dans une démarche en histoire des arts. À moins que ses choix ne soient guidés par un projet de l'école mené collectivement par l'équipe pédagogique.

▶ **La liste d'œuvres de référence pour l'école primaire** qui existait dans le texte officiel organisant l'enseignement de l'histoire des arts en 2008 (selon une sélection d'œuvres de nature diverse pour chacune des grandes périodes de l'histoire) a en effet été **supprimée en dans le programme de 2015. L'enseignant sélectionne un ensemble d'œuvres significatives** en fonction :
– de la thématique qu'il a choisie pour son projet en histoire des arts ;
– des objectifs visés ;
– des situations d'apprentissage envisagées ;
– des compétences recherchées ;

– de la variété à observer dans la création artistique et dans la culture des hommes à travers les temps et les régions du monde ;
– le tout dans le respect du bon sens, du caractère artistique des objets ou des manifestations retenus et de l'intérêt présenté par les œuvres pour des élèves de cycle 3.

D Pistes pour les choix des œuvres

Nous proposons ici une liste des types d'œuvres parmi lesquelles le candidat, puis l'enseignant, peuvent choisir celles qu'ils vont utiliser.

▶ **Des œuvres d'art en deux dimensions :**
– un dessin ;
– une gravure ;
– une peinture : une peinture murale, une peinture sur bois (donc un tableau), une peinture sur toile, une enluminure de manuscrit ;
– une mosaïque, un pavement ;
– un vitrail.

▶ **Des œuvres d'art en trois dimensions :**
– une sculpture : en ronde-bosse, en haut-relief, en bas-relief ;
– une installation.

▶ **Des œuvres d'architecture et d'urbanisme :**
– un temple antique, une église romane, gothique, une abbaye, une mosquée, une synagogue ;
– un château fort, un château de la période classique, une cité fortifiée, un bâtiment civil comme une maison ;
– une tour, une gare, un pont ;
– un jardin, une place.

▶ **Des œuvres d'art littéraires :**
– un extrait de mythes antiques, un conte, une légende, une fable ;
– un extrait de roman ;
– une poésie ;
– un extrait de pièce de théâtre.

REMARQUE

Un texte n'est pas forcément littéraire, une biographie d'auteur ne l'est pas, une recette de cuisine (sauf si elle est composée poétiquement, en vers, avec des rimes, à la manière d'un calligramme, par exemple), ne l'est pas davantage, pas plus qu'un prospectus décrivant et vantant une station balnéaire. Il faut choisir attentivement des documents qui ont une valeur artistique.

▶ **Des œuvres d'art musicales :**
– une musique religieuse, une chanson profane de troubadour ;
– une musique instrumentale ;
– une musique contemporaine ;

▶ **Des œuvres empruntées aux arts de la scène :**
– un extrait de représentation de pièce de théâtre ;
– un extrait de danse, de ballet ;
– un extrait de spectacle de cirque, de marionnettes ;
– un spectacle, un tournoi, une fête de carnaval médiévale.

▶ **Des œuvres empruntées aux arts mécaniques :**
– une photographie ;
– un extrait cinématographique (long ou court-métrage) ;
– des images de jeux vidéo.

▶ **Des œuvres empruntées aux arts décoratifs ou aux arts du quotidien :**
– un élément de mobilier, un tapis, une tapisserie ;
– un objet militaire, une épée ;
– une pièce décorative ou d'arts de la table (porcelaine, verrerie) ;
– des pièces de tissus, un vêtement, une parure, un costume d'apparat ;
– une pièce d'artisanat ;
– une affiche, une publicité.

Pour réussir le concours

• Le jour du concours, vous pourrez emprunter à cette liste quelques exemples pour l'analyse critique des documents ou pour étoffer la proposition que vous devrez construire.
• Ainsi, par exemple, dans le cas de l'analyse d'une séance portant sur l'âge industriel et les arts, vous pourriez utiliser une peinture représentant une gare ou un pont, un extrait d'un roman décrivant le travail dans les grands magasins, une bande sonore rendant compte du bruit des machines à l'usine ou une chanson populaire sur les misères des ouvriers.

À RETENIR

• L'œuvre est au centre de l'histoire des arts.
• L'enseignement de l'histoire des arts repose sur la rencontre des œuvres, leur analyse et leur mise en relation les unes avec les autres.
• L'œuvre est créée par des hommes ou des femmes animés d'un projet, d'une intention, d'une motivation.
• Elle est le produit d'une époque et d'un lieu.
• Elle s'inscrit dans un mouvement ou un contexte plus ou moins défini.
• Elle est un langage, associant entre eux des signes, différents selon la nature de l'œuvre (visuelle, littéraire, musicale…).
• Elle est à la fois un contenu (une idée) et une forme.
• Elle agit, c'est-à-dire qu'elle produit un effet, une impression, sur celui qui la rencontre.

12 Arts et pouvoir

▶ THÈME 2 : QU'ENSEIGNE-T-ON EN HISTOIRE DES ARTS ?

L'histoire des arts au cycle 3 permet d'aborder avec les élèves le thème du pouvoir, de l'État (ou des États), des règnes de François Ier et de Louis XIV, de la construction du pouvoir, des personnages qui représentent le pouvoir (grands personnages, héros, homme d'État).

A Problématique

▶ Selon les périodes, les civilisations et les lieux, les arts peuvent entretenir, des relations variées avec le pouvoir. Le **pouvoir** utilise les arts pour s'affirmer, **pour mettre en scène son autorité, sa légitimité, son prestige**.

▶ Mis au service de pouvoir, les arts peuvent devenir des **instruments de propagande**. Mais ils sont aussi parfois utilisés pour traduire une **contestation** face à un pouvoir et à un ordre établis.

Un peu de vocabulaire

- **Mécène :** personne qui protège les arts et les lettres, c'est-à-dire qui aide financièrement – parce qu'il apprécie les arts – un artiste pour qu'il puisse réaliser ses œuvres. Le mot vient du nom propre d'un proche de l'empereur Auguste qui aurait consacré sa fortune à protéger les artistes.
- **Propagande :** action exercée sur l'opinion au moyen d'instruments d'information pour diffuser une idée, une théorie.

B Une thématique au croisement des disciplines

Cette thématique est située au croisement de plusieurs approches disciplinaires.

▷ Elle renvoie au **programme d'histoire de CM1** qui, dans ses thèmes 2 et 3 aborde la construction et l'évolution des formes du pouvoir dans l'histoire de France. Plus précisément, dans le thème 2 – « Le temps des rois » –, deux chapitres envisagent l'étude de la monarchie à travers la figure d'un roi qui a fortement mobilisé les arts, entendus dans un sens large : « François Ier, un protecteur des Arts et des Lettres à la Renaissance » et « Louis XIV, le Roi-Soleil à Versailles ».

▷ Elle est l'occasion de **travailler des œuvres plastiques et musicales**, significatives dans l'utilisation de l'art au service du pouvoir à la Cour de François Ier ou de Louis XIV, en faisant appel à des compétences propres aux arts plastiques et à l'éducation musicale.

▷ Elle permet de **travailler des textes littéraires** à partir des auteurs protégés par le roi ou par son entourage, invités à travailler à la Cour.

Pour réussir le concours

Si les documents traitent du pouvoir, veillez à faire ressortir les compétences suivantes :
– **décrire une œuvre d'art** (la statue ou le portrait d'un roi, un extrait de texte sur un empereur, un prince, un bâtiment emblématique de l'exercice du pouvoir) et l'associer à une époque ;
– **proposer une analyse simple** et une interprétation d'une œuvre d'art, en la mettant en relation avec l'usage que pouvait en faire un personnage de pouvoir ;
– **s'exprimer à l'écrit ou à l'oral** devant les autres élèves sur une œuvre ou un groupe d'œuvres qui relèvent de la mise en scène du pouvoir à une époque donnée : raconter de façon claire et organisée comment à la Cour d'un roi, les différents arts sont mobilisés pour exprimer le pouvoir ;
– **découvrir un monument ou une œuvre** dans un musée pour comprendre en quoi sa création et son histoire sont liées à une histoire et à une volonté de montrer et d'affirmer une forme de pouvoir.

EN PRATIQUE

On peut prendre l'exemple d'une séquence en histoire des arts sur Louis XIV en CM1, construite à partir de la programmation prévue par l'enseignant en histoire, en articulant des activités et des situations d'apprentissage qui relèvent de plusieurs autres matières : le français, les arts plastiques, l'éducation musicale, l'éducation physique et sportive.

▶ Articulée au thème 2 du programme d'histoire (« Louis XIV (1643-1715), le Roi-Soleil à Versailles »), la séquence comporte des contenus historiques destinés à apprendre aux élèves ce qu'est une monarchie absolue et de droit divin.

▶ L'installation de la Cour de Louis XIV à Versailles est l'occasion d'aborder les travaux entrepris et l'architecture du château : le plan du château gigantesque, les façades classiques, les espaces intérieurs, la galerie des glaces. Les activités menées portent sur le bâtiment, l'architecture, la décoration et le choix des peintures et des sculptures. Les élèves pourront :

▷ observer un portrait peint du roi : repérer les éléments figurés, les proportions, les objets qui sont des symboles du pouvoir, les éléments de décor, les couleurs, la dimension du tableau (histoire de l'art) ;

▷ travailler sur le bâtiment du château, représenter une partie de la façade ou du plan, construire une maquette d'un palais imaginé (arts plastiques) ;

▷ étudier des passages d'une pièce de théâtre écrite par Molière ou d'un autre texte (français) ;

▷ comprendre que ces éléments participent à la célébration de la puissance du monarque, dans leur profusion et les thématiques choisies, ainsi la figure d'Apollon, dieu de la musique et des arts, ou l'emblème du soleil (histoire).

▶ Les spectacles organisés à la Cour de Louis XIV contribuent au même projet de plaire et d'impressionner : montrer le pouvoir du roi, par les pièces de théâtre, les bals, les spectacles équestres. Les élèves pourront :

▷ regarder un extrait d'une représentation et en reproduire une partie ;

▷ fabriquer des costumes ou des masques ;

▷ apprendre un texte et le réciter en public.

▶ Les jardins du château de Versailles ont été conçus et aménagés à partir de 1661 par le jardinier du roi, André Le Nôtre : allées, parterres, statues, bassins et fontaines, les espaces dédiés aux fêtes en plein air donnent une autre dimension à l'expression du faste de ce règne. Le plan des jardins, dits « à la française », car il repose sur la symétrie et l'ordre mesuré, invite à considérer la disposition des espaces, autour d'axes.

Les élèves pourront : regarder, parcourir, se repérer dans un espace conçu pour impressionner, divertir, séduire.

À RETENIR

- Les différents arts participent souvent dans l'histoire à la mise en scène, à la célébration et à la légitimation du pouvoir. Des rois de France comme François Ier, Henri IV qui se faisait représenter en Hercule, ou Louis XIV ont utilisé les arts pour affirmer leur autorité et leur puissance. Châteaux, peintures, textes littéraires sont associés à leur image.
- À travers les époques successives, l'art a pu devenir un instrument de propagande (affiches, statues, monuments, écrits).
- Aujourd'hui encore, les portraits officiels, la construction de bâtiments ou d'autres choix montrent le rapport entre les arts et le pouvoir.

13 Arts, mythes et religion

▶ THÈME 2 : QU'ENSEIGNE-T-ON EN HISTOIRE DES ARTS ?

Le travail sur les mythes, l'art sacré, les arts religieux et plus généralement sur le fait religieux, les religions et les croyances représente un ensemble de démarches et d'apprentissages pour lesquelles le recours à un enseignement en histoire des arts se révèle souvent pertinent et fructueux.

A Problématique

Pour aborder la question sensible du religieux, on peut partir de la découverte et de l'étude d'œuvres artistiques, que l'on fait dialoguer entre elles. Cela permet de mettre l'accent sur la matérialité des œuvres, leurs caractéristiques formelles, les effets qu'elles produisent sur un spectateur avant d'envisager leur fonction sacrée et/ou religieuse, selon une démarche propre à l'histoire des arts.

Pour réussir le concours

Si le corpus documentaire est en relation avec l'une de ces notions, il est important de montrer comment un travail en histoire des arts associe des sources d'ordinaire distinctes (textes sacrés, œuvres d'art par exemple) pour développer une approche culturelle, partagée par tous, quelle que soit son histoire personnelle.

Un peu de vocabulaire

- **Art religieux :** productions artistiques qui traitent de sujet religieux, en rapport avec la religion et la foi.
- **Art sacré :** productions artistiques dont la fonction est de participer au culte d'un dieu, qu'il s'agisse de la musique, du chant, de l'architecture, de la sculpture, de la peinture. L'art sacré implique une destination religieuse.
- **Mythe :** récit rapportant des faits tenus pour imaginaires par les lecteurs extérieurs, car non attestés par l'histoire, et mettant en scène des personnages considérés comme des héros par les sociétés qui les ont rapportés.

B Les religions, le sacré, le fait religieux dans les programmes

▶ **L'identification des personnages mythologiques ou religieux, la connaissance de mythes antiques et récits fondateurs, notamment bibliques apparaissent dans les attendus de fin de cycle** en histoire des arts parmi les connaissances associées à la compétence « Donner un avis argumenté sur ce que représente ou exprime une œuvre d'art ».

▶ La **mise en relation d'un texte connu et plusieurs de ses illustrations**, musicales, scéniques, chorégraphiques ou filmiques renvoie par ailleurs à la compétence « Relier des caractéristiques d'une œuvre d'art à des usages, ainsi qu'au contexte historique et culturel de sa création ».

▶ Enfin, **être sensible au patrimoine architectural religieux** en tant que bâtiment appartenant à une culture donnée, relève de la quatrième compétence propre à l'histoire des arts, « Se repérer dans un musée, un lieu d'art, un site patrimonial ».

C Une thématique au croisement des disciplines

Au cycle 3, ces questions apparaissent à plusieurs occasions dans les programmes :

▷ Les mythes fondateurs, s'ils sont surtout abordés au cycle 4, en particulier dans les **programmes de français et d'histoire**, peuvent être envisagés à travers la lecture d'une œuvre classique, d'albums de jeunesse ou de contes et dans la perspective de faire identifier des personnages, de comprendre la logique d'un récit et son ancrage spatio-temporel, ainsi que son rapport au réel. La production d'écrit et les activités d'oral peuvent également se référer aux mythes, à travers la figure des héros et héroïnes et des valeurs qu'ils incarnent.

▷ Le travail sur les contes, les mythes, les légendes d'un pays figurent aussi dans les **programmes d'enseignement des langues vivantes étrangères**, dans le cadre de l'acquisition d'un lexique lié à l'imaginaire et à la culture.

▷ Le **programme d'histoire en CM1** introduit l'héritage des civilisations grecques et romaines, la place de la religion chrétienne en Occident, traite de l'Empire romain et chrétien de Charlemagne puis de plusieurs jalons dans l'histoire de France, entre Louis IX, le « roi chrétien » jusqu'à Louis XIV, monarque absolu de droit divin, en passant par les guerres de religion. En CM2, le programme traite de l'instauration de la République, et des lois sur l'école laïque et obligatoire.

▷ **L'enseignement moral et civique** comporte l'éducation à la sensibilité, donc la compréhension d'autrui, et la formation du jugement moral. À ce titre, le respect de l'autre dans ses différences et la diversité des croyances incluent l'étude de la diversité des cultures et des religions.

EN PRATIQUE

En classe de CM1 ou de CM2, les situations d'apprentissage privilégiées par l'histoire des arts pour aborder les mythes, les religions, le sacré et le fait religieux permettent aux élèves :

▶ d'associer autour d'un personnage significatif dans une religion (qu'elle soit polythéiste ou monothéiste) un corpus de plusieurs types de représentations produites éventuellement à des périodes distinctes : littéraire (littérature orale et écrite ; français), visuelle (une peinture, une sculpture, un vitrail), sonore ;

▶ d'observer, à partir de cette diversité des œuvres artistiques, les évolutions de la représentation de ce personnage au fil des temps, au gré des espaces, selon les sociétés ;

▶ de découvrir, voire de visiter, une architecture religieuse (temple antique, église romane, église gothique, abbaye, temple hindou, mosquée, synagogue) comme un élément patrimonial appartenant à la culture de l'humanité dans toute sa diversité (culturelle, religieuse ; histoire) ;

▶ de traduire les impressions ressenties face à ces œuvres en passant par la production d'un écrit, d'une œuvre plastique ou d'un autre type ;

▶ de repérer les traces de cette culture liée au religieux dans notre univers : citations, survivances d'un thème, d'un motif, transformation dans des productions familières, sans que l'on y pense.

À RETENIR

• Les mythes et le sacré apparaissent plus clairement dans les programmes de cycle 4 que de cycle 3, notamment en français et en histoire.

• Toutefois, dès les classes de CM1 et CM2, il est intéressant et légitime (voir les attendus du BO de 2015) d'aborder par l'histoire des arts les mythes, le religieux et les religions pour :

– apprendre à distinguer entre la dimension culturelle et artistique d'un objet, d'un édifice, d'un texte ou autre et sa dimension cultuelle ;

– apprendre à associer autour d'un même thème ou sujet lié au religieux une constellation d'œuvres artistiques très diverses par l'origine des artistes, l'époque et l'espace géographique de production, le contexte social de leur réception ;

– apprendre à dépasser ainsi certaines représentations et à ouvrir les esprits sur ce qui est autre.

14 Arts, nature et environnement

▶ THÈME 2 : QU'ENSEIGNE-T-ON EN HISTOIRE DES ARTS ?

La nature et l'environnement sont deux thématiques qui traversent les enseignements dispensés à l'école, en particulier au cycle 3.

A Présentation de la thématique

▶ Toujours, les arts ont été nombreux à aborder la nature, comme une **source d'inspiration**, comme un lieu où produire une œuvre, ou encore un élément introduit dans une composition artistique.

▶ L'observation, la description et la compréhension de plusieurs œuvres artistiques, datées de périodes différentes, et produites dans des régions du monde variées, permettent de découvrir les **différentes représentations** que l'on peut se faire de la nature, selon les civilisations et les époques. L'art du paysage, en Occident ou en Chine, par exemple invite à des comparaisons.

▶ Longtemps **dans la peinture occidentale**, la nature et le paysage ont certes retenu l'attention des artistes peintres, mais comme un élément de décor travaillé, comme un fond destiné à mettre en valeur une scène principale historique ou mythologique. À l'époque moderne, le paysage est traité de manière plus naturaliste et volontiers mis en relation avec les sentiments des personnages représentés. Il faut attendre les peintres anglais du XVIIIe siècle puis, l'école de Barbizon au milieu du XIXe siècle et les impressionnistes pour que le paysage devienne sujet de la représentation à part entière.

Jean-Baptiste Corot, *Le coup de vent*, entre 1865 et 1870, huile sur toile, 47 × 58 cm, musée des Beaux-Arts, Reims.

▶ **L'environnement naturel**, ses fragilités et sa mise en péril, sont depuis plusieurs décennies l'objet d'un questionnement familier aux artistes contemporains. Cette thématique traverse leur production, en modifiant leur relation avec le paysage et l'espace, naturel ou urbain.

Repères

École de Barbizon : groupe d'artistes français installés près de la forêt de Fontainebleau qui se consacrèrent presque exclusivement à la peinture de paysage, entre 1825 et 1860-1870. Citons Jean-Baptiste Camille Corot ou Jean-François Millet.

Land art : ou art du territoire, courant artistique américain, mais aussi européen, né dans les années 1960, qui met l'accent sur l'utilisation de matériaux naturels (terre, eau, sable, pierres…) et de nouveaux espaces (mer, montagne, forêts, désert, …), questionne le rapport à l'art à la durée, à nouveaux espaces et à l'environnement. Parmi ses représentants, on peut citer Robert Morris, Walter De Maria, Robert Smithson, Christo ou Jeanne-Claude. Il n'est pas motivé par des préoccupations écologiques.

B Une thématique au croisement des disciplines

Au cycle 3, ces questions apparaissent à plusieurs occasions dans les programmes, en relation avec les différents domaines du socle commun :

▷ Par l'observation du réel, les **sciences et la technologie** conduisent les élèves à « adopter un comportement éthique et responsable et à utiliser leurs connaissances pour expliquer des impacts de l'activité humaine sur la santé et l'environnement ». Les phénomènes naturels font partie des attendus de fin de cycle et l'une des entrées est intitulée « Identifier des enjeux liés à l'environnement ».

▷ « La géographie amène également les élèves à comprendre l'impératif d'un développement durable de l'habitation humaine de la Terre. » L'enseignement de la **géographie** participe de la construction de l'élève en tant qu'habitant en particulier à travers le thème 3 du programme de CM2, intitulé « Mieux habiter ».

▷ **L'enseignement moral et civique**, par son volet intitulé « L'engagement : agir individuellement et collectivement », fixe comme objectif de formation la prise en charge « des aspects de la vie collective et de l'environnement et le développement d'une conscience citoyenne, sociale et écologique ».

▷ En **français**, l'entrée « Imaginer, dire et célébrer le monde » donne l'occasion d'étudier un texte, poème, conte ou autre, qui exprime la relation de l'être humain à la nature.

EN PRATIQUE

En classe de CM1 ou de CM2, choisir de traiter de la nature et des questions liées à l'environnement par les arts et au moyen d'un enseignement en histoire des arts met en œuvre plusieurs situations d'apprentissage complémentaires :

► Une entrée par les quatre éléments naturels (la terre, le feu, l'air et l'eau) présentera un intérêt en **sciences de la vie et de la Terre** ;

► La mise en relation des représentations de la nature par des artistes et des connaissances **géographiques** acquises par les élèves ;

► La mise en relation des œuvres d'artistes contemporains avec les questions d'actualité sur la vulnérabilité de l'environnement, sa dégradation, le changement climatique, la raréfaction des ressources, les pollutions, puis la préservation de l'environnement et avec une approche écologique (Antony Gormley, Lorenzo Quinn, Noël Dolla par exemple) pourra être exploitée en **EMC** ;

► La confrontation avec les matériaux utilisés par les artistes et avec les conditions de réalisation d'une œuvre par rapport à la nature et à l'espace : les lieux traditionnels de l'art (atelier, musée, galerie) ou les espaces naturels (un lac, un désert) où les œuvres sont plus ou moins éphémères.

► La production d'une œuvre individuelle ou collective **en arts plastiques** mobilisant l'expression écrite, ou orale, ou plastique ou encore corporelle.

À RETENIR

Aborder l'étude de la nature et l'environnement à travers une séquence ou un projet en histoire des arts présente l'intérêt :

– de **sensibiliser les élèves à la diversité de la nature**, à ses richesses, aux risques qui pèsent sur l'environnement par le biais d'œuvres artistiques de nature différente, à travers une approche sensible avant tout ;

– de **privilégier une approche pluridisciplinaire** en montrant comment plusieurs matières et compétences sont impliquées dans ces questions essentielles pour tous, qui relèvent de l'éducation citoyenne, et dans la mise en œuvre de solutions face à ces enjeux environnementaux ;

– de **découvrir comment les arts, dans leur diversité, entretiennent des relations étroites avec le monde** qui les entoure et de quelle manière les artistes contribuent à sensibiliser le public aux enjeux environnementaux, participant ainsi à la défense d'une cause.

15 Arts et femmes créatrices

▶ THÈME 2 : QU'ENSEIGNE-T-ON EN HISTOIRE DES ARTS ?

Pendant une longue période, parler de femmes artistes ou créatrices a été presque une bizarrerie tant elles apparaissent rarement dans les musées, les ouvrages, les dictionnaires et les répertoires de littérature, d'art ou de musique. Elles sont peu nombreuses et très peu visibles lorsqu'elles existent. Si l'on rencontre quelques femmes peintres célèbres, plus rarement sculptrices ou femmes de lettres, elles sont des exceptions jusqu'à la fin du XIXe siècle. Pourtant, la création des femmes existe, dans une grande variété de formes, selon les régions et les époques.

A Problématique

Aborder avec des élèves du cycle 3 la question des femmes artistes, c'est-à-dire la place des femmes dans l'art comme créatrices, s'intègre dans une sensibilisation à la place des femmes dans l'histoire et dans le monde et à la question de l'égalité entre les femmes et les hommes dans la société et entre les filles et les garçons à l'école.

ATTENTION

Il ne s'agit pas d'étudier la représentation de la femme dans l'art mais d'envisager les femmes artistes et leur place dans l'histoire, dans notre société

B Quelques jalons et réflexions

▶ **Pour les périodes anciennes,** très rares sont les figures féminines à être associées par les auteurs à une activité artistique. Et cela, en dépit du mythe selon lequel l'art du dessin – et donc tous les arts figuratifs – aurait été inventé par une jeune femme de Corinthe, fille du potier Dibutades, qui reproduisit le profil du visage de son amant, projeté comme une ombre sur un mur par la lumière d'une flamme.

▶ On trouve quelques témoignages, chez un auteur antique, sur une fresque de Pompéi, plus tard dans une enluminure, de la présence de femmes peintres ou sculptrices dans l'Antiquité puis à la période médiévale. Les noms de femmes artistes parvenus jusqu'à nous sont rares. On peut citer la poétesse grecque **Sappho de Mytilène** (vers 630-560 av. J.-C.), une danseuse romaine de Gadès (Cadix, Ier-IIe s. après J.-C.), une auteur de sonnets toscane nommée **Compiuta Donzella** (XIIIe siècle).

▶ **De la Renaissance jusqu'à la fin des temps modernes,** les femmes artistes restent peu visibles. L'art pratiqué par des femmes est assimilé à l'artisanat, du moins en Europe, et pratiqué souvent dans les monastères. Les ateliers des peintres, les guildes n'admettent presque nulle part de femmes. Au XVIe siècle, les femmes artistes sont les filles, les sœurs, les épouses d'un artiste et leur formation a lieu dans l'atelier de ce parent masculin.

Repères

Sofonisba Anguissola (vers 1532-1625), issue d'une famille noble italienne, est l'une des très rares artistes femmes avant le XXe siècle à recevoir une formation de peintre, dans un atelier masculin. Elle est reçue à la Cour du roi d'Espagne Philippe II. Elle réalise des portraits et des peintures de genre.

▶ Quelques-unes, exceptionnellement, filles de familles nobles ou bourgeoises, bénéficient, dans leur éducation, d'un apprentissage des arts. Les plus talentueuses sont invitées à travailler à la Cour de tel prince ou parviennent à être admises dans une académie, signe de leur reconnaissance.

▸ **Encore au XVIIIe siècle, et jusqu'au début du XXe siècle,** la formation aux arts, dans les académies, les écoles des beaux-arts, est réservée à un public masculin. Pour apprendre, les femmes doivent, si leur situation financière le leur permet, étudier dans des ateliers privés. Les femmes qui peignent, qui sculptent, sont considérées, non comme des professionnelles, mais comme des amateurs. Élisabeth Vigée-Lebrun (1755-1842) est une exception, qui acquiert un statut de peintre professionnel comme portraitiste, gagne plus tard la protection de la reine Marie-Antoinette, expose aux Salons et séjourne en Europe.

Elisabeth Vigée-Lebrun, *Marie-Antoinette*, 1788, huile sur toile, 271 × 195 cm, musée national du château de Versailles.

▸ **L'époque contemporaine** voit la société reconnaître progressivement aux femmes des droits, l'autonomie et la reconnaissance de capacités dans les domaines des sciences, de la culture et des arts. Dès la fin du XIXe siècle, puis tout au long du XXe siècle, des femmes gagnent une reconnaissance par leurs œuvres, citons Rosa Bonheur (1822-1899), peintre réaliste, les impressionnistes telles Berthe Morisot (1841-1895), la sculptrice Camille Claudel (1864-1943), la peintre et décoratrice russe Sonia Delaunay (1885-1979), Gabrielle Chanel, grand couturière, (1883-1971) ou la photographe américaine Lee Miller (1907-1977).

▸ **Aujourd'hui,** les femmes artistes sont présentes dans les musées ou dans les autres lieux de manifestations artistiques. Ce sont des peintres, sculptrices (Niki de Saint Phalle 1930-2002), cinéastes, photographes telle Cindy Sherman (1954), danseuses, chorégraphes comme Pina Bausch (1940-2009), femmes de lettres, auteurs de performances.

EN PRATIQUE

En classe de CM1 ou de CM2, l'histoire des arts permet de mettre en place :

▸ un travail sur la place des femmes artistes dans l'histoire, selon les périodes et dans différentes aires géographiques :
– pour analyser le travail de femmes artistes ;
– pour mettre en relation la place des femmes et celle des hommes dans la création et questionner évolution de ce rapport dans le temps ;
– pour envisager la variété des domaines artistiques où les femmes créent, qu'elles soient connues ou non.

▸ un parcours dans un musée qui invite les élèves à s'interroger sur la place et le rôle des femmes dans la période couverte par les collections.

▸ un travail sur la condition de la femme et sur l'égalité fille-garçon, élément central des principes et valeurs de la République, des sociétés démocratiques et, plus particulièrement, de l'école.

À RETENIR

- Longtemps, le statut d'artisan puis d'artiste concerne presque exclusivement des hommes.
- Puis, les rares femmes artistes sont les parentes d'un artiste. Elles sont cantonnées à réaliser certains types d'œuvres : en peinture, des natures mortes, des portraits, des scènes domestiques.
- Ce n'est qu'au tournant des XIXe et XXe siècles, que les femmes accèdent aux lieux de formation réservés à un public masculin et prétendent au statut d'artiste professionnelle.
- Aujourd'hui, les femmes sont bien davantage présentes sur la scène artistique, du moins en Occident, à travers des modes d'expression diversifiés. Dans les expositions récentes, les conservateurs sont globalement attentifs à une représentation équilibrée entre artistes hommes et femmes.

16 Arts, espaces et temps

▶ THÈME 2 : QU'ENSEIGNE-T-ON EN HISTOIRE DES ARTS ?

Les grandes catégories de l'espace et du temps participent à la structuration de la pensée et des apprentissages.

A Problématique

▶ Les **notions de l'espace et du temps** sont familières à l'élève, elles constituent des **repères essentiels** dans son rapport au monde.

▶ Elles apparaissent dans les programmes de **plusieurs disciplines** enseignées à l'école, au cycle 3, sous des perspectives, des savoirs et des enjeux propres à chacune d'entre elles.

▶ Étudier **un personnage ou un thème** lié au temps ou à l'espace à travers ses représentations artistiques, en croisant des époques, des traditions et des types d'œuvres variés, est un moyen intéressant d'aborder par une approche sensible ces catégories abstraites.

B Quelques repères

1. Les figures ou personnages associés au temps et à l'espace

▶ Les œuvres d'art peuvent mettre en scène des figures et personnages associés au temps et à l'espace, à la conception de la temporalité et du monde qui nous entoure, que ce soit dans des textes littéraires, des peintures, des sculptures, des morceaux de musique ou des opéras, des films.

▶ **Ces figures peuvent être mythologiques :**
▷ **Cronos / Saturne :** le père de Zeus. La divinité a été associée à Chronos, dieu grec du temps. Il est le symbole du caractère éphémère de toute chose et de l'irréversibilité des événements.
▷ **L'Océan :** il entoure l'univers et représente l'idée de temps comme un écoulement et un devenir incessant et éternel.
▷ **Hermès / Mercure :** l'un des douze dieux de l'Olympe, considéré comme le messager, il est associé aux déplacements, aux voyages.
▷ **Le roi serpent (Ouroboros) :** symbole d'une conception cyclique du temps, de l'éternel retour ou de la régénération perpétuelle de la vie.
▷ **Le ciel** (Uranus dans la mythologie grecque), le Soleil, la Lune, la Terre, plus généralement les planètes, sont des symboles de l'espace.
▷ **Les éléments naturels :** ils participent à la théorie des correspondances entre l'Homme et l'univers. Dans l'Antiquité classique, ils étaient associés chacun à une divinité, l'air à Zeus, l'eau à Poséidon, la terre à Hadès, le feu à Héphaïstos.

▶ **Ces figures peuvent également être légendaires :** Orphée qui voyage aux enfers ; Ulysse et son voyage de retour vers Ithaque ou Énée, le héros troyen, contraint d'errer à travers la Méditerranée, considéré comme l'ancêtre légendaire des Romains ; Gilgamesh, roi d'une cité de Mésopotamie vers 2500 avant notre ère, connu par un récit épique très célèbre dans l'Antiquité.

▶ **Enfin, ces figures peuvent être historiques.** Citons par exemple : Alexandre le Grand (356-323 avant J.-C.), Marco Polo (1254/55-1324) ou Christophe Colomb (1451/52-1506) qui ont découvert de nouveaux espaces.

2. La représentation d'un espace

Les œuvres d'art peuvent **représenter un espace et conduire à appréhender et à mesurer un espace**. Elles sont associées aux éléments suivants :

▷ **paysages naturels, urbains, imaginaires :** les motifs de la montagne ou de la forêt ont souvent été associés à des lieux de manifestation du sacré ou du divin. Les jardins, les labyrinthes, les villes peuvent renvoyer à la présence humaine et à son action sur la nature ;

▷ **construction :** des plans, la perspective, la profondeur ; des éléments produits par l'Homme qui occupent un espace ; des formes et leur délimitation.

▷ **ordre et désordre ou chaos :** des éléments ou des forces naturels mais le thème peut s'étendre aussi à un versant psychique.

▷ **frontières et ailleurs :** le voyage est associé à la découverte, à l'initiation, à une quête.

3. La représentation du temps

Les œuvres d'art peuvent enfin représenter le temps, l'évoquer ou conduire à l'appréhender. Elles sont alors associées aux éléments suivants :

▷ la **mesure du temps** (objets), la répétition, la durée, la mémoire ;

▷ la **vitesse** : les trains par exemple ;

▷ le **temps qui passe** :

– Les âges de la vie (la naissance, la maturité, le déclin, la mort) ;

– Les saisons dont la succession marque les rythmes de la nature et de la vie ;

– Les mois, le calendrier, le zodiaque. Ce dernier traduit une conception du temps où l'existence humaine est marquée par l'influence des planètes.

▷ la **fin du temps**, la mort : elle représente la fin de tout principe vivant et le terme de la destinée de l'Homme. Ses représentations sont multiples, fille de la Nuit, sœur du sommeil, squelette armé d'une faux et d'un sablier.

Juin : les foins ; extrait des « Très riches Heures du duc de Berry » des frères Limbourg, vers 1440, miniature, musée Condé, Chantilly.

EN PRATIQUE

► À partir du choix de l'une des thématiques ou entrées évoquées ci-dessus, les activités et les situations d'apprentissage proposées aux élèves en CM1 ou en CM2 permettent de travailler :

– ce que les élèves voient, lisent, entendent et ce qu'ils comparent (des codes, des symboles) ;

– ce que les élèves en pensent, ce qu'ils ressentent au contact de ces œuvres réunies ;

– ce que les élèves peuvent en faire et comment ces œuvres artistiques modifient la représentation et l'appréhension qu'ils ont de l'espace ou du temps.

► Ainsi le paysage sera identifié à la nature, dans un sens « bucolique », avant d'être abordé à travers les aménagements opérés par l'homme, les risques causés sur l'environnement, ou par la notion de point de vue ou encore comme objet d'une représentation artistique.

À RETENIR

- L'espace et le temps sont deux notions essentielles, transversales aux apprentissages engagés dans les différentes disciplines du cycle 3.
- Les aborder à partir d'un enseignement en histoire des arts invite à concevoir des situations d'apprentissage qui privilégient une approche sensible.

17 Arts, écoles et styles

▶ THÈME 2 : QU'ENSEIGNE-T-ON EN HISTOIRE DES ARTS ?

Les séquences et les séances sont souvent construites à partir du choix d'une une école ou d'un style.

A Ce qui est attendu au concours

▶ **Il n'est pas attendu des candidats au concours** ni ensuite des enseignants du premier degré **qu'ils soient des spécialistes en histoire de l'art** (au singulier), détenteurs d'une culture érudite dans tous les domaines artistiques qui composent ce qu'on appelle, à l'école et au collège, l'histoire des arts (au pluriel). Ce serait impossible – car l'entreprise est absolument colossale – et dépourvu de sens.

▶ On constate en revanche qu'**une entrée volontiers retenue pour créer une séance ou une séquence en histoire des arts passe par le choix d'un courant artistique**, ou esthétique, associé à un ensemble d'œuvres.
Il est donc intéressant de savoir ce dont on parle quand on évoque le style d'une œuvre artistique ou bien son appartenance à une école, tout en sachant que ces notions sont relatives.

B La notion d'école

1. Définition

Une **école artistique** désigne un ensemble d'artistes dont la production est marquée par un ou par plusieurs maîtres et donc par un enseignement et un héritage communs, ce qui lui confère une certaine unité et des traits communs que l'on peut identifier ; elle est traditionnellement associée à la géographie, à un pays, une région, une ville donnée.

2. Exemple

On désigne par « **école siennoise** », **au XIVe siècle**, les peintres de la ville de Sienne, qui partagent un héritage, byzantin, commun, une tradition picturale de haut niveau et des modes d'expression picturale caractéristiques, distinctes de ce qui se pratique alors ailleurs, en particulier à Florence.

Simone Martini, *L'Ange de l'Annonciation*, 1330, 29,5 × 20,5 cm, National Gallery of Art, Washington, États-Unis.

L'HISTOIRE DES ARTS

C La notion de style

1. Définition

Le **style** est la manière propre à un artiste ou à un groupe d'artistes d'utiliser certains moyens artistiques (par exemple, le choix de privilégier certains sujets, un usage des formes, de la couleur, de la lumière, de la composition, du mouvement) d'une manière spécifique, éventuellement originale à une époque et dans un contexte de création donnés, qui rend leur création reconnaissable. C'est une notion souvent inventée après coup par des auteurs pour rassembler des œuvres aux caractéristiques communes. Les styles se succèdent plus qu'ils ne coexistent.

2. Exemples

▸ On parle ainsi d'**églises de style roman** – et plus généralement d'art roman – pour désigner les œuvres créées en Europe occidentale entre l'an Mil et le milieu du XIIe siècle ; puis d'architecture ou de **style gothique** pour le mouvement qui se développe entre les deux derniers tiers du XIIe siècle et le XVe siècle, depuis l'Île-de-France vers Europe occidentale.

Vézelay : portail de droite du narthex de la basilique de la Madeleine (art roman).

Reims : façade de la cathédrale Notre-Dame (art gothique).

Repères

L'art roman est caractérisé par l'allongement des églises selon un plan en croix latine, composée de la nef et du transept, et le remplacement des charpentes de bois par des voûtes de pierre, en berceau. L'architecture est solide et massive. Les chapiteaux et les portails sont amplement sculptés. L'expression « art roman » date du début du XIXe siècle. Citons l'église Saint-Pierre de Moissac.

L'art gothique est caractérisé par les voûtes en croisée d'ogives, l'élévation nouvelle du niveau des édifices religieux, la recherche de la lumière, l'emploi des arcs-boutants à l'extérieur, les flèches qui renforcent encore le sentiment de verticalité. Citons Notre-Dame de Paris.

▶ Plus tard, on emploiera les termes suivants pour désigner plusieurs **styles artistiques** qui concernent aussi bien la littérature que les arts visuels, la musique ou l'architecture :

▷ **le néoclassicisme**, du milieu à la fin du XVIIIe siècle, représenté en peinture par des artistes tels que Jacques-Louis David (1748-1825), Anne-Louis Girodet (1767-1824) ou Jean Auguste Dominique Ingres (1780-1867). Il prend l'Antiquité pour modèle, sous l'effet des découvertes archéologiques (Herculanum, Pompéi) et des expéditions d'Égypte ;

▷ **le romantisme** exprime un détachement à l'égard du classique, de l'ordre, de la raison et une plus grande attention portée aux sentiments, à la personnalité intérieure. Il est notamment représenté par Victor Hugo (1802-1885), Alphonse de Lamartine (1790-1869), Caspar David Friedrich (1774-1840), Eugène Delacroix (1798-1863), Théodore Géricault (1791-1824), Hector Berlioz (1803-1869) par exemple.

Ingres, *Napoléon sur le trône impérial*, 1806, huile sur toile, 259 × 162 cm, musée de l'Armée, Paris.

Théodore Géricault, *Le radeau de la Méduse*, 1818-1819, huile sur toile, 491 × 716 cm, musée du Louvre, Paris.

REMARQUE

- Le nom donné aux différents styles ou courants artistiques peut concerner conjointement plusieurs domaines : littérature, arts visuels, musique, architecture, théâtre.
- Attention, toutefois, ces notions ne correspondent pas forcément à la même période historique pour les différents arts et selon les pays.

Gustave Moreau, *Salomé dansant devant Hérode*, huile sur bois, 106 × 72 cm, musée Gustave-Moreau, Paris (mouvement symboliste).

D La notion de mouvement

▶ Elle apparaît plus tardivement, au XXe siècle, et désigne un **groupe d'artistes** (peintres, architectes, sculpteurs, musiciens, auteurs littéraires) **rassemblés autour d'idées et de conceptions artistiques communes**. Un mouvement artistique peut être associé à un fondateur, à un texte manifeste (comme une sorte de programme, par exemple *Le Manifeste du surréalisme* en 1924) et défendre ou remettre en cause une certaine vision de la société.

▸ Un mouvement artistique est **lié à une période historique précise** ; il peut être **étendu géographiquement** à plusieurs pays ou régions.

E La question de la signature et de l'attribution

▸ Elle est liée au souhait ou à la tâche d'**identifier l'auteur d'une œuvre**, c'est-à-dire d'attribuer la création d'une œuvre d'art à une personne donnée. C'est une entreprise délicate, surtout pour des œuvres réalisées dans des périodes anciennes où la pratique de la signature n'allait pas de soi, l'artiste n'étant pas forcément reconnu comme un individu créateur, mais comme un simple artisan. En l'absence de signature – ce qui est fréquent en Occident avant la Renaissance –, les spécialistes procèdent par associations, rapprochements des œuvres en fonction des sujets traités et de la manière de les traiter, tout comme des techniques employées, pour proposer des attributions.

▸ L'attribution d'une œuvre ou non à tel ou tel artiste peut revêtir une **dimension économique**, la valeur d'un objet d'art variant selon la notoriété ou non de son auteur ou encore selon son authenticité. Par exemple, un faux Rembrandt (1606-1669), même copié du vivant de l'artiste, dans son atelier, une fois identifié comme tel, n'a pas la valeur, ni donc le prix d'une œuvre authentifiée du maître d'Amsterdam.

EN PRATIQUE

▸ En classe de CM1 ou de CM2, travailler en histoire des arts conduit, parmi les situations choisies et les compétences visées, à situer les œuvres rencontrées et étudiées dans le contexte de leur création. À ce titre, les élèves, sans être spécialement familiarisés avec l'art, percevront qu'une œuvre relève plutôt d'une tradition, d'une région, d'un temps.

▸ L'attention portera sur les matériaux employés, la technique utilisée, le format, le choix de sujets et les motifs pour les arts figuratifs, la manière de les traiter, les formes repérées, éventuellement l'usage qui pouvait en être fait. Ce sont autant d'indices qui rattachent une œuvre à des ensembles.

▸ L'enseignant aura l'occasion d'indiquer que telle œuvre s'apparente à une école artistique, à un style ou un mouvement, contribuant ainsi à constituer des repères.

À RETENIR

- Les différentes notions d'école, de style et de mouvement sont relatives. Les frontières entre ces différentes catégories sont en effet parfois floues, il arrive aussi qu'elles se superposent en partie.
- Elles sont néanmoins utiles car elles permettent de repérer des caractéristiques communes, de classer, d'ordonner des œuvres selon des époques, des aires géographiques, des similitudes ou au contraire des différences ; elles apprennent aux élèves à distinguer entre les œuvres.

18 Qu'est-ce qu'une œuvre d'art ?

▶ THÈME 2 : QU'ENSEIGNE-T-ON EN HISTOIRE DES ARTS ?

L'œuvre d'art est au cœur de l'enseignement de l'histoire. Il est important de savoir ce qu'est une œuvre d'art et à partir de quand une production est considérée comme une œuvre d'art.

A Problématique

On considère qu'un objet ou une production est reconnue comme une œuvre d'art à partir du moment où elle est considérée et acceptée comme telle, à certaines conditions, par un milieu social donné et jugé compétent ou par la société. L'œuvre d'art peut être définie de manière différente selon les époques et selon les cultures.

B Éléments de définition et d'explication

1. Les caractéristiques d'une œuvre d'art

▶ **Une œuvre d'art est un auteur.** C'est un objet ou une production matérielle, qu'une personne ou bien un groupe de personnes a créé, fabriqué, conçu.

▶ **Une œuvre d'art est un matériau.** À la diversité des supports, des matériaux et des techniques, s'ajoute aux XXe et XXIe siècles l'apparition de formes d'art inédites : outre les œuvres en deux dimensions, les arts du volume que sont la sculpture et l'architecture, le théâtre, le cinéma, la musique, les arts de la rue, ont vu le jour (collage, assemblage, installation, vidéo, *street art*, performance…).

▶ **Les hiérarchies traditionnelles** entre ce qu'est œuvre d'art et ce qui ne peut être qualifié de tel **tendent aujourd'hui à s'estomper ou à évoluer**. Ainsi les objets relevant de formes d'art populaire sont reconnus au rang d'objets d'art. C'est aussi le cas des objets du quotidien (chaise, table, ustensiles ou autres) comme des objets de consommation.

▶ **Une œuvre d'art existe dans un lieu.** Elle est toujours dans un site.

▶ **Une œuvre d'art peut être produite :**
▷ **pour exprimer la volonté créatrice d'un artiste** ;
▷ **pour apporter une réponse aux attentes d'une société** dans une période et dans un contexte spécifiques, ou bien à celles d'un groupe social, d'un public, de commanditaires, que ces attentes soient symboliques ou fonctionnelles ;
▷ **pour des raisons économiques**, pour gagner sa vie.

▶ Existe-t-il des critères de fabrication d'un objet ou d'élaboration d'une manifestation qui permettent de les considérer comme des œuvres d'art et non pas comme de simples objets ? L'œuvre d'art n'existe pas en soi, elle existe parce qu'elle est **acceptée comme telle par son commanditaire, par un public**, par les collectionneurs, les conservateurs, les galeristes.

▶ Une œuvre d'art, quand elle est un objet – entendu dans un sens très large –, est **chargée d'une histoire**, plus ou moins étoffée, riche et variée, selon qu'elle est plus ou moins ancienne. Cette histoire constitue comme un millefeuille.

▶ Une œuvre d'art est **l'incarnation ou la réalisation d'une idée**, d'une intention, d'un projet dans un matériau. Il y a toujours une idée à l'origine d'une œuvre d'art.

▶ **Les œuvres d'art ont une nature différente.** Certaines sont uniques (une peinture, un monument architectural), à moins d'envisager une copie ou une réplique ou un faux. D'autres sont au contraire reproductibles (une partition d'une symphonie, une scène de théâtre), voire reproductibles à l'infini (aujourd'hui par les technologies numériques).

▶ **Une œuvre d'art existe en tant que telle.** Elle n'est pas réductible à un statut de document, ou de témoignage, à valeur artistique, d'une culture, d'une société, d'une civilisation donnée.

2. L'œuvre d'art et son spectateur

▶ **L'œuvre d'art produit un effet** sur celui qui la rencontre. La vision et l'observation d'une peinture, la lecture d'un texte littéraire (poétique, romanesque, théâtral…), l'écoute d'un morceau de musique, la découverte d'un monument ou de tout autre élément d'architecture, d'un jardin, d'un parterre aux formes et aux couleurs savamment ordonnées, mais aussi le spectacle d'une pièce de théâtre, d'un ballet, d'un opéra, d'une chorégraphie peut toucher le spectateur, l'émouvoir, évoquer pour lui des images, le renvoyer à des souvenirs et enrichir ainsi son rapport au monde, aux autres et à lui-même.

Edgar Degas, *Danseuses saluant*, 1896, pastel, 36 cm × 49 cm, collection particulière.

▶ **Les œuvres touchent plus ou moins le spectateur.** Elles peuvent le toucher moins à un moment qu'à un autre de son existence. Il est intéressant de chercher et de percevoir ce qui dans un tableau, une sculpture, l'agencement d'une construction, une danse, nous touche, nous arrête, fascine. En ce sens, il n'y a œuvre d'art que s'il y a spectateur.

3. Les notions liées à l'œuvre d'art

Une œuvre d'art est liée aux notions :

▷ **de création**, volontiers remplacée à l'heure actuelle par celle de production (un artiste « fabrique ») ;

▷ **de réception**, ou de consommation de l'objet ou de la manifestation. L'œuvre existe dans un contexte, dans le milieu où elle est créée ;

▷ **de sensibilité**, elle fait advenir une part de sensibilité propre à chacun.

À RETENIR

- L'œuvre d'art est créée par un auteur.
- L'œuvre est liée à un lieu, à un site.
- Elle révèle un savoir-faire, une pratique.
- Elle exprime dans une forme une idée. Une œuvre est une idée.
- Elle est un langage qui contient ses mystères et que l'observation, la lecture, l'écoute permet de saisir.
- Elle touche la personne qui la rencontre, l'étonne, l'enchante et la transforme. Elle est œuvre d'art parce qu'elle révèle au spectateur quelque chose de lui-même dans le monde qui l'entoure.

19 S'exprimer à propos d'une œuvre d'art

▶ THÈME 2 : QU'ENSEIGNE-T-ON EN HISTOIRE DES ARTS ?

Enseigner l'histoire des arts, c'est apprendre à aborder une œuvre d'art, à l'oral comme à l'écrit. Cet enseignement est fondé sur l'étude des œuvres. Cette activité mobilise les compétences liées au langage. Elle repose aussi sur quelques principes d'ordre méthodologique. On se limite ici aux arts du visuel, de l'espace, du langage, du quotidien, c'est-à-dire aux œuvres que les élèves vont rencontrer et appréhender au moyen de la vue.

A Les textes officiels

Parmi les attendus de fin de cycle, en histoire des arts, le BO de 2015 mentionne notamment :
« – Décrire une œuvre en identifiant ses principales caractéristiques techniques et formelles à l'aide d'un lexique simple et adapté.
– Émettre une proposition argumentée, fondée sur quelques grandes caractéristiques d'une œuvre, pour situer celle-ci dans une période et une aire géographique, au risque de l'erreur. »

B Les différentes étapes

1. Préalable : la rencontre de l'œuvre

▶ **Partir toujours de l'œuvre que les élèves découvrent.** C'est le point de départ, que ce soit face à l'œuvre elle-même, à l'occasion d'une visite, ou bien face à une reproduction présentée en classe.

▶ **Prendre le temps d'observer l'œuvre**, être attentif à ses détails, à la façon dont les éléments repérés s'organisent.

▶ **En parler, ou s'exprimer à son sujet** par un autre moyen (par écrit), en suivant un ordre, quel qu'il soit, mais toujours en organisant son propos.

▶ **Chercher à dégager le message de l'œuvre** pour ceux qui la rencontrent.

Nature : Sculpture en bronze.
Auteur : Camille Claudel.
Titre : Buste de Rodin.
Date : Après 1897.
Dimensions : 41 (H) × 26 (L) × 32 (P) cm.
Lieu : Petit Palais, Paris.

2. La présentation de l'œuvre d'art : sa carte d'identité

▶ **La nature** de l'œuvre, de quoi il s'agit, en quoi elle est faite : matériaux utilisés et support (peinture, bois, marbre, tissu, métal…).

▶ **L'auteur** de l'œuvre s'il est identifié.

▶ **Le titre** de l'œuvre s'il y en a un.

▶ **La date** de l'œuvre s'il est possible de la trouver.

▶ **Le format** de l'œuvre, ses dimensions, quelle place elle occupe dans l'espace.

▶ **Le lieu** où l'œuvre se trouve et où on peut la voir.

3. La description de l'œuvre d'art

▶ À ce propos le BO de 2015 indique :
« À la fin du cycle 3, les élèves ont acquis les éléments de lexique et de compréhension qui le rendent capable, devant une œuvre plastique ou musicale, face à un monument, un espace ou un objet artistique, d'en proposer une description qui distingue les éléments :
– relevant d'une présence matérielle (matériaux, dimensions, fabrication) ;
– caractéristiques d'un langage formel ;
– indicateurs d'usages ou de sens. »

▶ Il s'agit de repérer ce que l'on voit en observant :
– **les couleurs** ;
– **les lumières**, les éclairages, les ombres ;
– **les formes** ;
– **les techniques employées :** le matériel, les outils, les instruments utilisés, mais aussi les méthodes, les techniques gestuelles et corporelles ;
– **les personnages :** leurs costumes, leurs gestes, leurs positions, les attributs ou les signes qu'ils portent, leurs expressions, les relations entre eux (taille, surface occupée, situation de l'un par rapport à l'autre) ;
– **les espaces :** le fond, les éléments de mise en scène, les décors, les architectures, les paysages, les lieux à identifier ;
– **la composition :** l'organisation de l'œuvre, les différents plans, la profondeur, le relief et le modelé s'il s'agit d'une sculpture, la perspective, les différents axes, les lignes ;
– **le mouvement**.

Repères

Parmi les œuvres sculptées, on distingue :

le bas-relief : sculpture de faible saillie (ou relief) par rapport au bloc qui lui sert de fond ;

le haut-relief : sculpture, le plus souvent monumentale, où les formes se détachent plus fortement du fond (façade, mur, pilier), les saillies étant de plus de la moitié de leur volume d'ensemble ;

la ronde-bosse : sculpture en plein relief, entièrement autonome par rapport à son fond, réalisée en trois dimensions et dont on peut faire le tour.

4. L'explication de l'œuvre d'art

Il s'agira d'amener les élèves à :
▷ **comparer l'œuvre** observée avec ce qu'ils ont déjà vu, avec des œuvres qu'ils connaissent déjà, en procédant par rapprochements, en opérant des regroupements, ou au contraire par oppositions ;
▷ **situer l'œuvre dans l'histoire**, dans la culture ou l'environnement culturel qui l'a vu apparaître, dans une société donnée ;
▷ **s'interroger sur le contexte de la réalisation** d'une œuvre, sa commande (les catégories de commanditaires à une époque donnée) ;
▷ **repérer et comprendre les signes** qui permettent d'identifier un personnage, une divinité, un lieu ;
▷ **s'interroger sur les fonctions et usages** qui pouvaient être ceux de cette œuvre, son public, son utilisation qui peut être différente au fil du temps pour une même œuvre.

À RETENIR

Apprendre aux élèves à regarder une œuvre d'art (une peinture, une sculpture, un dessin, un édifice architectural ou une partie d'édifice comme une façade, un extrait de texte, une photographie, un spectacle de danse ou sa captation, une scène de pièce de théâtre, un objet décoratif, un objet du quotidien ou un meuble considéré comme artistique, un vêtement), c'est :
– éveiller leur curiosité,
– éveiller leur esprit critique,
– exercer leur rigueur et leur apprendre des méthodes.

20 Quand fait-on de l'histoire des arts ?

▶ THÈME 3 : COMMENT ENSEIGNE-T-ON L'HISTOIRE DES ARTS ?

Il n'y a pas de volume horaire spécifique attribué à l'enseignement de l'histoire des arts au cycle 3 dans les textes officiels des programmes publiés en 2015. La seule donnée dont on dispose est la suivante : à l'école élémentaire, pour le cycle de consolidation (cycle 3), 72 heures annuelles sont dévolues aux enseignements artistiques, sans répartition entre eux.

« Durant les deux premières années du cycle 3, le professeur des écoles exerce sa polyvalence pour trouver les cadres et les moments les plus propres à la construction de cet enseignement et de ses objectifs. »

Programme de cycle 3.

A Problématique

L'enseignement de l'histoire des arts n'ayant pas d'horaire attribué, il revient à chaque enseignant d'organiser l'emploi du temps de sa classe, au niveau de l'année, d'un trimestre, ou bien de chaque semaine, pour y intégrer une plage horaire dédiée à la pratique de l'histoire des arts. Cette question du temps à trouver, à organiser, à intégrer parmi tous les autres enseignements prévus en classe de CM1 et de CM2, est une difficulté.

B Faire de l'histoire des arts prend du temps

1. Du temps pour rencontrer les œuvres artistiques

▶ **Regarder les œuvres d'art, apprendre à les regarder, impliquer les élèves** dans l'observation d'une œuvre, ou son écoute, ou encore sa lecture demande du temps. Un temps nécessaire pour que les élèves se sentent impliqués dans ce genre de démarche et que s'instaure un rapport de confiance propice à une expression face aux œuvres.

▶ **Mettre en place des activités et des situations d'apprentissage** qui conjuguent plusieurs œuvres artistiques de nature différentes, autrement dit faire travailler les élèves sur plusieurs types de supports volontairement rapprochés, qui requièrent des méthodes et des compétences différentes, nécessite également du temps.

▶ **Découvrir les œuvres sur place**, lorsque cela est possible, représente encore du temps. Le temps de l'organisation vient s'ajouter à celui de la préparation quotidienne des séances, puis le temps du déplacement vers les lieux où se trouvent ces œuvres et enfin le temps de l'exploitation d'une visite, une fois de retour en classe.

2. Du temps pour construire des projets

Faire de l'histoire des arts à l'école, c'est souvent **penser et construire un projet**. C'est une démarche valable pour toute autre discipline, mais l'enseignement de l'histoire des arts, transdisciplinaire par définition, implique davantage encore de penser en termes de pédagogie de projet. Or, élaborer un projet collectif, qui mobilise tous les élèves de la classe, avec des objectifs et des étapes définies, et la perspective d'une réalisation finale concrète, est chronophage.

C Quels moments pour faire de l'histoire des arts ?

1. En classe

▶ **Des moments spécifiques en classe** peuvent être consacrés aux séances en histoire des arts, répartis tout au long de l'année, à intervalle relativement régulier. La régularité et l'identification des moments propres à cet enseignement permettent aux élèves de l'identifier, dans les démarches et les objectifs visés. Une possibilité est de consacrer **deux séances chaque mois**, par exemple, à faire de l'histoire des arts.

▶ Parallèlement à cela, l'enseignement de l'histoire des arts au cycle 3 entretient des relations étroites avec les contenus des programmes de plusieurs disciplines et avec les compétences qui leur sont associées : les programmes d'histoire, de français, mais aussi les pratiques artistiques et la maîtrise des techniques créatives, abordées par les arts plastiques et l'éducation musicale. Les mathématiques, la géographie, l'enseignement moral civique, les sciences ou l'éducation physique et sportive fournissent aussi des occasions de faire de l'histoire des arts, ou du moins de contribuer à cet enseignement, lorsqu'ils sont le prétexte pour l'enseignant d'aborder, à partir de leurs activités propres, un objet ou une manifestation considéré comme artistique et mis en relation avec d'autres productions d'art.

2. En dehors de l'école

▶ L'organisation d'une **visite dans un musée ou dans un autre lieu culturel** est l'occasion de travailler en histoire des arts en abordant les œuvres et les sites. Le BO de 2015 compte en effet au nombre des activités proposées dans le cadre de cet enseignement les visites de musées, de lieux patrimoniaux, de maisons de collectionneurs ou d'artistes, de bâtiments palatiaux ou officiels.

▶ La réalisation d'un **parcours dans le quartier de l'école** permet de découvrir le patrimoine de proximité et de travailler en histoire des arts.

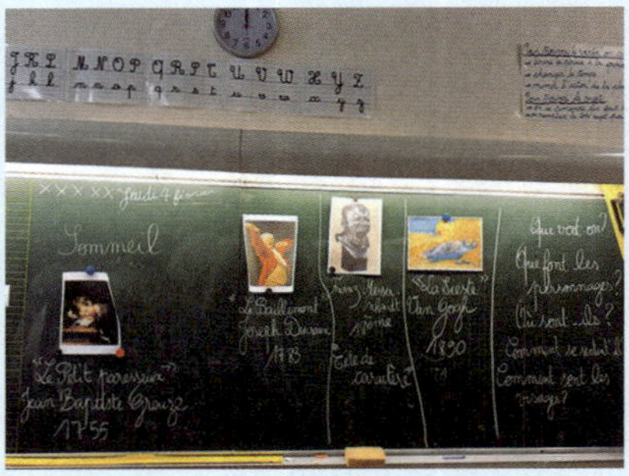

Un travail sur le sommeil en histoire des arts en lien avec le programme de sciences.

À RETENIR

• L'enseignement de l'histoire des arts requiert du temps :
– un temps propre à la rencontre d'œuvres artistiques et à leur appréhension ;
– le temps nécessaire pour mettre en œuvre un projet, à l'échelle d'une séquence, d'un trimestre, d'une année, de la classe ou de l'établissement.
• On fait de l'histoire des arts à l'occasion de séances spécifiques, réparties au cours de l'année.
• On peut aussi faire de l'histoire des arts à l'occasion d'une séance dans une discipline lorsqu'une œuvre d'art y est abordée pour travailler tel ou tel contenu ou compétence, dans le cadre d'un projet pluridisciplinaire construit autour d'une thématique commune.

21 Où fait-on de l'histoire des arts ?

▶ THÈME 3 : COMMENT ENSEIGNE-T-ON L'HISTOIRE DES ARTS ?

L'enseignement de l'histoire des arts repose sur la fréquentation des œuvres d'art, que ce soit à travers la rencontre des œuvres originales, le travail sur leurs reproductions ou encore l'élaboration d'activités inspirées par les œuvres ou associées à leur présentation.

A Problématique

L'enseignant peut recourir à différents lieux et espaces pour favoriser la découverte des œuvres de nature variée par les élèves et les différents types de productions prévues dans le cadre d'une séquence ou d'un projet en histoire des arts. À l'intérieur de l'école ou bien sur des sites extérieurs, chaque espace permet de concevoir des situations d'apprentissage différentes.

Pour réussir le concours

Quel que soit le corpus documentaire proposé, il est utile de penser qu'on enseigne l'histoire des arts à la fois dans la classe, dans d'autres espaces de l'école et aussi, autant que possible, hors de l'école.

B Situations et activités dans l'école

1. Dans la classe

▶ Lors d'une **séance consacrée à l'histoire des arts**, les élèves vont travailler à partir des différents documents (présentant des œuvres artistiques de nature différente autour d'un sujet) que l'enseignant leur présente, leur projette ou leur fait écouter et à partir des instruments et matériaux dont ils vont disposer pour réaliser les productions attendues d'eux.

▶ Sur un **pan de mur de la classe** ou bien **dans un classeur** disponible, un espace peut être consacré à la collection des œuvres étudiées au cours de l'année, sous la forme d'une reproduction et d'une courte présentation de l'œuvre ou d'un élément qui la représente (une partition, la première page d'un livret s'il s'agit d'une œuvre musicale, une photographie pour un spectacle, par exemple). Une frise chronologique peut y être ajoutée, sur laquelle sont situées les principales œuvres repères à mesure qu'elles sont étudiées.

▶ **Un musée de classe peut être constitué, à la manière d'une chambre des merveilles ou d'un cabinet de curiosité**, dans le cadre d'une activité de collecte, de tri et de présentation menée au fil de l'année. Il s'agira pour les élèves d'y apporter chacun un ou plusieurs objets ou éléments paraissant remarquable, étonnant, intéressant (un petit tableau, une statuette confectionnée, une fleur ou une feuille séchée, un coquillage, une plume, une carte postale…).

Vocabulaire

● Les **chambres des merveilles** sont apparues en Europe à la fin du XVIe siècle. Elles étaient des lieux dans lesquels les princes accumulaient toutes sortes de créations de la nature et d'objets jugés dignes d'intérêt – certains rares et précieux, d'autres insolites, mystérieux, fascinants –, dans des collections dont la logique échappe, objets d'échanges, d'achats, de cadeaux. Ces collections participaient à l'éducation des princes et étaient présentées aux visiteurs de choix.

▶ **Chaque élève peut disposer d'un cahier d'histoire des arts** dans lequel il fera figurer une trace de chaque séance menée en histoire des arts, en collant une vignette d'une œuvre, en rédigeant une courte phrase de présentation de l'activité ou bien de description de l'œuvre, à la manière d'un cartel (travail de la langue), en insérant un croquis, un schéma (travail en arts plastiques), des éléments de repérage dans le temps (travail en histoire).

Vocabulaire

● **Cartel :** cartouche ou petit support, comme une étiquette, placé dans un musée à côté ou au-dessous de l'œuvre et qui présente son identité : en général son auteur, son titre, sa date de création, sa technique, son numéro d'inventaire, son lieu de conservation.

▶ **Dans la bibliothèque de la classe,** un rayon comportera des magazines qui traitent d'histoire des arts (tel que « Le Petit Léonard », aux éditions Faton), des ouvrages sur l'art, adaptés aux élèves de CM1 et de CM2, des albums sur les thématiques retenues par l'enseignant.

2. Dans d'autres espaces de l'école

À l'école, d'autres espaces peuvent se prêter à expérimenter des démarches en histoire des arts :
▷ **Le hall d'entrée de l'école, le préau, une salle particulière non affectée à une classe** pourront accueillir une exposition réalisée par les élèves sur une thématique d'actualité ou une thématique au programme en cycle 3 et abordée par le biais de l'histoire des arts.
▷ **Une salle de l'école peut aussi abriter un petit musée d'école** où seront exposés des moulages d'œuvres prêtées par un musée (comme le Louvre, par exemple) ou empruntées à un fonds de la ville. Il peut être possible également, dans le cadre d'un partenariat avec un artiste, d'exposer des œuvres prêtées. Les élèves travailleront à la réalisation d'affiches et d'un dispositif pour présenter ce travail d'artistes aux autres classes ou aux parents, expérimentant ainsi une démarche de médiation.

EN PRATIQUE

On peut choisir un thème (la laïcité, la ville, l'industrialisation, le paysage…) et sélectionner des œuvres visuelles, textuelles ou sonores. Ensuite, on réalise les supports, les textes, l'illustration, on organise l'espace, avant la présentation au public dans un lieu de passage de l'établissement.

C Situations et activités hors de l'école

En dehors de l'école, plusieurs lieux peuvent être investis dans le cadre d'une séance en histoire des arts :
▷ **Le quartier de l'école**, les rues environnantes, empruntées par les élèves entre leur domicile et l'établissement offrent un espace pour concevoir un parcours d'observation consacré au patrimoine urbain de proximité, à la compréhension de l'architecture. En classe, à l'issue de la sortie, on proposera un travail de mise en relation avec des écrits, des textes sur la ville et avec des activités de restitution, à l'oral, à l'écrit, sous la forme d'une maquette ou d'un dessin.
▷ **Une promenade-visite dans la ville** permet d'organiser une séance autour d'une thématique centrée sur l'art urbain, sur l'art monumental, par exemple dans un parc autour des statues de personnages illustres (rois et reines, écrivains et artistes), sur l'art commémoratif (monuments aux morts par exemple, plaques).
▷ **Dans un musée**, une séance en histoire des arts sera construite :
– soit à partir des activités ou ateliers proposés par les services pédagogiques en fonction du projet et de la thématique retenus par l'enseignant ;

– soit selon un parcours ou une visite découverte autour d'une sélection d'œuvres déjà vues en classe, au moyen d'un questionnaire que les élèves auront à remplir ;
– soit encore à partir d'une visite préparée par les élèves eux-mêmes, à la manière de petits guides-conférenciers, à destination de leurs camarades ou de leurs parents.

REMARQUES

Toute visite doit être :
– précisément préparée, sur le terrain, avec l'institution partenaire et avec les élèves ;
– soigneusement encadrée pendant tout son déroulement ;
– exploitée en classe avec les élèves lors d'une séance ultérieure.

PRATIQUE

Au musée, plutôt que de trop souvent privilégier l'écoute de la parole de l'adulte, on choisira de rendre les élèves actifs :
– par la recherche dans une section du musée d'informations en binôme, sur les cartels des œuvres, la collecte de mots, de couleurs, de formes, de motifs relevés dans des œuvres de nature diverse (tableaux, sculptures, tapisseries, objets, textes explicatifs, détails décoratifs) ;
– par une activité de dessin, installés devant une œuvre ;
– par le renseignement d'un questionnaire ;
– par l'élaboration d'une enquête ou d'un jeu de pistes à suivre ;
– par la prise de photos avec une tablette pour collectionner des détails.

À RETENIR

Enseigner l'histoire des arts implique de travailler avec les élèves à la fois :
– dans le contexte de la classe ;
– à l'échelle des espaces de l'établissement pour jouer un rôle de médiation à l'attention des autres élèves, du personnel de l'école et des parents ;
– dans la ville et dans les musées ou autres institutions abritant des œuvres d'art.

22 Quelles sont les conditions pour rencontrer des œuvres ?

▶ THÈME 3 : COMMENT ENSEIGNE-T-ON L'HISTOIRE DES ARTS ?

Préparer une séance en histoire des arts invite à s'interroger sur les différentes conditions dans lesquelles l'enseignant peut amener ses élèves à rencontrer des œuvres artistiques.

A Problématique

À la diversité des conditions envisageables pour que les élèves soient en contact d'œuvres d'art correspond une panoplie de situations d'apprentissage à concevoir et d'approches à privilégier. C'est à cette variabilité des approches et des situations que l'on s'intéresse ici.

Pour réussir le concours

Selon le sujet proposé à l'étude le jour de l'épreuve, soyez attentif aux différentes conditions dans lesquelles les élèves peuvent rencontrer des œuvres et aux activités à envisager selon ces conditions.

B Les différentes façons de rencontrer une œuvre

Les élèves peuvent rencontrer des œuvres de différentes manières.

1. Par le biais des reproductions

▶ **Les élèves peuvent rencontrer des œuvres indirectement**, c'est-à-dire à partir des reproductions d'œuvres que l'enseignant peut montrer ou projeter en classe. L'élève peut aussi observer des reproductions dans un livre ou un magazine consacré à l'art, à l'école, en classe, à la bibliothèque, ou éventuellement à la maison.

▶ Différentes raisons peuvent imposer ce type de rencontre des œuvres :
– si les écoles manquent de moyens financiers pour organiser des sorties pour les élèves ou si elles sont situées dans des territoires désertés culturellement ;
– si des conditions extérieures rendent l'accès aux institutions ou sites culturels impossibles.

▶ Néanmoins, visionner des images qui reproduisent des œuvres d'art ne peut avoir le même effet que la rencontre de ces œuvres dans leur matérialité. **La rencontre directe est donc, dans la mesure du possible, à privilégier.**

2. Par l'accès direct aux œuvres

▶ **Les élèves peuvent rencontrer des œuvres directement,** en étant face à l'œuvre elle-même, lors d'une visite dans un musée, sur un site, dans un théâtre, dans une salle de concert, à l'opéra ou dans la rue.

REMARQUE

L'accès direct à l'œuvre est d'autant plus important que l'enseignement de l'histoire des arts encourage les enseignants à familiariser les élèves avec les œuvres sous l'angle de la fabrication et des aspects très matériels.

▶ Pour mener à bien cette rencontre, plusieurs éléments entrent alors en jeu.

▷ **Le déplacement et le trajet :** c'est une sortie, préparée, qui rompt le rythme ordinaire de la journée, qui prend du temps, qui permet, à certains élèves au moins, de découvrir un espace nouveau ;

▷ **L'entrée dans un lieu ou un site inconnu ou peu familier**, qui peut être impressionnant, voire prestigieux, et chargé d'une histoire. C'est l'occasion de resituer le bâtiment dans l'histoire de la ville ou du pays, qu'elle soit ancienne ou plus récente.

C Le déroulement de la rencontre avec l'œuvre

1. Les conditions matérielles de cette rencontre

▶ Dans le cadre d'une visite, **un certain nombre de règles doivent être respectées**. Elles contribuent à singulariser la visite et à créer un moment exceptionnel.

PRATIQUE

▶ **Les consignes** à donner aux élèves pour le bon déroulement de la sortie :
– on ne parle pas fort ;
– on ne court pas ;
– on fait attention à ne pas heurter, ni toucher les objets exposés ;
– on regarde ou on écoute en respectant les autres spectateurs ou visiteurs.

▶ En extérieur, dans un jardin, un champ de fouilles, sur une esplanade, une dalle ou tout autre espace ouvert, ces règles demeurent. Les lieux où sont installées les œuvres d'art ne sont pas des endroits tout à fait ordinaires.

▶ Lors de cette rencontre, les élèves peuvent être accompagnés par plusieurs personnes, en plus de leur professeur, qui vont jouer un rôle de médiateur entre eux et l'objet artistique :
– un conférencier ;
– un conservateur de musée, du patrimoine, de bibliothèque, un archéologue, par exemple.
– un artiste.

REMARQUE

Il est important de placer les élèves dans les meilleures conditions possibles de calme et de concentration pour regarder et/ou d'écouter, malgré les contraintes imposées par la fréquentation d'un lieu public, la présence des autres visiteurs, les mouvements, le bruit ou autres sources de distraction.

2. Les émotions provoquées par cette rencontre

▶ **Cette rencontre repose sur le plaisir de la découverte, de la surprise, de l'émotion.** Elle peut susciter aussi des réactions négatives, de rejet, d'ennui ou d'incompréhension.

▶ Lors de cette rencontre avec l'œuvre, les **différents sens seront sollicités.**

▷ **En premier lieu et de façon prédominante la vue** pour les œuvres telles que les peintures, les dessins, les sculptures, les édifices d'architecture (dans leur ensemble ou dans des détails comme une façade, une élévation), les photographies, des planches de bandes dessinées, ainsi que les arts audiovisuels, ainsi le cinéma, les vidéos, les images numériques par exemple.

▷ **Mais aussi l'ouïe pour les œuvres relevant des arts dits du langage et du son** : les textes de la littérature écrite et orale, que ce soit des romans, des poèmes, des extraits de pièces de théâtre ; les œuvres musicales, qu'elles soient de musique vocale ou instrumentale.

▷ **Dans une moindre mesure, le toucher pour une approche tactile d'œuvres** qui peuvent être abordées sous l'aspect du modelage, de l'assemblage, du collage.

▷ **Enfin, l'odorat, bien plus exceptionnellement, sera requis** (si l'on considère le parfum comme une création artistique, associé alors au sens de la vue pour son contenant, le flacon, souvent ouvragé).

REMARQUE

Plusieurs sens peuvent être conjointement sollicités quand les œuvres relèvent des arts du spectacle, comme le théâtre, la danse, un concert, un spectacle équestre, de cirque ou encore de marionnettes, ou bien des arts du jardin ou de la mode.

▶ Cette rencontre avec l'œuvre permettra également :
– une **sensibilisation à plusieurs langages** : langage verbal, langage graphique, langage iconographique, langage musical, langage gestuel ;
– la **sollicitation de compétences** liées aux activités préparées par l'enseignant.

EN PRATIQUE

▶ L'approche par le toucher peut être introduite dans un autre temps, à l'occasion d'une activité proposée aux élèves en arts plastiques. Ils manipuleront alors eux-mêmes différents matériaux ce qui enrichira leur appréhension sensorielle de l'objet artistique.

▶ L'élève qui aurait la possibilité d'effleurer une page ancienne d'un livre enluminé ou de prendre dans ses mains une statuette et de suivre les contours de ses formes avec ses doigts, découvrira autrement l'œuvre qu'en la regardant à distance.

À RETENIR

- Rencontrer une œuvre est une expérience sensible, menée pour le plaisir et/ou pour contribuer à la construction d'un apprentissage, d'une notion.
- Les occasions de rencontrer des œuvres sont multiples, que ce soit dans la classe ou à l'extérieur de l'école.
- La rencontre avec les œuvres est un moment privilégié, et doit être préparée attentivement, selon des approches, des temporalités, des mises en situations et des activités variées.

23 Des démarches de collecte et de classement

▶ THÈME 3 : COMMENT ENSEIGNE-T-ON L'HISTOIRE DES ARTS ?

L'enseignement de l'histoire des arts correspond à des activités préparées, mises en place et accompagnées par l'enseignant. Ces activités renvoient à l'acquisition puis à la maîtrise de plusieurs démarches.

A Problématique

L'histoire des arts suppose de travailler avec les élèves sur plusieurs œuvres de nature artistique différente. Le but est de faire dialoguer ces œuvres entre elles autour d'une thématique commune. Les démarches concernent :

– soit **l'œuvre ou les œuvres-phare** choisies comme point de départ pour construire la séquence ;

– soit **les autres œuvres sélectionnées en constellation**, pour les croisements qui existent avec les œuvres-phare, pour ce qu'elles apportent à la problématique de la séquence, pour la spécificité de plusieurs langages artistiques d'œuvres qui appartiennent à des domaines distincts.

Pour réussir le concours

Face au sujet proposé au concours et aux différents documents, vous devez montrer que vous savez présenter et hiérarchiser les démarches spécifiques à une approche sensible des œuvres d'art et à la construction d'une séquence en histoire des arts.

B Activités et démarches

▶ On part ici d'un exemple concret, une peinture exposée au musée du Louvre qui célèbre, le 28 juillet 1830 : *La Liberté guidant le peuple*, peinte par Eugène Delacroix (1798-1863) et présentée au Salon de 1831.

▶ Si l'on considère tout d'abord les démarches propres à la rencontre d'une œuvre considérée individuellement, on distingue les démarches ci-dessous (c'est l'objet de cette fiche, les activités adaptées au travail sur la constellation d'œuvres seront traitées dans la fiche suivante, p. 236).

Eugène Delacroix, *La Liberté guidant le peuple*, 1830, huile sur toile, 260 × 325 cm, musée du Louvre, Paris.

1. La découverte de l'œuvre

▶ La découverte de l'œuvre peut se faire :

– au musée, si l'organisation d'une visite est possible ;

– au moyen de reproductions du tableau dans son intégralité et de détails à visionner, le cartel. On commence par un temps d'observation silencieuse du tableau.

▶ On peut prévoir éventuellement en complément :
– un accès à Internet (pour aller sur le site du Louvre par exemple) ;
– des ouvrages ou magazines spécialisés en histoire de l'art, dans les collections du Louvre.

REMARQUE

Le tableau d'Eugène Delacroix, *La Liberté guidant le peuple*, se prête à une approche en histoire des arts du fait de :
– son inscription dans une période historique ;
– son importance sur le plan de l'histoire de l'art ;
– ses relations étroites avec d'autres genres artistiques (en premier lieu la littérature) ;
– sa valeur symbolique ;
– sa reprise dans différents médias contemporains.

2. La collecte d'informations

▶ La collecte d'informations se fait sur l'œuvre et permettra aux élèves de mieux comprendre ce qu'elle raconte et pourquoi.

▶ L'enseignant pose des questions pour amener les élèves à identifier puis décrire :
▷ **l'endroit représenté** grâce à tous les éléments qui participent au décor : signes qui caractérisent la ville, immeubles, rue, tours, autres éléments du décor tels que pavés, morceaux de bois ;
▷ **l'époque que le peintre a voulu montrer**, les événements qui se déroulent sur la toile qui leur est présentée ;
▷ **les personnages** : repérage et description guidée des personnages, de leurs attitudes, de leurs gestes, des expressions des visages. Il convient de faire la distinction entre ceux qui sont vivants et les morts et d'observer la place que les uns et les autres occupent dans le tableau.

ATTENTION

Pour caractériser les personnages, bien observer les vêtements (ici, les couvre-chefs : casquette, chapeau haut de forme, béret, bonnet phrygien, foulard) et les accessoires (sacoche, armes – fusil, pistolet, sabre –, drapeau) des personnages.

▷ **les couleurs et la lumière**, autrement dit des choix plastiques du peintre : collecte et énumération des couleurs dominantes.

EN PRATIQUE

▶ **Dans le tableau de Delacroix**, une attention particulière doit être portée aux couleurs du drapeau qui tranchent sur la palette de l'ensemble et sont reprises par petites touches dans toute la toile (bleu d'une chemise, blanc d'une autre chemise, celle de l'homme étendu mort au premier plan, rouge d'une ceinture et du sang au sol) ; l'attention doit aussi être portée à la lumière et à la distinction entre les zones éclairées et les zones sombres dans cette peinture.

3. Le classement de ces informations

▶ **Ces différents éléments sont intégrés dans un tableau distribué aux élèves**, qui pourra comporter plusieurs colonnes, à compléter pour chacun des principaux personnages repérés : le vêtement, les accessoires, les armes, l'action, l'identité possible (un enfant, une femme, un ouvrier). C'est une démarche d'identification.

▶ Une fois ce travail d'identification mené, une autre activité portera sur la **présentation de l'allégorie**. L'enseignant peut, déjà à ce niveau d'activité, guider les élèves dans deux directions (on verra dans la fiche suivante comment les autres activités menées ensuite permettent d'aller plus loin) :

▷ **un premier travail consiste en l'observation** de la façon dont les personnages et le décor sont représentés :

Dans le tableau de Delacroix, le classement vise à distinguer entre la femme et les autres figurants, les hommes : taille, position dans le tableau ; vêtements, accessoires brandis (drapeau), posture, mouvements et traits.

REMARQUE

Un autre tableau peut être élaboré pour collecter puis classer ces informations.

▷ **un second temps est consacré à la compréhension de ce qu'est une allégorie.**

L'enseignant explique en quoi la femme montrée sur le tableau représente une idée abstraite, celle de la liberté, qui est d'ailleurs le titre du tableau.

Vocabulaire

● **Allégorie :** personnification par un personnage (ou par un autre être vivant, dans d'autres œuvres) d'une idée ou d'une notion abstraite, au moyen de signes, d'attributs, d'objets ou d'emblèmes symboliques qui aident à la reconnaître.

À RETENIR

Travailler en histoire des arts, c'est être capable, à partir de l'observation ou de l'écoute d'une œuvre :

– de collecter des informations (sur les personnages, les objets, les éléments du décor, les couleurs, l'éclairage, les formes) ;

– de trier et de classer de façon ordonnée ces informations, dans des tableaux ;

– de raconter ce qu'on voit ou entend, de le décrire, d'en proposer une présentation.

24 Des démarches de mise en relation et de comparaison

▶ THÈME 3 : COMMENT ENSEIGNE-T-ON L'HISTOIRE DES ARTS ?

Construire un enseignement en histoire des arts repose sur la découverte des œuvres d'art. Cela passe par des activités de collecte et de classement des éléments que l'élève repère en les regardant et en les écoutant ▶ Fiche 23, p. 233. Ce n'est pas tout. En effet, par définition, l'histoire des arts est aussi rapprochement d'œuvres artistiques de nature différente.

A Problématique

L'histoire des arts implique donc de travailler avec les élèves conjointement sur plusieurs œuvres empruntées à des domaines artistiques distincts, en établissant des relations. Les activités concernent dès lors :

– non plus l'œuvre ou les œuvres-phare prise(s) comme point de départ pour construire la séquence ;

– mais avec elle les autres œuvres sélectionnées, organisées en constellation, pour les différents liens qu'elles entretiennent avec l'œuvre-phare.

Pour réussir le concours

Vous devez, à un moment ou un autre de l'analyse du dossier que vous proposez, ou dans la proposition que vous construisez d'une séquence d'enseignement, montrer que la mise en relation d'objets artistiques de nature distincte et leur comparaison sont des démarches inhérentes à l'histoire des arts. Vous ne pouvez en faire l'économie. C'est la compétence 3 spécifique à cet enseignement : Situer/Relier.

B Activités et démarches

FICHE 23, P. 233

▶ On reprend ici l'exemple de la peinture d'Eugène Delacroix (1798-1863) *La Liberté guidant le peuple*.

▶ Si l'on considère le travail mené sur la constellation d'œuvres, on distingue les démarches et activités suivantes :

1. La recherche d'autres œuvres

REMARQUE

En aucun cas, il ne s'agit pour l'étudiant candidat au concours en option histoire des arts, ni au professeur des écoles, de devenir spécialiste de tous les domaines artistiques, ni de tous ces langages utilisés par les arts. Il s'agit seulement pour lui de prendre connaissance de ces différents langages et de les faire se croiser et dialoguer. La formation pluridisciplinaire des enseignants du premier degré est là un atout.

▶ Les œuvres pouvant s'apparenter à l'œuvre principale sont rapprochées et réunies car :
▷ elles traitent du **même sujet**, parce qu'elles renvoient à une **période historique similaire** ; dans le cas de *la Liberté guidant le peuple*, le moment historique associé est la révolution des Trois Glorieuses (soulèvement à Paris, les 27, 28 et 29 juillet 1830, du peuple contre le roi Charles X et le pouvoir en place).
– elles traitent d'une même **thématique** (exemples : la vitesse, les monstres, l'égalité entre les filles et les garçons, les chats…).
– elles s'apparentent à un **même mouvement artistique** abordé dans différents arts (le romantisme dans le cas du tableau de Delacroix, mais on peut citer d'autres exemples : l'impressionnisme, le surréalisme).
– elles ont été produites dans une **même période** et renvoient à la **sensibilité d'une époque donnée**. Relier des œuvres en ce cas apparentées à des esthétiques différentes permet d'éclairer un contexte socioculturel, les goûts du public, ses réactions en fonction des conventions, des sensibilités et de la morale.

▶ Les œuvres qui peuvent être choisies sont variées : une sculpture, un album de jeunesse, une chanson ; une partition, du mobilier, une peinture, un édifice architectural, un conte ou les gravures illustrant ce conte, un extrait d'une série télévisée qui en est inspirée, des costumes…

▶ Les œuvres sont rassemblées par le professeur ou peuvent être recherchées par les élèves eux-mêmes.

2. La mise en relation avec l'œuvre-phare

La mise en relation de l'œuvre-phare avec d'autres objets artistiques peut prendre plusieurs formes :

▶ **L'étude d'un texte littéraire**, dès lors qu'il contient un nombre important d'éléments qui vont provoquer des représentations en image. On peut rapprocher le tableau de Delacroix, *La Liberté guidant le peuple*, de l'extrait des *Misérables* de Victor Hugo (1862) dans lequel intervient le personnage de Gavroche, lors de la révolution de 1848. On pourra par exemple :
– écouter à voix haute le texte lu par l'enseignant pour repérer les mots entendus, les sons, les rythmes.
– traduire ensuite l'image mentale ainsi produite de manière verbale : en écrivant un texte court qui raconte l'histoire de l'un des protagonistes du tableau.
– traduire cette même image mentale par un dessin ou par une mélodie.

▶ **L'étude du tableau en relation avec le texte :**
▷ Comparer les moyens utilisés par le peintre pour traduire le moment de la révolution et l'allégorie (les acteurs en présence, le décor, les accessoires et les symboles ; la composition en pyramide, les couleurs, la lumière) avec ceux qui sont utilisés par le romancier.
▷ Choisir l'un des personnages du tableau et inventer dans un dessin ce qui lui est arrivé, avant le moment représenté, ou bien ce qui lui arrivera après, en accompagnant une phrase de légende. La mise en relation passe par la narration.

▶ **L'étude d'objets du quotidien** qui comportent une citation ou une utilisation du tableau : timbres-poste, publicités, dessin de presse.

▶ **L'étude d'un chant révolutionnaire**.

3. La comparaison des effets produits par les œuvres sur les élèves

▶ Comparer les réactions exprimées ou les productions réalisées, dans le respect de chacun.

▶ Faire apparaître des ressentis personnels en conduisant les élèves à argumenter en faveur de leur impression ou de leur interprétation d'une œuvre.

▶ Revenir aux différentes œuvres pour attirer l'attention des élèves sur les matériaux utilisés par les artistes et sur les associations que cette utilisation provoque dans l'esprit de celui qui regarde ou écoute.

▶ Questionner ce que produit le rapprochement d'une œuvre avec une autre.
– L'ordre de la rencontre avec les différentes œuvres a-t-il un intérêt ?
– Faire varier cet ordre d'apparition selon les groupes d'élèves conduirait-il à des réactions et à un ressenti différents ?
– L'interprétation d'une œuvre en fonction d'autres œuvres change-t-elle ?

À RETENIR

Travailler en histoire des arts, c'est, à partir de l'observation ou de l'écoute d'une œuvre :
– apprendre à relier des œuvres entre elles ;
– sensibiliser les élèves aux formes de dialogue et de croisements qui existent entre des œuvres de nature différente ;
– comprendre que ce dialogue est au cœur de la pratique artistique dans la mesure où les artistes eux-mêmes ne cessent d'emprunter, de reprendre, de parodier, de transposer d'un art à un autre, ou encore de détourner.

25 Des modalités d'activités

▶ THÈME 3 : COMMENT ENSEIGNE-T-ON L'HISTOIRE DES ARTS ?

L'enseignement en histoire des arts peut, au sein d'une séquence, relever de différentes modalités, qui peuvent varier d'une séance à l'autre, en fonction des objets artistiques rencontrés et des objectifs visés.

A Problématique

Les activités conçues en histoire des arts peuvent en effet se décliner entre, d'une part, des activités menées en groupe, en binôme ou individuellement, et, d'autre part, des activités organisées à l'oral ou à l'écrit. L'oral correspond souvent au travail en groupe, l'écrit étant davantage requis pour le travail individuel. Ce n'est cependant pas une répartition systématique.

Pour réussir le concours

Le jour du concours, montrez que vous êtes conscient de cette diversité des modalités de mise en activité des élèves et de leur pertinence en fonction des différentes situations d'apprentissage choisies et des objectifs poursuivis.

B Des activités collectives ou individuelles

1. Les activités collectives

1-1. En classe entière

La découverte de l'œuvre, qu'elle soit connue ou *a priori* inconnue de la plupart des élèves se fait en plusieurs temps.

▶ **Le temps de contemplation** ou d'écoute silencieuse, que ce soit en classe ou bien dans un lieu extérieur (musée, théâtre, opéra, espace d'exposition de l'art), sans indication sur cette œuvre.

▶ **Le temps d'expression** des réactions, une fois la curiosité éveillée.

▶ **Le temps d'observation et de repérage** des éléments qui constituent l'œuvre : les personnages, leurs attitudes, leurs gestes, leurs vêtements ; les autres êtres vivants ; le décor ; les formes, les couleurs, l'éclairage ; la composition en différents plans, en différents volumes, en différents temps.

Vocabulaire

- **Plan :** mot qui renvoie aux différentes portions de surfaces verticales disposées parallèlement dans un cadre, qui contribuent à donner un effet de profondeur.
- **Premier plan :** surface la plus proche du spectateur.
- **Plan médian :** surface intermédiaire.
- **Arrière-plan :** partie la plus éloignée du spectateur.

▶ **Le temps des apports fournis par l'enseignant de données et explications** :

▷ pour situer l'œuvre dans le temps et dans l'espace ;

▷ pour comprendre la symbolique des animaux introduits dans une peinture ou une sculpture par exemple, ou celle des objets associés à un personnage, ou encore des signes ou emblèmes figurant sur une façade (soleil, salamandre, abeilles, ours ou autres) ;

▷ sur l'usage d'un matériau, des pigments utilisés pour fabriquer les couleurs (recours aux plantes, aux insectes, aux coquillages, couleurs synthétiques au contraire plus tard) ;
▷ sur une technique (la tapisserie, la mosaïque, la peinture sur bois ou sur toile, la sculpture avec les principes de la taille, du modelage et de la fonte).

▶ **Le temps de la narration** (par l'enseignant, un conférencier ou un guide) d'une histoire associée à l'œuvre, à son auteur, à son commanditaire, à sa réception ou sa postérité.

▶ **Le temps de la restitution et de mise en commun** après la réalisation en demi-groupes ou en plus petits groupes de telle ou telle production.

▶ **Le temps de l'interprétation par les élèves** d'une chanson ou d'un morceau en relation avec le thème abordé dans la séquence d'histoire des arts.

1-2. En demi-classe

Certaines activités se prêtent mieux à une activité en demi-groupe, sans nécessiter toutefois un nombre très restreint d'élèves pour mener à bien le travail projeté par l'enseignant :

▶ **Le déroulement d'une visite.** Souvent, lors de la visite d'un musée ou d'un autre lieu où il est possible de rencontrer des œuvres, il est requis par l'établissement ou bien jugé préférable pour le bon déroulement de la visite / promenade / activité, de constituer deux demi-groupes dans une classe, chacun accompagné par un ou plusieurs adultes. Outre les règles imposées par l'institution, les conditions sont, pour les élèves, meilleures pour accéder aux œuvres, les regarder, écouter, se concentrer, ainsi que pour échanger et exprimer leurs impressions et réactions.

▶ **La mise en œuvre de certaines activités de création** – qu'elle soit langagière, plastique, gestuelle et corporelle – est plus simple si la classe peut être partagée en deux groupes et que chacun est encadré pour une activité pendant que l'autre expérimente la seconde. Si l'enseignant peut être accompagné par un collègue, cela permet un travail plus suivi, plus efficace. Les groupes peuvent changer d'une séance à l'autre, afin que tous les élèves aient pratiqué les deux expérimentations.

1-3. En petits groupes ou en binômes

D'autres activités sont plus profitables si elles sont pratiquées en petits groupes :

▶ **Le travail de collecte d'informations**, afin de répartir les tâches entre plusieurs groupes d'élèves, éventuellement en ayant recours aux outils numériques.

▶ **Le travail de classement de ces informations**, sous forme de tableau, ou en réalisant un diaporama par exemple.

▶ **Le travail de rapprochement et de comparaison entre les œuvres** de nature différente à partir d'un tableau.

▶ **La réalisation d'une production collective**, selon les consignes données : planche de bande dessinée, écriture à plusieurs mains, œuvre plastique composée à plusieurs.

▶ **Une enquête dans les salles d'un musée**, à partir d'un questionnaire, pour retrouver quelques œuvres, identifier des scènes à partir des notices ou des motifs, reproduire une figure. L'histoire et l'archéologie seront mobilisées.

▶ **La création d'une chorégraphie** à partir de l'étude d'une sculpture, en proposant des gestes, des mouvements, des postures, des rythmes, un accompagnement musical. L'éducation physique et sportive sera alors investie par l'enseignant.

2. Les activités individuelles

2-1. Associées à la pratique de la langue

▶ **La rédaction d'une description** organisée de l'œuvre ou d'un texte imaginé à partir d'une œuvre (un portrait, un épisode). L'élève pourra recourir aux savoirs acquis en cours d'histoire si l'une des œuvres choisies renvoie à une période étudiée.

▶ **La lecture d'un texte** extrait de la littérature de jeunesse, la récitation d'un poème associé au thème d'ensemble.

▶ **La présentation à l'oral** d'une appréciation et l'expression d'un goût sur une œuvre d'art, de manière argumentée.

2-2. Associées à la pratique artistique

▶ **La réalisation d'une composition ou d'une maquette** en réemployant des matériaux, des codes de représentation ou de sujets observés dans une œuvre étudiée.

▶ **La recherche d'autres œuvres** qui se sont inspirées d'une œuvre patrimoniale (comme par exemple *La Joconde* de Léonard de Vinci, 1503-1506) pour aborder ensuite, en classe entière, la notion de citation ou de détournement d'une œuvre célèbre par un autre artiste.

C Des activités à l'oral ou à l'écrit

1. À l'oral

L'oral correspondra souvent aux activités prévues en groupe :

▷ le **recueil des réactions**, des impressions, des jugements et des questions des élèves.

▷ la **collecte des observations**, des hypothèses formulées et le recueil de tous les éléments significatifs.

▷ le **classement des données rassemblées**, s'il est collectif.

▷ **l'écoute du discours de l'enseignant** ou d'un autre adulte présentant les œuvres ou accompagnant leur découverte.

▷ **la réalisation d'une carte mentale** synthétisant ces éléments et permettant de relier les différentes œuvres entre elles.

▷ **la participation à un débat autour du groupe d'œuvres rapprochées** en corpus pour la séquence construite en histoire des arts. C'est l'occasion de convaincre les autres élèves de la pertinence d'un ressenti face à une œuvre, en fonction des hypothèses recevables par la communauté de la classe.

▷ **la présentation d'une œuvre ou d'une affiche** ou d'une partie d'exposition au public des camarades, des parents, du personnel de l'école.

▷ **un exposé** sur une œuvre et un texte choisis par les élèves et croisés entre eux.

ATTENTION

L'histoire des arts n'ouvre pas la porte à l'expression de toutes les lectures et interprétations possibles et imaginables. Elle invite les élèves à traduire leurs ressentis et à émettre des hypothèses dont ils testent la pertinence en vérifiant si elles peuvent être partagées avec leurs pairs et le professeur.

2. À l'écrit

▶ L'écrit est la modalité propre à l'**expression plus personnelle du ressenti de l'élève**, le plus souvent à titre individuel, parfois dans le cadre d'une réalisation en binôme ou en petit groupe, mais cette modalité est plus rarement retenue.

▶ L'écrit est utilisé pour :
▷ **un atelier d'écriture** et la production d'un écrit, qui peut être de nature très diverse : compte rendu, description, cartel, récit, dialogue ;
▷ **un atelier de production artistique** (dessin, peinture, moulage).
▷ **la réalisation d'une affiche** sur papier ou en format numérique.

À RETENIR

- L'enseignement en histoire des arts repose fréquemment sur un travail collectif, parfois avec la classe entière, plus souvent en demi-classe ou en plus petits groupes d'élèves pour faciliter la vue ou l'écoute des œuvres.
- De nombreuses activités se déroulent en grande partie à l'oral, même si certaines étapes dans la découverte des œuvres et leur mise en relation, entre elles et avec une période donnée, passent aussi par un travail écrit.
- Les productions des élèves sont pour leur part volontiers liées à une trace écrite ou plastique.
- Reste que la rencontre sensible entre un individu et une œuvre d'art relève avant tout, à un moment donné, d'un registre individuel.

26 L'usage du numérique

▶ THÈME 3 : COMMENT ENSEIGNE-T-ON L'HISTOIRE DES ARTS ?

En plusieurs occasions, utiliser les outils numériques pour enseigner l'histoire des arts apparaît judicieux et présente de réels avantages.

A Problématique

On peut distinguer plusieurs niveaux dans l'usage du numérique en histoire des arts :
– la visualisation des œuvres à l'école, à condition de disposer de l'équipement nécessaire ;
– la préparation de supports ou de dispositifs qui vont permettre de dégager du temps en classe pour aborder les œuvres avec les élèves ;
– l'intégration des élèves eux-mêmes dans une pratique grâce aux outils numériques.

Pour réussir le concours

Quels que soient le sujet proposé et les documents réunis, vous montrerez avec profit combien les opportunités de recourir au numérique dans une séance en histoire des arts sont nombreuses pour diversifier et enrichir les pratiques des enseignants et les activités des élèves.

B Situations et activités

1. La présentation des œuvres

En classe, les outils numériques permettent :

▷ **de présenter à l'ensemble des élèves les œuvres choisies** grâce à un ordinateur, à un vidéo-projecteur et à une surface claire et uniforme. On pourra visualiser des reproductions en haute définition de peintures, de sculptures ou d'autres objets, des vues montrant un édifice et le situant dans son contexte, des photographies, des extraits de films, de pièces de théâtre ou de spectacles de danse, d'un opéra ou encore d'un défilé…

▷ **de faciliter la présentation des œuvres dans leur contexte et dans leurs détails.** L'enseignant peut en effet présenter les détails jugés significatifs en les agrandissant, varier les angles de vue, insérer des clichés montrant la situation de l'œuvre dans le monde, dans une ville (carte), dans l'espace (plan, reconstitution), juxtaposer une peinture évoquant un lieu particulier et une photographie de ce même lieu. Le diaporama (type Genially, Canva) ou autre support numérique (affiches interactives au moyen de Piktochart) introduit plus de souplesse, de dynamisme et de richesse. Cela favorise les questionnements des élèves.

▷ **de projeter une frise chronologique correspondant à la période étudiée**, dont les élèves reçoivent aussi une version photocopiée vierge et graduée, et d'intégrer sur cette frise les vignettes des œuvres étudiées.

▷ **d'utiliser un tableau blanc interactif** pour analyser une œuvre et noter :
– les questions posées par les élèves et les réponses apportées ;
– des groupes de mots, en les rassemblant par sujet ou par thème, sous un titre (par exemple, l'auteur de l'œuvre et sa personnalité, le sujet de l'œuvre, les formes et les couleurs).

▷ **de faire visiter virtuellement un lieu, un site archéologique, un monument, un musée, une exposition.** Les musées proposent de plus en plus de ressources pour les enseignants, notamment des outils pour les recherches préalables à la réalisation du projet (sites, applications, formations en ligne).

▷ **de conserver dans l'ordinateur de la classe toutes les œuvres** qui auront été abordées et étudiées au long de l'année et de pouvoir facilement les mobiliser de nouveau.

2. L'accès aux ressources

Les outils numériques peuvent, en classe, en salle informatique ou à la maison, **faciliter l'accès des élèves à des ressources concernant les œuvres d'art et leur exploitation** dans le cadre d'activités définies et accompagnées par l'enseignant. Ces outils permettent de **faire des recherches documentaires** :

▷ sur l'œuvre (ou les œuvres) vue(s) en classe, seul, à deux ou bien en groupe, pour répondre aux questions posées pendant la phase de découverte et d'observation.

▷ sur les œuvres rencontrées lors de la visite d'une exposition, que ce soit sur le site du musée visité ou sur les sites indiqués par l'enseignant. Ces recherches enrichiront une présentation orale ou une trace écrite demandée en synthèse.

▷ sur les apparitions d'une œuvre célèbre au fil des époques et sur ses éventuels détournements.

3. La mise en œuvre d'activités

Recourir aux outils numériques en histoire des arts introduit la dimension de la **pratique sensible par les élèves** eux-mêmes et de la création, en complément d'autres modalités plus traditionnellement employées ou en les combinant. Ainsi, il est possible pour les élèves, en salle informatique et encadrés par l'enseignant :

▷ de **créer un cahier numérique, un portfolio** pour conserver la trace des œuvres rencontrées au cours de l'année. Cet outil a l'avantage de pouvoir intégrer, sur le cahier en papier ou sur le lutin, des liens vers des documents sonores ou des extraits de vidéos que l'élève peut écouter et regarder.

▷ d'**expérimenter un logiciel pour créer** seul et de manière collaborative, à partir d'une histoire racontée dans un texte littéraire ou une peinture, une œuvre écrite ou plastique, en rédigeant, créant, agençant, déplaçant des formes, en modifiant les couleurs.

▷ de **photographier des œuvres grâce à une tablette**, dans un parc, dans la rue, dans un musée. Puis d'apprendre à recadrer ou retoucher ces photographies, à les disposer entre elles, à leur attribuer une légende.

▷ de **créer une exposition virtuelle** (par exemple avec l'outil Padlet) ou une visite virtuelle du quartier avec l'enseignant qui aura alors recours de son côté à un outil de montage, en utilisant les photographies prises par les élèves, des courts textes de présentations, des dessins ou un plan, l'enregistrement des sons entendus dans la rue.

REMARQUE

Pour créer un cahier numérique, l'application numérique de l'Éducation nationale « Folios » est notamment au service du PEAC des élèves.

À RETENIR

• Les outils numériques ne sont pas une fin en soi dans la fabrication d'une séance en histoire des arts. Ils n'ont d'intérêt que mis au service des activités des élèves, de leur compréhension des œuvres proposées, et de la construction de leurs apprentissages. Ils sont utilisés par l'enseignant en fonction de son projet et des objectifs fixés pour cette séance.

• Le numérique est à envisager aussi en termes de pratiques artistiques, pour réaliser des objets artistiques, les présenter, les partager. Il permet aussi aux élèves « la manipulation et modélisation de formes (picturales, architecturales, musicales) et matériaux ainsi que des travaux collaboratifs en vue d'une présentation commune des œuvres étudiées » (B.O. du 26/11/2015).

27 Les productions en histoire des arts

▶ THÈME 3 : COMMENT ENSEIGNE-T-ON L'HISTOIRE DES ARTS ?

L'enseignement de l'histoire des arts a pour but de structurer la culture artistique des élèves et de développer leur approche sensible des œuvres. Ceci ne passe pas uniquement par le regard et l'écoute mais aussi par les productions des élèves.

A Problématique

En effet, ce que les élèves réalisent eux-mêmes participe fortement du travail mené en histoire des arts. En créant un texte, un dessin ou un objet, l'élève rend compte, à sa manière, des relations qu'il a perçues entre des œuvres qui lui ont été présentées.

Pour réussir le concours

Gardez toujours présent à l'esprit que l'enseignement de l'histoire des arts comporte :
– des apprentissages ;
– des rencontres avec les œuvres, qu'elles appartiennent au passé ou au présent, à des espaces familiers ou au contraire étrangers ;
– des réalisations concrètes, produites par les élèves.

B Situations et activités

L'éducation à la sensibilité passe par plusieurs étapes.

1. Apprendre à voir, à écouter, à établir des connexions

En histoire des arts, l'élève apprend à voir et à écouter des œuvres puis à saisir comment il est possible de les relier ensemble. Il apprend à **déceler les connexions qui existent entre des œuvres** appartenant à des époques, à des aires géographiques ou à des domaines artistiques éloignés.

2. Repérer en quoi une œuvre parle du monde et de nous dans ce monde

L'élève apprend à percevoir en quoi ces œuvres parlent toujours, à leur manière, et dans des langages qui leur sont propres, du monde autour d'elles. L'œuvre d'art nous dit quelque chose de son auteur, mais aussi de ce qui est autour de nous et de la façon dont nous le percevons, du rapport que nous entretenons avec ce monde autour, à un moment donné. **C'est en ce sens qu'une œuvre nous touche**, nous rappelle un souvenir, une situation, un sentiment.

3. Exprimer verbalement ses impressions

▸ C'est l'expression du **ressenti par un élève**, puis par un autre, encadré par l'enseignant, en utilisant un vocabulaire précis et adapté et en étant soucieux de la communication à l'attention des camarades. C'est aussi la **discussion, sous la forme d'un débat**, sur des ressentis différents.

▸ Déjà, en parlant d'une œuvre, en exprimant une préférence, en procédant à un choix d'une œuvre plutôt qu'une autre, l'élève révèle une part de sa sensibilité et donc une part de lui-même, quelque chose de subjectif. Accepter de s'exprimer par rapport à une œuvre d'art revient à **dévoiler une part de sa personnalité**.

4. Traduire ses réactions sensibles sous la forme d'une création

4-1. Une production collective

▶ La production collective peut être **orale, verbale, gestuelle et/ou corporelle** : une représentation théâtrale d'un mythe, dans un format adapté, une chorégraphie, une scène reproduisant une œuvre où chaque élève prend la pose, une histoire à plusieurs voix, un débat, un travail de pantomime…

▶ Elle peut être **écrite et/ou plastique** : ainsi une affiche, un dessin, une description d'œuvres, un relevé à partir de l'écoute d'un extrait musical ou de l'observation d'un édifice, un schéma, l'élaboration d'une maquette, d'un objet sur le modèle d'un détail repéré comme emblématique dans une peinture.

REMARQUE

Des costumes, des décors, un accompagnement sonore, musical, pourront être envisagés. Le recours aux outils et supports numériques pourra aussi être précieux.

▶ Elle peut **associer étroitement l'étude d'une œuvre avec le programme d'une autre discipline** que celles qui ont été implicitement convoquées jusqu'ici : français, éducation physique et sportive, arts visuels, éducation musicale, histoire mais aussi celui de mathématiques.

EN PRATIQUE

En géométrie, par exemple, un travail collectif peut être proposé sur la reproduction d'un motif floral présent dans une frise décorative, à partir de l'identification du motif, de la construction des différentes formes géométriques présentes (triangles, cercles, demi-cercles, rectangles) et de l'assemblage final des productions de tous les groupes.

4-2. Une production individuelle

▶ La production peut être individuelle s'il s'agit :
– d'**écrire un texte imaginé**, de nature et de forme diverses : pour faire parler un personnage vu sur une œuvre, écrire un épisode qui prendrait place avant ou après une scène observée ;
– de **créer une œuvre graphique ou picturale** ;
– de **réaliser une chronologie ou une carte simplifiée** pour situer l'œuvre ou les œuvres dans leur contexte historique et géographique ;
– de **communiquer aux autres élèves des informations** rassemblées et organisées autour d'une œuvre ou d'un groupe d'œuvres, à la manière des pages d'un guide touristique.

▶ La production peut être réalisée peu à peu au cours de la séquence, ou bien plutôt dans les dernières séances, selon les choix de l'enseignant.

4-3. Les enjeux de ces productions

Quel que soit le type d'activité effectué, il conduit l'élève à réfléchir sur :
▷ le **choix de différents signes et motifs**, de matériaux et de techniques diversifiés ;
▷ la **composition, l'agencement des éléments**, leur disposition ;
▷ les **étapes** pour passer de la conception à l'élaboration et à la finalisation du produit.
▷ l'**accompagnement de la production par une légende**, un commentaire à l'oral, une explication, une introduction pour les autres élèves ou un autre public.
▷ la **présentation de cette production**, le lieu de son exposition, son public.

À RETENIR

- Construire un enseignement en histoire des arts, c'est apprendre à regarder, à voir, à écouter, à repérer, mais aussi à produire soi-même.
- Les productions des élèves sont de nature très variée selon les ressources dont l'enseignant dispose, le temps qu'il peut consacrer à son projet en histoire des arts, et les espaces qu'il peut investir.
- Quelles que soient leur nature et leur envergure, ces productions manifestent la sensibilité des élèves sur un mode différent de celui qui est le plus souvent requis, à savoir l'expression de leur ressenti face à une œuvre. Cet investissement de leur créativité personnelle est un élément important.

L'évaluation

▶ THÈME 3 : COMMENT ENSEIGNE-T-ON L'HISTOIRE DES ARTS ?

Comme tout enseignement, celui d'histoire des arts, même s'il n'est pas une discipline, doit être évalué pour estimer les connaissances et les compétences acquises au cours d'une séquence par les élèves.

A Problématique

L'évaluation en histoire des arts croise en toute logique l'évaluation plus générale des compétences et des connaissances du socle commun, dans la mesure où cet enseignement transversal et pluridisciplinaire en est une déclinaison particulière.

Pour réussir le concours

Il est important de bien prendre en compte et de faire apparaître dans son analyse du sujet et sa présentation le moment où l'évaluation est prévue, non comme une formalité, mais comme une étape dans l'acquisition, palier par palier, des connaissances et compétences attendues des élèves.

B La diversité des modalités

1. La mise en œuvre de l'évaluation

▶ L'évaluation en histoire des arts peut être menée :

▷ **à travers l'évaluation propre aux différents enseignements** qu'elle associe et mobilise autour d'un projet commun et d'un corpus d'œuvres partagé : le français, l'histoire, les arts visuels, les mathématiques, l'éducation musicale, l'éducation physique et sportive, les sciences ;

▷ **à travers une activité spécifique à la séquence** construite en histoire des arts ;

▷ **à l'oral**, ce qui correspond assez bien à l'approche d'une œuvre ou d'un thème, ou **à l'écrit** pour mettre en œuvre de façon individuelle ce qui a auparavant, lors d'autres séances, été expérimenté dans une situation orale collective.

▷ **de façon individuelle ou bien collective**. Le travail en binôme ou en groupes favorise la collaboration et les échanges entre pairs ;

▷ **en un temps unique ou bien en deux temps**, permettant de conjuguer un travail individuel puis une mise en commun et des échanges sur les différentes propositions des élèves ;

▷ **de préférence lors de la dernière séance**, conclusive, de la séquence, afin de revenir sur les principes méthodologiques et les savoirs acquis tout au long des séances précédentes. C'est une **évaluation sommative** (plutôt qu'une évaluation formative, pendant la séquence).

▶ Dans tous les cas, le **soin apporté à l'élaboration des consignes** est essentiel. Elles doivent être claires, précises, adaptées au niveau des élèves et à leur âge. Elles guident les élèves mais portent sur l'objectif attendu d'eux, et non sur la manière de l'atteindre, qui va justement faire l'objet de leur réflexion et de leur travail.

2. Ce qui est évalué

2-1. Les compétences du socle commun

Les compétences du socle commun évaluées pour les **domaines 1, 2, 3 et 5** sont :

▷ **la maîtrise de la langue et du vocabulaire adapté** pour décrire, comprendre et interroger les œuvres et les langages artistiques. On rejoint les compétences évaluées en français ;

▷ **la capacité à travailler selon des méthodes et avec des outils adaptés** et en commun avec ses camarades ;

▷ **la formation de la personne et du citoyen**, en initiant à l'expression de ses émotions et de ses goûts et au développement de la confiance en soi et du respect des autres. On rejoint les compétences évaluées en enseignement moral et civique ;

▷ **l'acquisition de connaissances historiques et géographiques** liées au contexte de création et de réception des œuvres dans un temps et dans une aire donnés, en développant une perception sensible des cultures, de leur histoire et de leurs circulations. On rejoint les compétences évaluées en histoire et géographie.

2-2. Les compétences travaillées en histoire des arts

Ces compétences particulières sont mentionnées dans les documents institutionnels (BO spécial n° 11 de novembre 2015 notamment) :

▷ **Savoir décrire une œuvre d'art** et en dégager les principales caractéristiques de façon ordonnée, en fonction :
– des formes que l'œuvre donne à voir ou à entendre *(Que voit-on ? Qu'entend-on ?)* ;
– des techniques et matériaux identifiés *(En quoi et comment est-ce fabriqué ?)* ;
– des significations, surtout pour les œuvres narratives *(Qu'est-ce que cela raconte ?)* ;
– des fonctions ou usages ou destinations *(À quoi est-ce que cela servait ? Pourquoi était-ce fabriqué ?)* ;

▷ **Savoir présenter de façon argumentée son propos sur l'œuvre**, en le construisant selon plusieurs étapes.

▷ **Savoir formuler face à une œuvre d'art un ressenti** et une expression juste de ses émotions, éventuellement en passant par la pratique et l'interprétation personnelle et sensible de l'œuvre. L'évaluation portera alors sur le dessin, le croquis, la photographie, la rédaction ou tout autre type de réalisation présentée par l'élève.

▷ **Savoir mettre en relation plusieurs œuvres entre elles**, les comparer, les rapprocher.

▷ **Savoir mémoriser des grands repères historiques du patrimoine national et mondial, de l'Antiquité à nos jours**, qui permettent de situer une œuvre dans le temps et dans l'espace des grandes civilisations. Ainsi l'évaluation appréciera-t-elle la capacité d'un élève à resituer une œuvre dans son contexte historique.

EN PRATIQUE

Le Sacre de Napoléon Ier et couronnement de l'impératrice Joséphine dans la cathédrale Notre-Dame de Paris le 2 décembre 1804, peint par Jacques-Louis David en 1806-1807 (et dont une réplique est peinte par l'artiste en 1808 et conservée à Versailles) est une œuvre politique qui ne peut être comprise sans la connaissance du contexte de sa création.

Jacques-Louis David, *Le Sacre de Napoléon Ier et couronnement de l'impératrice Joséphine dans la cathédrale Notre-Dame de Paris le 2 décembre 1804*, 1808, huile sur toile, 621 × 979 cm, musée national du château de Versailles.

3. Les formes de l'évaluation

Cette évaluation peut prendre plusieurs formes :

▷ **Un questionnaire construit par l'enseignant**, à renseigner par l'élève à partir d'une œuvre projetée ou d'un ensemble d'œuvres. Les questions permettront d'apprécier, selon des indicateurs précis, la capacité de l'élève à suivre une démarche similaire à celle qui aura été menée à plusieurs reprises en classe au cours de la séquence, pour présenter une œuvre, la décrire de manière raisonnée, la situer, la mettre en relation de façon pertinente avec d'autres œuvres, émettre un avis argumenté à son sujet.

▷ **Une trace écrite réalisée dans un musée**, à partir de rubriques à compléter par l'élève (données à rechercher, lignes à rédiger, croquis à réaliser…). Comme pour le questionnaire, chaque partie de l'activité sera associée par le professeur aux composantes de la compétence qu'il cherche à évaluer et à des éléments possibles à observer.

▷ **Une production finale sous la forme d'un exposé oral**, de la présentation d'une affiche ou d'une mise en scène collective. Il sera possible d'évaluer des compétences langagières (l'usage d'un vocabulaire spécifique et diversifié, le réinvestissement des mots découverts pendant la séquence) ; la capacité de l'élève à distinguer à l'oral entre les savoirs objectifs (les caractéristiques formelles de l'œuvre, qui sont les éléments descriptifs) et les savoirs subjectifs ensuite (les éléments d'interprétation, qui sont les éléments ressentis et donc subjectifs).

À RETENIR

- L'évaluation en histoire des arts prend le plus souvent place à la fin de la séquence. Il s'agit d'évaluer ce qui a été l'objet d'apprentissages au cours des différentes séances.
- Sont évalués principalement des savoirs et des savoir-faire, c'est-à-dire des connaissances et des compétences clairement définies, avec objectivité. L'enseignant définit des indicateurs, des éléments qu'il peut observer et qui lui permettent d'évaluer, mis en relation avec les compétences visées et les attendus de cycle 3.
- Il est aussi possible d'évaluer en histoire des arts des savoir être, autrement dit des comportements, des attitudes, envers autrui et à l'égard des sentiments ou opinions exprimés par les camarades.
- L'évaluation est articulée aux attendus de fin de cycle, adaptés au niveau de la classe de CM1 ou de CM2 et aux éléments observables articulés à chaque compétence.
- L'évaluation permet d'ajuster les étapes du parcours d'apprentissage prévu par l'enseignant et d'adapter les démarches et les activités aux réalisations des élèves.

29 La conception d'une séquence et d'une séance

▶ THÈME 3 : COMMENT ENSEIGNE-T-ON L'HISTOIRE DES ARTS ?

Construire une séquence pédagogique en histoire des arts, c'est savoir comment concevoir, organiser et mettre en œuvre un dispositif d'apprentissage adapté aux élèves de CM1 ou de CM2, centré sur la pluridisciplinarité.

A Au préalable

Avant de construire une séquence autour d'une thématique et d'un groupe d'œuvres artistiques, il convient :

▷ de déterminer :
– l'ensemble des champs disciplinaires qui vont être associés ;
– les compétences travaillées, qui sont attendues des élèves au terme de chaque séance, en relation avec les programmes scolaires ;
– les approches interdisciplinaires et transdisciplinaires favorisées ;
– les objectifs visés : ce que l'on veut que les élèves apprennent ;
– les documents ou ressources choisis pour les élèves ;
– les supports nécessaires pour l'enseignant, selon des choix justifiés ;
– les activités retenues ;
– les lieux envisagés.

▷ de dégager les différents liens qui permettent d'articuler ces éléments.

▷ de penser l'organisation des séances en termes de progressivité et de complémentarité des apprentissages.

Vocabulaire

● Une **séance** (limitée dans le temps à une heure ou deux) présente des objectifs à atteindre, peu nombreux, associés à des compétences et à des activités ou contenus précis. Chaque séance propose une question, un problème, un enjeu clairement défini et attractif pour les élèves et adapté à leurs besoins.

● Une **séquence pédagogique** (ou séquence d'apprentissage) est constituée de plusieurs séances (4 à 6 en moyenne). Chaque séquence aborde une notion, un sujet, un thème assez général.

B Une approche pluridisciplinaire

▶ Une séquence en histoire des arts est forcément fondée sur une approche pluridisciplinaire. Le candidat ne peut faire en l'économie.

▶ Le candidat peut construire son projet en histoire des arts, et donc sa séquence pédagogique, en privilégiant **deux ou trois matières** et en ne mobilisant certaines autres matières que plus accessoirement ou pas du tout.

▶ Au cours de cette séquence, des **compétences disciplinaires** déjà travaillées par l'enseignant avec les élèves peuvent être sollicitées :
– dans les **disciplines artistiques** (arts visuels, éducation musicale) ;
– dans les séances de **français** ;
– dans les séances d'**histoire** (apprendre à se repérer et à situer dans le temps).

▶ D'autres compétences disciplinaires ne seront sélectionnées qu'en fonction du sujet ou du thème choisi : ainsi les compétences **scientifiques, physiques** (liées au corps en mouvement et à ses représentations) ou **techniques**.

▶ Ce faisant, l'enseignant construit sa séquence sur la **perception des enjeux communs** aux différentes disciplines, autour du thème choisi, et sur la transposition, les passages et les transferts possibles d'une discipline à l'autre. **La séquence propose une approche décloisonnée de l'enseignement**.

C La construction de la séquence

1. De la séquence…

▶ Dans un premier temps, l'enseignant doit choisir :
– un sujet : en partant d'une œuvre d'art, ou bien d'une thématique, ou encore d'un mouvement artistique, principalement, en relation avec les programmes ;
– un niveau de classe ;
– le corpus d'œuvres retenu.

▶ Il doit énoncer d'un **fil conducteur** ou d'une problématique qui guide l'ensemble de la séquence. La séquence est pensée pour répondre à cette problématique en favorisant la rencontre des élèves avec les différentes œuvres du corpus. **C'est l'objectif de la séquence.**

▶ Il doit **ensuite rassembler l'ensemble des connaissances nécessaires** pour enseigner sur le thème retenu, dans la perspective d'une éducation à la sensibilité et d'une ouverture à la culture artistique : savoirs pédagogiques, savoirs didactiques disciplinaires et pluridisciplinaires.

▶ Puis, il doit choisir :
– les compétences retenues : en histoire des arts, dans les disciplines associées (français, histoire, arts plastiques, enseignement moral et civique…) ;
– les domaines du socle commun de connaissances, de compétences et de culture concernés.
– le nombre de séances.

▶ Enfin, il reste à **préparer la présentation** à l'aide du matériel nécessaire (tableau numérique, vidéoprojecteur, tablettes, tableau noir, crayons de couleurs, feuilles A4 blanches…).

2. … aux séances

▶ Le **découpage en séances** doit se faire selon une répartition qui corresponde aux éléments cités précédemment, en fonction des apprentissages prévus et de l'élaboration d'une progression cohérente pour traiter le thème.

▶ Chaque séance :
▷ est située par rapport à celle qui précède et à celle qui suivra. Les différentes activités et productions sont unies par un fil directeur ;
▷ suit un **déroulement** minuté ;
▷ **apporte des éléments de réponse** à la problématisation de la séquence et permet de travailler les compétences des différentes disciplines concernées par les œuvres d'art sélectionnées.

REMARQUE

Les séances qui constituent une séquence ne doivent pas apparaître comme juxtaposées les unes aux autres, et seulement unies par le thème traité. Elles se succèdent au contraire de façon dynamique, progressive et complémentaire.

▶ Pour chaque séance, il faut définir dans la **fiche de préparation** :
▷ **sa durée** ;
▷ **la période de l'année** où il est pertinent d'aborder tel sujet ou telle notion ;
▷ **le moment de la journée** où elle prend place ;
▷ **les objectifs** et enjeux, peu nombreux et précis ;
▷ **les contenus**, à varier ;
▷ **la ou les mises en activités**, adaptées à l'âge des élèves, à leur niveau, à leurs capacités de concentration. Chaque activité ou exercice est décrit, selon les modalités pédagogiques retenues, qui doivent varier pour faire alterner travail collectif (en classe entière ou en petits groupes) et travail individuel ;
▷ **les compétences travaillées** pour atteindre les objectifs ;
▷ les procédés de différenciation pédagogique envisagés pour prendre en compte les différences de niveau et de rythme des élèves dans les apprentissages, pour les aider, les stimuler, les faire progresser.
▷ **le type d'évaluation**, ses modalités, sa pertinence, son adaptation c'est-à-dire :
– sa place dans la séquence ou dans une séance en particulier (évaluation formative ou plutôt sommative notamment) ;
– son organisation pour vérifier que tous les élèves ont progressé dans l'acquisition des compétences prévues et des savoirs attendus ;
– les outils mis en place ;
– la correction de l'évaluation en classe, collective ou individuelle ;
– les moyens de faire progresser les élèves en difficulté à partir de l'évaluation ;
– les difficultés anticipées ou non, les remédiations possibles.

▶ La séance en histoire des arts pourra comporter :
– un ancrage dans la séquence et éventuellement dans le programme de l'année ;
– une présentation de ce qui va être fait et des objectifs ;
– une mise en activité autour de la découverte de l'œuvre ou des œuvres, de l'observation et/ou de l'écoute, de la comparaison, des échanges, de la production ;
– un temps de conclusion, de mise en commun des productions ;
– une trace écrite en synthèse de l'activité.

À RETENIR

• Une séquence pédagogique est un enchaînement de moments reliés entre eux selon une logique pédagogique organisée autour du sujet choisi.
• C'est une unité de formation cohérente, construite sur une progressivité dans les apprentissages et les activités, qui se décline en plusieurs séances, à la manière d'ateliers complémentaires.
• Chaque séance est conçue selon des objectifs, des contenus, des modalités qui varient dans la mesure où les apprentissages diffèrent de l'une à l'autre.

5.

LES ŒUVRES AU PROGRAMME

À LA RENCONTRE DES ŒUVRES DU CORPUS

▶ ÉDUCATION MUSICALE

Pour analyser les œuvres musicales, voici une grille d'écoute avec cinq ou six rubriques permettant d'entrer dans l'univers sonore des compositeurs.
À chaque œuvre est associé un QR-code mais vous pourrez également retrouver l'ensemble des œuvres au programme sur le site : reseau-canope.fr/musique-prim.html.

1. La couleur

▶ La couleur définit **les timbres** (voix, instruments, objets sonores, sons de synthèse) produisant le son.

▶ On parle de **formation instrumentale, vocale ou de sources sonores** dans la musique électro-acoustique. On parle également de **musique mixte** couplant sons enregistrés et productions instrumentales ou vocales acoustiques.

2. La dynamique

▶ La dynamique définit d'une part **les nuances**, soit l'intensité du son ou ses variations, d'autre part **les modes de jeu**, c'est-à-dire le geste de l'instrumentiste ou du chanteur pour produire le son.

▶ On imaginera facilement quelques gouttes de pluie ou des pas légers effleurant le sol si le violoniste joue en *pizzicati* (soit en pinçant les cordes avec son doigt). On entendra le *growl* de Louis Amstrong (chant guttural) ou le *vibrato* d'une chanteuse lyrique.

3. Le temps

▶ Le temps est un composant essentiel de la musique. Il se définit par une **pulsation qui permet un découpage**.

▶ **Le tempo définit la vitesse** : une berceuse est assez lente, une valse peut-être lente lorsqu'elle est triste chez Jean Sibelius ou à mille temps et donc rapide et en *accelerando* lorsque Jacques Brel la chante.

▶ **Le rythme permet de définir une organisation des durées.** Certains seront caractéristiques : accompagnement de danse sur la « Habanera » dans l'opéra *Carmen* de Georges Bizet, rythme de danse espagnole pour l'*ostinato* du *Boléro* de Maurice Ravel…

4. L'espace

▶ L'espace est la notion la plus abstraite. Il **mesure l'organisation, la composition, la combinaison des sons entre eux**.

▶ Dans cet ouvrage, on s'attache essentiellement à définir les thèmes, les motifs, les accompagnements afin de mesurer l'espace que déploie cette superposition et de discriminer chacun de ses éléments.

5. La forme

▶ La musique se construit suivant des éléments qui reviennent puis se transforment et laissent place à d'autres. La forme définit **le déroulé dans le temps**.

▶ Certaines formes sont facilement identifiables comme le refrain-couplet ou rondo instrumental, la forme tripartite ou ABA.

6. Le rapport texte-musique

Le rapport texte-musique permet de comprendre **les liens, la résonnance entre le mot et le son**.

ŒUVRE 1 PROGRAMME

Bruno Fontaine, « Le rapt de la fille en rouge », 2019

▶ ÉDUCATION MUSICALE

Bruno Fontaine (1957), « Le rapt de la fille en rouge », 2019, extrait de la comédie musicale *Be-Bopéra, une enquête de John Chatterton*, sur un livret d'Yvan Pommaux.

ZOOM SUR…

Bruno Fontaine
Ce pianiste, chef d'orchestre, compositeur et arrangeur est né en 1957. Artiste multiforme passant de la composition de musique de films (*On connaît la chanson* d'A. Resnais) aux concerts en tant qu'interprète ou aux arrangements symphoniques de chansons de variétés.

Yvan Pommaux
Né en 1946, c'est un auteur-illustrateur jeunesse aux couleurs subtiles et dont les personnages sont souvent des animaux pris dans des intrigues policières.

A Le contexte de création de l'œuvre

▶ **Cette pièce est extraite de la comédie musicale *Be-Bopéra*,** *une enquête de John Chatterton* composée par Bruno Fontaine sur un livret d'Yvan Pommaux. Elle est inspirée de la collection d'albums de Y. Pommaux « John Chatterton, détective » (L'école des loisirs). Le *Be-Bopéra* est une commande de l'académie de Villecroze pour le projet « Les compositeurs font chanter l'école ». Jouée pour la première fois en 2019 par la Maîtrise et l'orchestre philarmonique de Radio-France, ces interprètes ont enregistré le matériel audio destiné à l'apprentissage en classe.

▶ **L'histoire est ici racontée de façon originale :** la fille en rouge est faite prisonnière et raconte son enlèvement par un loup. C'est une fille qui n'a pas froid aux yeux, intrépide et malicieuse. John Chatterton, le chat détective mène l'enquête pour la retrouver. Ce livret est inspiré du conte et du roman policier.

▶ **Le titre *Be-Bopéra* évoque immédiatement le Bebop et l'opéra** soit une combinaison de deux styles qui ne se croisent pas d'habitude. Il s'agit dans cette œuvre plus d'une comédie musicale (référence aux comédies musicales de Michel Legrand) que d'un opéra à proprement parler. Le Bebop est une évolution du jazz apparue vers 1940, qui développe davantage les improvisations sur un tempo très rapide ; l'ensemble étant soutenu par de nombreux accords riches.

B Analyse de l'œuvre

1. Grille d'écoute

Couleur	**Formation :** • Chœur d'enfants à une voix. • Section rythmique : piano, contrebasse, batterie. • Vents : saxophone alto, flûte, hautbois, clarinette, basson. • Cordes : trois violons (1), deux violons (2), deux altos, un violoncelle.	QUOI ?

Dynamique	**Nuances :** Pas de nuances, un *crescendo* dans la partie 4. **Modes de jeux :** Accents et *sforzando* sur des mots importants ou dernières syllabes (soulignant l'action en cours) ; *staccato* dans la partie 4.	COMMENT ?
Temps	**Tempo :** *Tempo moderato*, accélération au retour du mur. **Pulsation :** Pulsation régulière. **Rythme :** Rythmes syncopés et resserrés.	
Espace	**Écriture (mélodie, accompagnement) :** • Mélodie composée de lignes mélodiques ascendantes et descendantes ou resserrées (précipitation de l'histoire : enlèvement), accents sur les mots importants du texte (« m'em-poign »), vitesse du débit. • Accompagnement caractérisé par un rythme pointé (shopping) puis par des accords plaqués (à partir de l'enlèvement) ; contre-chant aux vents et aux cordes.	
Forme	Introduction, 4 parties.	
Texte	**Langue :** Français. **Organisation et sens :** Texte descriptif, scène capitale de l'album. **Rapport texte/musique :** L'accompagnement swing évoque une déambulation. La musique est légère, l'impression générale n'est pas au drame. C'est le ressenti de la fille en rouge qui est mis en musique. Elle n'est pas affolée.	

2. Analyse musicale linéaire

► **Cette œuvre et cette chanson particulièrement font référence explicitement aux contes (« Le petit Poucet »** : elle sème des indices et au *« Petit chaperon rouge »*, la fille est en rouge et il y a un loup). L'intrigue est une enquête policière et le mode de narration (de même que les dessins de l'album) empruntent au cinéma. L'évocation des comédies musicales de Michel Legrand se retrouve dans le swing et le côté insouciant de la musique et le langage familier du texte.

► Cette chanson peut être découpée de la façon suivante :

▷ **Introduction (avant l'entrée des voix) :**
Introduction jouée par la section rythmique (jeu aux balais à la batterie) qui se caractérise par un côté léger qui reviendra tout au long du morceau. L'atmosphère de flânerie est installée.

▷ **Partie 1 (jusqu'à « zib'line ») :**
– Mélodie, dans le médium, motifs ascendants et surtout descendants. Les phrases débutent sur les temps forts mais la fin du texte se termine sur la première mesure suivante provoquant un sentiment de décalage. La flûte joue un contre-chant accentuant le caractère d'insouciance.
– Accompagnement avec un rythme pointé récurrent qui donne un côté sautillant.

▷ **Partie 2 (jusqu'à « Pile ») :**
– Rythmes resserrés… il va se passer quelque chose ou « étourdissement » de la mère devant sa veste.
– Accompagnement : accords courts (plaqués), les violons donnent un côté lyrique et ironique (la mère a trouvé une veste en croco !).

▷ **Partie 3 (jusqu'à « chemin ») :**
Cette partie décrit l'enlèvement et la réaction de la fille en rouge, qui ne se laisse pas démonter. L'accompagnement suit l'action par des accords plaqués ici sur les temps forts (1 et 3) et les cordes s'emballent dans un rythme resserré. Jusqu'à la fin de cette partie, on relève une alternance du rythme pointé du début du morceau (« j'appuie sur un bouton… ») marquant la réactivité de la fille face à la situation et des accords courts ponctuant son geste de jeter ses affaires par la fenêtre.

▷ **Partie 4 (jusqu'à la fin) :**
Appel de Chatterton, le texte joue sur les phonèmes, chaque syllabe est détachée en *staccato*. Le *crescendo* final marque la nécessite et l'urgence de l'intervention de Chatterton.

C Pistes d'exploitation et de transpositions didactiques

1. Perception

1-1. Rapport musique et texte

▸ **Découvrir le texte :** le sujet, la façon de parler de la fille, son caractère dégourdi.

▸ **Identifier les éléments musicaux :** accentuation, l'utilisation de la voix (descriptive pas d'effets particuliers, sauf à la fin), les instruments, les différents modes de jeux instrumentaux et leur rôle : la section rythmique (carrure rythmique), les vents et bois, les cordes (lyrisme).

▸ **Établir les relations entre texte et tissu musical :** la musique souligne que malgré l'action inquiétante, il n'y a pas de panique ou d'angoisse chez la fille. Par rapport au récit, la musique n'est pas du tout emphatique. Elle restitue l'état intérieur serein de la fille même si elle parle vite car elle suit ses pensées et l'action presque en temps réel (c'est l'impression restituée et ressentie).

▸ La lecture de l'album dans son entier est bien sûr indispensable pour comprendre la place de cette chanson dans la narration et son esprit.

1-2. Lien avec d'autres œuvres

▸ On peut mettre cette œuvre en résonnance avec un corpus d'œuvres musicales ou issues d'autres expressions artistiques.

ŒUVRES ASSOCIÉES

- **Musique et cinéma :** comédies musicales de Michel Legrand, *Les Demoiselles de Rochefort* de Jacques Demy.
- **Graphisme :** étude de l'album d'Yvan Pommaux, ses dessins et ses couleurs.
- **Arts visuels :** *The Ground*, installation de Tarek Ataoui.

▸ **Les objets installés par Tarek Ataoui** sont à la fois des sculptures et des instruments. C'est une combinaison entre art visuel et composition musicale. Chaque objet joue sa propre partition qui s'entrelace à celle des autres objets. C'est une œuvre en constante transformation.

▸ **Travailler sur le conte et le roman policier :** Comment sont utilisés les éléments extraits des contes traditionnels ? Comment l'intrigue est-elle menée et mise en scène ?

2. Production

▸ Cette chanson peut être chantée par des élèves de la **fin du cycle 2 et du cycle 3**.

▸ La chanson présente **quelques difficultés rythmiques et d'articulation (dans la vitesse)**. Pour mettre en place le rythme, le travail commencera partie par partie, sans la musique en parlé-rythmé sur un tempo lent progressivement augmenté.

▸ **Apprendre la mélodie sans les paroles sur une onomatopée**, en repérant bien les accents. Isoler et chanter séparément les endroits plus difficiles en les transposant (chanter la même chose à partir d'une autre note).

▸ ***Be-Bopéra* est une comédie musicale.** En activité de création on pourra monter la totalité de l'œuvre (sur une année, éventuellement avec d'autres classes) ou une partie.

CHANSON TRADITIONNELLE, *L'Alouette et le Pinson*

▶ ÉDUCATION MUSICALE, HISTOIRE DES ARTS

L'Alouette et le Pinson, chant traditionnel auvergnat arrangé par Alain Gibert (1947-2013), 2001, musique chantée par Steve Waring et André Ricros.

A Le contexte de création de l'œuvre

Ce **chant traditionnel auvergnat** est présenté ici dans une **version arrangée** par Alain Gibert mêlant les deux styles de prédilection du musicien : jazz et musique traditionnelle. Le texte de la version en occitan a été adapté en français moderne. Cette version est également le fruit d'une collaboration entre trois musiciens : A. Gibert, S. Waring et A. Ricros dont les univers sont très proches.

1. L'arrangeur

Alain Gibert est un musicien de jazz (guitariste puis tromboniste), auteur-compositeur-interprète. Il est l'un des fondateurs de l'Association pour la recherche d'un folklore imaginaire (ARFI) en 1977. Il mène de nombreux projets, mêlant jazz et musique traditionnelle et collabore régulièrement avec S. Waring et A. Ricros, notamment pour la création d'albums à destination des enfants.

2. Les interprètes

▶ **Steve Waring**, guitariste, chanteur, auteur-compositeur-interprète américain, s'installe en France en 1965. Nourri par le blues et les musiques traditionnelles américaines, il est l'un des pionniers de la guitare acoustique ou guitare folk en France. Il enregistre plusieurs disques consacrés à la guitare et au banjo et exploitant les différentes techniques de jeu de ces instruments, tout particulièrement le *picking* très répandu dans le blues et la musique country. À partir des années 1980, il se lance dans la musique pour enfants à laquelle il consacre l'essentiel de sa carrière (vingt albums réalisés en collaboration avec des musiciens de jazz, dont A. Gibert notamment). Il a également été membre de l'ARFI.

▶ **André Ricros**, chanteur, instrumentiste (cabrette, accordéon, clarinette), conteur, écrivain, porte la culture de sa région d'origine, l'Auvergne, la mettant au cœur de ses œuvres et projets. Il fonde l'Agence des musiques traditionnelles d'Auvergne (AMTA) en 1985 et, avec A. Gibert, la compagnie de l'Auvergne imaginée en 2003. Il mène et participe à de nombreux projets de styles et genres musicaux différents (jazz, musique contemporaine, musique traditionnelle, musique pour enfants). L'un de ses derniers projets, réalisé avec A. Gibert, est le conte pour enfants *Jean de la Grive*, inspiré de contes d'Auvergne.

B Analyse de l'œuvre

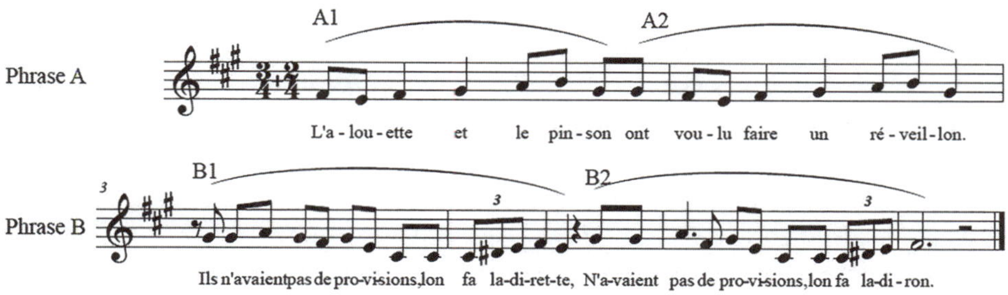

1. Grille d'écoute

Couleur	**Formation :** • 2 voix d'hommes. • 2 saxophones, trombone, cymbale.	QUOI ?
Dynamique	**Nuances :** Nuance générale peu contrastée *(mezzo-forte).*	COMMENT ?
Temps	**Tempo :** Tempo modéré, stable, hormis pour la dernière strophe jouée dans un tempo plus lent. **Pulsation :** Alternance de strophes non pulsées (interprétation libre où la pulsation n'est pas perceptible) et pulsées (avec pulsation régulière). **Rythme :** Rythmes regroupés de façon asymétrique sur 5 temps/pulsations (3 + 2).	
Espace	**Écriture (mélodie, accompagnement) :** • Mélodie d'un ambitus restreint (5 notes) structurée en deux phrases musicales : – phrase A composée de 2 parties identiques (A1 et A2) ; – phrase B composée de 2 parties quasi-identiques. Seule la fin diffère (B1/ suspensive, B2/conclusive). • Accompagnement basé essentiellement sur de longues notes tenues jouées simultanément par les trois instruments à vent. Ces notes, ainsi superposées, forment des accords et donnent une impression de fanfare. La cymbale ponctue discrètement les phrases.	
Forme	Forme strophique (la mélodie reste la même mais les paroles changent).	
Texte	**Langue :** Strophes chantées alternativement : – en occitan (par A. Ricros) ; – en français (par S. Waring). **Organisation et sens :** • 7 strophes, composées chacune de 6 vers. • Les 4e (« lon fa ladirette ») et 6e vers (« lon fa ladiron ») font office de ritournelle. • 2 thématiques abordées : – la nourriture ; – les animaux (considérés comme des personnages). • Sujet *a priori* festif (organisation d'un réveillon) mais qui, par la chute finale, revêt un caractère tragique. **Rapport texte/musique :** Sobriété de l'interprétation (peu de contrastes, longues notes tenues) qui donne un caractère mélancolique et solennel.	

2. Analyse musicale linéaire

▶ On peut découper le morceau de la façon suivante :

▷ **Du début à 0'20 :** Introduction : solo de trombone improvisé (référence au jazz).

▷ **0'20 à 01'07 :** Strophes 1 et 2 (en occitan) : chant a cappella interprété de façon libre (non pulsée).

▷ **1'07 à 1'52 :** Strophes 1 et 2 (en français) : chant pulsé avec accompagnement instrumental. L'accompagnement est légèrement différent entre les 2 strophes :

– 1re strophe : les 3 instruments à vent jouent simultanément de longues notes tenues, le trombone dans le registre grave et les saxophones dans le registre medium. À la fin de la strophe, un motif mélodique descendant au trombone permet de faire une transition avec la strophe suivante.

– 2e strophe : les saxophones jouent dans le registre aigu de longues notes tenues et le trombone intervient en décalage. La fin de cette strophe (et de cette partie en français) est soulignée par de longues notes tenues par l'ensemble des instruments à vent en même temps que le chanteur.

Ces caractéristiques musicales concernant l'accompagnement de ces 2 strophes seront reprises lors des strophes suivantes en français.

▷ **1'52 à 2'14 :** Strophe 3 (en occitan) : chant a cappella interprété de façon libre (non pulsée).

▷ **2'14 à 2'59 :** Strophes 3 et 4 (en français) : chant pulsé avec accompagnement instrumental.

▷ **2'59 à 3'24 :** Strophe 4 (en occitan) : chant non pulsé avec accompagnement au trombone sur de longues notes tenues.

▷ **3'24 à 4'09 :** Strophes 5 et 6 (en français) : chant pulsé avec accompagnement instrumental

▷ **4'09 à 5'10 :** Strophes 5 et 6 (en occitan) : chant non pulsé avec accompagnement au trombone sur de longues notes tenues et improvisation au saxophone (référence au jazz).

▷ **5'10 à la fin :** Strophe 7 (en français) : chant pulsé avec accompagnement instrumental dans un tempo plus lent.

▶ Ici, la musique met en valeur le texte. Le caractère est solennel, grave avec une certaine sobriété dans l'interprétation : peu de contrastes de tempo et de nuances, accompagnement instrumental discret (longues notes tenues qui soutiennent la voix du chanteur), chant *a cappella* interprété librement, presque déclamé.

▶ L'arrangement de cette chanson mêle deux genres : chant traditionnel (en occitan) et influence du jazz (improvisations aux instruments à vent).

C Pistes d'exploitation et de transposition didactiques

1. Perception

1-1. La musique au service du texte

▶ **Procéder dans un premier temps à la découverte du texte :** sujet, langues utilisées, structure (strophes), résumé de l'histoire (lien avec l'anthropomorphisme).

▶ **Apprendre la mélodie sur le texte en français :** amener les élèves à prendre conscience que la mélodie reste la même mais que les paroles changent (forme strophique).

▶ **Identifier les principaux éléments musicaux**, le caractère de la chanson et la prépondérance donnée à la voix : chant *a cappella* pour les strophes en occitan, accompagnement sobre pour les strophes en français.

1-2. Le métissage (chant traditionnel / jazz)

▸ **Identifier les caractéristiques propres à chaque style :**
– chant traditionnel : langue occitane, mélodie simple ;
– jazz : timbres (saxophone, trombone, cymbale), improvisations.

▸ **Comparer cette chanson avec d'autres musiques utilisant le métissage** (mélange des styles, genres ou époques).

ŒUVRES ASSOCIÉES

• ***Bilude*, P. Schaeffer :** mélange d'époques et de genres (baroque et contemporaine), mélange des styles (musique instrumentale et musique concrète)
• ***Les Indes galantes*, C. Cogitore :** court-métrage qui présente l'adaptation d'un extrait des *Indes galantes* de J.-P. Rameau, « La danse du grand calumet de la paix » ; mélange d'époques (baroque et contemporaine), mélange culturel (opéra-ballet, genre attaché à l'aristocratie et K.R.U.M.P, danse dérivée du hip-hop pratiquée dans la rue).
• ***Momento Magico*, Youn Sun Nah :** mélange de styles (tango, jazz).

2. Production

Apprendre la chanson en français, la version en occitan présentant trop de difficultés tant du point de vue musical que linguistique. On procède par imitation en attirant l'attention des élèves sur la structure de la mélodie (voir grille d'écoute) et celle du texte. Concernant la structure du texte, quelques différences entre les strophes sont à noter :
– Phrase A : soit les vers sont identiques (strophes 2 à 6), soit ils diffèrent (strophes 1 et 7) ;
– Phrase B : le 1er mot disparaît lorsque le vers est répété (strophes 1, 3, 5 et 7).

▸ **Exploiter cette chanson comme support d'un travail de création ou de recréation :**
– prendre une partie et l'arranger avec une introduction ou une conclusion instrumentale (type ambiance sonore) ;
– recréer un accompagnement vocal et instrumental et théâtraliser le texte (à la manière d'Oxmo Puccino dans *Au Pays d'Alice*, ou d'Agnès Jaoui dans *Pierre et le Loup*) ;
– écrire un poème, une fable avec des animaux et créer une ambiance musicale (à la manière de Joël Pommerat dans *Le Petit Chaperon rouge*).

3. Lien avec l'histoire des arts

Deux pistes semblent émerger et créer une résonnance ou des liens avec d'autres œuvres du corpus au programme :

FICHE 14, P. 297

▷ ***Tête de femme*** de Pablo Picasso. Dans cette chanson également, la « palette est réduite » : le thème est dans un ambitus réduit, l'accompagnement limité à des notes tenues et les répétitions s'installent même si elles sont chaque fois un peu variées. Si cette œuvre de Picasso est comme « un dessin en trois dimensions », on trouve également trois dimensions dans *L'Alouette et le Pinson*, soit un chant en occitan proche de la déclamation, une mélodie simple et un accompagnement en notes tenues. Cette chanson est également une « réplique » ou plutôt un arrangement d'un chant traditionnel. Elle le transforme et nous invite à plonger dans un univers personnel où plusieurs éléments se rencontrent pour nous faire entrer dans un monde mystérieux, souligné par une musique étrange (oscillant entre plusieurs styles, entre strophes non pulsées et mesure à 5 temps).

[…] 11 ET 13, […]88 ET 294

▷ Le monde mystérieux dans lequel nous emmène cette chanson est celui d'une forêt, lieu magique de l'enfance où les animaux parlent. La forêt est une thématique que l'on retrouve dans plusieurs œuvres du corpus, notamment celles d'**Eva Jospin** et de **Max Ernst** qui livrent, chacun, une version d'une forêt originale. Le regard de ces artistes nous invite dans un monde où l'imaginaire est convié.

ŒUVRE 3 AU PROGRAMME

CHANSON TRADITIONNELLE, *Mon grand-père s'en va au marché*

▶ ÉDUCATION MUSICALE

Mon grand-père s'en va au marché, chanson du XXe siècle, d'un auteur anonyme.

A Le contexte de création de l'œuvre

▶ Cette **chanson à récapitulation** est une chanson enfantine dont les paroles sont immédiatement compréhensibles pour les élèves de cycle 1.

▶ Le sujet de cette comptine appartient à l'univers familier et émotionnel des élèves. L'accumulation est comme un jeu sans fin. Elle implique un **travail de mémorisation** et est une **source de création** presque inépuisable.

B Analyse de l'œuvre

Paroles de *Mon grand-père s'en va au marché*

Mon grand-père s'en va-t-au marché (bis)
Un violon pour y acheter (bis)
Le violon fait : ti di dam…
Mon grand-père s'en va-t-au marché (bis)
Une vache pour y acheter (bis)
La vache fait : meuh !
Le violon fait : ti di dam…

Et ainsi de suite avec :
Une salade pour y acheter
La salade fait : crr, crr, crr…
Une voiture pour y acheter
La voiture fait : vrrrou !
Un poussin pour y acheter
Le poussin fait : piou, piou piou…

1. Grille d'écoute

Couleur	**Formation :** • Deux voix mixtes. • *A capella.*	QUOI ?
Dynamique	**Nuances :** Peu de nuances, elles peuvent être ajoutées en fonction des objets. **Mode(s) de jeux :** Jeux vocaux imitant le bruit des objets rapportés.	COMMENT ?
Temps	**Tempo :** Tempo modéré. **Pulsation :** Pulsation régulière, ralenti en fin de couplet. **Rythme :** Rythmes simples avec un appui sur les temps.	
Espace	**Écriture (mélodie, pas d'accompagnement) :** Mélodie simple d'un ambitus d'une octave (8 notes), les parties A et B sont reprises en variant les paroles selon les couplets : • **Partie A :** 2 phrases, une mélodie : – « Mon grand-père s'en va-t-au marché » (chanté sur quatre notes dont les deux premières sont répétées) ; phrase reprise par la 2e voix ; – « Un violon pour y acheter » (mélodie à l'identique), phrase également répétée. • **Partie B :** – « Le violon fait… » (sur l'octave avec trois notes), chantée à une voix, une fois ; – Imitation du son de l'objet, en chœur (les deux voix ensemble).	
Forme	Chanson à récapitulation, c'est-à-dire ajouts successifs de paroles et reprise des couplets précédents.	
Texte	**Langue :** Français. **Organisation et sens :** • Texte structuré en deux strophes chacune répétée par une deuxième voix puis une strophe chantée une seule fois. • Le couplet se termine par les deux voix ensemble *(tutti)* par une imitation du bruit des objets ou du cri d'animaux. **Rapport texte/musique :** • La mélodie commence par un intervalle descendant (« Grand-Père ») puis monte dans l'aigu jusqu'à « marché ». Impression de gaieté. • Effet de surprise avec la 3e phrase (« Le violon fait… ») un peu ralentie.	

2. Analyse musicale linéaire

▸ **Le chant est très simple, *a capella*.** Il utilise peu de notes et certaines sont répétées. Il a un caractère entraînant et peut être chanté en accentuant l'effet de surprise du bruit qui arrive en ralentissant (ou en accélérant), en jouant sur l'intensité sur la phrase : « le violon fait… »

▸ **La première et la deuxième phrase ont la même mélodie.** Les deux premières notes sont répétées (trois fois et deux fois). Ces deux phrases musicales sont **suspensives**, éveillant la curiosité. La reprise par une deuxième voix peut donner lieu à de **multiples jeux sur les paramètres du son et sur l'expressivité**.

▸ **La troisième strophe, un peu ralentie,** avec seulement deux notes (la première est répétée trois fois, la deuxième est la même à l'octave inférieur) ménage un caractère de surprise et d'étonnement.

▸ **Le bruitage se réalise aux deux voix** en fonction du bruit à reproduire, la durée et le tempo varie. **Seules les paroles changent** et viennent s'ajouter à chaque couplet. Les mélodies restent identiques tout au long de la chanson.

C Pistes d'exploitation et de transpositions didactiques

1. Perception : rapport musique et texte

▶ **Découvrir le texte :** texte facile à appréhender, pas de problème de vocabulaire, contexte familier pour les élèves de cycle 1 et de début de cycle 2.

▶ **Identifier les éléments musicaux :** les deux voix, les répétitions, les jeux avec la voix pour chanter les bruitages.

▶ **Mettre en relation les particularités des bruits en fonction de l'objet à illustrer.**

2. Production

2-1. En cycle 1

▶ **Cette chanson est adaptée à la voix des élèves de fin de cycle 1.** Elle pourra être travaillée lors de l'activité de chant. Attention toutefois : l'intervalle d'octave (« Le violon fait… ») peut être difficile à chanter. Le geste (mouvement descendant) aide à faire ressentir le mouvement et à l'atteindre.

▶ **Travail de mémorisation :** restituer dans l'ordre sans rien oublier. Trouver des moyens pour aider la mémorisation le cas échéant (dessins au tableau restituant les objets dans l'ordre, ajouter des gestes pour chaque son).

▶ **Apprendre sous forme d'un triple jeu (répétition, imitation des objets et accumulation).** L'activité de création est particulièrement adaptée à ce chant, en ajoutant des couplets et en recherchant des bruits. Il convient de prendre le temps nécessaire pour que des propositions jaillissent et que chacun puisse contribuer. La recherche d'onomatopées est un jeu de langue, de diction et de phonèmes.

2-1. En cycle 2

▶ En début de cycle 2, elle **complétera éventuellement un travail de création d'un paysage sonore**. L'apprentissage de la chanson sera très rapide aussi l'exigence sur les nuances et les ralentis seront accrus. On pourra cibler une catégorie de sons à reproduire (les éléments naturels) ou un mode de jeu (utiliser la voix et les pieds).

▶ Pour aller plus loin, l'étude de l'**utilisation des onomatopées en musique** pourra donner lieu à des activités de création.

3. Lien avec d'autres œuvres

On peut mettre en résonnance cette chanson avec un corpus d'œuvres musicales ou issues d'autres expressions artistiques (arts plastiques) décrivant des imitations d'objets ou leur détournement ou reprenant la structure de cette chanson.

ŒUVRES ASSOCIÉES

- **Autres chansons à récapitulation :** *Quand Biron voulut danser* ; *Alouette, gentille alouette.*
- **Les onomatopées :** *Les cris de Paris, La guerre, La chasse* de Clément Janequin.
- **Les animaux :** *Duo des chats*, G. Rossini ; *Contrapuntto bestiale*, Adriano Banchieri ; *Platée* de J.-P. Rameau « Dis donc, dis donc pourquoi ? Quoi ? » (acte 1, scène 4).
- **Le scat en jazz :** « Chanson de Tomas O'Mallley » dans *Les Aristochats* ; *« Who will comfort me »*, Mélodie Gardot.
- **Arts plastiques :** « Porte-bouteilles », Marcel Duchamp ; « Loup-table », Victor Brauner.

COMPTINE, *Tombe, tombe, tombe la pluie*

▶ ÉDUCATION MUSICALE

La chanson *Tombe, tombe, tombe la pluie* est interprétée ici dans deux versions (voix d'enfant, voix d'homme).

A Présentation de l'œuvre

Il s'agit d'une comptine, dont l'auteur est inconnu. Elle aborde la thématique de l'eau.

B Analyse de l'œuvre

▶ Cette comptine est interprétée ici ***a cappella***.

▶ La mélodie, d'un ambitus d'une octave (8 notes), est constituée de 3 phrases musicales :
– **Phrase A** composée de 2 parties identiques (A1 et A2) ;
– **Phrase B** composée de 2 parties identiques (B1 et B2) ;
– **Phrase C** composée d'une seule partie (2 fois plus longue que les parties précédentes).

▶ Cette mélodie se caractérise par sa simplicité tant du point de vue mélodique que rythmique (peu de variété dans les notes et les rythmes utilisés), ce qui en facilite sa mémorisation.

▶ Le **texte**, en langue française, est constitué de 6 vers avec une structure en rimes plates (AA, BB, CC).

C Pistes d'exploitation et de transposition didactiques

Ces pistes d'exploitation concernent le cycle 1 et le CP.

1. Perception

Cette comptine pourra s'insérer dans une thématique autour de la pluie qui comprendra également un travail de perception à partir de différents enregistrements :

▷ **Enregistrements portant sur l'environnement sonore** (bruits de pluie, d'orage, de tonnerre…). Il s'agira ici d'amener les élèves à discriminer les sons entendus. Un travail peut être mené autour de plusieurs paramètres (sons continus/discontinus, intensité, hauteur, vitesse) et éventuellement autour de l'organisation de ces sons. On pourra ensuite inviter les élèves à produire un paysage sonore (voix, percussions corporelles, instrumentarium…) en exploitant les éléments identifiés. Il existe plusieurs banques de données sonores libres de droits (par exemple : www.universal-soundbank.com, https://lasonotheque.org).

▷ **Œuvres musicales :** *November* de Max Richter, « Jardins sous la pluie », extrait des *Estampes* de Claude Debussy, *Rain* des Beatles, « L'Été », extrait des *Quatre Saisons* d'Antonio Vivaldi. Ces quatre propositions d'œuvres évoquent, avec des moyens différents, des pluies d'intensités variées. Chez Max Richter, c'est un son enregistré qui évoque une pluie fine de novembre alors que Claude Debussy fait danser la pluie dans un jardin lumineux. La pièce de Vivaldi évoque les orages d'été, laissant ensuite place à la nature qui ressurgit (chant des oiseaux). La chanson des Beatles évoque un vécu ; certains mots sont mis en évidence comme *Rain et Shine* et sont prétexte à des *riffs* significatifs.

2. Production

► **Apprendre la chanson par imprégnation** ou en imitation selon le niveau de classe. Il faut veiller au placement des respirations qui tiendra compte de la structure de la mélodie (respiration entre les parties des phrases A et B, une seule respiration avant le début de la phrase C).

► **Faire ses premiers pas d'interprète :** les élèves pourront insérer des nuances, changer le tempo, l'accélérer, le ralentir, articuler et appuyer certains mots.

► **Exploiter cette comptine comme support d'un travail de création d'ambiance sonore**. On pourra :
– s'appuyer sur les jeux vocaux, les onomatopées, les percussions corporelles, les objets sonores ;
– travailler autour des variations d'intensité et de tempo mêlant ainsi interprétation et création.
En cycle 2, ce travail pourra se poursuivre et conduire à l'élaboration d'une petite forme avec une introduction et une conclusion et éventuellement l'insertion d'un intermède. Les élèves se serviront des instruments, des percussions corporelles, ajouteront du texte, imagineront une spatialisation, la comptine devenant le cœur d'une petite pièce de théâtre musical.

Félix Mendelssohn-Bartholdy, *Concerto pour violon et orchestre en mi mineur*, 1844

▶ ÉDUCATION MUSICALE

Julia Fischer joue le ***Concerto pour violon n° 2 en mi mineur* de Felix Mendelssohn** accompagné par l'Orchestre Philharmonique de Radio France, dirigé par Myung-Whun Chung. Enregistré le 19 juin 2014 au Festival de Saint-Denis.
L'analyse linéaire proposée (page suivante) porte sur le passage qui va du début à 5'48, soit l'exposition des deux thèmes.

A Le contexte de création de l'œuvre

▶ Le **concerto** est un genre important de l'histoire de la musique qui va s'illustrer notamment par le concerto de soliste des époques classique et romantique. On y entend un instrument soliste, dialoguant, s'opposant ou rejoignant un orchestre.

▶ **Ce concerto de soliste se découpe en trois mouvements** (parties) distincts aux tempi définis : vif-lent-vif. Si on regarde la naissance du terme « concerto » qui remonte au XVIIe siècle, on comprend qu'il recouvre l'idée de combinaison de timbres (différents instruments) et de dialogue ou opposition entre soliste(s) et ensemble instrumental.

▶ Le deuxième concerto pour violon du compositeur allemand F. Mendelssohn (1809-1847) a été **composé pour le violoniste, Ferdinand David**, dédicataire de l'œuvre. Dès l'été 1838, F. Mendelssohn lui écrit : « J'aimerais bien faire un concerto pour l'hiver prochain ; il y en a un en mi mineur qui me trotte dans la tête, son début ne me laisse pas de répit. » Le concerto ne sera terminé que six années plus tard et le compositeur, malade, n'assistera pas à la première exécution. Il pourra néanmoins écouter son œuvre, le 3 octobre 1847, un mois avant sa mort à Leipzig, interprétée par un jeune virtuose, Josef Joachim.

▶ Ce concerto est une **pièce très connue du répertoire** et s'inscrit dans une tradition **à la fois classique et romantique**. L'originalité réside dans cette tension entre dialogue et opposition, simplicité des thèmes et virtuosité. Dans le premier mouvement étudié, quelques particularités sont notables comme l'exposition du premier thème par le soliste dès le début, la cadence finale écrite qui devient accompagnement lors de la dernière reprise du thème 1 par l'orchestre.

Mots-clés

- tradition et innovation
- expression et virtuosité
- dialogue et opposition

B Analyse de l'œuvre

1. Grille d'écoute

Couleur	**Formation :** Violon soliste et orchestre symphonique (cordes, bois par 2, 2 trompettes, 2 cors, timbales).	QUOI ?
Dynamique	**Nuances :** • L'univers du 1er thème est plutôt dans des nuances *mezzo-forte* avec des variations importantes notamment durant les traits de virtuosité *(piano, crescendo, fortissimo).* • L'univers du 2nd thème se décline dans une nuance *pianissimo, piano.* **Mode(s) de jeu :** Le soliste va employer une palette de modes de jeu montrant l'étendue possible de l'instrument et une certaine virtuosité (ex. : doubles cordes).	COMMENT ?
Temps	**Tempo :** *Allegro, molto appassionato.* **Pulsation :** Pulsation régulière avec un changement de tempo avant l'exposition du 2nd thème (léger ralenti ou *ritenuto*) puis reprise du tempo initial lors du développement. **Rythme :** Les valeurs se font plus courtes lors des traits de virtuosité (donnant la sensation de rapidité). On remarque le rythme pointé du début du 1er thème qui donne une sensation d'élan. Le 2nd thème est composé de durées plus longues.	
Espace	**Écriture (mélodie, accompagnement) :** Deux thèmes caractérisés par l'échelle de notes utilisées, le rythme, l'écriture et le caractère : • **Thème 1 :** Mi mineur, rythme avec des valeurs courtes, ambitus large (8 notes), début du thème composé de sons disjoints (arpège), accompagné par l'orchestre avec quelques dialogues ou superpositions de motifs mélodiques entre soliste et orchestre. Caractère dynamique. • **Thème 2 :** Sol Majeur, rythme avec des durées plus longues, thème composé d'un motif mélodique d'un ambitus restreint (3 notes) joué trois fois à des hauteurs différentes, caractérisé par la répétition d'une même note en son début, écriture chorale (soliste et orchestre jouent des accords en homorythmie), puis superposition de motifs mélodiques (chant et contrechant) à la fin de l'exposition. Caractère rêveur, serein.	
Forme	**Forme sonate :** typique de l'époque classique. • Exposition des 2 thèmes (extrait étudié). • Développement : – jeu de variations et de combinaisons à partir du matériau musical issu des 2 thèmes ; – modulations permettant des changements de couleurs qui conduisent à la réexposition. • Cadence au violon : mise en avant de l'instrument seul, virtuosité et expression. • Réexposition : les 2 thèmes sont rejoués. • Coda : c'est la fin, le tempo est de plus en plus rapide.	

2. Analyse musicale linéaire

On peut découper l'exposition du concerto de la façon suivante :

▷ **Du début à 2'01 :**

– **Thème 1** exposé au violon, caractère énergique (élan du rythme pointé) mais délicat avec sa courbe mélodique se déployant vers l'aigu.

– L'accompagnement orchestral est discret.

▷ **2'01 à 2'30 :**

– Le thème 1 se fait plus virtuose : rythme avec des durées plus courtes, enchaînement au violon de grands traits montants et descendants ponctués par un orchestre qui s'affirme (bois et cuivres, timbales, cordes graves). Il est accompagné par les instruments à cordes de l'orchestre sur les grandes montées qui renforcent la ligne du soliste par un motif ascendant.

– Le caractère change ; le dialogue s'installe, l'orchestre renforçant le discours du soliste.

▷ **2'30 à 2'59 :**
– Le thème 1 est donné par le *tutti* (tout l'orchestre) dans une nuance *forte* à *fortissimo*.
– Dramatisation du discours notamment avec l'échange entre instruments à cordes graves et instruments à vent, puis longs traits montants et descendants des violons sur tenues des cuivres.
▷ **2'59 à 4'29 :**
– Le thème 1 revient à l'orchestre (porté par les bois) puis est repris au violon.
– Le thème se développe, porté par le violon soliste, gagne en virtuosité, accompagné par les cordes qui ponctuent ou les bois qui dialoguent avec lui proposant un contrechant simultané.
– Le thème se fait chantant, ralentit pour laisser place au 2nd thème.
▷ **4'29 à 5'48 :**
– **Exposition du thème 2** à l'orchestre (écriture chorale), joué à nouveau par les bois (clarinettes).
– Reprise du thème 2 au violon accompagné par l'orchestre, suivi de quelques interventions de l'orchestre qui reprend le thème et installe ainsi un dialogue avec le violon soliste.
▷ **5'48 : Début du développement sur le thème 1**.

C Pistes d'exploitation et de transposition didactiques

1. Personnages, émotions et narration

La difficulté réside dans le genre de la musique instrumentale : l'absence de texte peut rendre la musique abstraite et la première piste est de découvrir un sens possible à cette œuvre.

▸ **Les thèmes** deviennent des personnages que l'on peut caractériser :
– Le thème 1 se définit par des contours souples (décrire avec un geste et chanter) et va vers l'aigu. Son rythme pointé (deux premières notes) donne un élan. Il est énergique et peut être aussi doux et rêveur (coloration mineure). Il va évoluer au fil de son exposition (traits de virtuosité initiant des mouvements, un déplacement dans son comportement, ses émotions).
– Le thème 2 est plus stable : l'évolution est moindre et son développement moins important. Il procède par répétition de notes et de motifs, s'énonce dans une nuance plus douce.

▸ **Les émotions** peuvent être exprimées au fil de l'écoute et, suivant les niveaux concernés, éclairées par les paramètres du son : durée, intensité, hauteur et timbre.

▸ **La narration** prendra appui sur le discours musical et le rapport entre orchestre et soliste : moments de concertation (superposition des motifs mélodiques), d'opposition ou de dialogue.

2. Timbres et orchestre

L'étude de l'orchestre et des timbres est également une piste à explorer :
– rôle de chacun des pupitres (cordes, vents, percussions) ;
– mélange et opposition des timbres.

3. Violon et virtuosité

▸ **Le violon est mis ici en avant.** On peut aborder cet instrument par une vidéo de présentation montrant les différents modes de jeu, souligner son aspect lyrique (musique de film, *Adagio* de S. Barber), son utilisation dans les musiques traditionnelles, dans le jazz avec Stéphane Grappelli.

▸ **La virtuosité** peut être explorée dans beaucoup d'œuvres romantiques : *Mephisto Waltz* de F. Liszt, *Caprices* de N. Paganini. On peut également s'intéresser à des œuvres d'autres époques avec la virtuosité vocale (airs baroques, par exemple *Agitata da due venti* de A. Vivaldi, les airs de la Reine de la nuit tirés de *Die Zauberflöte* de W. A. Mozart) et dans d'autres styles (musique tsigane avec le groupe Taraf de Haïdouks ou le jazz avec Ella Fitzgerald, *How high the moon*).

ŒUVRE 6 AU PROGRAMME

Glenn Miller, *In the Mood*, 1939

▶ ÉDUCATION MUSICALE

In the Mood, enregistré par **Glenn Miller (1904-1944)** et son big band, 1939, compositeur : Wingy Manone, arrangeurs : Joe Garland et Andy Razaf.

ZOOM SUR…

Glenn Miller

• Ce tromboniste, compositeur et chef d'orchestre né en 1904 est l'une des figures emblématiques des *big band jazz & swing* américains des années 1930-1940. À cette époque, les Américains, meurtris par la crise économique, cherchent à se divertir et trouvent leur bonheur dans ces grands orchestres jouant une musique à la frontière entre le jazz et la danse.

• Après avoir collaboré avec plusieurs orchestres, Glenn Miller fonde son propre *big band* en 1938 avec lequel il rencontre un grand succès grâce aux radios qui diffusent largement sa musique. Sa particularité est de confier la ligne mélodique au pupitre des saxophones et à la clarinette qui joue la première voix.

• En 1942, il s'engage dans l'armée où il dirige le *Glenn Miller Air Force Band* et donne plus de 800 concerts pour soutenir le moral des troupes. Il meurt en 1944 dans un accident d'avion alors qu'il se rendait à Paris pour donner un concert à l'Olympia.

A Le contexte de création de l'œuvre

▶ *In the Mood* est une adaptation de *Tap Paper Stomp,* créé en 1930 par le trompettiste Wingy Manone. Cette pièce, arrangée par Joe Garland et Andy Razaf, est enregistrée en 1939 par Glenn Miller et connaît, dès sa sortie, un immense succès.

▶ Ce titre devient l'un des plus représentatifs du *swing* américain et contribuera au développement du *rock'n'roll* et du *rockabilly* durant les années 1940-1950. Il est aujourd'hui considéré comme un standard de jazz.

B Analyse de l'œuvre

1. Grille d'écoute

Couleur	**Formation :** Big band composé de quatre sections (ou pupitres) : – saxophones ; – trombones ; – trompettes ; – section rythmique (piano, contrebasse, batterie).	QUOI ?
Dynamique	**Nuances :** Nuance générale *(mezzo forte)* hormis pour la partie finale où le thème A est répété trois fois dans des nuances contrastées (*mezzo forte, pianissimo, forte* puis *crescendo*). **Mode(s) de jeux :** Les thèmes sont joués *legato*. La contrebasse est jouée en *pizzicato* (mode de jeu typique du jazz).	COMMENT ?
Temps	**Tempo :** Tempo rapide. **Pulsation :** Pulsation régulière. **Rythme :** • Rythme swing (qui consiste à jouer les notes de façon inégale). • Les thèmes se caractérisent par l'utilisation de syncopes (appuis décalés, sur les temps faibles ou contretemps). • La batterie joue un rythme *shuffle* (formule rythmique composée de deux notes, la 1re semblant deux fois plus longue que la 2nde à l'écoute).	
Espace	**Écriture (mélodie, accompagnement) :** • Présence de deux thèmes joués par le pupitre de saxophones : – **Thème A** constitué de cinq phrases musicales basées sur les notes des différents accords qui se succèdent et jouées en arpège sur un même rythme ; une dernière phrase musicale conclut ce thème et se caractérise par la répétition d'une même note. – **Thème B**, plus court, constitué d'une phrase musicale jouée trois fois, suivie d'une dernière phrase qui se caractérise par des notes répétées. • Les trompettes et trombones répondent aux saxophones sous forme de *riff* (court motif mélodico-rythmique répété). • L'accompagnement est assuré par la section rythmique sur une grille de blues, la contrebasse jouant la *walking bass* (ligne de basse qui consiste à jouer chaque temps/pulsation en créant une mélodie à partir des notes de l'accord).	
Forme	Introduction, AA, BB, soli de saxophones puis trompettes, AAA.	

2. Analyse musicale linéaire

▶ On peut découper le morceau de la façon suivante :

▷ **Du début à 0'11 :**
Introduction jouée par les saxophones seuls auxquels les trombones et trompettes, soutenus par la batterie, répondent en répétant quatre fois le même motif mélodique.

▷ **0'11 à 0'45 :**
• Thème A exposé deux fois aux saxophones ; réponses des trombones et trompettes sous forme de *riff* à la fin de chaque phrase musicale, sur un même rythme constitué de deux notes soit identiques soit différentes ; la dernière phrase musicale est jouée par les trois pupitres de vent.
• Accompagnement assuré par la section rythmique au complet sur la grille de *blues* (*walking bass* à la contrebasse, piano et batterie avec rythme *shuffle*).

▷ **0'45 à 1'09 :**

• Thème B exposé 2 fois aux saxophones ; réponses des trombones et trompettes sous forme de *riff* à la fin de chaque phrase musicale ; la dernière phrase musicale est jouée par les trois pupitres de vent.

• L'accompagnement par la section rythmique est le même que pour le thème A.

▷ **1'09 à 1'32 :**

• Solo de deux saxophones qui improvisent en dialogue. Ce dialogue est ponctué par les trombones et les trompettes qui reprennent la dernière phrase musicale du thème B.

• L'accompagnement par la section rythmique reste identique.

▷ **1'32 à 1'38 :**

Brève transition jouée par les trombones et trompettes seuls puis avec accompagnement de la section rythmique sur un rythme différent *(break)*.

▷ **1'38 à 2'04 :**

• Solo de trompette qui improvise, soutenu rythmiquement par les autres instruments à vent et la section rythmique (accompagnement habituel).

• Bref motif mélodique joué par tous les instruments à vent avec *break* de la section rythmique pour conclure et revenir au thème A.

▷ **2'04 à 2'22 :**

• Reprise du thème A joué aux saxophones avec ponctuation des trombones sur une seule note grave.

• La dernière phrase musicale est remplacée par une montée chromatique jouée par les trompettes et ponctuée par une longue note grave jouée par les trombones pour simuler une fin.

• La section rythmique accompagne de la même façon que pour l'exposition du thème A mais avec un *break* sur la montée chromatique.

▷ **2'22 à 3'01 :**

Reprise à l'identique de la partie précédente mais jouée deux fois et *pianissimo.*

▷ **3'01 à la fin :**

• Reprise du thème A joué *forte* avec réponses des trompettes, similaires à celles de l'exposition, mais jouées dans l'aigu.

• La dernière phrase est remplacée par une longue montée jouée par les trompettes en *crescendo,* soutenues par une longue note tenue dans le grave aux trombones.

• Cette montée se termine par une longue note tenue dans l'aigu par les trompettes pendant que les saxophones jouent une dernière fois la première phrase musicale du thème A *pianissimo*, conclue par une longue note grave jouée par les trombones et saxophones.

• Poursuite de l'accompagnement habituel de la section rythmique hormis sur la montée finale.

▶ *In the Mood* évoque la danse, le swing et la bonne humeur. Ce standard est associé à la seconde guerre mondiale et particulièrement à la libération même s'il a été composé antérieurement.

C Pistes d'exploitation et de transpositions didactiques

1. Perception

1-1. Écoute globale et analytique

Cette œuvre très connue peut être écoutée du cycle 1 au cycle 3.

▶ **Écoute globale au cycle 1 :** marcher sur la pulsation (*walking bass* sur chaque temps), frapper les contretemps (2e et 4e temps) dans les mains pour ressentir le *swing*, se balancer sur la musique, percevoir le caractère.

▶ **Écoute globale et analytique au cycle 2 :** chanter les thèmes et les *riffs*, les reconnaître et les associer aux instruments ; comprendre le rôle de la section mélodique et de la section rythmique en concentrant son écoute sur la *walking bass* puis sur la batterie ; discriminer les éléments de composition en les associant aux timbres ; créer un codage par exemple pour le thème A.

▶ **Écoute analytique au cycle 3 :** l'activité d'écoute est ici complètement liée à la mise en œuvre d'activités corporelles et chantées : marcher, chercher la pulsation, diviser la classe en plusieurs groupes et mettre en scène la musique (ex. : groupe thème A, groupe *riff* cuivres et groupe section rythmique). L'enseignant guide un ensemble qui met en geste la composition musicale : les élèves chantent, créent une chorégraphie, deviennent un orchestre dirigé par l'enseignant puis par un élève. Ils mettent en voix, en scène la composition de ce standard, détaillant les différents thèmes (A et B) et percevant la notion d'arrangement (réponses, *riff*...).

1-2. L'utilisation d'un sonagramme

▶ **L'enseignant peut ensuite utiliser un sonagramme** (à éditer dans le logiciel *Audacity*) pour guider l'écoute et revoir précisément le déroulé et toutes les caractéristiques évoquées.

▶ Cet outil est une représentation permettant de visualiser le spectre sonore et d'entrer dans une compréhension visuelle des **dynamiques et modes de jeu.**

PRATIQUE

▶ **Introduction de *In the Mood* :** la musique est striée. Les notes sont jouées dans une nuance *forte* et détachées. On voit ici des crêtes irrégulières et fortement marquées.

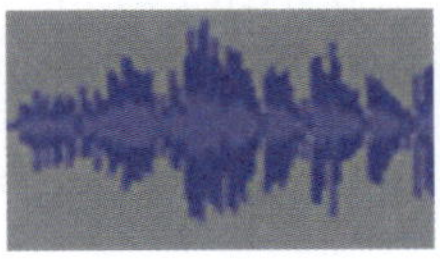

1-3. D'autres œuvres pour prolonger l'écoute

▶ L'écoute pourra être prolongée par la version chantée par *The Andrews Sisters*.

FICHE 2, P. 258

▶ L'enseignant choisira de proposer d'autres écoutes en fonction de sa thématique, par exemple :
– « Transformation et arrangement » avec *L'Alouette et le Pinson* ;
– « Musique de différents pays durant la Seconde Guerre mondiale », s'inspirant du cinéaste Claude Lelouch (*Les Uns et les Autres*) ;
– « Et bien dansons maintenant » en lien avec des comédies musicales comme *Un Américain à Paris* de Vincente Minnelli.

▶ Les **listes d'œuvres illustrant la thématique choisie** permettent de cheminer à travers :
– plusieurs styles, la technique d'arrangement et l'interprétation étant ici soulignées ;
– différents styles caractéristiques d'une même époque mais reflétant encore des espaces géographiques déterminés avant le développement des transmissions (radio, télévision, disques) qui va permettre une large diffusion et brouiller les frontières, créant mondialisation et une certaine uniformisation des goûts ;
– la danse qui s'insère dans la pratique musicale ou la détermine complètement (chorégraphier une musique dont la fonction est purement instrumentale, composer pour la danse).

2. Production

▶ **La voix est utilisée pour les activités de perception :** les thèmes et *riff* sont mémorisés, chantés et interprétés.

▶ En fonction de la thématique, l'enseignant peut proposer bon nombre de chants à apprendre. On essaie de plonger les élèves dans cet univers du jazz en choisissant des œuvres qui swinguent, qui utilisent une grille de blues, un anatole…, parlent de jazz.

▶ Voici quelques propositions (liste non exhaustive) :
– *J'ai perdu mes chaussettes,* Les p'tits loups du jazz
– *L'Ogresse,* Steve Waring
– *I got Rythm,* George et Ira Gershwin (extrait du film *Un Américain à Paris*)
– *Le Jazz et la Java,* Jacques Datin et Claude Nougaro

3. Travail interdisciplinaire

▶ ***In the Mood* est indissociable du contexte historique** et la piste d'un travail en **histoire des arts** ou en interdisciplinarité est à creuser. Glenn Miller constitue un orchestre qu'il revendique davantage comme un orchestre de danse que de jazz. Les arrangements sont très travaillés et la part d'improvisation assez minime. Cet orchestre est un *big band* « blanc », qui se distingue aussi avec ce swing très marqué, différent du rythme des orchestres comme celui de Count Basie.

▶ **De nombreuses ressources filmographiques peuvent enrichir cette écoute** éclairant le contexte historique ainsi que l'ambiance musicale de l'époque :
– *Glenn Miller Story,* 1954, par Anthony Mann avec James Stewart dans le rôle de Glenn Miller ;
– *Les uns et les autres,* 1981, par Claude Lelouch : le personnage de Jack est fortement inspiré de Glenn Miller ;
– *New York, New York,* 1977, par Martin Scorsese : les deux personnages principaux incarnés par Liza Minnelli et Robert de Niro nous invitent dans ce milieu du jazz et de la production musicale de l'après-guerre.

Isabelle Aboulker, « Monsieur le vent », 2017

▶ ÉDUCATION MUSICALE

Isabelle Aboulker, « Monsieur le vent », 2017, extrait de *Treize à la douzaine*, interprété par la Maîtrise de Radio France.

ZOOM SUR…

Isabelle Aboulker

Cette musicienne est née en 1938 dans une famille d'artistes. Elle sera pianiste, chef de chant puis professeur pour les jeunes chanteurs au CNSM de Paris. Naturellement, elle va composer un répertoire tourné vers la voix et particulièrement pour les jeunes chanteurs (voix d'enfants).

A Le contexte de création de l'œuvre

▶ Cette pièce est extraite d'un recueil intitulé *Treize à la douzaine* dans lequel Isabelle Aboulker a mis en musique des poèmes d'auteurs différents et d'époques diverses.

▶ Le texte de la chanson est inspiré du poème « Décembre », extrait du recueil *Les Douze Mois* (1895) d'Émile Verhaeren.

B Analyse de l'œuvre

1. Grille d'écoute

Couleur	**Formation :** Chœur d'enfants, piano.	QUOI ?
Dynamique	**Nuances :** Nuances mouvantes *(crescendo, decrescendo)* et contrastées (*sforzando*, accents). **Mode(s) de jeux :** *Staccato* (piano et voix), jeux vocaux imitant le bruit du vent.	COMMENT ?
Temps	**Tempo :** Tempo rapide. **Pulsation :** Pulsation régulière. **Rythme :** Rythmes simples avec des accents soit sur les temps forts soit sur les contretemps qui créent une certaine instabilité.	
Espace	**Écriture (mélodie, accompagnement) :** • Mélodie d'un ambitus d'une octave (8 notes) composée de deux parties : – Partie A (le vent) dans le medium ; – Partie B (les hôtes) dans l'aigu. • Accompagnement caractérisé par un *ostinato* sur 2 notes joué à la main gauche.	

Forme	Introduction, bruitages, A/A, B/B, bruitages.	COMMENT ?
Texte	**Langue :** Français. **Organisation et sens :** Texte structuré en deux parties qui représentent un dialogue entre le vent qui demande l'hospitalité et les hôtes qui lui répondent et l'invitent chez eux. **Rapport texte/musique :** • Contraste de registres pour illustrer les personnages. • Utilisation de bruitages et d'accentuations variées pour représenter le vent.	

2. Analyse musicale linéaire

► On peut découper cette chanson de la façon suivante :

▷ **Du début à 0'08 :**

• Introduction jouée par le piano qui se caractérise par deux éléments :

– Main gauche : *ostinato* basé sur la répétition de 2 notes jouées *staccato* sur un rythme régulier et immuable (*ostinato* présent tout au long de la pièce).

– Main droite : mélodie jouée deux fois et basée sur la répétition d'un même rythme (brève, brève, longue) avec accentuation sur les contretemps.

• La superposition de ces deux éléments instaure dès le début de la pièce une certaine agitation.

▷ **0'08 à 0'12 :** Bruitages imitant le son du vent (jeux vocaux, *crescendo-decrescendo*) avec accompagnement au piano dans le medium-grave

▷ **0 '12 à 0'26 :**

Partie A (le vent) :

– Mélodie, dans le medium, basée sur la répétition d'une même note (sauf la note finale) et chantée deux fois. Chaque phrase débute après le temps fort, est chantée en *crescendo* avec un appui (ou accent) sur le dernier mot (Ex. : « Je suis le **vent** », « Ouvrez les **gens** ») comme pour illustrer une bourrasque.

– Accompagnement joué dans le medium-grave avec des accents sur les temps forts à la main gauche et sur les contretemps à la main droite (qui correspondent aux accents de la mélodie et les renforcent).

▷ **0'26 à 0'40 :**

Partie B (les hôtes) :

– Mélodie, dans l'aigu, composée de deux phrases musicales (1re phrase suspensive, 2nde phrase conclusive) et répétée deux fois. Chaque phrase commence sur le temps fort qui est souligné par un accent (« **En**trez le vent… »).

– Accompagnement marqué par un contraste de registres (main gauche – *ostinato* – dans le grave, main droite dans l'aigu qui joue la mélodie chantée) et des accents sur le début de chaque phrase musicale.

▷ **0'40 à 0'55 :** Bruitages imitant le vent (jeux vocaux, *crescendo-decrescendo*) avec accompagnement au piano dans le medium-grave avec un *crescendo* final.

► Il s'agit d'une **musique descriptive** qui vise, par les éléments musicaux employés et son caractère agité, à illustrer le vent (*crescendo-decrescendo*, accents sur les temps forts et les contretemps, bruitages).

C Pistes d'exploitation et de transposition didactiques

1. Perception

1-1. Rapport musique et texte

▸ **Découvrir le texte :** sujet, versification, structure, dialogue, personnification du vent.

▸ **Identifier les éléments musicaux** (accents, variation de nuances à la voix comme au piano, jeux vocaux, oscillation entre les deux notes de l'*ostinato* de la main gauche).

▸ **Établir les relations entre texte et tissu musical :** la musique est au service d'une ambiance sonore évoquant le vent dans son mouvement et sa force. On peut parler d'une musique figuraliste rendant le texte vivant et sonore au-delà du sens qu'il porte.

1-2. Lien avec d'autres œuvres

Mettre cette œuvre en résonnance avec un corpus d'œuvres musicales ou issues d'autres expressions artistiques (arts plastiques, cinéma, littérature…) décrivant des variations météorologiques (vent, pluie, orage…).

ŒUVRES ASSOCIÉES

• **Musique :**
– *Four seasons*, ballet de Crystal Pite sur des musiques de M. Richter (notamment « The Seasons' Canon Autumn »)
– *Les Quatre Saisons* de A. Vivaldi
– *The Four Seasons of Buenos Aires* de A. Piazzolla
– l'« Air du froid » dans *King Arthur* de H. Purcell
• **Cinéma :** scène de la rencontre sous la pluie dans *Mon voisin Totoro* de H. Miyazaki
• **Peinture :** *La Fiancée du vent* de O. Kokoschka

2. Production

▸ **Cette chanson est parfaitement adaptée à la voix des élèves de cycle 2** et pourra être travaillée lors de l'activité de chant.

▸ **En cycle 1**, elle illustrera un travail autour de la découverte des sons, de la création d'ambiance sonore (pluie, vent, tonnerre…).

▸ On trouve une **fiche pédagogique complète** du réseau Canopé sur le site vox Radio France.

vox.radiofrance.fr

▸ En activité de création, il sera possible de mettre en œuvre un **travail interdisciplinaire** (français et musique) en lien avec le poème initial de Verhaeren : écrire un texte à la manière de, sur d'autres éléments (neige, pluie…) et le mettre en musique (ambiance sonore, *ostinato*, percussions corporelles, instrumentarium, jeux vocaux).

ŒUVRE 8 AU PROGRAMME

Jean-Baptiste Lully, *Marche pour la cérémonie des Turcs*, 1670

▶ ÉDUCATION MUSICALE, HISTOIRE DES ARTS

Jean-Baptiste Lully (1632-1687), *Marche pour la cérémonie des Turcs,* 1670. Genre : Instrumental, Danse, Musique de scène (théâtre).

ZOOM SUR…

Jean-Baptiste Lully
Ce compositeur français du XVIIe siècle (1632-1687), d'origine italienne, est le fondateur de l'opéra en France.

A Le contexte de création de l'œuvre

▶ **Cette pièce est extraite du *Bourgeois Gentilhomme*, une comédie-ballet de Molière.** La comédie-ballet est un genre mêlant le théâtre, la musique et la danse, inventé au XVIIe siècle par Molière. Jean-Baptiste Lully en a composé la musique.

▶ **Louis XIV**, particulièrement amateur de danse et de musique a découvert cette œuvre en 1670 au château de Chambord. Tiré d'une anecdote réelle (Louis XIV a été piqué au vif par les réflexions d'un ambassadeur Turc) et du goût de l'époque pour ce qu'on appelait « les turqueries », Molière a imaginé un spectacle « total » pour se moquer de ceux – ici, un riche bourgeois, M. Jourdain – qui veulent imiter ce et ceux qu'ils ne sont pas, ici, le mode de vie des aristocrates.

▶ La pièce regorge de situations soulignant la **bêtise et le ridicule de M. Jourdain**. Cette œuvre est un succès d'abord parce qu'elle plaît au Roi. Les plus grands musiciens (Lully et les instrumentistes), chorégraphe et danseurs, décorateur et costumier de l'époque ont travaillé à cette œuvre.

▶ **L'extrait présent ouvre l'acte IV, scène V du *Bourgeois Gentilhomme*.** C'est une pièce de ballet faite pour danser. La cérémonie des Turcs consiste à faire de M. Jourdain un mamamouchi. La musique de Lully invite à la danse, la mélodie est simple rythmée et enlevée sur une marche bien marquée. C'est une parodie de musique de cérémonie voulant donner une note grandiose à cet instant rêvé de la vie de M. Jourdain.

B Analyse de l'œuvre

1. Grille d'écoute

Couleur	**Formation :** Œuvre instrumentale (cordes, vents, percussions /tambour et tambours basques).	QUOI ?
Dynamique	**Nuances :** *Crescendo* jusqu'à la fin. Appui sur les temps. **Mode(s) de jeux :** Appuyé, effet d'amplification sonore.	COMMENT ?
Temps	**Tempo :** • Partie A : lente tempo marqué. • Partie B : tempo plus vif. **Pulsation :** Pulsation régulière. **Rythme :** • Rythmes simples avec des accents marqués sur les temps forts. • *Ostinato* rythmique.	
Espace	**Écriture (mélodie, accompagnement) :** Mélodie simple composée de deux parties : • Partie A : solennelle au tempo bien marqué ; • Partie B : tempo plus vif (rythme pointé).	
Forme	I A/A, B/B', A/A, B/B'	

2. Analyse musicale linéaire

▶ **C'est une marche solennelle**, le rythme à deux temps est bien marqué. La forme est simple avec deux parties reprises entièrement (A) ou en partie (B). Le caractère majestueux est affirmé dès le début : la tonalité mineure, les rythmes pointés, les parties qui sont reprises, le *crescendo*. L'ambitus est peu étendu et le faste est appuyé par l'utilisation de tous les instruments et l'aspect imposant par l'utilisation des percussions.

▶ **Les instruments** sont les violons, altos, violoncelles, contrebasses, flûtes, hautbois et bassons, tambour et tambours basques.

▶ **Les mélodies** sont faciles à retenir d'autant plus qu'elles sont répétées. La musique de Lully est en lien avec le corps, la danse et la voix-parlée-chantée tout au long de l'œuvre. Tout concourt à asseoir l'aspect théâtral et parodique de la musique en harmonie avec le propos de Molière.

▶ Voici la forme utilisée : A / A / B / reprise de la fin de B / A / A / B / Reprise de la fin de B.

▶ On peut découper le morceau de la façon suivante :

▷ **Du début à 29" :**
– Partie A (reprise à l'identique à 17") ;
– Les violons jouent le thème instruments à corde et tambours.

▷ **À 30" :**
– Partie B (reprise de la fin de B à 47") ;
– *Crescendo* sur le thème B.

▷ **À 56" :**
– Partie A (reprise à 1'07) ;
– *Forte* de tous les instruments ;
– Ponctuation marquée par les tambours à la reprise.

▷ **À 1'21 :**
– Partie B (reprise à 1'36) ;
– *Crescendo* final de tous les instruments.

C Pistes d'exploitation et de transposition didactiques

1. Perception

1-1. Rapport musique et texte

▶ Découvrir la musique, son caractère, sa dynamique, les instruments.

▶ **Identifier les éléments musicaux :** les instruments, les nuances, la rythmique marquée en sentant la pulsation de cette marche (se déplacer, en marquant les appuis sur les temps forts), la structure (en faire prendre conscience par le mouvement pour percevoir les reprises des deux parties).

▶ **Présenter les instruments baroques :** regarder une vidéo.

Concert enregistré à la Cité de la musique.

▶ **Relever le rôle des percussions :** impression de faste et orientale.

▶ **Remarquer les liens entre l'argument de Molière et la musique :** comment cette dernière souligne, en le moquant, que M. Jourdain se croit important.

1-2. Lien avec d'autres œuvres

On peut mettre cette œuvre en regard avec un corpus d'œuvres musicales ou issues d'autres expressions artistiques (arts plastiques, cinéma…).

ŒUVRES ASSOCIÉES

- **Musique :** version dansée de V. Dumestre et du poème harmonique.
- **Pour aller plus loin :**
  – comparer deux extraits du *Bourgeois gentilhomme*, le *Menuet* de J.-B. Lully ; de R. Strauss (1864-1949) le *Menuet* (de Lully) ;
  – écouter une autre comédie-ballet *Le mariage forcé* (musique de Lully) ou *Le Malade imaginaire* (musique de Marc Antoine Charpentier).
- **Littérature :** lire la leçon de danse du *Bourgeois gentilhomme*.
- **Cinéma :** *Tous les matins du monde*, Alain Corneau.
- **Peinture :** *Portrait de Louis XIV*, Hyacinthe Rigaud mais aussi les œuvres de Le Nain et Poussin.
- Architecture : découvrir le château de Versailles.

2. Production

▶ Cette marche pourra être travaillée à partie d'une **écoute corporelle**, les élèves étant invités à chercher les mouvements en adéquation avec le rythme très marqué. Une chorégraphie pourra être inventée.

▶ **Travailler le *crescendo* sur une courte formule mélodique ou rythmique** en ajoutant régulièrement un groupe puis deux groupes d'élèves, etc.

▶ **En cycle 3**, les élèves ajouteront un *ostinato* rythmique à la musique.

ŒUVRE 9 PROGRAMME

Pierre Schaeffer, *Bilude*, 1979

▶ ÉDUCATION MUSICALE

Pierre Schaeffer (1910-1995), *Bilude,* 1979, musique concrète pour piano et bande magnétique, musique baroque, durée : 2'18.

ZOOM SUR…

Pierre Schaeffer

Cet ingénieur, chercheur, théoricien, compositeur et écrivain français est né en 1910 et mort en 1995. Il a également travaillé en radio. Il est considéré comme le fondateur de la musique concrète et le père de l'électro-acoustique. Il a collaboré avec Pierre Henry, autre grand compositeur de musique concrète.

A Le contexte de création de l'œuvre

▶ **Cette pièce est composée en 1979 par Pierre Schaeffer** et dédiée à Christiane de Lisle, organiste en l'église Saint-Eustache. Elle est créée le 11décembre 1979 au musée Guimet à Paris et interprétée au piano par Minka Roustcheva.

▶ **Appelé à l'origine *Éternels regrets ou le clavier mal tempéré*,** *Bilude* **est inspiré par le prélude n° II en ut mineur (Do mineur) de J.-S. Bach (1685-1750)**, un prélude extrait du *Clavier bien tempéré*. P. Schaeffer en fait une citation intégrale tout en en modifiant ponctuellement le timbre ou en utilisant les effets permis par la table de mixage. Il combine instruments réels, timbres modifiés ou rythmes et sons concrets. Surprise, humour et cohérence malgré la diversité des éléments sonores utilisés sont perceptibles. *Bilude*, à rapprocher du mot « bidule » (une chose insignifiante) et de « Bi-lude » (une deuxième version) est une pièce riche et dynamique qui se veut sans prétention pour le compositeur, comme son nom l'indique.

▶ **La musique concrète est un genre musical utilisant l'électroacoustique :** enregistrement et manipulation de sons enregistrés pour produire une nouvelle composition.

▶ *« Le miracle de la musique concrète, que je tente de faire ressentir à mon interlocuteur, c'est qu'au cours des expériences, les choses se mettent à parler d'elles-mêmes, comme si elles nous apportaient le message d'un monde qui nous serait inconnu. »* Pierre Schaeffer, *À la recherche d'une musique concrète,* Paris, Seuil, 1952.

B Analyse de l'œuvre

1. Grille d'écoute

Couleur	**Formation :** Piano, divers instruments, bruits d'objets, bande magnétique.	QUOI ?
Dynamique	**Nuances :** Nuances mouvantes. **Mode(s) de jeux :** Jeux variés en fonction des sons.	COMMENT ?
Temps	**Tempo :** Tempo rapide, irrégulier avec des ruptures. **Pulsation :** Pulsation régulière sur les parties de Bach, changement de pulsation sur les interventions. **Rythme :** Rythmes par quatre notes régulières dans le *Prélude* de Bach. Les interventions de P. Schaeffer gardent la structure mais modifient le rythme par 4.	
Espace	**Écriture (mélodie, accompagnement) :** La structure du *Prélude* de Bach est en partie conservée. Créant la surprise et captivant l'attention, Schaeffer ajoute des interventions inopinées non régulières.	
Forme	Le prélude est à l'origine une forme libre permettant de se préparer à la pièce suivante (la fugue chez Bach). Dans *Bilude*, P. Schaeffer ne se prend pas au sérieux. Il alterne texte de Bach et sons modifiés (timbres modifiés), d'instruments réels et de sons concrets (du réel).	

Il n'y a pas d'interprète, la musique est diffusée par des haut-parleurs.

2. Analyse musicale linéaire

▶ Un prélude est une pièce de forme libre qui précède une forme plus structurée.

▶ **Dans le Prélude de Bach, Pierre Schaeffer a intégré des sons enregistrés (sample).** Ce sont des sons instrumentaux (piano avec sourdine, flûte…) ou des sons d'objets (verre d'eau, machine à écrire, objets qui tombent, train à vapeur…).

▶ **La pièce de Bach est un enchaînement sans silence, sans rupture, d'un même rythme** (*ostinato* rythmique de quatre double croches) créant une impression de continuité, de flux sur un tempo rapide.

▶ **Les interventions sonores de Pierre Schaeffer** viennent interrompre et bousculer cette impression de déroulement linéaire. Schaeffer est parti de la partition de Bach sur laquelle il a réécrit en hachurant des mesures pour les remplacer par des sons enregistrés. Du point de vue musical, Il travaille sur différents matériaux sonores en jouant sur les timbres. Le piano seul de la pièce de Bach alterne avec des sons du support audio, ceux-ci interviennent en réponse. Quelquefois, les deux (piano et sons enregistrés) dialoguent presque en se « chamaillant » de façon concertante.

3. Analyse de Pierre Schaeffer

▶ Voici l'analyse que Pierre Schaeffer fait lui-même de son œuvre (édition Maison ONA, 2018) :

▷ **Du début à 0'02 :**

Pulsation donnée par les 4 temps d'un métronome.

▷ **Mesure 1 à 4 :**

Alternance par deux mesures : piano puis support audio.

▷ **Mesure 5 à 8 :**

Alternance par une mesure (deux fois).

▷ **Mesure 9 et 10 :**

Alternance tous les deux temps (deux fois) mais…

▷ **Mesures 11 et 12 :**
Enchaîné par un troisième temps sur le support, amorçant une alternance chaque temps. Même effet de syncope pour le piano au passage de la mesure 11 à 12 (c'est-à-dire que le compositeur rompt avec les interventions régulières en décalant l'apparition des sons enregistrés).
▷ **Mesures 13 à 16 :**
Alternance tous les deux temps enjambant la mesure (à cheval sur deux mesures).
▷ **Mesure de 17 à 18 :**
Alternance tous les temps.
▷ **Mesures19 à 25 :**
Parties concertantes rendez-vous au point d'orgue.
▷ **Mesures 25 à 28 :**
Effet de point d'orgue (ajouté à la partition sur la première note grave de chacune de ces quatre mesures).
▷ **Mesure 28 jusqu'à la fin :**
Parties concertantes.

▸ Voici l'analyse détaillée des **interventions sonores** :
▷ Battement du métronome pour donner le tempo au pianiste et au support enregistré (diffusé par une deuxième personne).
▷ Le piano commence par la partition originale de Bach.
▷ À 8'' : la suite du prélude est jouée au clavecin (instrument de l'époque baroque).
▷ Le piano repart, il est interrompu à 16'' par le son d'un piano réverbéré (avec résonnance du son), retour du piano puis du piano réverbéré.
▷ À 25 '' : le piano est préparé (modification du timbre du piano par le placement d'objets sur les cordes de celui-ci entraînant un effet percussif).
▷ À 28'' : interventions de plus en plus rapprochées de la bande qui finit par se mêler au piano.
▷ À 34'' : les sons de la bande créent un effet de surprise et ne semblent plus contrôlés (accélération du piano préparé, bruits multiples – ciseaux, agrafeuse… – mais tous ne sont pas vraiment identifiables).
▷ Cette partie se conclut par le tournoiement sur lui-même d'un couvercle de casserole se perdant dans les graves, combiné au piano.
▷ À 1'15 : l'*ostinato* rythmique cesse et laisse place à une partie improvisée, plus calme, plus aérienne. De nouveaux bruits interviennent et P. Schaeffer fait une brève citation d'une de ses œuvres : l'*Étude aux chemins de fer*.

C Pistes d'exploitation et de transpositions didactiques

1. Perception

1-1. Rapport musique et texte

▸ Il est important de **faire écouter la version originale de Bach** (régularité, « flot continu », pas de ruptures) pour percevoir le propos ludique de P. Schaeffer.

▸ **Faire sentir les quatre doubles** (16 par mesure) d'abord à la voix sur des onomatopées par exemple : « **tac** ka ta ka / ta ka ta ka / **tac** ka ta ka / ta ka ta ka ».

▸ **Découvrir :** les différents modes de jeu (discrimination sonore) et comprendre la re-création de l'œuvre et sa structure (son du piano, sons des objets ou des autres instruments, les deux ensemble).

▸ **Former deux groupes :**
– l'un se mettra en mouvement sur la musique lorsqu'elle est reconnaissable ;
– l'autre bougera aux bruits en adaptant le mouvement en fonction des sons.

▸ **Identifier les éléments musicaux :**
– intervention des sons (À quels moments ?) ;
– Quels sont-ils ? Comment peuvent-ils être produits ? (frappé, secoué, soufflé, étouffé, etc.).

▸ **Établir les relations entre le prélude original et les sons ajoutés :** Qu'ajoutent les sons à la pièce ? Quels effets produisent-ils ?

1-2. Lien avec d'autres œuvres

On peut mettre cette œuvre en résonnance avec un corpus d'œuvres musicales ou issues d'autres expressions artistiques décrivant l'utilisation d'objets du quotidien ou modifiant le jeu de l'instrument.

ŒUVRES ASSOCIÉES

- **Musique :** *Artikulation* 1958, György Ligeti ; *Thema (Omaggio a Joyce)*, Luciano Berio ; *Études boréales* pour percussionniste utilisant un piano, John Cage ; *Different trains*, Steve Reich.
- **Cinéma :** D2R2 Star Wars, voix électronique créée par le designer sonore Ben Burtt.
- **Arts visuels :** L.H.O.O.Q., Marcel Duchamp ; *Compression*, César Baldaccini.

2. Production

▸ Cette pièce peut être abordée **en fin de cycle 2 ou en cycle 3**. Elle peut être l'occasion d'une nouvelle création.

▸ **Collecter et enregistrer des sons créés en classe :** la recherche mettra en valeur différents timbres, hauteurs, intensités et durées au moyen d'objets utilisés en classe.

▸ L'enseignant et les élèves pourront insérer, grâce à des logiciels de montage (audacity par exemple) les sons précédemment enregistrés dans ce *Prélude* de Bach.

CAMILLE CLAUDEL, *La Petite Châtelaine*, 1895-1896

▶ ARTS PLASTIQUES

Camille Claudel (1864-1943), *La Petite Châtelaine*, 1895-1896, marbre, H. : 44,2 cm; L. : 36 cm; P. : 29 cm. Roubaix, Musée d'art et d'industrie André Diligent, La Piscine.

ZOOM SUR…

Camille Claudel

Sculptrice et peintre française née en 1864 et décédée en 1943. Elle est la sœur de l'écrivain Paul Claudel et elle a collaboré avec le sculpteur Auguste Rodin. Elle doit sa réputation à la grande expressivité de ses sculptures usant avec beaucoup de finesse de la courbe et du méandre. Ses œuvres sont exposées notamment au musée Rodin à Paris, au Musée d'art et d'industrie André Diligent, dit La Piscine de Roubaix, et musée Camille Claudel de Nogent-sur-Seine.

A Le contexte historique

▸ **La sculpture *La Petite Châtelaine* a été redécouverte au début des années 1980** et elle apparaît aux yeux des historiens d'art comme une œuvre très révélatrice de l'art de Camille Claudel qui choisit dans cette œuvre de s'éloigner de l'influence de Rodin. Ce marbre taillé est parfois comparé aux bustes reliquaires de la Renaissance. Mais cette œuvre, par son expression universelle, inscrit également l'artiste dans une veine très moderne.

▸ **Entre 1890 et 1893,** Camille Claudel séjourne plusieurs fois au château de L'Islette près d'Azay-le-Rideau. En 1892, la petite fille de la propriétaire du château alors âgée de six ans pose pendant soixante-deux heures pour Camille Claudel qui réalisera deux versions de ce buste. En 1895, un collectionneur commande cette version de Roubaix à la sculptrice. La première version en plâtre fut achevée en 1893 et elle est exposée au musée Camille Claudel de Nogent-sur-Seine. Elle réalisera d'autres versions en plâtre et en bronze.

Mots-clés

- sculptrice
- courbe
- méandre
- influence
- reliquaire
- Renaissance
- universel
- moderne
- version
- plâtre
- bronze

B Description et caractéristiques

1. La description de l'œuvre

▸ **Cette sculpture semble réalisée à partir d'un seul bloc de marbre.** Le travail du marbre est remarquable. Le rendu des carnations est particulièrement virtuose (polissage à l'os de mouton). Le traitement des cheveux est également repérable par contraste avec celui du corps. C'est une sculpture de taille, donc une **sculpture soustractive obtenue par retrait progressif de la matière**.

▸ **La sculpture est composée d'une base et d'un buste.** D'autres versions existent sans cette base qui surélève le buste tout en étant sculptée dans le même bloc de pierre.

▸ **L'expression de ce buste est intéressante.** La tête est légèrement inclinée en arrière. L'enfant regarde vers le haut avec un regard interrogatif ; elle semble attendre une réponse. Cette expression donne à ce portrait une dimension universelle qui l'éloigne d'un simple portrait ressemblant.

▸ **La lumière s'accroche sur les différentes parties de manière différente** selon les traitements réservés aux surfaces. Le corps est particulièrement réfléchissant. Le modelé des formes est restitué de manière très réaliste. Chaque détail du portrait est traduit par une incurvation précise du marbre.

2. Les caractéristiques de l'œuvre

▸ **Le portrait :** c'est un buste qui représente un enfant en particulier mais qui vaut pour tous les enfants en général. Le buste peut se rapprocher d'un cadrage pour une image en deux dimensions.

▸ **Le marbre :** c'est un matériau qui oblige à une technique et un traitement particuliers. La sculptrice l'a taillé avec des outils spécifiques (burin, ciseau, maillet, râpe, rifloir, papier de verre, etc.).

▸ **L'expression :** le positionnement de la tête, la bouche, les yeux, le mouvement des cheveux, la qualité très diaphane des carnations, participent de l'expression générale du sujet.

▸ **La couleur :** selon les reflets de la lumière et l'état de surface de la matière, la couleur du marbre oscille entre le blanc, le crème, l'ivoire, le gris, le jaunâtre, etc.

C Pistes d'exploitations et de transpositions didactiques

Dans la perspective d'un travail mené en arts plastiques en prenant pour œuvre de référence, *La Petite Châtelaine* de Claudel, plusieurs pistes didactiques sont envisageables (à décliner différemment selon les cycles).

1. Le portrait en modelage

▶ Le portrait sculpté est intéressant à expérimenter à **commencer par le portrait modelé en terre**. Il est difficile de réaliser un portrait en pied, en terre, mais un buste est à la portée des élèves dès la maternelle. En proposant de réaliser un buste aux élèves, on les oriente vers le travail du visage.

▶ L'emploi de différents outils (détournés) pour sculpter les traits du visage, les cheveux, la bouche s'avérera nécessaire (fourchette et couteau en plastique, coton-tige, etc.).

ŒUVRES ASSOCIÉES

Bustes d'empereurs romains du Louvre.

2. Le portrait en dessin

▶ **Le trait est un mot commun au visage et au dessin.** Les traits du dessin traduisent les traits du visage qui à leur tour expriment le caractère du personnage, ses pensées, ses humeurs.

▶ En faisant dessiner par les élèves des grandes têtes de personnages à la craie blanche sur fond gris, noir ou de couleur, il sera possible de réaliser une belle galerie de portraits où tous les caractères seront représentés.

ŒUVRES ASSOCIÉES

« Têtes de caractère » de Franz Xaver Messerschmidt.

ŒUVRE 11 AU PROGRAMME

Eva Jospin, *Forêt*, 2014

▶ ARTS PLASTIQUES

Eva Jospin (1975), *Forêt*, 2014, carton ondulé, 360 × 250 cm, vue de l'exposition « Inside » (20.10.14-11.01.15). Palais de Tokyo, Paris.

ZOOM SUR…

Eva Jospin

Cette artiste a étudié l'architecture et s'est ensuite tournée vers la sculpture. Elle vit et travaille à Paris. Elle est née en 1975. Elle privilégie un thème dans son travail : la forêt. Le carton lui est apparu naturellement comme le matériau le mieux adapté à sa démarche. Il se manipule facilement et se trouve partout en grande quantité. Les forêts d'Eva Jospin apparaissent comme une série offrant sans cesse de nouvelles variations.

A Le contexte de création de l'œuvre

▸ ***Inside*** **est le titre d'une exposition du Palais de Tokyo qui fut inaugurée le 19 octobre 2014.** Elle réunissait une trentaine d'artistes. Conçue autour de la métaphore du voyage intérieur, elle invitait le spectateur à traverser de nombreuses installations réparties sur deux niveaux d'un Palais de Tokyo métamorphosé. Le fait de pénétrer ainsi les œuvres intérieurement y était ressenti comme une invitation à renouer avec ses souvenirs et ses pensées les plus secrets, les plus profondément ancrés. L'œuvre d'Eva Jospin encadrait l'entrée de l'exposition. Métaphoriquement, elle apparaissait donc comme la porte d'entrée, l'ouverture sur un autre monde, une autre dimension.

▶ **La forêt est un espace naturel et sauvage très particulier souvent cité dans les récits traditionnels et les contes fantastiques.** C'est un espace symbolique et initiatique où peuvent se jouer de multiples transformations qu'elles soient fantasmées ou réelles. Souvent associée à la magie (la forêt enchantée), la forêt dans les contes populaires peut être décrite comme un lieu de refuge, de danger ou de quête. Les voyageurs qui d'aventure la traversent peuvent y croiser toutes sortes de choses étranges (monstres, sorcières, fées, ogres, etc.). Eva Jospin décrit la forêt comme un motif universel que chacun reconnaît dans sa dimension à la fois sensorielle et spirituelle.

▶ **L'œuvre se présente aussi comme un élément de décor de théâtre.** Au XIXe siècle, les décors de théâtre étaient en partie réalisés en carton-pâte, un matériau obtenu à partir de carton et de chiffons retraités ; les moulages en carton-pâte étaient réputés plus robustes que les moulages en plâtre. Le nom de ce matériau désigne aujourd'hui au sens figuré un décor grossièrement factice.

Mots-clés

- thème
- série
- variation
- métaphore
- voyage intérieur
- installation
- métamorphose
- métaphore
- symbolique
- initiatique
- fantasmé
- quête
- universel
- carton-pâte
- factice

B Description et caractéristiques

1. La description de l'œuvre

▶ **Cette œuvre est le fruit d'un long travail.** Pour la réaliser, l'artiste a découpé et lacéré une multitude de pièces de carton qu'elle a ensuite assemblées par collage. Le motif se présente comme un mur d'arbres que l'œil cherche à pénétrer, où les branches et les feuillages s'entremêlent dans une densité et une épaisseur insondables.

▶ **À l'entrée de l'exposition, l'œuvre apparaît comme un écran qui obstrue l'espace**, mais le visiteur réalise qu'elle est constituée de deux parois entre lesquelles il est invité à passer. Les deux blocs autoportants qui composent l'œuvre sont traités recto verso. Ils sont comparables à des bas-reliefs à la différence près qu'ils sont réalisés par accumulation et non par soustraction de matière.

▶ **Le carton parfois lacéré en fines lanières entrelacées apparaît comme un matériau fragile.** L'œuvre en ce sens ne semble pas aussi durable que le serait une œuvre en marbre ou en bronze. Sans être éphémère, l'œuvre s'inscrit dans une dimension plutôt temporaire.

▶ **Les deux blocs sont globalement parallélépipédiques donnant l'illusion d'être découpés directement sur le motif comme un bloc de forêt prélevé sur place.** Le motif est traité en profondeur sans que l'on ne puisse jamais en percevoir le fond. Cette impression est produite par l'accumulation des lignes verticales que forment les troncs, s'échelonnant sur différents plans dans l'épaisseur du bloc. C'est l'effet d'une perspective accélérée telle qu'on la trouve en peinture, en architecture ou en décor de théâtre : une **sorte de trompe-l'œil qui crée un effet de profondeur** dans un espace réduit.

2. Les caractéristiques de l'œuvre

▶ **Un passage :** l'œuvre se présente comme une entrée vers un autre monde, dans une autre dimension. Les deux blocs sont disposés en quinconce.

▸ **Un assemblage :** c'est une sculpture réalisée par assemblage de pièces en carton. Le traitement du matériau associé à son accumulation crée un motif de forêt impénétrable.

▸ **Un relief :** le volume s'offre au regard de manière frontale à la façon d'un bas-relief qui, par des jeux de raccourci, génère des effets de profondeur.

▸ **Des blocs recto verso :** les deux blocs sont traités principalement recto verso mais aussi sur les côtés.

▸ **Une forêt :** le motif figuré par l'œuvre est facilement reconnaissable et interprétable dans sa dimension symbolique.

C Pistes d'exploitations et de transpositions didactiques

Dans la perspective d'un travail mené en arts plastiques en prenant pour œuvre de référence, l'œuvre *Forêt* d'Eva Jospin, plusieurs pistes didactiques sont envisageables (à décliner différemment selon les cycles).

1. Le travail du carton

Le carton est un matériau de récupération facile à se procurer. Il peut être déchiré, découpé, percé, assemblé, collé, etc. Il se prête facilement à des **productions planes, en relief ou en trois dimensions**.

ŒUVRES ASSOCIÉES — Œuvres en carton de Gérald Pestmal.

2. Travailler en relief

Le relief apparaît comme un intermédiaire entre la planéité et le volume. Il conserve la frontalité de la peinture et du dessin mais il a déjà la **tridimensionnalité de la sculpture** et sa perception varie selon les angles de vue.

ŒUVRES ASSOCIÉES — Frises ioniques des Panathénées sculptées par Phidias au Ve siècle avant J.-C. pour le Parthénon d'Athènes.

3. Figurer la forêt

La forêt est un motif très abordable en figuration. Il est connu de tous les élèves. Ils peuvent le représenter de mémoire. Sa configuration est très simple, reposant essentiellement sur la **verticalité des arbres et leur accumulation**. L'ambiance est facile à restituer en jouant sur les **jeux d'ombre et de lumière**.

ŒUVRES ASSOCIÉES — *La Forêt* de François Boucher (1740) ou celles de Paul Huet (1861).

4. Travailler avec les matériaux de la forêt

Les matériaux de la forêt sont faciles à récupérer : feuilles, mousses, fougères, lichens, écorces, branchages, etc. constitueront une belle collection de matériaux naturels permettant de réaliser toutes sortes de **compositions en relief ou en volume**. Ils peuvent également être employés en tant qu'outils potentiels : empreintes de formes sur papier, moulages de formes sur terre, outils à peindre, etc.

ŒUVRES ASSOCIÉES — Œuvres d'Andy Goldsworthy, de Nils Udo ou de Giuseppe Penone.

ŒUVRE 12 PROGRAMME

LÉONARD DE VINCI, *Étude du mouvement des chats*, 1513-1516

▶ ARTS PLASTIQUES

Léonard de Vinci (1452-1519), *Étude du mouvement des chats*, vers 1513-1516, dessin à la plume et à l'encre, lavis de craie blanche, 27 × 21 cm. Windsor, Château de Windsor, Royal collection.

ZOOM SUR…

Léonard de Vinci

Cet artiste italien est né en 1452 à Vinci en Toscane et mort en France en 1519, à Amboise, sur les bords de Loire en Touraine. *La Joconde* et *La Cène* sont sans doute ses œuvres les plus connues. Sa carrière se déroule principalement en Italie, entre Florence, Milan et Rome. Mais lors de la dernière partie de sa vie, sur l'invitation de François 1er qui vient reconquérir le Milanais lors de la bataille de Marignan en 1515, il choisit de s'installer à Amboise en 1516, alors âgé de 64 ans, sous la protection du souverain français. Le roi l'installe au manoir du Cloux aujourd'hui connu sous le nom de « Clos Lucé ». Il est nommé « premier peintre, premier ingénieur et premier architecte du roi ».

A Le contexte de création de l'œuvre

▶ **Une étude en dessin est une recherche détaillée et approfondie sur un motif, réalisée d'après nature** afin de saisir la réalité sur le vif. Il existe un autre feuillet comparable sur les chevaux ; il est conservé au même endroit.

▶ **Cette étude est l'une des dernières œuvres de l'artiste.** Il admirait particulièrement la souplesse, l'habileté et la célérité des félins.

▶ **Le feuillet comporte également un texte manuscrit en bas de page.** Il s'agit d'une écriture en miroir (écriture spéculaire) où les mots et les lettres s'écrivent dans un ordre inversé. Pour déchiffrer le texte, il suffit de le lire, reflété dans un miroir.

▶ **Léonard de Vinci est un amoureux de la nature** dont il apprécie le caractère perpétuellement mouvant. Elle lui offre en effet une variation infinie de motifs en mouvement et, toute sa vie, ses talents de peintre et de dessinateur n'auront de cesse de lui rendre hommage.

▶ L'histoire a fait de Léonard de Vinci, la figure de l'artiste omniscient, capable de tout faire, scientifique, inventeur, anatomiste, urbaniste, ingénieur, botaniste, musicien, philosophe et artiste, doté d'une curiosité pour toute chose : un génie universel. C'est le **grand humaniste de la Renaissance**. Une quinzaine de ses tableaux seulement sont parvenus jusqu'à nous. En revanche, nombre de ses carnets ont été conservés. Ils représentent plus de 6 000 pages de notes, de dessins, de schémas et de réflexions sur les sciences et les arts.

Mots-clés

- chef-d'œuvre
- écriture séculaire
- censure
- cryptage
- variation
- motif
- hommage
- étude
- talent
- schéma
- omniscient
- génie
- humaniste
- fac-similé
- Renaissance

▶ **Le *Codex Atlanticus* est un recueil de dessins et de notes de Léonard de Vinci conservé à la Bibliothèque Ambrosienne de Milan.** Il est composé de douze volumes représentant 1 119 feuillets au total. Il a été assemblé bien après sa mort. Il existe aujourd'hui des éditions en fac-similé et même un site web interactif qui lui est consacré depuis 2019.

Codex Atlanticus.

B Description et caractéristiques

1. La description de l'œuvre

▶ Cette feuille de carnet comporte **une vingtaine de dessins de chats et un dessin de dragon**. Les chats sont dessinés sur le vif dans des positions très caractéristiques, tantôt aux aguets, tantôt endormis. Leur musculature, en particulier, est rendue avec beaucoup de réalisme.

▶ **Le dessin est réalisé à la plume avec une encre brune.** Les hachures souvent incurvées ont permis de restituer le modelé des volumes et le caractère soyeux du pelage. Les **ombres propres** sont traitées par l'augmentation progressive des traits croisés ou parallèles. Les **ombres portées** traduites par des lignes parallèles et régulières, désignent de manière subtile l'environnement immédiat de l'animal. Le **lavis blanc** distribué globalement autour des figures renforce par effet de contraste le modelé des formes.

▶ Les raccourcis adoptés dans le rendu des corps marquent un **savoir-faire particulièrement expert**. Le raccourci consiste à appliquer les règles de la perspective dans la représentation d'une figure humaine ou d'un animal, la forme étant dessinée plus courte que ce qu'elle est réellement. Par exemple, le chat dessiné en bas à droite est traité en raccourci.

2. Les caractéristiques de l'œuvre

▶ **Un dessin expressif :** ce sont des dessins d'observation réalisés d'après nature et sur le vif.

▶ **Une variation :** cette étude sur le corps du chat dans toutes ses positions décline le même motif sous des formes différentes.

▶ **L'expression du mouvement :** la répétition du motif a pour effet de suggérer le mouvement de l'animal, passant ainsi d'une posture à une autre, en un instant.

▶ **Les hachures :** le dessin réalisé à la plume rappelle la gravure ; les détails et les ombres sont rendus par une multitude de petits traits droits ou courbes, se croisant ou parallèles entre eux.

▶ **Les proportions :** les corps sont parfaitement dessinés ; ils restituent bien l'anatomie du chat qui se métamorphose en fonction de la posture adoptée par l'animal. Quelques effets de raccourci permettent de voir l'animal de tous les côtés, même de dos.

C Pistes d'exploitations et de transpositions didactiques

1. L'étude d'un animal et ses variations

L'animal est un sujet de prédilection pour les enfants. Ils peuvent **réaliser des modelages ou des dessins** de mémoire, d'après nature ou en s'aidant d'un imagier. Ils peuvent en faire plusieurs, **constituer des collections à l'échelle individuelle ou collective**.

ŒUVRES ASSOCIÉES — Croquis de Walt Disney du renard ou de l'ours pour le film d'animation *Robin des Bois*.

2. Le rendu du mouvement

La représentation d'un mouvement peut se traduire par une posture figée qui apparaît comme un arrêt sur image. Les élèves peuvent expérimenter cette approche du mouvement représenté **en photographiant les élèves en sport ou en récréation**. Ils peuvent **reprendre en dessin ou en sculpture les motifs ainsi capturés**.

ŒUVRES ASSOCIÉES — *Discobole* de Myron ou chronophotographie de Muybridge.

3. Le dessin à l'encre

La technique de l'encre qui associe potentiellement le trait et le lavis est une technique intéressante. Les élèves peuvent **utiliser des calames, des porte-plumes et des pinceaux** avec des encres de différentes couleurs, parfois légèrement diluées.

4. La gravure, la série et les variations d'images

La gravure sur lino ou la gravure sur polystyrène sont des techniques très abordables à l'école. Elles consistent à évider certaines parties du support puis à encrer les parties intactes pour obtenir – par impression – une image. C'est souvent l'occasion de **réaliser des séries ou des suites d'images** en faisant varier notamment les couleurs.

ŒUVRES ASSOCIÉES — Sérigraphies d'Andy Warhol.

ŒUVRE 13 AU PROGRAMME

Max Ernst, *La forêt pétrifiée*, 1929

▶ ARTS PLASTIQUES

Max Ernst (1891-1976), *La Forêt pétrifiée,* 1929, frottage au graphite sur papier, 74 × 98 cm. Paris, Musée national d'art moderne, Centre Pompidou.

ZOOM SUR…

Max Ernst
L'artiste est né en 1891 en Allemagne et mort en 1976 à Paris. Il appartient aux mouvements Dada et surréaliste.

A Le contexte de création de l'œuvre

1. Le dadaïsme

▶ **Le dadaïsme est un mouvement artistique,** littéraire et intellectuel qui apparaît au début du XXe siècle pendant la Première Guerre mondiale et qui s'épanouit en Europe à son lendemain. C'est un courant très caustique, qui joue avec les conventions. En littérature et en arts plastiques notamment, le mouvement Dada qui ne dure guère plus que cinq ou six ans, a donné lieu à des œuvres d'une grande inventivité (sur le plan formel mais aussi sur le fond) et d'une extrême liberté créative, qui ont marqué durablement le siècle.

▸ **Parmi les grands représentants de ce mouvement,** outre Max Ernst, on peut citer Hugo Ball, Emmy Hennings, Marcel Janco, Hans Arp, Sophie Taeuber, Tristan Tzara, Francis Picabia, Marcel Duchamp, Raoul Hausmann et Kurt Schwitters.

2. Le surréalisme

▸ Le surréalisme apparaît dans la lignée du mouvement Dada. Ses représentants s'attachent à employer sous des formes d'expression les plus diverses (peinture, dessin, musique, littérature, cinéma, photographie, etc.) tous les moyens de création permettant d'échapper au contrôle de la raison et des idées reçues. Les procédés automatiques de création, le recours au rêve et à l'inconscient ont marqué les démarches surréalistes.

▸ Les œuvres dadaïstes et surréalistes sont dotées d'une forte dimension poétique fondée sur leur caractère anticonformiste, associant des éléments souvent très hétérogènes entre eux. Leur esthétique : « beau comme la rencontre fortuite sur une table de dissection d'une machine à coudre et d'un parapluie ».

3. Une œuvre de la période surréaliste

▸ *La Forêt pétrifiée* date de la période surréaliste de l'artiste. Depuis 1925, il expérimente le procédé du frottage qui est une technique ancestrale. Il consiste à placer une surface offrant un peu de relief (une vieille planche par exemple) sous une feuille de papier que l'on frotte avec un crayon ou un fusain. Les lignes qui se forment font apparaître des figures imaginaires. En 1926, Max Ernst publie sous la forme d'un portfolio 34 frottages qu'il intitule *Histoire naturelle.*

▸ Ce procédé est très proche de l'écriture automatique en littérature, qui consiste à écrire en faisant intervenir le hasard dans le choix des mots et l'organisation des phrases. Ici aussi le dessin apparaît comme une conséquence du hasard.

▸ Max Ernst réalisera aussi des frottages en peinture durant cette même période. À l'image de cette *Forêt pétrifiée*, ces compositions sont souvent des visions hallucinées de paysages qui ne sont pas sans rappeler les visions romantiques et parfois inquiétantes des peintres allemands du XIXe siècle.

Mots-clés

- dadaïsme
- surréalisme
- romantisme
- convention
- anticonformisme
- provocation
- automatisme
- inconscient
- hétérogène

B Description et caractéristiques

1. La description de l'œuvre

▸ *La Forêt pétrifiée* est réalisée à la **mine graphite** au revers d'une gravure du XIXe siècle. La composition fait apparaître plusieurs sortes de frottages : une planche, de la ficelle et certainement d'autres matériaux ont été placés sous le support pour obtenir une telle variété de textures. L'artiste a certainement déplacé et orienté son support en fonction des traces et tracés qu'il souhaitait obtenir.

▸ **La composition est savamment organisée :** un disque solaire au centre et, de part et d'autre, des bandes verticales aux motifs variés, qui se chevauchent en partie, suggérant des plans échelonnés en profondeur. Les contrastes de valeur renforcent également cet effet de perspective, certaines surfaces demeurant transparentes tandis que d'autres sont plus opaques.

▶ **Un halo de blanc** tout autour du dessin isole la vision au centre de la composition. Une lumière enveloppante baigne l'ensemble de la composition en clair-obscur. Un ou deux éléments obliques viennent rompre avec la verticalité générale sciemment inscrite dans un format horizontal.

▶ C'est une forêt en effet pétrifiée qui se trouve ici décrite, une forêt figée, calcinée, rongée par la lumière solaire. Ce pourrait être une forêt de pierres en référence au bois fossilisé que l'on trouve notamment dans le parc national de Petrified Forest aux États-Unis.

2. Les caractéristiques de l'œuvre

▶ **Un dessin obtenu par frottage :** la composition est entièrement obtenue par frottage. Aucune ligne n'a été tracée sur le support sans qu'elle ne soit guidée par le matériau sous-jacent.

▶ **Une composition calculée :** le frottage n'est pas fait d'un seul coup. L'artiste a déplacé plusieurs fois le support et les différents matériaux successifs pour obtenir une composition intentionnellement pensée.

▶ **L'intervention du hasard :** le jeu des superpositions, d'opacité et de transparence, les effets de texture qui se croisent, s'alternent et s'associent, toutes ces composantes plastiques sont le fruit du hasard.

▶ **La lumière :** la mine graphite a déposé une matière noire en surface qui contraste avec le fond blanc créant ainsi un contraste de clair-obscur, permettant de voir les formes se dessiner dans l'espace, en profondeur.

C Pistes d'exploitations et de transpositions didactiques

Dans la perspective d'un travail mené en arts plastiques en prenant pour œuvre de référence, *La Forêt pétrifiée* de Max Ernst plusieurs pistes didactiques sont envisageables.

1. Les hasards de l'image

▶ Le hasard peut intervenir dans la fabrication des images de bien des façons. **Le frottage** en est une et les élèves pourront facilement l'expérimenter. **Dessiner à l'aveugle,** dessiner avec une ficelle trempée dans la peinture, dessiner en faisant couler une goutte d'encre sur la feuille, photographier un mur usé et retravailler l'image une fois imprimée, tous ces procédés qui jouent des hasards de la matérialité convoquée seront fructueux.

▶ En jouant avec le hasard, l'élève fait intervenir son intentionnalité, si bien que le résultat est à la fois fortuit et délibéré.

ŒUVRES ASSOCIÉES Rayogrammes de Man Ray ou aux dessins automatiques d'André Masson.

2. Les effets du clair-obscur du dessin

▶ **Le frottage procède par transfert** comme la gravure que les élèves peuvent expérimenter en jouant de la même façon entre le blanc du fond et le noir de l'encre. Mais le trait gravé dans le lino ou le polystyrène est un trait de réserve, un trait qui apparaît en négatif dans l'impression de l'image, en blanc sur fond noir quand le trait frotté demeure un trait positif en noir sur fond blanc.

▶ **Le dessin de réserve** peut s'obtenir par d'autres procédés que la gravure en utilisant une craie grasse ou une bougie blanches pour dessiner avant de recouvrir le dessin d'un lavis d'encre. Ces jeux de révélation en clair-obscur de l'image sont très spectaculaires et valorisent le travail de l'élève.

ŒUVRES ASSOCIÉES Gravures de Rembrandt ou aux dessins de Seurat.

ŒUVRE 14 PROGRAMME

Pablo Picasso, *Tête de femme*, 1957

▶ ARTS PLASTIQUES, HISTOIRE DES ARTS

Pablo Picasso (1881-1973), *Tête de femme*, 1957, bois peint, H. : 78,5 cm ; L. : 34 cm ; P. : 36 cm. Paris, Musée Picasso.

ZOOM SUR...

Pablo Picasso

Il est la grande figure de l'artiste du XXe siècle. Il est né en 1881 en Espagne et meurt en 1973 dans le sud de la France. Il était peintre, dessinateur, sculpteur et graveur et il a passé presque toute sa vie en France.

A Le contexte de création de l'œuvre

▶ Pablo Picasso est considéré comme le **fondateur du cubisme avec son ami Georges Braque**. Il a produit près de 50 000 œuvres dont 1 228 sculptures répertoriées. On peut citer au moins deux de ses œuvres mondialement connues : *Les Demoiselles d'Avignon* de 1907 et *Guernica* de 1937.

▶ Cette œuvre de 1957, *Tête de femme*, s'inscrit dans une période où le peintre est installé dans le sud de la France.

▶ Il existe une **réplique monumentale** de cette œuvre installée à Cluses en Haute-Savoie. Elle a été réalisée en 1991 en métal peint et elle mesure quatre mètres de haut. Cette réplique a certainement redonné beaucoup de notoriété à l'original.

Mots-clés

- figure de l'artiste
- graveur
- cubisme
- réplique
- notoriété
- original

B Description et caractéristiques

1. La description de l'œuvre

▶ C'est une **sculpture en bois composée d'une base carrée** sur laquelle se trouve fixé, à la verticale, un bois tourné en forme de cylindre. Des pièces de bois plat découpées sont enfichées de manière globalement orthogonale au sommet de la pièce cylindrique. L'ensemble (excepté la base) est peint en trois couleurs au moins : blanc, noir et ocre.

▶ **La partie haute de la sculpture est composée de deux plans qui se croisent délimitant ainsi quatre angles.** Ils sont peints au recto et au verso et découpés de telle sorte qu'apparaissent tantôt un profil, tantôt une tête de face, tantôt les deux à la fois. Les yeux, ronds de face ou en amande de profil, sont peints en noir et ocre. Le reste du visage est blanc. On notera l'ombre du nez en gris. Un chignon et une oreille sont également représentés.

2. Les caractéristiques de l'œuvre

▶ **La palette réduite :** cette œuvre emploie un nombre réduit de couleurs, principalement le blanc, le noir et l'ocre. Les formes colorées sont bien délimitées de façon à obtenir de forts contrastes.

▶ **Un ensemble très graphique :** on peut parler, pour cette œuvre, de dessin peint en trois dimensions. Les formes sont cernées de noir. La tranche des bois plats est peinte en noir également. Le dessin est aussi affirmé par la découpe du bois en forme de visage.

▶ **Un jeu entre deux et trois dimensions :** c'est une sculpture qui joue avec la planéité. Le visage est peint sur des plans positionnés en angles. En tournant autour de la sculpture, les faces cachées se révèlent.

▶ **L'original et sa réplique :** la reproduction de cette œuvre en grand format et son implantation dans un paysage de montagne, tout en respectant sa configuration formelle, ses proportions et sa palette, bouleversent l'appréhension de l'œuvre par le spectateur.

C Pistes d'exploitations et de transpositions didactiques

1. En arts plastiques

Dans la perspective d'un travail mené en arts plastiques en prenant pour œuvre de référence, la *Tête de femme* de Picasso, plusieurs pistes didactiques sont envisageables (à décliner différemment selon les cycles).

1-1. Le portrait

▸ Très tôt, les élèves abordent le portrait dans leurs productions. Il peut s'agir de **personnes identifiées ou non, ressemblantes ou non**. La question du portrait ressemblant, représenté de façon réaliste ou caricaturale, peut être abordée sans doute en cycle 3.

▸ Mais il est souvent plus facile d'aborder le portrait sans portraitiser quelqu'un de précis. Dessiner ou sculpter une tête consiste bien à faire un portrait. On sera frappé de voir que **le portrait créé révèle un certain caractère, une certaine personnalité**.

▸ **Peu d'éléments sont nécessaires pour donner figure humaine à une forme** : des yeux, un nez, une bouche, des oreilles, des cheveux. **Le portrait est un thème universel**, facile à aborder et permettant d'explorer maintes formes artistiques.

▸ Le portrait peut être associé à des situations-problèmes très diverses comme : réaliser un portrait avec seulement une feuille blanche, une feuille noire et une paire de ciseaux.

ŒUVRES ASSOCIÉES — Portraits de Modigliani.

1-2. Le monument

▸ La notion de monument est intéressante pour les élèves. Elle renvoie à l'idée du monumental mais aussi à l'idée du **mémorial**, de l'**hommage**, etc.

▸ **Faire concevoir et fabriquer un « monument » par des élèves** peut s'avérer une belle expérience collective. On peut leur demander par exemple d'imaginer une grande sculpture pour la cour de récréation ; décider d'une valeur commune qu'elle pourrait évoquer, la représenter sous la forme de maquettes par petits groupes.

ŒUVRES ASSOCIÉES — Œuvres monumentales d'Anish Kapoor : *Cloud Gate* à Chicago ou de Bourdelle : *Monument à Carlos Maria de Alvear*.

1-3. L'assemblage

▸ Après avoir récupéré des chutes de bois dans une menuiserie, l'enseignant propose aux élèves d'imaginer des combinaisons entre elles, sans colle dans un premier temps (jeux d'équilibre) puis avec de la colle ou du ruban adhésif et ponctuellement un clou ou une vis (avec l'aide du professeur).

▸ À une autre occasion, ces chutes de bois peuvent être associées à un autre matériau comme le papier par exemple, ou le la ficelle. Les assemblages obtenus devront tenir debout.

ŒUVRES ASSOCIÉES — Sculptures de Constantin Brancusi ou de Georges Vantongerloo.

1-4. La sculpture peinte

▸ L'expérience de peindre un volume est particulièrement enrichissante car elle permet de **découvrir que la couleur continue de sculpter le matériau**.

▶ On proposera par exemple de peindre sur un galet, sur une boîte en carton, sur un morceau de bois trouvé dans la forêt ou sur un assemblage de pièces en carton.

ŒUVRES ASSOCIÉES — Sculptures peintes de Stéphan Balkenhol.

1-5. Le dessin en trois dimensions

▶ Dessiner en trois dimensions consiste simplement à **organiser des éléments graphiques dans un espace autre que l'espace plan**.

▶ Il est possible de sculpter avec du fil de fer par exemple, ou de dessiner sur une feuille pliée à 45 degrés posée sur tranche.

ŒUVRES ASSOCIÉES — Sculptures peintes d'Alexander Carder.

1-6. La réplique

▶ La notion de réplique permet d'**interroger la notion d'original**, à partir duquel sont envisageables des variations en termes de formes, de couleurs, de dimensions et de matériaux.

▶ Les notions de référence, de modèle, de citation et d'emprunt seraient abordées également.

▶ Les élèves peuvent imaginer des « répliques revisitées », des « copies non conformes », des « interprétations libres » d'une œuvre originale qu'ils choisissent en reproduction.

ŒUVRE ASSOCIÉE — *Les Ménines* de Pablo Picasso.

2. En histoire des arts

Dans la perspective d'un travail mené en histoire des arts, en prenant pour œuvre de départ la *Tête de femme* de Picasso, plusieurs pistes d'exploitation sont envisageables qui fonctionneront par rapprochements, par confrontations et par comparaisons, pour penser la représentation de la figure féminine et le portrait féminin dans l'art, de façon plus générale.

2-1. Une autre sculpture de femme

▶ Un rapprochement pourra être fait avec une autre sculpture de femme, **apparentée à une période et à une tradition différente**. Par exemple, une **sculpture sur bois médiévale ou de la Renaissance représentant Marie-Madeleine** :
– l'une de tradition germanique, attribuée à Gregor Erhart, *Marie-Madeleine* (1515-1520. Bois polychrome, 177 × 44 cm. Paris, musée du Louvre) ;
– l'autre italienne, œuvre de Donatello, *Marie-Madeleine pénitente* (1453-1455. Bois polychrome, 188 cm. Florence, Museo dell'Opera del duomo).

▶ La comparaison questionnera les matériaux employés, la gamme très restreinte des couleurs utilisées pour le corps et pour la chevelure, la posture, le mouvement du corps et des mains, l'expression des visages, le sentiment traduit, l'importance de la chevelure comme un habit qui enveloppe la femme.

2-2. Une autre sculpture totémique

▶ La comparaison conduit cette fois à envisager une autre culture qu'occidentale, une autre tradition artistique et une autre valeur et fonction accordées à la statuaire.

► L'attention sera portée sur la simplification des formes, les symboles de la féminité dans cette statuaire, le choix des couleurs, l'usage de ces œuvres dans la société qui les produit, l'inspiration dans la production européenne.

ŒUVRES ASSOCIÉES Sculptures totémiques du musée du quai Branly-Jacques Chirac et œuvres produites en Océanie.

2-3. Un autre portrait peint féminin

► Les élèves aborderont les caractéristiques du portrait peint, ses différences avec le portrait sculpté de Picasso, les traits physiques, l'évocation de la personnalité, le rapport du personnage féminin peint à son environnement, choisi par l'artiste ou non, immuable car créé avec lui dans le tableau, ou changeant selon l'exposition de la sculpture dans un lieu ou un autre.

ŒUVRE ASSOCIÉE *La Joconde* de Léonard de Vinci.

► Il sera aussi possible de réfléchir à la réception d'une œuvre quand elle est moins connue du plus grand nombre ou au contraire célèbre.

2-4. Un texte littéraire comportant un portrait féminin

► Un rapprochement pourra être fait avec un texte littéraire qui présente le portrait d'un personnage féminin. On peut étudier par exemple :

– le portrait de Chloé dans *L'Écume des jours* (1946) de Boris Vian, à l'occasion de la scène de la première rencontre entre Colin et Chloé ;

– le portrait de l'une des deux femmes héroïnes du roman de Stendhal *Le Rouge et le Noir* (1830) : Mathilde de la Mole ou bien Madame de Rênal ;

– un portrait de femme tracé par Balzac, ainsi dans *Le Lys dans la vallée* (1836).

► Il s'agira de relever les éléments qui correspondent à des caractéristiques physiques, à l'apparence, et ceux qui au contraire évoquent le caractère, la personnalité de la femme décrite (distinction entre portrait physique et portrait moral ou psychologique).

► On pourra comparer une **description qui passe par des mots** et une description qui utilise des moyens plastiques, rapprocher les effets produits sur le lecteur ou le spectateur, évoquer ce que les élèves peuvent imaginer à partir de l'un ou l'autre portrait, romanesque ou sculpté.

ŒUVRE 15 AU PROGRAMME

Philippe Halsman, *Dali Atomicus*, 1948

▶ ARTS PLASTIQUES

Philippe Halsman (1906-1979), *Dali Atomicus*, 1948, tirage gélatino-argentique, 25,8 × 33,3 cm. New York, MoMA.

ZOOM SUR…

Philippe Halsman

Ce photographe américain naturalisé en 1949 est né à Riga en Lettonie en 1906 et mort à New York en 1979. Il est connu pour ses photographies de célébrités qui ont souvent fait la Une de TIME magazine ou de LIFE Magazine, et pour ses photos de modèles photographiés en sautant. Il fait ses études en Allemagne et s'installe à Paris en 1931 où il réalise ses premiers portraits dont ceux d'André Gide, Paul Valéry, Chagall ou Le Corbusier. Il s'affirme rapidement comme un des meilleurs portraitistes photographes parisiens. Il invente en 1936 un appareil à double lentille qu'il met au service de ses portraits. Mais il quitte la capitale parisienne en 1940 en raison de l'invasion allemande en France. En 1941, il rencontre Salvador Dalí à New York où le peintre expose. Les deux artistes vont collaborer pendant près de quarante ans.

A Le contexte de création de l'œuvre

1. Salvador Dalí

▶ Salvador Dalí est un **artiste catalan de nationalité espagnole**. Il est considéré comme **l'un des principaux représentants du surréalisme** même s'il fut exclu du mouvement par André Breton en 1934 en raison de nombreuses divergences, notamment sur le plan politique et éthique.

▶ **Dalí est un « touche-à-tout » au caractère fantasque, devenu très populaire dans le monde.** Ses œuvres, principalement des peintures (mais aussi des sculptures, des gravures, des dessins, des écrits), sa vie publique et privée très relatée par la presse *people* de l'époque (il épouse la femme de son ami Paul Eluard), sa méthode de travail qu'il désigne comme « paranoïaque-critique » et sa fameuse moustache font de lui un personnage hors du commun. Baroque et exubérant, il n'hésite jamais à se mettre en scène en toutes situations, y compris dans son œuvre.

2. La collaboration entre Dalí et Halsman

▶ *Dali Atomicus* est une œuvre qui date du lendemain de la Seconde Guerre mondiale au cours de laquelle explose la première bombe atomique.

▶ Les deux artistes, Halsman et Dalí, sont **fascinés par les découvertes scientifiques** qui ouvrent à leurs yeux une nouvelle ère. « Antigravitation », « antimatière » sont des mots qui apparaissent à l'époque.

▶ Dalí travaille à la représentation d'objets en lévitation dans ses tableaux dont *Leda Atomica*, le tableau que l'on voit à droite sur la photographie. Ils sont influencés à l'époque par des photographies prises avec un temps de pause très court permettant de voir ce que l'œil n'a pas le temps de percevoir, dont celles d'Harold Hedgerton.

▶ **Ils réalisent cette photographie réputée sans trucage grâce à quelques assistants** qui, au même moment, lancent un seau d'eau, font surgir trois chats et une chaise dans le champ de l'image pendant que Dalí saute sur lui-même. Ils feront de nombreux essais avant de parvenir à l'image finale.

Mots-clés

- portrait
- portraitiste
- surréalisme
- divergences
- éthique
- baroque
- exubérant
- antigravitation
- pause
- trucage
- champ

B Description et caractéristiques

1. La description de l'œuvre

▶ **Cette photographie est un tirage en noir et blanc de grandes dimensions.** L'image est très contrastée. Le blanc tire un peu vers le sépia et les noirs sont profonds. Les figures apparaissent presque en ombres chinoises, telle la chaise en suspension.

▶ **L'éclairage semble venir du haut** à en croire les ombres portées sur le sol. Cependant, d'autres éclairages sont discernables à travers les ombres portées visibles dans la partie haute de l'image.

▶ **Tout est en mouvement dans cette image ou plutôt figé dans un mouvement suspendu, arrêté.** Il est possible que certains éléments comme le chevalet ou les tableaux soient simplement suspendus à des fils invisibles. L'eau du seau projetée dans un axe parallèle au plan de l'image, décrit une courbe sinusoïdale. Elle se déploie dans l'espace de manière très spectaculaire témoignant des multiples formes que prend cette matière quand elle est projetée en l'air. Le jet traverse entièrement l'image de droite à gauche.

▸ L'image est fascinante comme le sont souvent les arrêts sur image. Mais ici, la scène qui se trouve suspendue ne correspond à aucune situation rationnelle, ce qui augmente encore le **caractère surprenant, presque absurde de l'image**.

2. Les caractéristiques de l'œuvre

▸ **Une image monochrome :** c'est une image en noir et blanc comme l'étaient le plus souvent les photographies de cette époque même si la photographie couleur existait déjà. C'est un tirage sur papier d'après négatif. C'est une **photographie analogique** et non numérique. Le négatif et le tirage sont des empreintes de lumière tandis que la photographie numérique traduit l'image dans un code numérique.

▸ **Un arrêt sur image :** l'expression « arrêt sur image » vient de la vidéo qui permet d'arrêter le défilement filmique sur une image isolée. Aujourd'hui, cette expression s'est répandue et désigne une image qui semble prise sur le vif, un mouvement arrêté, une interruption nette, un temps suspendu.

▸ **Une image surréaliste :** cette image provoque la surprise, elle est étonnante. Elle déroute le spectateur qui ne parvient pas à donner une explication rationnelle sur ce qui s'y passe. Elle paraît réaliste et en même temps impossible. De fait, l'œil face à la scène réelle ne pourrait jouir d'un tel spectacle car il n'existe que pendant quelques centièmes de secondes. L'image apparaît donc plus réaliste que la réalité à laquelle l'œil accède naturellement. Et cette réalité se révèle, de surcroît, tout à fait déroutante.

C Pistes d'exploitations et de transpositions didactiques

Dans la perspective d'un travail mené en arts plastiques en prenant pour œuvre de référence, *Dalí Atomicus* de Philippe Halsman, plusieurs pistes didactiques sont envisageables (à décliner différemment selon les cycles).

1. L'image monochrome

▸ **Les images monochromes sont d'une seule teinte mais les valeurs de la teinte peuvent varier.** L'image repose donc essentiellement sur le contraste de clair-obscur qui permet aux formes de se détacher les unes des autres.

▸ Les élèves peuvent produire facilement des images monochromes en travaillant sur fond clair avec de la peinture ou de l'encre qu'ils seront amenés à diluer plus ou moins. Ils peuvent également travailler sur fond gris avec une teinte qu'ils additionneront de blanc ou de noir. Ils peuvent aussi aborder la photo numérique en noir et banc, sépia, etc.

ŒUVRES ASSOCIÉES

- *Saint Georges terrassant le dragon* (1520, attribué à l'école de Guérard, Musée du Louvre).
- Décors en grisailles présents dans le décor peint du XVIe siècle (Fontainebleau, Oiron, etc.).
- Photographie du XIXe siècle (Nadar, Le Gray) et de la première moitié du XXe siècle (*Autoportrait* de Kertész).
- Dessins au lavis du Louvre (Pierre de Valenciennes ou Paul Huet).

2. L'arrêt sur image

▶ Les **appareils de capture numérique** (téléphone, tablette, appareil photographique) permettent de faire des images fixes ou multiples. Le **mode rafale** notamment consiste à prendre plusieurs clichés rapidement les uns après les autres (10 images par seconde). De même, la **vidéo-projection d'un film** (réalisé par les élèves ou non) peut à tout moment être interrompue pour figer une action, un mouvement.

▶ Ces arrêts sur image peuvent être le point de départ de bien des scénarii pédagogiques intégrant notamment l'impression, le collage, le dessin, la peinture, le modelage, etc.

ŒUVRES ASSOCIÉES Photographies de Jeff Wall, par exemple : *A Sudden Gust of Wind* (after Hokusai) ou photographies de presse sportive de mouvement arrêté.

3. L'image avec ou sans trucage

▶ L'histoire du trucage en photographie est aussi ancienne que l'histoire de la photographie elle-même. Il est possible d'aborder cette question en demandant aux élèves de **« truquer » l'image** :
– **avant la prise de vue :** mise en scène jouant du point de vue, de l'angle de vue, du montré-caché dans l'image, des superpositions de plans créant des correspondances incongrues, filtres, etc. ;
– **après la prise de vue :** traitement de l'image numérique sur écran, insertion, effacement, collage, etc.

▶ On a pour habitude de dire qu'une image est réalisée « sans trucage » quand elle ne fait appel à aucun artifice (manipulation de l'image elle-même) mais il sera utile de voir avec les élèves dans quelle mesure l'image photographique n'est pas toujours une forme de « trucage » de la réalité.

ŒUVRES ASSOCIÉES Photographies truquées du XIXe siècle ou photographies de Philippe Ramette, Aziz et Cucher.

ŒUVRE 16 AU PROGRAMME

Pieter Bruegel l'Ancien, *Chasseurs dans la neige*, 1565

▶ ARTS PLASTIQUES

Pieter Bruegel l'Ancien (vers 1525-1569), *Chasseurs dans la neige*, 1565, 117 × 162 cm. Vienne, Musée d'Histoire de l'art.

ZOOM SUR…

Pieter Bruegel l'Ancien

• Ce peintre et graveur brabançon (duché de Brabant, état féodal de l'époque qui correspond aujourd'hui à des territoires néerlandais et belges) est né vers 1525 et mort en 1569. C'est l'un des grands représentants de l'École flamande qui désigne globalement l'art des Flandres des XVe, XVIe et XVIIe siècles.

• Il peint *Chasseurs dans la neige* à l'âge de 40 ans environ, quatre ans avant sa mort. Il a fait un voyage en Italie et résidé à Rome en 1552, comme le faisaient souvent les jeunes peintres de son époque pour parfaire leur formation. Certaines de ses toiles ultérieures témoigneront de cette influence italienne. Il s'installe à Bruxelles en 1562. On dit de lui qu'il aimait fréquenter les cercles de lettrés humanistes de Bruxelles mais aussi les fêtes organisées dans les campagnes par les paysans. Il se plaisait à observer les mœurs, les jeux et les danses de ces derniers et les représentait ensuite à l'encre, à l'huile ou à l'aquarelle.

• Son fils, né en 1564, devenu peintre également, fut prénommé Pieter comme son père, ce qui s'explique cette désignation de « Bruegel l'Ancien » pour le père et « Bruegel le Jeune » pour le fils.

A Le contexte de création de l'œuvre

▶ Ce grand tableau hivernal est un paysage de neige particulièrement célèbre. Les peintres flamands ont beaucoup représenté le climat des Flandres et en particulier l'hiver qui était très rigoureux à cette époque. **Ce tableau fait partie d'une série de six, consacrée aux différentes saisons de l'année.** Il correspond aux mois de décembre et janvier. Pieter Bruegel le Jeune fera une copie du tableau de son père qui est conservée au Tokyo Fuji Art Museum.

▶ **Ce tableau est une « scène de genre ».** Sont ainsi désignées les œuvres dépeignant des scènes quotidiennes, anecdotiques ou familières. Dans la hiérarchie académique des sujets en peinture (établie au XVIIe siècle), les scènes de genre étaient considérées comme mineures bien que situées au-dessus du paysage et de la nature morte (en bas de l'échelle). La peinture d'histoire et le portrait étaient les deux genres établis comme majeurs. Cette hiérarchisation officielle des thèmes abordés par les œuvres a aujourd'hui disparu.

Mots-clés

- scène de genre
- paysage
- nature morte
- quotidien
- anecdotique
- hiérarchisation
- série
- copie
- thème
- humanisme
- mœurs

B Description et caractéristiques

1. La description de l'œuvre

▶ **Ce tableau représente des chasseurs de retour de la chasse en hiver.** Il vient de beaucoup neiger car ils laissent des traces profondes dans une épaisse couche de neige fraîche. Il fait très froid car les lacs sont gelés au point qu'il est possible de les traverser à pieds secs ou de faire du patin à glace en surface.

▶ **Plusieurs petites scènes sont représentées sur ce tableau,** outre le retour des chasseurs suivis de leurs chiens : le feu devant l'auberge autour duquel s'affairent ou se réchauffent quelques personnes, les patineurs, dont certains qui jouent au hockey ou d'autres qui se font traîner, les pêcheurs qui ont certainement percé la glace pour y introduire leurs lignes. Dans le lointain, on aperçoit une charrette qui s'éloigne, un méandre de rivière, un village et son clocher, une plaine et des sommets enneigés.

▶ **L'échelonnement des plans est savamment orchestré.** Le premier plan est marqué par un arbuste couvert de neige, et les verticales alignées des arbres entre lesquels circulent les chasseurs, entraînent le regard vers les arrière-plans du tableau : les lacs gelés en contrebas, le pont, les toits enneigés, les champs, les bosquets et les falaises.

▶ Il y a beaucoup de minutie apportée dans le traitement des détails, qui témoigne peut-être de la formation du peintre auprès d'enlumineurs. C'est une **peinture très descriptive, très narrative** qui fonctionne un peu comme un livre ouvert. Le camaïeu d'ocres et de gris de la palette baigne la scène dans une ambiance hivernale caractéristique. La lumière est égale partout au point que les ombres ont disparu.

2. Les caractéristiques de l'œuvre

▶ **Une scène de genre, un paysage hivernal :** Bruegel dépeint une scène quotidienne, sans caractère exceptionnel, mais riche de toutes sortes de micro-événements que l'on se plaît à découvrir dans l'entièreté du format « paysage ».

▶ **Une infinité de détails :** le tableau décrit une multitude de détails très dessinés, ce qui lui confère une qualité presque documentaire sur les us et coutumes de cette époque et dans cette région.

▶ **Une représentation de l'espace :** le tableau est organisé en profondeur d'un point de vue légèrement surplombant faisant se dérouler les différents plans sous l'œil du spectateur du plus proche au plus lointain.

▶ **Le camaïeu de la palette :** la gamme des teintes utilisées par le peintre est relativement restreinte ce qui donne beaucoup d'harmonie à l'œuvre et installe une lumière tamisée et apaisante.

C Pistes d'exploitations et de transpositions didactiques

Dans la perspective d'un travail mené en arts plastiques en prenant, pour œuvre de référence, *Chasseurs dans la neige* de Pieter Bruegel l'Ancien, plusieurs pistes didactiques sont envisageables (à décliner différemment selon les cycles).

1. La représentation du climat

▶ **Le thème des saisons** est certes assez banal à l'école mais il demeure important pour les élèves qui doivent identifier l'alternance des cycles annuels, la succession des mois de l'année, acquérir des repères quant au temps qui passe.

▶ Le temps qu'il fait marque les saisons et il est possible de proposer aux élèves de le documenter, de le traduire, de le restituer, de l'exprimer. Ils peuvent représenter la neige, les fortes pluies, l'épais brouillard, le plein soleil, les bourrasques de vent, etc., aux moyens de collages (lanières de papiers, ficelle, confettis de papier déchiré, etc.), de dessin à l'encre (projections, lignes continues, discontinues, points ou ronds éparpillés ou condensés, etc.), de peinture (rayures, tampons, empreintes, etc.).

ŒUVRES ASSOCIÉES

- Autres saisons représentées par Bruegel l'Ancien.
- Paysages de Nicolas Poussin.
- Villes sous la brume ou tempêtes en pleine mer de William Turner.
- Paysages enneigés de Caspar Friedrich.

2. La copie d'interprétation

▶ À l'image de la **copie du tableau réalisée par Bruegel le Jeune, le fils du peintre**, il est possible d'aborder la copie d'image ou de tableau avec les élèves. On peut leur demander de proposer une nouvelle version de l'œuvre avec des moyens qui restent à déterminer mais qui différeront si possible de ceux employés par le référent original.

▶ **Les moyens peuvent être déterminés par l'élève ou identiques pour tout le monde**. L'expérience de la traduction d'un moyen plastique par un autre moyen plastique (traduire une photo par du fusain, une peinture par un collage, etc.), l'expérience de l'interprétation d'une image dont témoigne nécessairement la reprise, seront très formatrices pour l'élève.

ŒUVRES ASSOCIÉES

Œuvres de Vik Muniz.

INDIENS PUEBLOS, *Poupée kachina*

▶ ARTS PLASTIQUES

Poupée kachina, bois peint et plumes, H. : 38 cm ; L. : 18 cm ; P. : 13,5 cm, 250 g. Paris, Musée du Quai Branly-Jacques Chirac.

ZOOM SUR...

Les Indiens Pueblos

Ces Amérindiens vivent dans des *pueblos*, des maisons en pierre ou en adobe (*pueblo* signifie « village » en espagnol). Par extension, les Espagnols (*conquistadores* au XVIe siècle) ont utilisé le même terme pour désigner les maisons et leurs habitants. Les Indiens Pueblos sont en fait divisés en plusieurs tribus ayant chacune une culture et une langue propre.

A Le contexte de création de l'œuvre

▶ **Les poupées kachinas représentent des esprits dans la mythologie des Hopis.** Les Hopis (contraction de *Hopitu-shinumu* que l'on peut traduire par « peuple de la paix »), font partie du groupe amérindien des Pueblos d'Amérique du Nord. Ils vivent dans le nord-est de l'Arizona, une région très aride. Leur population a beaucoup diminué au cours des derniers siècles.

▶ **Il existe de nombreux kachinas dans la culture hopi :** le kachina du feu ou de la pluie, le kachina bienfaisant ou malfaisant, etc. Des danseurs costumés et masqués incarnent ces esprits au cours de danses rituelles et ces poupées représentent ces danseurs. Elles sont offertes aux enfants de sorte qu'ils se familiarisent avec le monde des esprits.

▶ Les poupées kachinas sont réalisées à partir d'une racine de peuplier sculptée et peinte. Leurs formes ont évolué depuis la fin du XIXe siècle, le rendu de l'anatomie se faisant plus précis. À chaque couleur employée correspond une valeur symbolique qui renvoie notamment à la provenance de l'esprit figuré, sa fonction, son appartenance, etc. Des accessoires (bracelets, plumes, etc.) sont souvent ajoutés.

Mots-clés

• kachina	• esprit	• incarner
• Hopi	• costume	• anatomie
• Pueblos	• masque	• symbole
• Amérindiens	• rituel	

B Description et caractéristiques

1. La description de l'œuvre

▶ **Cette poupée kachina est particulièrement soignée dans sa confection.** Le bois est sculpté de façon bien proportionnée, le décor peint est très précis. Chaque détail du costume est décrit de manière fidèle. Le danseur est torse nu, il porte une écharpe en bandoulière, son corps est recouvert de peintures rituelles ; il porte une jupe courte, des bottes rouges, un masque cylindrique décoré, une coiffe en plumes d'oiseaux, et un bracelet de ficelle. Il tient quelque chose dans la main droite et le bout du bras gauche est cassé, de même que les extrémités des deux bottes, laissant à chaque fois apparaître la couleur naturelle du bois.

▶ Cette poupée de 38 centimètres de hauteur pourrait être comparée à une petite statue, peut-être même tient-elle debout. Pourtant, **sa fonction de poupée la classe plutôt du côté de l'objet, voire du jouet**. C'est une figurine qui représente le **danseur incarnant l'esprit du Grand-Père Navajo**. Elle était manipulable, transportable par les enfants auxquels elle était confiée. Elle peut néanmoins être considérée comme une sculpture et, plus précisément, un bois polychrome.

2. Les caractéristiques de l'œuvre

▶ **Un bois sculpté et peint :** c'est une sculpture peinte, un bois polychrome obtenu par la technique de la taille. De petites dimensions, il relève presque de la « petite plastique » (expression désignant les œuvres de petit format en terre cuite, en ivoire, en bronze ou en bois).

▶ **Une poupée :** c'est aussi un objet ayant une fonction de jouet ou de figurine, réalisé à destination des enfants.

▶ **Une image en trois dimensions :** c'est enfin une image qui représente un danseur incarnant un esprit ; une image d'image en quelque sorte, une représentation au deuxième degré.

▶ **Un assemblage :** au bois sculpté et peint sont ajoutés quelques éléments de matérialités différentes (boucle d'oreille, coiffe, bracelet). Cette hétérogénéité des matériaux fait aussi de cette sculpture un assemblage.

C Pistes d'exploitations et de transpositions didactiques

Dans la perspective d'un travail mené en arts plastiques en prenant pour œuvre de référence cette poupée kachina, plusieurs pistes didactiques sont envisageables (à décliner différemment selon les cycles).

1. Une sculpture de taille

Il y a assez peu de matériaux qu'il est possible de sculpter par la technique de la taille en classe. Le savon, la pomme de terre permettent d'obtenir quelques résultats. On peut tailler un bloc de terre mais on est vite tenté de le modeler. La taille d'un pain de mousse florale verte représenterait sans doute l'expérience la plus proche de la taille des matériaux plus traditionnels comme le bois ou la pierre qui réclament hélas une technicité inenvisageable pour des élèves de cet âge et dans ce contexte.

ŒUVRES ASSOCIÉES

Sculptures à la tronçonneuse de Georg Baselitz ou sculptures sur glace auxquels de nombreux festivals sont consacrés chaque année dans le monde.

2. La petite plastique

Il est possible de faire fabriquer par les élèves des petites figurines utilisables ensuite en éléments de décoration par exemple, ou en vue de la reconstitution d'une scène narrative à petite échelle. L'assemblage ou le modelage seraient des techniques appropriées pour les confectionner, laissant la possibilité de les peindre ensuite partiellement ou entièrement.

ŒUVRES ASSOCIÉES

Idoles ou des statuettes en bronze, en terre ou en pierre du département des Antiquités du Louvre.

3. Un jouet fabriqué de toutes pièces

▸ La fabrication d'un objet ayant une fonction (comme la poupée) représente certainement une activité particulière pour les élèves ; ce n'est pas tout à fait la même chose que de fabriquer un objet décoratif.

▸ Des élèves de cycle 1 pourront sans doute être invités à se fabriquer leur propre poupée par assemblage de différents matériaux (chiffons, raphia, ficelle, rubans, boutons, etc.). Ils peuvent aussi fabriquer en miniature des voitures, des camions, des bateaux, des avions, etc. qui auront également le statut de jouet.

ŒUVRES ASSOCIÉES

Jouets anciens, poupées en porcelaine, jouets en bois ou en métal comme il en existait autrefois.

ŒUVRE 18 AU PROGRAMME

Sol LeWitt, *Wall-Drawing #752*, 1994

▶ ARTS PLASTIQUES, HISTOIRE DES ARTS

Sol LeWitt (1928-2007), *Wall-Drawing #752*, 1994, peinture murale, encre de couleurs et placoplâtre, 167 m². Oiron, château de Oiron, dépôt du CNAP.

ZOOM SUR...

Solomon (Sol) LeWitt
Né à Artford dans le Connecticut aux États-Unis et mort à New York en 2007, cet artiste américain minimaliste et conceptuel a réalisé de nombreux *Wall-Drawing* (murs dessinés) partout dans le monde entre 1968 et 2007.

A Le contexte de création de l'œuvre

1. La conception des *Wall-Drawing*

▸ Conçus mentalement au préalable par l'artiste, les dessins sont ensuite réalisés directement au mur et à l'échelle du lieu qui l'accueille. Ces œuvres murales peuvent n'exister que le temps d'une exposition ou plus durablement comme c'est le cas à Oiron. Au terme de son exposition l'œuvre est ensuite détruite et les murs repeints. **L'œuvre est donc *in situ* (adaptée au lieu) et éphémère (n'existe que le temps de son exposition)**.

▸ **Chaque *Wall-Drawing* est associé à un certificat et accompagné d'un diagramme, qui peuvent être considérés comme le « mode d'emploi » de l'œuvre.** Ce schéma, assorti d'un code couleur et de consignes précises, permettait à ses assistants d'exécuter, par délégation, l'œuvre de manière autonome. L'œuvre peut ainsi être produite plusieurs fois en l'adaptant à chaque fois aux différents sites d'accueil. Depuis sa mort, grâce à ces protocoles précis, les *Wall-Drawing* de Sol LeWitt peuvent toujours être recréés. En 2013, une rétrospective de trente-trois dessins muraux fut organisée au Centre Pompidou-Metz.

2. Le château d'Oiron

▸ Le château d'Oiron est un **édifice du XVIe siècle** bâti par la famille seigneuriale des Gouffiers. Il est **inscrit au titre des monuments historiques** depuis 1943. L'aile gauche abrite des fresques du XVIe siècle, notamment une longue galerie de 55 mètres où se trouve illustrée, en quatorze scènes, le cycle antique de la guerre de Troie et de l'Énéide. À la même époque, François Ier faisait décorer la grande galerie de Fontainebleau par l'artiste italien Rosso Fiorentino avec également de nombreuses fresques murales.

▸ **En 1989, le ministère de la Culture lance un projet original pour le château d'Oiron : créer une collection d'art contemporain**, inspirée par les collections historiques qu'il abrite. En 1993, est inaugurée le premier volet de cette collection intitulée *Curios & Mirabilia* ; elle s'enrichit par la suite de nouvelles œuvres dont celle de Sol LeWitt. Cette collection fait écho indirectement aux cabinets de curiosités qui conservaient à la Renaissance, les collections constituées par les princes éclairés.

▸ **Ce décor mural n'est pas une fresque au sens strict**. La fresque est une technique de peinture murale qui consiste à appliquer *a fresco* (sur enduit frais) les pigments colorés directement sur le mur. Cela provoque une qualité de teinte très particulière que l'on peut apprécier notamment dans les fresques de Giotto à la Renaissance. Ici, l'application s'est faite *a secco* (sur enduit sec). Notons également que le support n'est pas le mur du château mais des plaques de plâtre fixées contre le mur.

▸ **Aujourd'hui, un chantier de restauration de l'édifice, oblige à déposer l'œuvre de Sol LeWitt**. Elle sera ensuite refaite en suivant les instructions laissées par l'artiste.

Mots-clés

- *Wall-Drawing*
- cabinet de curiosités
- décor peint
- protocole
- *in situ*
- éphémère

B Description et caractéristiques

1. La description de l'œuvre

▸ Les murs de la salle sont entièrement recouverts de **formes géométriques combinées entre elles et encadrées par un réseau de bandes noires**. La couleur a été appliquée à l'éponge par couches successives d'encres rouge, jaune, bleue et grise et selon un protocole précis. Il n'y a pas de mélange préalable. Le mélange des couleurs s'obtient grâce à la transparence de l'encre.

▸ **Une règle maintenue cachée au visiteur, décrit la logique de la composition.** Elle détermine l'ordre des couches colorées, la genèse des formes et des encadrements. Le dessin se prolonge jusqu'aux limites imposées par les murs de la salle. On peut remarquer que jamais deux formes côte-à-côte ne sont de même teinte. Les contrastes colorés génèrent des effets de reliefs par opposition également aux bandes noires qui les encadrent.

2. Les caractéristiques de l'œuvre

▸ **Des formes géométriques associées** les unes aux autres comme un puzzle.

▸ **Des bandes noires qui encadrent** des combinaisons de formes et qui s'imposent comme une grille.

▶ **Des couleurs rompues** (mélange de complémentaires) **et rabattues** (assombries par l'encre grise).

▶ **Des contrastes colorés :** clair-obscur, chaud-froid, contraste de qualité, etc.

▶ **Une œuvre immersive** qui occupe les quatre murs de la pièce.

▶ **Une règle, une logique de composition** qui demeure cachée.

▶ **Une variation sur le même thème :** pour chaque « tableau », formes et couleurs semblent identiques mais leur combinaison diffère.

C Pistes d'exploitations et de transpositions didactiques

1. En arts plastiques

Dans la perspective d'un travail mené en arts plastiques, et en prenant pour œuvre de référence, le *Wall-Drawing #752* de Sol LeWitt, plusieurs pistes didactiques sont envisageables (à décliner différemment selon les cycles).

1-1. La composition géométrique

Par différents biais, les élèves peuvent **réaliser des compositions constituées de formes géométriques**. Ils peuvent les découper dans des papiers gouachés ou colorés dans la masse. Ils peuvent associer les formes en les juxtaposant, en les superposant, en les enchevêtrant, par collage en deux dimensions ou par assemblage en trois dimensions. Ils peuvent plier leur support de manière aléatoire plusieurs fois, et une fois déplié, découper les formes géométriques délimitées par les pliures, les peindre et les combiner ensuite librement pour reconstituer un motif (tangram), ou plusieurs, en faisant une photographie de chaque variation.

ŒUVRE ASSOCIÉE — *Vendredi 1* d'Auguste Herbin.

1-2. Le mur peint, le décor immersif

▶ Il sera intéressant de faire **travailler les élèves à l'échelle d'un mur, du sol au plafond** ou dans un angle, voire sur un support destiné à être accroché au plafond. L'idée étant de leur faire tester la **mise en espace d'une composition bidimensionnelle en utilisant les limites de l'architecture** (en jouant avec les ouvertures) comme délimitation du support à peindre ou à dessiner.

▶ **Par exemple, sur les murs d'un couloir et sur toute sa longueur** (avec interruption pour les portes), sont disposées de part et d'autre deux grandes feuilles horizontales qui se font face. Les élèves sont invités à concevoir un projet collectif pour ces deux supports entre lesquels les élèves passent au quotidien.

ŒUVRE ASSOCIÉE — *La Danse inachevée* d'Henri Matisse, un papier peint découpé de 1930-1931.

1-3. Grille et cadrage

L'expérience du cadre dans une **production bidimensionnelle** est très importante. À partir de compositions réalisées par les élèves, on peut leur proposer de recadrer différentes parties en les délimitant avec des cadres en carton de formes carrées, rectangulaires ou rondes.

ŒUVRES ASSOCIÉES — Planches de bandes dessinées.

1-4. Mélanges et contrastes de couleur

▶ En limitant le nombre de couleurs à utiliser pour une composition, les élèves font nécessairement l'**expérience du mélange et du contraste**.

▶ On met à disposition de l'élève une palette fleur (sept godets) contenant deux couleurs de son choix. Il est invité à composer avec le plus de nuances possibles de couleurs.

ŒUVRE ASSOCIÉE Œuvre monochrome de Jacques Monory.

1-5. Règle et délégation

▶ Les élèves savent que, ni les compositions plastiques, ni les œuvres ne se fabriquent à partir d'une règle ou d'une recette.

▶ Pour interroger ce principe, des élèves de cycle 3 peuvent néanmoins être invités à rédiger la recette de la fabrication d'un tableau en quelques étapes ; ils testent eux-mêmes leurs recettes et la font tester ensuite par des camarades. La recette apparaîtra comme une sorte de règle à suivre, un tutoriel donnant lieu à des variations intéressantes à comparer entre elles.

ŒUVRES ASSOCIÉES Autres œuvres créées à partir de règles, de François Morellet ou de Claude Rutault.

2. En histoire des arts

Dans la perspective d'un travail mené en histoire des arts en prenant pour œuvre de départ le *Wall-Drawing #752* de Sol LeWitt, plusieurs pistes d'exploitation sont envisageables.

2-1. Un autre exemple de pièce peinte

▶ Un rapprochement pourra être fait avec un autre exemple de pièce peinte, **emprunté à une époque plus ancienne, à la Renaissance italienne : la *Camera picta***. Cette « chambre peinte », dite aussi « chambre des Époux », s'entend au sens de pièce d'apparat, et non pas privée. Elle est montrée aux visiteurs illustres qui viennent au palais du prince de Mantoue et fut réalisée par Andrea Mantegna, au palais ducal, le Castello San Giorgio, à Mantoue (Italie), pour la famille des Gonzague, entre 1465 et 1474.

▶ **Le travail portera sur la mise en relation et la comparaison** dans le but de repérer tout ce qui lie ou, au contraire, distingue fortement les deux expériences.

▶ La peinture, qui occupe toute la surface de deux des quatre parois et le plafond de la *Camera picta*, à Mantoue, est une mise en scène politique (l'histoire et le pouvoir de la famille, dans son palais et sur son territoire) et une prouesse illusionniste (trompe-l'œil du plafond, échappées créées sur les murs). Les quatre murs de la pièce sont peints mais deux seulement comportent des scènes narratives ; les deux autres parois sont couvertes de rideaux peints, tirés, qui ne dévoilent pas ce qui se passe derrière, à l'intérieur du palais ou dans la campagne environnante, domaine de la famille.

2-2. Un autre exemple de peinture murale, narrative

▶ Un rapprochement pourra être fait avec les **peintures de Giotto à la chapelle Scrovegni**, ou chapelle de l'Arena, à Padoue (Italie), datées de 1303-1306. Elles racontent, en de nombreux épisodes, disposés sur les deux parois latérales de la chapelle, en rangées horizontales, l'histoire du Christ et de sa mère Marie. La lecture se fait à la fois dans le sens horizontal et dans le sens vertical (de haut en bas) pour passer d'une rangée à une autre.

▶ Il s'agira de **comparer la disposition des cadres** correspondant chacun à un moment de l'histoire racontée, séparée par des bordures, larges bandes elles-mêmes peintes, de motifs géométriques, de feuillages ou d'animaux, avec les cadres délimités à Oiron par d'épaisses lignes noires. Il sera intéressant d'observer la façon de diviser et de structurer la surface du mur en panneaux et l'utilisation des formes, des volumes et des couleurs pour guider le regard et la lecture.

2-3. Un texte littéraire

▶ Un rapprochement pourra être fait avec un texte littéraire qui joue à la fois sur le détournement d'une recette de cuisine et sur une légende : « Pour faire le portrait d'un oiseau », de Jacques Prévert (*Paroles*, 1945).

▶ Les élèves pourront remarquer comment l'auteur utilise le prétexte de la peinture et des conseils prétendument donnés pour fabriquer un tableau et réussir à peindre un oiseau, afin de produire un **texte poétique qui joue avec le lecteur**. Ils distingueront ce qui est vraisemblable et ce qui est absurde. Reprenant un motif très ancien, une légende célèbre dans l'Antiquité, d'un oiseau véritable qui est trompé par la qualité d'une peinture et vient picorer des fruits peints qu'il a crus réels, Prévert joue avec l'illusion que produit la peinture, avec la logique et l'imagination, avec la création que permettent les mots, comme les pinceaux.

2-4. Un morceau de musique

Un rapprochement pourra être fait avec un morceau de musique construit sur un thème et ses variations.

Musée d'art moderne André Malraux ou MuMa, Le Havre, 1961

▶ HISTOIRE DES ARTS

Guy Lagneau, **Jean Dimitrijevic et Michel Weill**, Musée d'art moderne André Malraux ou MuMa, 1961, verre, acier et béton pour les structures, aluminium, 4 580 m^2, Le Havre.

ZOOM SUR…

Guy Lagneau, Jean Dimitrijevic et Michel Weill

• Le musée d'art moderne du Havre est l'œuvre des architectes Guy Lagneau (1915-1996), Jean Dimitrijevic (1926-2010), Michel Weill (1914-2001), élèves d'Auguste Perret et qui ont travaillé au sein de l'Atelier LWD.

• Il a été inauguré au mois de juin 1961 par André Malraux, alors ministre d'État chargé des Affaires culturelles.

• Il est situé dans la ville du Havre sur le front de mer sud, à la pointe d'un ensemble d'habitations représentatives de la reconstruction de la ville après la guerre.

A Le contexte de création de l'œuvre

▶ **Un premier musée des Beaux-Arts existait dans la ville du Havre depuis 1845, détruit au mois de septembre 1944**, lorsque le port et la partie basse de la ville furent presque entièrement rasés par les bombardements aériens. La ville du Havre est l'une des plus détruites en France par le conflit. Le programme de reconstruction est confié à l'atelier d'Auguste Perret.

▸ **En 1951, la ville décide de construire un nouveau bâtiment.** C'est le premier grand musée construit en France au lendemain de la Seconde Guerre mondiale. Les travaux de conception puis de construction durent de 1952 à 1961.

▸ **Le projet est de bâtir le premier musée moderne, éloigné du modèle du musée traditionnel,** ouvert à de larges publics, comportant de multiples espaces destinés à familiariser le public avec des formes artistiques variées, par différents moyens. Cette ambitieuse entreprise est menée par Guy Lagneau et ses associés. Le lieu est donc pensé, à une période où ce n'était pas encore commun, comme un lieu de création pour les artistes, un lieu de transmission de la culture artistique au plus grand nombre, un centre culturel, lieu de spectacles, de films, de concerts. Ainsi le projet comporte-t-il non seulement les **espaces d'exposition**, des ateliers, des réserves, mais aussi des **espaces dits d'accompagnement** : salles de conférences, une photothèque, une bibliothèque, une cafétéria.

▸ **C'est le premier musée-maison de la culture,** chargé de permettre l'accès aux œuvres et aux manifestations artistiques. Cette expérience d'une grande polyvalence ne va pas sans difficultés ; elle est de nouveau défendue à l'heure actuelle, dans la politique de programmation et d'activités du musée.

▸ Le musée des beaux-arts est rebaptisé musée Malraux en 1999, lors de sa restructuration par une nouvelle équipe d'architectes. À l'occasion de son cinquantième anniversaire, en 2011, il prend le nom de musée d'art moderne André Malraux, abrégé en « MuMa ».

B Description et caractéristiques

1. La description de l'œuvre

▸ **Situé face à la mer, le musée du Havre possède une des grandes collections françaises de peintures impressionnistes.** Il présente aux visiteurs des œuvres d'artistes tels que Claude Monet, Auguste Renoir, Alfred Sisley, Camille Pissarro, Camille Corot, Edgard Degas ou Eugène Boudin, qui ont consacré plusieurs de leurs tableaux à représenter précisément ce lieu : l'estuaire de la Seine, sous différentes lumières. L'architecture du bâtiment laisse entrer la lumière naturelle, cherchant à produire un effet similaire à celui qui avait séduit ces peintres. Elle fait ainsi écho aux propres recherches sur ce paysage maritime des artistes exposés lors de son ouverture. Elle est conçue selon un **dialogue permanent entre l'édifice, son environnement et sa fonction**.

▸ **De l'extérieur, le musée apparaît comme un grand bloc aux formes géométriques**, un parallélépipède de verre et de métal, posé sur une esplanade à l'entrée de la ville par la mer. Il apparaît comme un phare au format gigantesque, massé sur le sol plutôt qu'élevé vers le ciel.

▸ **La transparence et la légèreté caractérisent cette architecture moderne** fondée sur le rapport entre l'espace et la lumière. La lumière entre par tous les côtés, les différentes façades et la toiture de verre. Par là aussi, la construction est en harmonie avec son environnement maritime.

▸ **De l'intérieur, les espaces évoquent les ponts d'un navire,** les rampes, les balustres. Comme une figure de proue, le musée est situé à l'entrée de la ville par le port. Tout devant, la sculpture monumentale appelée « Le Signal » (Henri-Georges Adam, 1956, béton, 22 × 7 m.) encadre de béton un morceau du paysage, à la manière de plusieurs tableaux exposés dans le musée. Cette œuvre renforce le caractère singulier de l'emplacement du musée au bord de la mer.

2. Les caractéristiques de l'œuvre

▶ L'environnement et le paysage maritime constituent pour ce musée une **localisation exceptionnelle**.

▶ **Une architecture minimale, simple et lisse.** Le bâtiment est un cube de verre, d'acier et d'aluminium. C'est un espace modulaire, fluide, constitué de cloisons mobiles, sans mur porteur, qui permettent la modification aisée des agencements intérieurs. Ce concept de flexibilité, ici particulièrement développé, connaît un fort succès dans l'architecture des années 1960.

▶ **Un espace ouvert, à l'intérieur et sur l'extérieur.** Les vitres et la transparence contribuent à cet effet. Cet autre concept, la transparence, associé ici à celle de la flexibilité, marque les générations suivantes d'architectes.

▶ **La lumière est un élément essentiel de la composition du musée.** Deux types d'éclairage sont associés : un éclairage zénithal traditionnel (retenu le plus souvent dans les musées au XIXe siècle) et un éclairage latéral venu de chaque côté. Les parois et le plafond sont dotés de verres, de dalles et de stores qui adoucissent et tamisent les rayons du soleil, ajustables selon son intensité.

▶ **Une conception nouvelle de l'exposition des œuvres et des collections au début des années 1960.** Le musée est célèbre pour ses collections de peintures de la fin du XIXe siècle et du XXe siècle : œuvres impressionnistes, fauves, legs de plusieurs artistes.

C Pistes d'exploitations et de transpositions didactiques

▶ Dans la perspective d'un travail mené en histoire des arts en prenant pour œuvre de départ le musée, on peut envisager les pistes d'exploitation suivantes, qui associent plusieurs disciplines.

▶ **L'enseignant doit choisir les documents qui vont permettre aux élèves de s'approprier l'œuvre** qui leur est proposée :
– un plan de la ville avec le port et l'emplacement du musée ;
– une coupe du bâtiment ;
– des photographies de l'extérieur et de l'intérieur du bâtiment ;
– des photographies d'une sélection d'œuvres exposées en relation avec leur espace d'exposition.

1. L'étude du vocabulaire

On pourra proposer aux élèves :
– l'apprentissage d'un lexique nouveau, accessible à des élèves de cours moyen ;
– des activités en français pour réemployer ce vocabulaire afin de décrire le musée et la circulation du visiteur à l'intérieur.

Mots-clés
- estuaire
- zénithal
- cimaise

2. L'étude des caractéristiques de l'œuvre

Les élèves peuvent repérer :
– les formes géométriques, l'ampleur des espaces, la luminosité grâce aux cinq faces de verre, la possibilité d'une circulation très libre ;
– l'assemblage de verre et d'acier, sur un socle de béton ;
– le dialogue entre les éléments du paysage, le cadre du musée et les tableaux exposés.

3. La mise en relation et la comparaison du musée

En proposant une **sélection d'autres œuvres de même nature**, mais d'époque ou de tradition différentes, les élèves peuvent comparer la MuMa avec :
– un musée traditionnel de grandes dimensions, par exemple le musée du Louvre à Paris ;
– un musée italien où les œuvres sont encore présentées dans les pièces d'un palais, accrochées sur les murs jusqu'au plafond ;
– le musée Guggenheim à Bilbao (Espagne), construit par l'architecte franco-canadien Frank Gehry entre 1993 et 1997.
– le dernier grand musée construit en France, le Mucem à Marseille (Musée des civilisations de l'Europe et de la Méditerranée) ; ouvert en 2013, il est l'œuvre des architectes Rudy Ricciotti et Roland Carta.

4. L'étude de l'œuvre dans son rapport au contexte historique

Dans une optique historique, on peut exploiter les thèmes suivants :
– les destructions lors de la Seconde Guerre mondiale ;
– la période de la reconstruction en France ;
– le choix d'une politique de développement d'un accès des différents publics à la culture ;
– la construction de nouveaux types de musées pour répondre à cette volonté de démocratisation de la culture.

5. Une activité de production

On peut proposer aux élèves de **concevoir un musée imaginaire** sous la forme d'un écrit, d'un dessin ou d'une maquette. Cette activité peut être organisée **de façon individuelle ou par petits groupes** de deux ou trois élèves (en particulier pour la maquette).

Vue de l'intérieur du MUMA.

ŒUVRE 20 PROGRAMME

André Le Nôtre, « Le parterre de Latone », jardin du château de Versailles, 1666

▶ HISTOIRE DES ARTS

André Le Nôtre (1613-1700), « *Le parterre de Latone* », 1666, jardin du château de Versailles, sculpture et coupe des pelouses et buissons, marbre et plomb polychrome pour les sculptures du bassin central, 1,35 hectare pour les deux pièces de gazon.

Zoom sur…

André Le Nôtre

• Ce jardinier du roi (1613-1700) fut au service de la monarchie française sous Louis XIV. Il est l'auteur des plus célèbres jardins créés au XVIIe siècle, dont le parc de Versailles qui constitue son chef-d'œuvre. Il connaît une renommée qui dépasse les frontières du royaume. Son nom est associé à ce qu'on appelle le « jardin à la française ».

• Né dans une famille de jardiniers du roi, Le Nôtre travaille à partir de 1635 pour Gaston d'Orléans, l'oncle de Louis XIV, puis pour Fouquet pour les jardins de son château de Vaux-le-Vicomte et pour le Grand Condé à Chantilly. C'est en 1662 qu'il rejoint Versailles, pour le roi Louis XIV. Près du château, il aménage deux grands parterres, nord et sud ; il réaménage par ailleurs l'axe principal, est-ouest, en une immense perspective.

• Les conceptions de Le Nôtre sur l'art du jardin sont développées à Versailles, entre symétrie et fantaisie : de grands axes, coupés d'allées secondaires, délimitent des éléments boisés ou bosquets. D'autres allées, secondaires, conduisent aux bosquets, selon un tracé oblique ou sinueux, introduisant de la variété. Des murs végétaux, sous forme de treilles ou de buissons taillés, rythment les allées et les perspectives. Des bassins, fontaines et jeux d'eau alternent avec les éléments de verdure et reflètent la symétrie des axes.

A Le contexte de création de l'œuvre

▶ Louis XIV, devenu roi à l'âge de cinq ans, en 1643, exerce à partir de 1661 son règne personnel, après la période de la régence. Par intérêt politique et par goût, le Roi-Soleil, qui est un grand mécène, s'entoure d'artistes talentueux dans les différents domaines qui peuvent servir son image et son pouvoir.

▶ **Outre le vaste chantier du château**, palais plus somptueux que tout autre alors connu, la conception des jardins fait l'objet d'un projet ambitieux, confié à un jardinier hors pair. Le dessin du parterre de Latone prend place au cœur de la composition d'ensemble dessinée par Le Nôtre, comme s'il s'agissait d'un édifice, où les espaces en plein air dédiés aux fêtes, aux promenades selon un parcours préparé, aux visiteurs illustres, contribuent à l'expression du faste et de la magnificence de ce règne.

▶ **Plus précisément, le choix de Latone correspond à la volonté du roi de célébrer, au centre du jardin de son palais, l'enfance d'Apollon, le dieu-soleil qui est son emblème.** L'histoire de la mère d'Apollon, de ses infortunes et de sa rencontre avec les paysans de Lycie, fait partie de la mythologie apollonienne présente en de nombreuses occasions. Le bassin de Latone a été remanié par Jules Hardouin-Mansart entre 1687 et 1689.

B Description et caractéristiques

1. La description de l'œuvre

▶ **Devant les façades du château de Versailles,** du côté des jardins, l'espace est divisé en trois vastes étendues : le parterre du Nord, le parterre du Midi et, au milieu, le parterre d'Eau. Au-delà, situé au-dessous de ce parterre d'Eau, on atteint le parterre de Latone. Plus loin encore, en arrière-plan, se trouve le Grand Canal.

▶ **Le parterre de Latone suit une découpe d'ensemble en deux pièces de gazon.** Il est composé d'une rampe qui descend depuis le parterre d'Eau, autour du bassin de Latone ; de ce bassin principal, au centre duquel se trouvent des sculptures en marbre représentant Latone et ses jumeaux ; de deux bassins secondaires, dits des Lézards. Chacun comporte deux paysans, un homme et une femme, changés en lézards et en tortues.

▶ Dans les années 1680, des statues ou des vases, aux sujets inspirés de la mythologie, copies d'œuvres remarquables des plus riches collections romaines, étaient placées sur le parterre de Latone.

▶ **Au centre du bassin principal,** le groupe sculpté en marbre (par les frères Marsy en 1670) était, selon le choix de Le Nôtre, connu par une gravure de 1678, juché sur un îlot de rochers, tourné vers le château. Tout autour, au même niveau, six paysans en train de se métamorphoser en grenouilles et vingt-quatre grenouilles sont installés sur deux cercles. Depuis l'aménagement du bassin par Hardouin-Mansart, le groupe de Latone et ses enfants domine l'ensemble, formé de quatre niveaux circulaires en terrasses, surélevé et davantage isolé des autres figures. Les paysans lyciens en cours de transformation sont disposés au milieu des grenouilles tandis que les individus déjà devenus lézards et tortues se trouvent sur la terrasse inférieure.

2. Les caractéristiques de l'œuvre

▶ **Une broderie végétale.** Deux parterres se répondent, en miroir, de part et d'autre de l'axe central de la grande perspective. « Tous deux, écrivait Jean de La Fontaine dans *Les amours de Psyché et Cupidon*, ont leurs fleurons d'herbe tendre et menue, tous deux ont un bassin qui lance ses trésors ». À la manière d'un dessin de broderie, chacun d'entre eux comporte des enroulements, des volutes, des palmettes et des coquilles. Les courbes des volutes répondent dans leur fantaisie à l'ordonnancement rigoureux de la parfaite symétrie de la double composition. Tout autour, les bordures constituées par de petits buis, soigneusement taillés en des formes variées, et par des ifs aux lignes impeccables soulignent l'ordre de l'espace naturel parfaitement domestiqué.

▶ **Une illustration du jardin à la française.** L'harmonie des formes, l'ordre de leur disposition très structurée, le tracé géométrique de ces dentelles de pelouse, la symétrie et la clarté de lecture ainsi produite du dessin selon des perspectives nettes correspondent à ce qu'on nomme « le jardin à la française ». Il s'oppose au jardin à l'anglaise, organisé de façon plus libre, produisant un aspect plus naturel, plus sauvage, moins ordonné, aux formes irrégulières.

▶ **Une inspiration mythologique.** Le parterre de Latone doit son nom à la déesse Latone, tombée enceinte de Jupiter. Elle éveilla par là même la jalousie et la colère de Junon, qui la fait chasser de l'Olympe et interdit à la Terre tout entière de l'accueillir afin qu'elle puisse enfanter et à quiconque de lui apporter de l'aide. Condamnée à errer à travers le monde, et parvenue sur l'île de Délos, Latone donna naissance à deux jumeaux, Apollon et Diane. À la recherche d'un lieu où s'abriter, Latone et ses nourrissons parviennent en Lycie. Alors qu'elle s'apprête à puiser de l'eau pour s'abreuver, des paysans de la région, obéissant aux ordres de Junon, l'en empêchent. De rage, Latone les punit de leur inhumanité en les transformant en grenouilles. Cet épisode est raconté par l'écrivain latin Ovide, dans *Les Métamorphoses*.

▶ **Une image de la puissance du roi.** Le parterre de Latone met en évidence plusieurs caractéristiques propres à l'art du jardin à la française, qui marquent en même temps la monarchie absolue du roi Louis XIV : le lien entre la mère d'Apollon et le Roi-Soleil ; l'ordre qui règne dans l'organisation des parterres, des bassins, bosquets, allées rythmées par les statues et les topiaires (buissons taillés), les alignements d'arbustes et d'arbres ; la vue surplombante de la terrasse qui permet une vue d'ensemble et donne l'image du pouvoir étendu jusqu'à l'horizon.

C Pistes d'exploitations et de transpositions didactiques

▶ Dans la perspective d'un travail mené en histoire des arts en prenant pour œuvre de départ le parterre, on peut envisager les pistes d'exploitation suivantes, qui associent plusieurs disciplines.

▶ **L'enseignant doit choisir les documents qui vont permettre aux élèves de s'approprier l'œuvre** qui leur est proposée et de la mettre en relation avec d'autres œuvres artistiques :
– un plan au sol des jardins, avec le château comme élément repère ;
– une vue du parterre, avec le château à l'arrière-plan, pour localiser l'œuvre étudiée ;
– une ou plusieurs vues du détail des gazons et des buis ;
– des clichés des bassins, avec vues d'ensemble et détails ;
– la reproduction de la gravure ancienne de Jean Le Pautre (1678) montrant la version du bassin principal prévue par Le Nôtre.

1. L'étude du vocabulaire

On pourra proposer aux élèves :
– l'apprentissage d'un lexique nouveau, accessible à des élèves de cours moyen : vocabulaire de l'art topiaire (art de tailler les massifs dans un but décoratif) ainsi que celui de l'architecture des bâtiments ;
– des activités en français pour réemployer ce vocabulaire et décrire le parterre.

Mots-clés

- art topiaire
- bosquets
- tapis de pelouse
- rideau d'arbres taillés
- murs de treille
- théâtre de verdure
- escaliers d'eau

2. L'étude des caractéristiques de l'œuvre

Selon ce que les élèves voient, repèrent, identifient tels de petits détectives :
– le plan du parc et l'emplacement du parterre ;
– le dessin des pelouses et la forme de la fontaine (ronde et autour de laquelle on peut circuler) ;
– le programme du parterre et des bassins.

3. La mise en relation et la comparaison du parterre

▶ En proposant une **sélection d'autres œuvres de même nature**, mais d'époque ou de tradition différentes, les élèves peuvent comparer ce parterre avec :
– un jardin à l'anglaise, l'exemple du jardin réalisé à Versailles même, au Petit Trianon, pour la reine Marie-Antoinette (1755-1793), avec collines artificielles, petit lac, grotte, belvédère ;
– une fontaine d'une autre nature : la fontaine de Trevi (Rome, XVIIIe siècle) : adossée à un mur de palais dont elle occupe toute la hauteur, qu'on ne peut voir que de face, à la manière d'une scène de théâtre où l'eau jaillissant des sculptures est l'acteur principal ;
– un aménagement de jardin contemporain, inspiré d'un modèle classique de décor en broderie.

▶ En proposant une **sélection d'œuvres appartenant à des domaines artistiques de nature différente**, les élèves peuvent comparer ce parterre avec :
– un texte sur le récit mythologique : Ovide (43 av. J.-C.-17-18 ap. J.-C.), *Les Métamorphoses*, « Les paysans de Lycie », VI, 314-381. L'activité de comparaison portera sur les éléments décrits (activité sur la mythologie) ;
– un texte de La Fontaine, extrait des *Amours de Psyché et Cupidon* (1668), qui comporte une description du parterre de Latone ;
– une peinture mettant en scène Latone : Bonzi, Pietro Paolo (école de), *Latone métamorphosant les paysans de Lycie en grenouilles*, fin XVIe-début XVIIe siècle (huile sur bois, 34 × 45,5 cm, Paris, musée du Louvre).

4. L'étude de l'œuvre dans son rapport au contexte historique

Dans une optique historique, on peut exploiter le **thème de la mise en scène du pouvoir** par le choix des décors, dans les jardins, comme au château à la gloire du roi et de son emblème, le soleil, assimilé à la figure du dieu Apollon.

5. Une activité de production

On peut proposer aux élèves de **fabriquer une maquette d'un jardin à la française**.

ŒUVRE 21 PROGRAMME

Charlie Chaplin, « La scène du Globe », *Le Dictateur*, 1940

▶ HISTOIRE DES ARTS

Charles Spencer Chaplin (1889-1977), « La scène du Globe » dans le film *Le Dictateur*, film américain en noir et blanc, parlant (durée : 1 h 59) sorti aux États-Unis en 1940. Durée de la scène : 3'43.

ZOOM SUR…

Charles Spencer Chaplin

• Ce comédien et réalisateur est né à Londres en 1889 de parents artistes de music-hall. Élevé, avec son frère, dans une situation de profonde pauvreté, tous deux fréquentent des maisons de travail réservées aux enfants démunis. À l'âge de 10 ans, Charles Chaplin rejoint une troupe de danseurs de claquettes, occupe de petits emplois dans le music-hall, puis est employé dans une compagnie de pantomime, de Fred Karno. À l'occasion d'une tournée aux États-Unis, il est embauché dans un studio à Hollywood, où il va travailler d'une compagnie à l'autre, connaissant une notoriété fulgurante. Là, il invente le personnage de Charlot, héros né de la misère, « le déshérité du monde » selon ses propres mots, le vagabond, vite célèbre par-delà les frontières.

• En 1918, Chaplin fonde sa propre société de production et tourne des films qui comptent parmi les chefs-d'œuvre du cinéma muet : *Le Kid* (1921), *La Ruée vers l'or* (1925), *Les Temps modernes* (1936). Il a travaillé avec l'autre grand représentant du muet, Buster Keaton (*Les Feux de la rampe*, 1952). Ses talents exceptionnels d'acteur burlesque et son inventivité, associés à la finesse de ses études de caractère et des émotions humaines, en font une star internationale.

En 1940, Chaplin aborde le cinéma parlant avec *Le Dictateur*. Victime du maccarthysme qui sévit aux États-Unis, il choisit de s'exiler en Suisse où il meurt en 1977.

A Le contexte de création de l'œuvre

▶ **En 1938, le film est créé dans le contexte des événements qui précèdent la Seconde Guerre mondiale, notamment « la Nuit de Cristal ».** Chaplin puise son inspiration dans la situation politique de l'Europe, en particulier de l'Allemagne et de la Pologne, quelques années après l'accession au pouvoir d'Adolf Hitler et la mise en place d'un régime totalitaire. Le personnage d'Hinkel est une référence directe au dictateur allemand. Le film renvoie aux actions menées par Hitler en Allemagne (répression dans un ghetto, défilés de propagande, discours) et à l'invasion de la Pologne.

▶ L'histoire narrée dans le film, inspirée sans fard de l'histoire immédiate et dramatique de l'Europe, la **critique ouverte du régime en place dans l'Allemagne nazie** ont attiré sur son auteur, Charlie Chaplin, des éloges mais aussi des critiques d'une partie de l'opinion américaine, de l'Allemagne et de certains autres pays.

B Description et caractéristiques

1. La description de l'œuvre

▶ **Le film raconte l'histoire d'un pays, la Tomainie, dans les années 1930, placé sous la dictature de Hinkel, marquée par une politique universaliste et antisémite.** Parallèlement, dans le ghetto, un barbier juif, ancien combattant revenu blessé de la guerre, sosie du dictateur, est confondu avec lui lors d'une rafle et il accède au pouvoir. Le film s'achève sur le discours pacifiste improvisé et radiodiffusé qu'il prononce devant un auditoire enthousiaste.

▶ Plus précisément, « la scène du Globe » (au milieu du film) présente une danse enfantine où le dictateur joue avec sa mappemonde, la serre dans ses mains, jusqu'au moment où le globe finit par exploser sous ses yeux. La scène peut être décomposée en trois temps :
▷ **le rêve de Hinkel**, dont le propos exprime la volonté de dominer le monde, par la conquête de territoires, la soumission des populations de ces espaces conquis et la suppression des peuples non-aryens. Ce discours finit par l'effrayer lui-même. On le voit s'approcher de sa mappemonde ;
▷ **la danse de Hinkel** qui joue avec le globe comme un enfant le ferait avec un ballon, le faisant virevolter et rebondir. Le personnage est à la fois enfantin et dangereux, imprévisible, voire diabolique et manipulateur. La musique et le rythme de la caméra confèrent à cette partie de la scène filmée une relative légèreté ;
▷ **l'explosion et la chute :** le cadrage resserré de l'image accompagne l'étreinte de plus en plus forte du globe, qui éclate et provoque les pleurs du dictateur, comme dans une scène comique ou un gag visant à amuser le spectateur. La musique change brutalement dans cette séquence, accompagnant l'échec du projet de domination sur le monde.

▶ Charlie Chaplin joue le rôle principal dans son film.

2. Les caractéristiques de l'œuvre

▶ **Le burlesque :** cette œuvre cinématographique use de plusieurs procédés comiques qui visent à ridiculiser le personnage du dictateur et à donner à voir une parodie du pouvoir en place en Allemagne. Le réalisateur cherche à faire rire.

▶ **Les procédés :** le noir et blanc ; le tournage dans des décors de studio, avec un éclairage entièrement artificiel ; les cadrages variés ; les plans en contre-plongée ; les différences de rythme de la caméra ; le choix et l'utilisation de la musique, de Wagner en référence à ses connexions avec le régime nazi ; le décor imposant, monumental, la double croix qui sont tournés en dérision par la chute de la scène.

▶ **La satire politique :** le film introduit une forte critique de différents aspects caractéristiques du régime instauré par Hitler ; il dénonce ce gouvernement et l'idéologie nazie qui l'anime. La propagande, le culte de la personnalité, l'antisémitisme, l'autoritarisme, le pouvoir militaire et l'expansionnisme fort sont mis en scène et condamnés par le discours de l'image. Le propos est politique et ce message de claire condamnation des régimes de dictature qui mettent alors l'Europe et la paix mondiale en péril contribuent dès sa sortie à la renommée du cinéaste américain dans le monde libre.

C Pistes d'exploitations et de transpositions didactiques

▶ Dans la perspective d'un travail mené en histoire des arts en prenant pour œuvre de départ la scène du Globe dans *Le Dictateur*, on peut envisager les pistes d'exploitation suivantes, qui associent plusieurs disciplines (français, arts visuels, histoire, éducation musicale).

▶ **L'enseignant doit choisir les documents qui vont permettre aux élèves de s'approprier l'œuvre qui leur est proposée et de la mettre en relation avec d'autres œuvres artistiques :**
– principalement le visionnage de la scène ;
– des captures d'écran de quelques moments clés, des photographies de Heinrich Hoffman (1885-1957), photographe munichois, au service d'Hitler. Une série de clichés, pris au mois d'août 1927, dans l'atelier du photographe officiel, montre Hitler en train de mettre en point sa gestuelle (regard vers le ciel, bouche ouverte, bras levés, sourcils froncés, un doigt pointé, l'autre main sur le cœur), tel un comédien, répétant son rôle, ici la répétition de ses discours ;
– une affiche du film.

1. L'étude du vocabulaire

On pourra proposer aux élèves :
– l'apprentissage d'un lexique nouveau, accessible à des élèves de cours moyen ;
– des activités en français pour réemployer ce vocabulaire et décrire la scène filmée, repérer son découpage en plusieurs parties, leur donner un titre, raconter ce qui se passe dans chacune d'entre elle, décrire les personnages en présence.

Mots-clés
- dictateur
- impérialisme
- expansionnisme
- autoritarisme
- antisémitisme
- burlesque

2. L'étude des caractéristiques de l'extrait

▶ **Le type de cinéma.** Le noir et blanc, les éclairages, l'utilisation de la lumière artificielle, le choix du réalisateur d'éclairer en fonction de ce qu'il veut faire voir au spectateur.

▶ **La bande-son.** Le premier film parlant de Chaplin, mais une scène presque muette, mis à part la musique. Impressions que produit la musique dans cette scène, différences selon les moments.

▶ **Le rappel des pantomimes et du jeu des clowns.** L'accent mis sur les gestes pour exprimer ou accompagner les paroles (le son et les gestes traduisent de façon exagérée le discours du dictateur) ; le numéro d'équilibriste sur le ballon, globe terrestre lumineux, semblable à un ballon gonflé à l'hélium, léger, qui s'envole.

▸ **Le comique.** Les situations comiques et les gags visuels sont des usages qui viennent du cinéma muet :

▹ repérer **les effets de comique** :

– le dictateur est effrayé par lui-même, il grimpe aux rideaux, puis joue comme un enfant avec un ballon, il le fait rebondir sur ses fesses, il pleure la tête dans ses bras comme un enfant quand son ballon éclate ;

– le personnage du célèbre héros vagabond, Charlot, vêtu d'un pantalon noir trop large, d'une veste au contraire trop étroite, de lourds godillots usés et d'un chapeau melon trop petit.

▹ observer le **contraste entre la gravité du discours et des intentions du dictateur et la fin ridicule de la scène :** Hinkel, tout à sa joie inquiétante de devenir bientôt le maître du monde, agit de façon puérile. Il monte sur le bureau qui occupe la pièce, lance le ballon lentement, pour finir par tellement le serrer, l'opprimer, qu'il explose dans ses propres mains, et l'homme mégalomane pleure sur le bureau.

3. L'étude de l'œuvre dans son rapport au contexte historique

▸ On peut étudier le **rapport à l'histoire** en repérant :

– ce qui, dans la scène, fait référence à une **réalité historique précise** : que voit-on ? que comprend-on ? ;

– ce qui relève de **la fiction** : décoder des images, une bande-son, exercer son jugement ;

– ce qui relève de **la satire** : lister les éléments de parodie : un tableau à plusieurs entrées permet d'indiquer ce qui relève du film et à quoi cela correspond dans la réalité, en identifiant chaque élément : le pays, le dictateur, le symbole du parti en place (la double croix / la croix gammée), les victimes du régime et de ses principes dominateurs et exterminateurs.

▸ **On peut aussi étudier le message que veut transmettre l'auteur**. Chaplin veut alerter ses contemporains sur les menaces que fait peser Hitler sur l'Europe et le monde. En quoi le langage cinématographique est-il un instrument de communication, voire de transmission, sur le mode de l'ironie, d'un message politique ? Charlie Chaplin apparaît comme un artiste témoin de son temps qui montre et dénonce la manipulation hitlérienne : le régime nazi a en effet beaucoup utilisé les images et la mise en scène pour renforcer le pouvoir de son dirigeant. Une réflexion peut être menée sur l'engagement politique de l'artiste cinéaste dans l'Amérique de l'avant-guerre. Le but est de faire comprendre aux élèves la **notion d'art engagé**.

4. Une activité de production

On peut proposer aux élèves de :

– **réaliser une affiche** prônant la défense de la paix et du respect des populations ;

– **reformuler sous forme narrative** l'histoire du héros misérable objet d'un terrible malentendu qui le conduit au pouvoir ;

– **rédiger un court texte** pour montrer que Charlie Chaplin, artiste cinéaste, témoin de son temps s'engage contre Hitler et dénonce les manipulations hitlériennes.

ŒUVRE 22 PROGRAMME

Andrea Palladio, *Teatro Olimpico*, 1580-1585

▶ HISTOIRE DES ARTS

Andrea Palladio (1508-1580), *Teatro Olimpico* (ou *Théâtre Olympique*), 1580-1585, briques pour les murs, pierre, bois, stuc, peinture, fer, mortier, Palazzo del Territorio, Vicence, Italie.

Zoom sur…

Andrea Palladio

• Cet architecte italien de la Renaissance (né à Padoue en 1508 et mort à Vicence en 1580) est l'un des plus importants de la seconde moitié du XVIe siècle. À la suite de plusieurs séjours à Rome, il est convaincu que les Romains avaient dans l'Antiquité excellé dans « l'art de bâtir », comme en de nombreux autres domaines. L'architecture romaine antique est un modèle que personne n'a surpassé et il en reproduit les réalisations dans ses dessins.

• Dans ses propres constructions, principalement en Vénétie, il s'inspire donc des formes antiques et des conceptions de l'architecte romain Vitruve en les adaptant aux besoins de ses contemporains. Il réalise de nombreuses églises, en particulier à Venise (San Giorgio Maggiore, le Redentore) et à Vicence, une bibliothèque à portique, des palais, un théâtre et des villas (villa Rotonda, villa Barbaro). Ces villas sont des demeures situées à la campagne au milieu d'un domaine agricole pour des familles patriciennes.

• Palladio est aussi un théoricien, auteur d'un traité d'architecture, les *Quatre livres de l'architecture* (1570).

• Son style est caractérisé par le respect du langage antique, l'harmonie des proportions, la clarté du dessin, la recherche d'une adéquation entre la structure architecturale, les éléments décoratifs (sculpture, peinture) et la fonction de l'édifice.

• Le style palladien a influencé les architectes à travers le monde, en particulier britanniques et américains, jusqu'au XIXe siècle (la Maison Blanche, Washington, 1792-1800).

A Le contexte de création de l'œuvre

▶ **Le théâtre est commandé à Palladio en 1580 par l'académie Olympique de la ville de Vicence**, une société humaniste de nobles et d'artistes (parmi lesquels Palladio), créée en 1555, qui se réunissait pour promouvoir des activités culturelles et scientifiques, au nombre desquelles les représentations théâtrales. Palladio réalise le projet, interrompu par sa mort, et poursuivi par l'un de ses élèves, Vincenzo Scamozzi.

▶ **En 1585, le théâtre est inauguré** avec la représentation de la pièce *Œdipe roi* de l'auteur de tragédies antiques Sophocle.

▶ **Aujourd'hui, le théâtre est encore utilisé** pour des représentations théâtrales, des auditions musicales, des spectacles de danse. C'est le seul théâtre couvert à décor de bois et de plâtre, jamais démonté, de la Renaissance, conservé aujourd'hui.

B Description et caractéristiques

1. La description de l'œuvre

▶ **Extérieurement, le théâtre est un bâtiment sombre, irrégulier, situé au fond de la cour du palais.** Ce n'est qu'une fois à l'intérieur, que l'on découvre un espace étonnant, unique en son genre et d'une grande richesse : un théâtre permanent (et non plus éphémère comme il en existait jusque-là), intérieur et couvert, construit en trompe-l'œil.

▶ **L'espace du théâtre est à la fois complexe et unifié.** Il est composé de gradins de bois, disposés en demi-cercle *(cavea)*, inscrit dans un rectangle, et d'une avant-scène rectangulaire *(proscenium)* d'où partent, à la manière de rayons, sept décors en perspective, en bois.

▶ **Les treize gradins, en pente raide, sont surmontés d'une galerie corinthienne**, rythmée par des entrecolonnements et des niches, rectangulaires ou semi-circulaires. Des statues en pierre sont placées dans des niches et sur la balustrade qui surmonte la galerie. Les statues représentent, entre autres, les membres de l'académie Olympique, vêtus à l'antique. Un plafond plat sur lequel est peint un faux ciel recouvre toute cette partie du théâtre.

▶ **L'avant-scène est impressionnante :** le mur de scène n'est pas d'un seul tenant, mais ouvert comme un arc de triomphe. Il est rythmé en sept travées de deux ordres (niveaux) corinthiens, ouvert au centre par une grande porte (une baie cintrée) qui empiète sur le second niveau, et par deux portes latérales plus petites. Un dernier niveau est décoré de reliefs représentant les exploits d'Hercule. Des colonnes, des pilastres, des niches accueillant des statues, le jeu entre les ouvertures et les parties pleines, les formes rectangulaires ou arrondies, saisissent par la monumentalité et la richesse de la construction. Le plafond est en caissons de bois.

▶ **Depuis les sept ouvertures de l'avant-scène**, on aperçoit, en de saisissantes perspectives, les architectures d'une ville en trompe-l'œil : les sept rues de la ville antique de Thèbes, où se déroule la tragédie de Sophocle. Les rues sont peintes en forte perspective pour renforcer l'effet visuel de profondeur, avec des rangées de maisons sur chaque côté. L'enfilade de la rue centrale est particulièrement frappante. Ces décors sont en bois et en stucs peints, ils sont l'œuvre de Scamozzi. L'éclairage, artificiel, provenait de lampes à huile.

2. Les caractéristiques de l'œuvre

▶ **Le renouveau du théâtre antique.** Palladio s'est inspiré du modèle des théâtres antiques (ceux de Vérone ou de Rome : théâtre Marcellus, Colisée), des arcs de triomphe à trois arcades. Sa source d'inspiration est l'Antiquité gréco-romaine, réinterprétée. Contrairement aux théâtres antiques, en plein air, ce théâtre est couvert. En revanche, à la manière antique, le public est installé sur des gradins, disposés en demi-cercle, dominés par une colonnade ornée de statues.

▶ **Un premier théâtre permanent,** au lieu des décors éphémères qui étaient réalisés pour les spectacles et les représentations.

▶ **La représentation d'une ville idéale.** Les coulisses en trompe-l'œil présentent des façades de bâtiments contemporains.

C Pistes d'exploitations et de transpositions didactiques

▶ Dans la perspective d'un travail mené en histoire des arts en prenant pour œuvre de départ, ou œuvre phare, le Teatro Olimpico de Vicence, plusieurs pistes d'exploitation sont envisageables.

▶ **L'enseignant doit procéder tout d'abord au choix de documents significatifs** permettant aux élèves de se représenter la singularité du théâtre, en leur présentant ses différentes facettes :
– une vue de l'intérieur du théâtre avec les gradins et la colonnade en photographies ;
– une vue de l'intérieur du théâtre avec la scène, les percées et les enfilades de rues en trompe-l'œil, comme si l'on était dans une ville. Il faut choisir les images en fonction des points de vue qui rendent l'illusion efficace pour le spectateur assis dans les gradins.
– une vue en coupe et un plan au sol du théâtre.
– un extrait de texte décrivant le théâtre ou de pièce de théâtre.

1. L'étude du vocabulaire

On pourra proposer aux élèves :
– l'apprentissage d'un lexique nouveau, accessible à des élèves de cours moyen ;
– des activités pour réemployer le vocabulaire et décrire les éléments observés sur les documents.

Mots-clés

- gradin
- plateau
- scène
- hémicycle
- ronde bosse
- colonnes
- pilastres

2. L'étude des caractéristiques de ce théâtre

▶ **À la manière d'une enquête, à partir de la confrontation des documents iconographiques et textuels** rassemblés dans le dossier et des éléments aisément repérables, il s'agit d'amener les élèves à comprendre ce que c'est, ce qui est vrai et ce qui est faux, ce qui est permanent et ce qui est provisoire, ce qui vient de l'Antiquité et ce qui vient du XVIe siècle.

▶ On peut faire repérer aux élèves :
– le théâtre couvert ;
– le schéma en hémicycle et les gradins ;
– le décor permanent, ce qui n'est en principe plus le cas aujourd'hui ;
– l'usage du trompe-l'œil et de la forte perspective ;
– le plafond plat à ciel peint illusionniste ;
– l'importance du programme décoratif : les sculptures (ronde bosse, reliefs, éléments de peintures, choix des personnages et histoires représentées) et la figuration de la ville antique.

3. L'étude de l'œuvre dans son rapport à d'autres œuvres

▸ **Une mise en relation et une comparaison avec un corpus d'autres œuvres réunies en constellation autour du Teatro Olimpico** peuvent être proposées. Les élèves procéderont par comparaisons pour découvrir des similitudes et des différences et pour établir des liens avec d'autres objets qu'ils connaissent peut-être.

▹ **Le théâtre de Palladio peut-être comparé avec des œuvres de même nature**, c'est-à-dire des théâtres d'autres époques ou d'autres traditions :

– un théâtre antique, comme l'Odéon, le théâtre antique d'Athènes : même hémicycle avec gradins, même scène avec un mur de scène, mais ouvert en plein air (autres exemples : Vérone, Orange) ;

– un théâtre classique couvert, italien ou élisabéthain tel que le Théâtre du Globe (1599, Londres) où étaient jouées les pièces de Shakespeare de son vivant, ou bien le Teatro alla Scala (1778, Milan) : un parterre et, à la place des gradins, des loges et des galeries d'où les spectateurs pouvaient se voir et être vus ; la scène de forme cubique, avec un rideau, surélevée par rapport à la salle qui est plus profonde, à fauteuils recouverts de velours ;

– un théâtre contemporain, tel que les Bouffes du Nord ou le Théâtre de Poche (Paris) : plateau vide, situation des spectateurs au niveau de la scène et des acteurs.

▹ **Un rapprochement du Teatro Olimpico avec des œuvres empruntées à d'autres domaines artistiques** :

– une pièce de théâtre antique, accessible aux élèves de CM1 ou CM2. On étudiera le texte, les personnages qui pouvaient être présents dans un tel décor de ville, la question du genre de pièce de théâtre qui pouvait être jouée dans un tel lieu et avec ce décor, dans la mesure où le Théâtre Olympique était destiné à une tragédie grecque. Peut-on imaginer de jouer une pièce dont le sujet serait décalé par rapport au décor en place et inamovible ?

– une peinture de la Renaissance qui représente elle aussi, grâce à la maîtrise de la perspective géométrique, une ville idéale (artiste d'Italie centrale, *Cité idéale*, 1480-1490. Urbino, Galleria Nazionale delle Marche). À Vicence, le théâtre prend l'allure d'une cité ; dans la peinture conservée à Urbino, c'est la ville peinte qui se présente comme une scène de théâtre. Dans les deux cas, il s'agit de représenter l'espace, au théâtre ou en peinture, qui va servir de cadre et de décor pour une narration, pour raconter une histoire.

▸ On peut étudier le **rapport du théâtre à l'Antiquité et à la mythologie** :

– pourquoi le nom de théâtre Olympique ?

– quelles sont les citations de l'Antiquité ? (l'arc triomphal où passaient les empereurs romains victorieux à la guerre, les colonnes, Hercule).

4. Une activité de production

On peut proposer aux élèves de **fabriquer un petit théâtre** :

– à la manière d'un théâtre de marionnettes ;

– à la manière d'un petit théâtre d'images en papier japonais ou *kamishibai*.

Maurice Béjart, *Boléro*, 1959

▶ HISTOIRE DES ARTS

Maurice Béjart (1927-2007), *Boléro*, 1959, musique de Maurice Ravel, ballet de 17 minutes créé en Belgique, à Bruxelles, au théâtre royal de la Monnaie. Représentation de mai 1961 avec Duska Sifnios.

Zoom sur…

Maurice Béjart

• Maurice-Jean Berger, dit Maurice Béjart (1927-2007) est un danseur et chorégraphe originaire de Marseille. Il donne un élan nouveau à cet art qu'il estime « coupé des masses » et qu'il veut transformer, contre des visions traditionnelles, élitistes, et rendre accessible à un large public : « J'ai sorti la danse des salles d'opéra, écrivait-il, pour l'implanter au Palais des sports, aux Jeux olympiques, au Festival d'Avignon ». Ses conceptions novatrices suscitent des critiques et il doit s'exiler en Belgique, où il fonde, à Bruxelles, en 1960, la compagnie le Ballet du XXe siècle. Ses réalisations sont jouées à travers le monde. Il crée aussi différentes écoles-ateliers et compagnies de danse. C'est avec lui que la danse est introduite au Festival d'Avignon, en 1966, à l'invitation de Jean Vilar. Sa carrière se poursuit en Suisse à partir de 1987 (le Béjart Ballet Lausanne en particulier).

• Le ballet *Boléro* est créé en 1959. La première a lieu le 10 janvier 1961, à Bruxelles, au Théâtre Royal de la Monnaie sur la musique de Maurice Ravel (1875-1937), l'un des plus grands compositeurs français du XXe siècle, qui date de 1928. Les décors et costumes sont conçus par Maurice Béjart.

A Le contexte de création de l'œuvre

▸ La musique du *Boléro* est **composée à la demande d'une danseuse des Ballets Russes**, Ida Rubinstein, directrice d'une compagnie de ballet, qui souhaitait organiser une représentation espagnole. Ravel s'inspire d'une danse espagnole à trois temps, le boléro. L'action est située dans une taverne en Espagne. Dans la salle, au milieu d'une foule d'hommes présents, une femme tzigane danse sur une table. C'est l'œuvre la plus célèbre de Ravel, fréquemment jouée à travers le monde.

▸ **Trente ans plus tard, Béjart réinterprète cette histoire en un esprit plus contemporain** et en ne retenant que l'essentiel. Une femme, sur une table, danse sous les yeux d'une assemblée d'hommes captivés. La danseuse est placée au centre de quarante hommes torses nus, disposés en cercle autour d'elle. La danseuse incarne la mélodie qui revient en un rythme incessant sur elle-même. Les danseurs expriment le rythme qui, demeurant à l'identique, augmente peu à peu. Le ballet est en effet créé comme un très long crescendo qui implique de plus en plus de musiciens et de danseurs aussi dans son déroulement. Des sources traditionnelles inspirées de la culture grecque (danses) sont mobilisées.

▸ Ce ballet prend place dans la volonté de Béjart de permettre l'accès du plus grand nombre à la danse, sur l'exemple du théâtre populaire de Jean Vilar, dans des lieux de la culture populaire, les stades, les palais des sports par exemple, mais aussi le cinéma, la télévision. La danse est désormais conçue à grande échelle.

▸ C'est son **intégration dans le film de Claude Lelouch, *Les Uns et les Autres* (1981)**, qui a également contribué à populariser très largement le ballet. Dans le film, le ballet est dansé par Jorge Donn, danseur fétiche de Béjart.

B Description et caractéristiques

1. La description de l'œuvre

▸ **Une œuvre musicale au départ.** C'est une écriture simple, sur un motif musical emprunté à la danse espagnole, andalouse, ici ralenti, sans modulation, ni développement, mais construit sur un principe de répétition des mêmes notes et de gradation. Une longue phrase musicale, clairement structurée, se répète, avec des variantes fonction de l'orchestration, en crescendo, pendant seize minutes. Fait remarquable, la musique a été écrite pour la danse.

▸ **Une œuvre chorégraphique dans un second temps.** Le ballet suit assez fidèlement la trame de la partition de Ravel. On note que la danse occupe une place très importante dans la production de Ravel. Il travaille en 1912 avec Diaghilev et les Ballets Russes.

▸ **La danse épurée et puissante.** Un groupe de danseurs interprète le Rythme, un ou une soliste la Mélodie. Les dix-sept minutes que dure le *Boléro* constitue une épreuve physique difficile et éprouvante par les mouvements répétitifs à accomplir en appui sur un mollet et une cuisse.

▸ **La mise en scène.** Le procédé scénique est relativement simple et efficace, novateur pour l'époque : il s'agit simplement d'une grande table rouge, posée sur la scène, et sur laquelle danse le soliste.

▸ Cette interprétation sur scène de la partition de Ravel est une **œuvre majeure dans l'histoire mondiale de la danse au XXe siècle**.

2. Les caractéristiques de l'œuvre

▶ **La mélodie est d'une grande simplicité, très connue.** D'inspiration grecque et orientale pour Maurice Béjart, plus qu'espagnole, elle donne l'impression de s'enrouler sur elle-même, en un éternel recommencement, tout en augmentant en volume et en intensité.

▶ **La danse suit un mouvement assez lent et uniforme,** suivant la mélodie et le rythme, marqué par le tambour. Inlassablement, le danseur soliste répète les mêmes mouvements, simples, selon des séquences qui s'enchaînent. Peu à peu les autres danseurs le rejoignent. L'unique élément de diversité est introduit par le crescendo.

▶ Le court ballet fait l'économie de tout élément pittoresque ou folklorique pour **privilégier le dépouillement et la sobriété et concentrer l'attention sur l'essentiel** : un/une soliste sur le grand plateau rond et rouge vif et des danseurs hommes, une scénographie épurée (plateau rouge et circulaire).

▶ C'est l'un des rares ballets dont **le rôle central de soliste – la Mélodie – peut être tenu indifféremment par un homme ou par une femme,** un danseur ou une danseuse. L'auteur parle d'un « ballet réversible ». C'est une caractéristique unique, qui fait partie d'un exercice obligé aujourd'hui dans la carrière de tout danseur international, sur toutes les grandes scènes du monde.

C Pistes d'exploitations et de transpositions didactiques

▶ Dans la perspective d'un travail mené en histoire des arts en prenant pour œuvre de départ le *Boléro*, on peut envisager les pistes d'exploitation suivantes, qui associent plusieurs disciplines.

▶ L'enseignant doit choisir les documents (sources iconographiques et audiovisuelles) qui vont permettre aux élèves de s'approprier l'œuvre qui leur est proposée :
– la vidéo du *Boléro* interprété par le Théâtre de la Monnaie, tournée en direct en 1961 pour la télévision belge ;
– des photographies d'archives montrant des arrêts sur image saisissant les danseurs dans un moment donné ;
– le morceau de musique de Ravel seul.

1. L'étude du vocabulaire

On peut proposer aux élèves :
– l'apprentissage d'un lexique nouveau, accessible à des élèves de cours moyen ;
– des activités en français pour réemployer le vocabulaire et décrire le *Boléro*.

Mots-clés	
• ballet	• soliste
• boléro	• plateau

2. L'étude des caractéristiques de ce ballet

Les élèves peuvent repérer :
– les traits caractéristiques de la musique : la répétition du motif, l'aspect monotone voire lancinant ;
– les caractères de ce ballet qui en font une œuvre moderne, distincte des ballets traditionnels ;
– les interprètes (soliste et groupe d'hommes) et le travail sur les corps (décomposition des mouvements des poignets, des bras dans différentes positions, croisés, des mains et des doigts, des paumes, des dos aussi, des jambes, du torse et du ventre animé de mouvements) ; les costumes (maillots rayés, foulards autour du cou, pieds nus, cheveux lâchés) ;

– le décor stylisé et le rôle de l'éclairage et de la lumière projetée sur les corps ;
– les rythmes et les lignes et formes géométriques (cercles concentriques, lignes de danseurs).

3. La mise en relation et la comparaison du *Boléro*

▶ En proposant une **sélection d'autres œuvres de même nature**, mais d'époque ou de tradition différentes, les élèves peuvent comparer le *Boléro* avec un extrait d'un autre ballet, considéré comme classique, en costumes et avec décor :
– *Le Lac des cygnes* sur la musique de Tchaikovsky ;
– *Casse-Noisette* sur une partition du même compositeur ;
– *Giselle*, ballet romantique par excellence (chorégraphie de Jean Coralli et Jules Perrot, musique d'Adolphe Adam).

▶ On peut proposer une **sélection d'autres œuvres empruntées à des domaines artistiques de nature différente** :
– un extrait du film de Claude Lelouch *Les Uns et les Autres* pour voir le ballet filmé ;
– une peinture comme *La Danse* de Matisse, au musée d'Art Moderne de Paris ou en reproduction pour voir comment les corps représentés dialoguent avec le cadre pour lequel l'œuvre a été créée ; regarder comment le mouvement des corps s'inscrit dans l'espace et comment il est donné à voir et à ressentir dans une chorégraphie et dans une œuvre en deux dimensions.

4. Une activité de production

Autour d'une musique répétitive, on peut proposer aux élèves par groupes, la **réalisation d'une chorégraphie** imaginée, photographiée par un groupe d'élèves, filmée par un troisième, racontée dans un court texte par un dernier groupe.

6.

LES SUJETS CORRIGÉS

SUJET 1

Histoire des arts, arts plastiques

3 heures

A – Composante Histoire des arts – Cycle 3 (10 points)

En tirant parti des éléments proposés dans le dossier joint, vous effectuerez une analyse critique de l'extrait de site web présenté dans le document 1.

Vous vous appuierez sur le point de programme suivant :

> Les objectifs généraux de cet enseignement pour la formation des élèves peuvent être regroupés en trois grands champs [parmi lesquels figurent] des objectifs d'ordre méthodologique, qui relèvent de la compréhension de l'œuvre d'art, de sa technique et de son langage formel et symbolique.

Votre analyse permettra d'éclairer le jury sur votre connaissance du cadre réglementaire et des conditions spécifiques de l'enseignement pluridisciplinaire et transversal d'histoire des arts au cycle 3.

B – Composante Arts plastiques – Cycle 1 (10 points)

En tirant parti des éléments fournis dans le dossier joint, vous proposerez une fiche de préparation en vue d'une séance d'arts plastiques destinée à une classe de cycle 1.

Vous vous appuierez sur le point de programme suivant :

> Le travail en volume permet aux enfants d'appréhender des matériaux très différents.

Votre fiche de préparation priorisera des compétences précises et permettra d'éclairer le jury sur votre connaissance du cadre réglementaire et des conditions spécifiques de l'enseignement des arts plastiques au cycle 1.

DOSSIER DOCUMENTAIRE

A – Composante Histoire des arts (Cycle 3)

Document 1 Le cahier personnel d'histoire des arts (extrait d'une page Web)

Le cahier personnel d'histoire des arts

Un document réalisé par Clémence Durand, conseillère pédagogique.

Le cahier personnel dans les programmes de 2008

À chacun des trois niveaux (École, Collège, Lycée), l'élève garde mémoire de son parcours dans un « cahier personnel d'histoire des arts ». À cette occasion, il met en œuvre ses compétences dans le domaine des TICE, utilise diverses technologies numériques et consulte les nombreux sites consacrés aux arts. Illustré, annoté et commenté par lui, ce cahier personnel est visé par le (ou les) professeur(s) ayant assuré l'enseignement de l'histoire des arts. Il permet le dialogue entre l'élève et les enseignants et les différents enseignants eux-mêmes. Pour l'élève, il matérialise de façon claire, continue et personnelle le parcours suivi en histoires des arts tout au long de la scolarité.

Encart – BO n° 32 du 28 août 2008, « Organisation de l'enseignement de l'histoire des arts ».

Comment utiliser le cahier personnel ?

On aborde une œuvre en trois étapes que les élèves font figurer dans leur cahier personnel.

1. L'identification de l'œuvre
2. La relation sensible à l'œuvre
3. L'analyse de l'œuvre

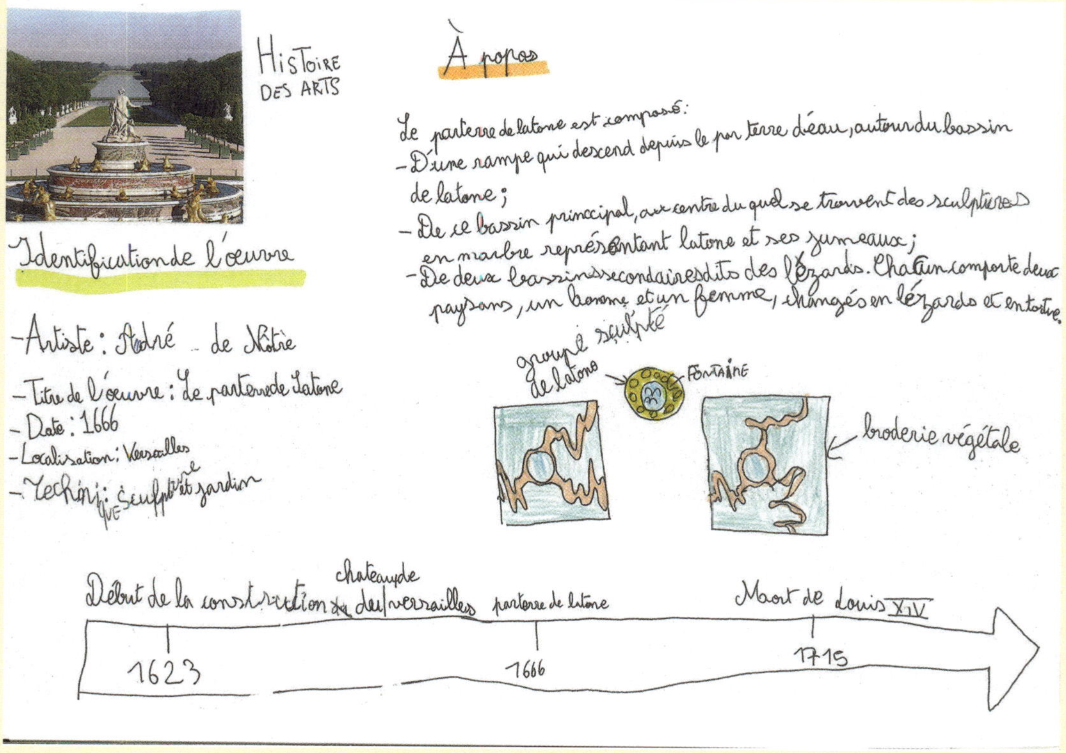

Exemple proposé de double-page de cahier d'élève

Document 2 ***Les objectifs généraux de l'enseignement en histoire des arts,*** **extrait du programme de cycle 3 (BOEN n° 31 du 30 juillet 2020)**

Les objectifs généraux de cet enseignement pour la formation des élèves peuvent être regroupés en trois grands champs :

– des objectifs d'ordre esthétique, relevant d'une éducation de la sensibilité et qui passent par la fréquentation des œuvres dans des lieux artistiques et patrimoniaux ;

– des objectifs d'ordre méthodologique, qui relèvent de la compréhension de l'œuvre d'art, de sa technique et de son langage formel et symbolique ;

– des objectifs de connaissance destinés à donner à l'élève les repères qui construiront son autonomie d'amateur éclairé.

Document 3 ***Les compétences travaillées en histoire des arts,*** **extrait du programme de cycle 3 (BOEN n° 31 du 30 juillet 2020)**

Compétences travaillées	Domaines du socle
Identifier Donner un avis argumenté sur ce que représente ou exprime une œuvre d'art.	1, 3, 5
Analyser Dégager d'une œuvre d'art, par l'observation ou l'écoute, ses principales caractéristiques techniques et formelles.	1, 2, 3, 5
Situer Relier des caractéristiques d'une œuvre d'art à des usages ainsi qu'au contexte historique et culturel de sa création	1, 5
Se repérer Dans un musée, un lieu d'art, un site patrimonial.	2, 5

Document 4 **André Le Nôtre, « Le parterre de Latone », 1666, jardin du château de Versailles**

Document 5 ***Traces écrites. Quelques perspectives à partir d'une pratique…*** **extrait d'un article de Philippe Meirieu**

[…] « L'intention scripturale »

C'est qu'en réalité, rien n'est plus important à mes yeux pour permettre d'accéder aux contenus de savoirs qu'une véritable « discipline scolaire » capable de structurer l'activité intellectuelle de chacune et de chacun dans la classe. Or, la « discipline scolaire » est trop souvent conçue comme un simple code de bonne conduite, imposant un ensemble de comportements standardisés – être assis correctement et faire mine d'écouter en silence, lever la main avant de poser une question et opiner du chef au moment de la réponse – qui, s'ils témoignent que l'élève a reçu une « bonne éducation », gage évident de sa bonne insertion scolaire, ne disent rien de la mise en œuvre du travail mental requis pour accéder à des apprentissages exigeants. La « discipline scolaire » traditionnelle permet au professeur de faire cours, mais ne garantit nullement que les élèves apprennent. En revanche, le professeur peut mettre l'élève en situation d'apprendre efficacement en structurant avec lui ce qui supporte l'accès au savoir dans l'École : la relation de chacune et de chacun aux traces écrites qu'il produit. Une relation qui l'engage, le met en position de comprendre et de mémoriser, de structurer et de transférer ce qui lui est transmis. [...]

https://www.meirieu.com/DICTIONNAIRE/TRACES-ECRITES.pdf

B – Composante Arts plastiques (cycle 1)

Document 1 **Ressources iconographiques autour de l'œuvre d'Eva Jospin**

Eva Jospin (1975), *Forêt*, 2014, carton ondulé, 360 × 250 cm, vue de l'exposition « Inside » (20.10.14-11.01.15).

Paris, Palais de Tokyo. Dans l'atelier d'Eva Jospin, préparation de l'œuvre *Panorama* qui a été présentée dans la cour carrée du musée du Louvre en avril 2016.

Document 2 **Contraintes didactiques et pédagogiques**

Votre séance reposera sur une pratique en groupes de 2 élèves.

Votre séance mobilisera l'une de ces quatre listes de matériel :

Liste n° 1 :
- de l'argile ;
- du raphia ;
- des branches d'arbres ;
- des épines de pin

Liste n° 2 :
- du papier bulle ;
- des piques à brochette ;
- du ruban adhésif de protection (ruban de masquage écru).

Liste n° 3 :
- des morceaux déchirés de carton ondulé ;
- de la peinture et des pinceaux bosses ;
- des punaises colorées pour tableau en liège ;
- des supports plans grand format en carton ondulé.

Liste n° 4 :
- du ruban adhésif transparent ;
- du papier de soie de différentes couleurs ;
- des feuilles blanches cartonnées de grand format.

Document 3 **Rappel du programme d'arts plastiques au cycle 1**

Réaliser des compositions plastiques, planes et en volume

Pour réaliser différentes compositions plastiques, seuls ou en petit groupe, les enfants sont conduits à s'intéresser à la couleur, aux formes et aux volumes.

Le travail de la couleur s'effectue de manière variée avec les mélanges (à partir des couleurs primaires), les nuances et les camaïeux, les superpositions, les juxtapositions, l'utilisation d'images et de moyens différents (craies, encre, peinture, pigments naturels, etc.). Ces expériences s'accompagnent de l'acquisition d'un lexique approprié pour décrire les actions (foncer, éclaircir, épaissir, etc.) ou les effets produits (épais, opaque, transparent, etc.).

Le travail en volume permet aux enfants d'appréhender des matériaux très différents (argile, bois, béton cellulaire, carton, papier, etc.) ; une consigne présentée comme problème à résoudre transforme la représentation habituelle du matériau utilisé. Ce travail favorise la représentation du monde en trois dimensions, la recherche de l'équilibre et de la verticalité.

Extrait du programme du cycle 1 en vigueur à la rentrée 2020, BO n° 31 du 30 juillet 2020.

Document 4 **Rappel du programme d'arts plastiques au cycle 1 (attendus de fin de cycle)**

- Choisir différents outils, médiums, supports en fonction d'un projet ou d'une consigne et les utiliser en adaptant son geste.
- Pratiquer le dessin pour représenter ou illustrer, en étant fidèle au réel ou à un modèle, ou en inventant.
- Réaliser une composition personnelle en reproduisant des graphismes. Créer des graphismes nouveaux.
- Réaliser des compositions plastiques, seul ou en petit groupe, en choisissant et combinant des matériaux, en réinvestissant des techniques et des procédés.
- Avoir mémorisé un répertoire varié de comptines et de chansons et les interpréter de manière expressive.
- Jouer avec sa voix pour explorer des variantes de timbre, d'intensité, de hauteur, de nuance.
- Repérer et reproduire, corporellement ou avec des instruments, des formules rythmiques simples.
- Décrire une image, parler d'un extrait musical et exprimer son ressenti ou sa compréhension en utilisant un vocabulaire adapté.
- Proposer des solutions dans des situations de projet, de création, de résolution de problèmes, avec son corps, sa voix ou des objets sonores.

Extrait du programme du cycle 1 en vigueur à la rentrée 2020, BO n° 31 du 30 juillet 2020.

Travail préparatoire

Composante Histoire des arts

étape 1 Gestion du temps

▶ Le sujet comporte deux composantes : une en histoire des arts, une autre en arts plastiques.

▶ Le temps imparti pour traiter la composante histoire des arts est d'1 h 30, ce qui passe très vite. Il importe d'être :
– **organisé** dans la gestion du temps ;
– **efficace** dans l'examen des documents et de l'intitulé du sujet ; puis dans la sélection au brouillon des idées et des éléments d'analyse du corpus ainsi que des exemples mobilisés ;
– **rigoureux** dans l'organisation du propos selon un développement argumenté et démonstratif.

étape 2 Lecture du sujet

▶ **Lisez le sujet.** Il vous indique qu'il est attendu de votre part que vous produisiez une analyse critique d'une séance en histoire des arts :
– sous l'angle d'un point précis des programmes : les objectifs d'ordre méthodologique ;
– en relation avec les compétences propres à cet enseignement d'histoire des arts,
– en se référant à l'une des œuvres de la liste fournie avec le programme de l'épreuve et à un texte de Philippe Mérieu.

▶ La dernière phrase du sujet vous rappelle que vous devez apporter les preuves, dans votre devoir, que vous avez une bonne connaissance :
– du cadre réglementaire, c'est-à-dire des programmes ;
– des conditions spécifiques de l'enseignement pluridisciplinaire et transversal d'histoire des arts au cycle 3, autrement dit des caractéristiques de cet enseignement, qui met en relation plusieurs disciplines.

étape 3 Lecture et identification des documents au brouillon

▶ **Après l'analyse rapide de l'intitulé du sujet, identifiez chaque document,** l'un après l'autre, pour en noter la **nature** et en dégager les **caractéristiques utiles** pour traiter le sujet donné.

– **Document 1 :** un extrait d'une page web personnelle, portant sur un objet : le cahier personnel d'histoire des arts. Les extraits comportent des références aux textes officiels (BO du 28 août 2008 définissant l'organisation de l'enseignement de l'histoire des arts) et une proposition de cahier d'histoire des arts.

– **Document 2 :** un texte officiel, extrait des programmes 2020, présentant les objectifs généraux de l'enseignement de l'histoire des arts au cycle 3, regroupés en trois grands ensembles. Parmi ces trois ensembles, l'un seulement est mentionné dans l'intitulé : celui qui concerne les objectifs d'ordre méthodologique.

– **Document 3 :** un autre texte officiel, extrait du même bulletin, qui concerne cette fois les quatre compétences propres à l'enseignement de l'histoire des arts. Elles sont indiquées, détaillées et mises en relation avec les domaines du socle commun de connaissances et de compétences.

– **Document 4 :** la référence à l'une des œuvres de la liste qui accompagne le programme de cette épreuve, pour l'histoire des arts. Il s'agit d'un parterre situé dans le parc du château de Versailles, composé de deux pièces de gazon, taillé à la manière d'une broderie végétale, ainsi que de bassins ornés de groupes sculptés.

– **Document 5 :** un extrait d'un article de Philippe Meirieu, professeur et chercheur en sciences de l'éducation, auteur de très nombreux ouvrages, articles et contributions. L'article, non daté, est intitulé « Traces écrites » : quelques perspectives à partir d'une pratique. Il traite de ce que l'auteur appelle la « discipline scolaire », entendue au sens des conditions créées par l'enseignant pour que l'élève apprenne de façon efficace, en particulier « la relation de chacune et de chacun aux traces écrites qu'il produit ».

étape 4 Analyse des documents au brouillon dans leur rapport au sujet donné

▶ Une fois cette première étape d'identification des documents achevée, **analysez les documents du corpus, en les croisant entre eux et par rapport au sujet donné.** Cette analyse est nécessairement assez rapide, étant donné le temps imparti.

▶ **Repérez les caractéristiques du document 1** (l'extrait de site web) dans leur relation avec :
– les points de programme présentés dans le **document 2** (les objectifs méthodologiques de l'histoire de l'enseignement de l'histoire des arts au cycle 3). Il conviendra de vérifier que le cahier personnel d'histoire des arts permet d'atteindre ces objectifs d'ordre méthodologique.

– les spécificités de cet enseignement de l'histoire des arts mentionnées dans le **document 3** (les quatre compétences travaillées en histoire des arts). Ces quatre compétences pourront constituer une grille de lecture pour vérifier que le cahier personnel permet bien de les travailler.
– l'étude d'une œuvre artistique, empruntée à la liste des œuvres au programme du concours, en l'occurrence le parterre de Latone, créé en 1666, dans les jardins du château royal à Versailles. Il faudra voir comment un cahier personnel d'histoire des arts garde la trace de la découverte par les élèves de cette œuvre, de son étude en classe et peut-être d'une activité de production qui y aurait été attachée.
– la réflexion proposée dans le **document 4** par un auteur en sciences de l'éducation. On se demandera en quoi le cahier répond à l'exigence de trace écrite évoquée par le document.

étape 5 Élaboration du plan

▶ La présentation des documents, décrits et analysés sous l'angle du sujet, constitue la **première partie du devoir.**

▶ À partir de là, dans la **seconde partie du devoir**, proposez une approche réflexive du sujet, en prenant appui sur l'analyse croisée des documents du corpus. Effectuez une analyse critique du **document 1** (le document principal) :
– Expliquez ce qui, dans la démarche proposée par ce document, relève des principes d'une séquence ou bien d'une séance construite en histoire des arts.
– Repérez et expliquez ce qui peut manquer ou qui devrait être développé, complété, davantage détaillé pour faire travailler les élèves de cycle 3 en histoire des arts.

Composante Histoire des arts

Le devoir est entièrement rédigé par le candidat dans sa copie, le plan n'est pas apparent. Pour faciliter la lecture, il convient de sauter une ligne entre l'introduction et la première grande partie, puis entre les deux grandes parties et enfin avant la conclusion.
La rédaction que nous proposons est très développée, dans un souci d'exhaustivité. Mais vous pourriez vous contenter de ne retenir que certains points évoqués à chaque fois.
Certains passages sont en rose : nous les avons insérés pour vous aider dans votre rédaction, mais ils ne doivent pas figurer ainsi dans votre copie.

Introduction : deux ou trois phrases. Formulez d'une phrase claire et précise le fil conducteur de votre propos.
Si l'on questionne des professeurs enseignant en cycle 3 sur leur façon de faire de l'histoire des arts avec leurs élèves, il arrive que certains mentionnent un outil qu'ils utilisent et que les élèves conservent tout au long de l'année, voire sur les deux années de cours moyen, le cahier ou lutin d'histoire des arts.
C'est cet outil que le corpus proposé par le sujet invite à considérer, dans la perspective des programmes de l'enseignement de l'histoire des arts. Ainsi, on se demandera dans quelle mesure la proposition du **document 1** (travailler avec un cahier personnel d'histoire des arts) permet de répondre aux attendus d'un enseignement en histoire des arts, tel qu'il est défini notamment par les **documents 2 et 3** et enrichi aussi par les réflexions apportées par le **document 4**. On s'interrogera aussi sur les éventuelles limites de cette proposition pour faire travailler les élèves de cycle 3 en histoire des arts.

1re partie : présentation et analyse croisée des documents au regard du sujet

• **Documents 1, 2 et 3** : Demandez-vous comment l'objet présenté par le document 1, le travail qu'il permet et les démarches qu'il induit peuvent ou non correspondre aux objectifs d'ordre méthodologique qui caractérisent l'enseignement en histoire des arts (**document 2**) et aux compétences travaillées avec les élèves dans le cadre de cet enseignement (**document 3**).

Le premier document du dossier, sur lequel il est demandé de concentrer l'analyse, rassemble plusieurs extraits d'un site web personnel, réalisé par une conseillère pédagogique. C'est une proposition de cahier personnel d'histoire des arts. La date de cette proposition en ligne n'est pas donnée.
Il comporte une référence au bulletin officiel de 2008 qui préconise l'utilisation d'un « cahier personnel d'histoire des arts », avec une proposition en trois étapes pour aborder chaque œuvre et enfin une photographie d'une double page d'un tel cahier, ici sur le parterre de Latone à Versailles.
En partant de l'explicitation des objectifs d'ordre méthodologique propres à l'enseignement de l'histoire des arts, rappelés dans le **document 2**, il est possible d'expliquer en quoi le projet proposé par ces extraits de site web est conforme à l'esprit des programmes et à une activité en histoire des arts :
– création d'un objet-outil mentionné dans le BO de 2008, même s'il n'apparaît plus dans celui de 2020 ;
– activité d'identification d'une œuvre d'art par la collecte d'informations visant à constituer sa carte d'identité ;
– activité d'analyse de l'œuvre d'art en question pour repérer ses caractéristiques formelles.

– travail sur le lexique ;
– travail de repérage dans le temps et dans l'espace. Des éléments de contextualisation sont écrits. Une frise chronologique figure dans cette double page du cahier.

• **Documents 1 et 2 :** Montrez que la proposition du document 1 correspond aux objectifs méthodologiques attribués à l'enseignement de l'histoire des arts dans le BO de 2020.

Les entrées listées ci-dessus montrent que l'outil proposé par le document 1 accompagne l'acquisition par les élèves des méthodes pour :
– aborder une œuvre d'art selon des étapes successives ;
– apprendre à décrire une œuvre dans ses aspects matériels (nature, support, dimensions, lieu de présentation ou d'exposition…) ;
– apprendre à distinguer les éléments formels constitutifs de l'œuvre, pour voir comment elle fonctionne pour produire un effet sur celui qui la regarde ;
– apprendre à énumérer et classer des caractéristiques, à percevoir le message d'une œuvre.

• **Documents 1 et 3 :** Interrogez les compétences travaillées avec les élèves, rappelées et listées dans le **document 3** et dont témoigne le cahier d'histoire des arts.

Le cahier d'histoire des arts présenté ici convoque plusieurs compétences spécifiques à l'histoire des arts détaillées dans le BO de 2020 et mises en relation avec les domaines correspondant du socle commun de connaissances et de compétences (**doc.ument 3**). L'extrait du site web mentionne la première (« Identifier ») et la deuxième (« Analyser »). La troisième (« Situer ») apparaît sur la double-page reproduite par le biais de la frise chronologique.

• **Documents 1 et 5 :** Vous trouverez dans le **document 5** des arguments en faveur du recours aux traces écrites et donc à la constitution d'un cahier personnel pour former les élèves.

Le document 5 est un extrait d'article scientifique, de Philippe Meirieu, chercheur renommé en sciences de l'éducation. Ce passage souligne l'intérêt et l'importance des traces écrites pour faciliter les apprentissages, la compréhension, la structuration de la pensée et la mémorisation. Ces traces écrites que l'élève produit et qu'il conserve peuvent prendre la forme du cahier personnel ici analysé.

• **Documents 1 et 4 :** Enfin, faites le lien avec l'une des œuvres au programme.

On trouve enfin dans le corpus documentaire (**document 4**) la référence à l'une des œuvres de la liste accompagnant le programme de l'épreuve, pour le volet histoire des arts et étudiée dans le cahier personnel de l'élève. Il s'agit d'une pièce de jardin, où le jardinier du roi Louis XIV, André Le Nôtre, a développé ses conceptions sur l'art du jardin, qu'on va appeler jardin à la française caractérisé par l'harmonie des formes, l'ordre de disposition très structurée, le tracé géométrique de ses dentelles de pelouse, la symétrie et la clarté de lecture ainsi produite du dessin selon des perspectives nettes en sont les caractéristiques. L'étude des bassins et de leurs sculptures inspirées de la mythologie complète l'approche de cette œuvre.

Transition

Cette présentation croisée des documents conduit dans un second temps à envisager ce qui, dans la démarche proposée par le document, relève des principes d'un projet construit en histoire des arts.

2e partie : réflexion sur le sujet en portant un regard transversal sur les documents analysés

L'étude qui vient d'être menée permet d'apprécier, au regard des documents du corpus, le projet décrit, dans la perspective d'une démarche en histoire des arts. On abordera cette lecture critique en deux temps : l'intérêt de cette proposition, puis ses éventuelles limites, telle que les extraits donnés permettent du moins de la percevoir.

A. En quoi le projet proposé est-il intéressant pour travailler en histoire des arts avec des élèves de cycle 3 ?

• Il est intéressant de faire travailler les élèves à partir d'un cahier personnel d'histoire des arts pour répondre à des **objectifs d'ordre méthodologique**, comme le montrent la double-page reproduite de l'élève et les remarques de son auteur qui l'accompagnent (l'identification de l'œuvre, la relation sensible à l'œuvre, l'analyse de l'œuvre).

• Le cahier personnel permet aussi de répondre à des **objectifs de connaissance** :
– Archiver les fiches descriptives et les reproductions des œuvres rencontrées au cours de l'année (ou sur un temps plus long selon les pratiques de l'établissement) et en garder une trace matérielle que l'élève pourra feuilleter, consulter, compléter éventuellement ;
– Mémoriser plus facilement grâce à ce support consultable : le cahier peut être un support pour apprendre certains repères.

• Le cahier constitue une mémoire matérielle (sur papier ou dans un format numérique) de la rencontre avec les œuvres et des étapes successives de l'éducation à la sensibilité prônée par les programmes :
– à travers les reproductions qui y sont intégrées ;
– à travers un espace où l'élève peut exprimer par quelques mots-clés ce qu'il ressent en regardant ou en écoutant l'œuvre ;
– à travers les traces des productions réalisées par les élèves, qui peuvent être reproduites, photographiées et intégrées dans le cahier.

• Cet outil permet une véritable **démarche en histoire des arts**, conforme aux éléments de programme présentés dans le corpus et conduit au travail d'au moins trois des quatre compétences associées cet enseignement :
– **Identifier** : l'élève notera sur le cahier les éléments constitutifs d'une sorte de carte d'identité de l'œuvre, repérés en regardant les images présentées puis complétés par une recherche individuelle ou en groupe, guidée par l'enseignant.

– **Analyser** : le cahier servira de support également à la description des caractéristiques à la fois techniques et formelles. Il permet d'en garder une trace personnelle même si le travail a été réalisé collectivement, en classe, à la bibliothèque.

– **Situer** : un ou deux documents fournis par le professeur en complément pourront être intégrés au cahier pour placer cette œuvre dans son contexte : l'histoire des rapports du roi Soleil aux arts. Le cahier matérialise la mise en relation de l'œuvre à des repères historiques (frise, photographie, discours).

• Ces démarches correspondent aux attentes précisées par un auteur ayant écrit sur les pratiques de classe et plus particulièrement les traces écrites. Une telle pratique rejoint donc les réflexions scientifiques fondées sur le développement de l'enfant. Elle répond aux besoins de structuration de l'activité intellectuelle de l'élève nécessaire pour construire des situations d'apprentissage adaptées. Elle permet ainsi une acquisition de savoirs, de savoir-faire et de savoir être aussi face aux œuvres, chargée de sens et durable.

B. Dans quelle mesure une telle pratique, induite par les seuls extraits dont on dispose ici, ne suffit-elle pas forcément pour atteindre les objectifs d'ordre méthodologique fixés par les programmes et travailler les différentes compétences propres à l'enseignement de l'histoire des arts ?
Suggérez de manière argumentée ce qui semble manquer à cette proposition pour mettre en œuvre avec des élèves de cycle 3 une véritable séance en histoire des arts.

• La double-page du cahier aborde une seule œuvre d'art, le parterre de Latone. Faire de l'histoire des arts, c'est mobiliser des œuvres qui s'apparentent à des domaines artistiques distincts afin de les articuler entre eux et de les faire dialoguer. Il conviendrait d'associer à cette œuvre, par exemple, des vues d'autres jardins d'époque ou de tradition différentes, une fontaine contemporaine, un texte mythologique sur le récit qui a inspiré le bassin, une peinture sur ce sujet.

• De la sorte, le travail serait mené en associant plusieurs disciplines et leurs méthodes : français (étude du vocabulaire et description), arts visuels, histoire. Comparer plusieurs œuvres autour de cette œuvre principale conduit aussi les élèves à distinguer ses caractéristiques (le dessin végétal, les formes harmonieuses, l'inspiration mythologique) et son message. Les extraits donnés ici n'abordent pas toutes les potentialités qu'offre un cahier d'histoire des arts, mais ce ne sont que des extraits, il serait intéressant de consulter les autres pages de ce site web pour avoir une vision plus complète des démarches et situations d'apprentissage que permet un tel cahier.

Conclusion

Si le BO de 2020 ne le mentionne plus, le cahier personnel (ou carnet numérique) reste bien un instrument pertinent pour mettre en place un enseignement en histoire des arts, sur la durée. Il peut prendre des formes différentes et correspond dans son principe à la volonté de construire avec les élèves un bagage artistique et culturel commun, qui ne peut être assimilé, enrichi, approprié qu'à travers les traces de la rencontre et des effets qu'elle a suscités. Cet outil traduit matériellement l'intention principale de l'histoire des arts : permettre aux élèves de rencontrer les œuvres artistiques, leur faire découvrir les liens qui existent entre elles, selon les régions et les époques auxquelles elles appartiennent, leur apprendre à découvrir ce que ces œuvres leur disent du monde et d'eux-mêmes. À ces fins, le cahier personnel répond comme instrument de collecte, de classement, de mémorisation.

Composante Arts plastiques (Cycle 1)

Le corrigé qui suit est rédigé à titre indicatif dans une forme qui met en valeur les différents points qu'il est possible d'aborder dans la réponse apportée au sujet. Le candidat décidera librement de la forme rédactionnelle qu'il souhaite donner à sa réponse en tenant compte éventuellement des consignes précises données par le sujet. Il lui est cependant conseillé de bien distinguer a minima les quatre parties.
Nous proposons ci-dessous un modèle de devoir corrigé tel que pourrait le rédiger un candidat dans le temps imparti. Les titres apparents apparaissent en rose. Nous les avons insérés pour vous aider, mais ils ne seront pas conservés par le candidat dans sa rédaction.

Une introduction courte

Le sujet porte sur le cycle 1. Il s'agit de concevoir une séance à partir d'un court extrait de programmes : *Le travail en volume permet aux enfants d'appréhender des matériaux très différents.* Cette séance doit faire écho à l'œuvre Forêt d'Eva Jospin et mettre en jeu des matériaux définis ; elle doit renvoyer également aux préconisations d'un extrait de programme long où il est question de travail individuel ou en groupe, mais aussi aux questions liées à la couleur, aux formes et aux volumes.

Première partie : présentation et analyse croisée des documents au regard du sujet

• **Le document 1** regroupe deux images légendées. On y voit l'œuvre d'Eva Jospin intitulée *Forêt* telle qu'elle était présentée au Palais de Tokyo en 2014 dans l'exposition Inside.

– **La première image** est une vue de l'œuvre *Forêt* exposée à l'entrée de l'exposition du Palais de Tokyo. Placés en quinconce, les deux imposants volumes (360 × 250 cm) marquent l'entrée de l'exposition. Les spectateurs sont invités à passer entre les deux, à pénétrer (Inside) dans un autre univers, dans la forêt profonde et ses mystères… L'œuvre en situation d'exposition apparaît sous un jour bien différent que dans le cadre de l'atelier. C'est un assemblage de cartons découpés, déchirés, accumulés. La densité du motif évoque une forêt impénétrable.

– **La deuxième image** est une vue d'atelier. Elle montre l'artiste en train de travailler du carton sur une table. Elle porte des gants de protection. La table est jonchée de fragments de cartons découpés. En arrière-plan, on distingue des œuvres ou des fragments d'œuvres.

– Le travail d'Eva Jospin ainsi documenté apparaît comme essentiellement tourné vers le **carton** en tant que matériau privilégié par l'artiste. C'est un matériau pauvre ; son approvisionnement est facile. Il est léger, facilement transformable. Il permet d'obtenir des volumes imposants pour un coût abordable. C'est un matériau potentiellement autoportant mais on sait que l'artiste peut avoir recours au bois en tant que support ou structure.

• **Le document 2** impose deux contraintes au dispositif d'enseignement qu'il s'agit de proposer : les élèves travaillent en binôme à partir de matériaux clairement désignés.

– Quatre listes sont présentées. Une seule intègre le carton. Les autres proposent ou bien la terre, ou bien le plastique (papier bulle), ou bien le papier de soie comme matériau principal. À chaque fois ces matériaux sont associés à d'autres matériaux pouvant jouer le rôle de liant (raphia, ruban adhésif, piques, punaises) ou de support (grands cartons), ou encore d'éléments offrant diverses possibilités de combinaisons (branches, épines de pin). Seul le carton se trouve associé à la peinture.

– Chaque liste renvoie à la question de la couleur que ce soient les couleurs naturelles de la terre et des éléments végétaux, les couleurs acidulées des papiers de soie, le blanc cassé de l'adhésif de masquage associée à la transparence du papier bulle, et enfin les couleurs de la peinture associées à la couleur du carton.

– Ces quatre listes invitent à l'assemblage et au collage, à la transformation des matériaux, à leur combinaison.

• **Le document 3** est un texte extrait des programmes qui insiste sur deux aspects du travail en arts plastiques, à l'école maternelle dans le cadre des compositions planes et en volume :

– D'une part, il encourage à **travailler la couleur** dès le cycle 1 en usant d'un vocabulaire précis mais aussi de médiums les plus variés ; les élèves doivent expérimenter les mélanges et réaliser des compositions colorées en juxtaposant et superposant les couleurs.

– D'autre part, il encourage le **travail en volume** présenté comme une résolution de problème et à partir de matériaux très différents. La recherche de l'équilibre et de la verticalité en particulier apparaît comme importante.

Deuxième partie : proposition d'un projet de séance (fiche de préparation) en portant un regard transversal sur les documents analysés.

Le projet de séance décrit ici invite les élèves à **explorer, en volume, les potentialités constructives et expressives d'un matériau**, le papier bulle, associé à deux autres matériaux, les piques à brochette et le ruban de masquage.

Cette séance à destination d'une classe de grande section de maternelle (troisième période de classe de janvier-février) s'inscrit dans une **séquence étalée sur plusieurs semaines** au cours de laquelle les élèves seront amenés à découvrir des matériaux toujours différents d'une semaine sur l'autre.

Chaque matin, les élèves travaillent sur **quatre ateliers tournants**, trois en autonomie à partir de consignes précises (ateliers de réinvestissement en arts plastiques) et un atelier accompagné par le professeur des écoles. Sur les quatre matinées de la semaine, tous les élèves de la classe seront passés par l'atelier « papier bulle ».

Il fait écho à la **lecture d'un album** où se trouvent mis en scène différents animaux (la girafe, l'éléphant, la panthère, etc.). Les animaux y sont décrits avec précision. La classe réalise de semaine en semaine un véritable **bestiaire** avec différents matériaux, qui sera plus tard exposé sous la forme d'un grand zoo dans une salle de l'école à l'intention des autres classes et des parents d'élèves.

• **Durée :** 30 min au total / 3 temps de 10 min environ.

• **Conditions spatiales :** les tables sont regroupées par atelier.

• **Conditions sociales :** 6 élèves dans l'atelier réunis en binômes au temps 2.

• **Objectif général :** découvrir et exploiter les caractéristiques plastiques des matériaux et leurs potentialités expressives auxquelles ils donnent accès.

• **Objectifs spécifiques :** combiner et mettre en forme des matériaux pour représenter et travailler à deux.

• **Compétences travaillées et évaluées :**

– choisir différents outils, médiums, supports en fonction d'un projet ou d'une consigne et les utiliser en adaptant son geste ;

– réaliser des compositions plastiques, seul ou en petit groupe, en choisissant et combinant des matériaux, en réinvestissant des techniques et des procédés ;

– proposer des solutions dans des situations de projet, de création.

• **Matériaux :**

– **réunis au centre de la table :** fragments de différentes tailles de papier bulle, ruban adhésif de masquage, piques à brochette :

– **dans les mains du professeur :** un jeu d'étiquettes-images de tous les animaux vus dans le livre jusqu'à ce jour.

• Déroulement :

– **Temps 1 :** découverte des matériaux. Les élèves sont invités à les manipuler, à dire leurs qualités, à repérer les possibilités de transformation (le papier se froisse, les piques se cassent, l'adhésif se déchire) et de combinaison (l'adhésif fixe des parties entre elles, maintient le papier froissé, emballe le papier bulle, les piques percent le papier, etc.).

– **Temps 2 :** les élèves nomment les animaux qu'ils reconnaissent sur les étiquettes et ils sont invités à choisir secrètement un animal par binôme. L'étiquette-image est remise au binôme dans une enveloppe à leurs deux prénoms (ils peuvent la regarder quand ils veulent). Le binôme est chargé de réaliser l'animal avec les matériaux précédemment explorés. Consigne : « L'animal doit tenir sur ses pattes. »

– **Temps 3 :** les 3 binômes se présentent entre eux leurs réalisations, ils les comparent et ils font des hypothèses sur l'identité des animaux sculptés qui est ensuite révélée aux six élèves de l'atelier.

– **En fin de semaine**, le jeu des identifications se fera à partir de l'ensemble des animaux sculptés par tous les élèves. À cette occasion, des sculptures animalières en bronze du XIXe siècle seront montrées aux élèves **mais également d'autres sortes de sculptures qui partent d'un matériau donné et en exploitent pleinement le potentiel**. Les élèves seront à chaque fois invités à reconnaître les matériaux employés. Leur seront montrées :

– des sculptures en bois de Georg Baselitz ;

– des sculptures en métal de Jean Tinguely ;

– des installations en feuillage naturel d'Andy Goldsworthy.

À cette occasion, le travail d'**Eva Jospin** (sous les formes des deux documents du dossier) sera également montré aux élèves qui seront invités à s'interroger sur la façon dont le carton est travaillé par l'artiste (découpage, collage, etc.).

Une ou deux phrases de conclusion

Cette séance de cours et plus précisément cet atelier ont permis aux élèves de découvrir différents matériaux et de les assembler. Ils ont opéré des choix (animal sculpté, modalités constructives, etc.), ils ont travaillé à plusieurs, ils ont verbalisé leurs actions et apprécié les productions de leurs camarades. Ils ont composé en volume et exploré l'équilibre et la verticalité.

SUJET 2

Éducation musicale, histoire des arts

3 heures

A – Composante Éducation musicale – Cycle 1 (10 points)

En tirant parti des éléments proposés dans le dossier joint, vous effectuerez une analyse critique de la séance présentée dans le document 1.

Vous vous appuierez sur le point de programme suivant :

> **3.1.2 Univers sonores**
> L'objectif de l'école maternelle est d'enrichir les possibilités de création des enfants […] en les confrontant à la diversité des univers musicaux.

Votre analyse permettra d'éclairer le jury sur votre connaissance du cadre réglementaire et des conditions spécifiques de l'enseignement l'éducation musicale au cycle 1.

B – Composante Histoire des arts – Cycle 3 (10 points)

En tirant parti des éléments proposés dans le dossier joint, vous proposerez une fiche de préparation en vue d'une séance en histoire des arts destinée à une classe de cycle 3.

Vous vous appuierez sur le point de programme suivant :

> Identifier : donner un avis argumenté sur ce que représente ou exprime une œuvre d'art. […] Résumer une action représentée en image, déroulée sur scène ou sur un écran, et en caractériser les personnages […].

Votre fiche de préparation privilégiera des compétences précises et permettra d'éclairer le jury sur votre connaissance du cadre réglementaire et des conditions spécifiques de l'enseignement pluridisciplinaire et transversal d'histoire des arts au cycle 3.

DOSSIER DOCUMENTAIRE

A – Composante Éducation musicale (cycle 1)

Document 1 **Description d'une séance d'éducation musicale se déroulant dans une classe de cycle 1**

Cette séance a pour objectif la création de paroles nouvelles.

Il est 10 h 30. C'est la deuxième séance sur le chant *Mon grand-père s'en va au marché*. Les élèves sont assis sur le tapis de sol. La plupart connaissent le chant mais certains ont encore du mal à se souvenir des paroles ou à les chanter dans l'ordre. Pour démarrer la séance, le PE pose quelques questions sur le chant (son sujet, les personnages…) et fait chanter les élèves volontaires qui s'en souviennent bien. La classe est séparée en deux groupes et chante en se répondant. Le PE propose de varier l'interprétation en plaçant des nuances. Ensemble la classe décide qu'il convient de chanter fort sur « la voiture pour y acheter, vrrrou » et tout doucement sur « un

poussin pour y acheter , piou, piou, piou ». Les élèves rechantent. Le PE les aide en ouvrant les bras très largement pour chanter fort (la voiture) et en resserrant les mains comme s'il tenait un poussin, sur le piano (le poussin). Certains élèves imitent immédiatement ses gestes.
Le PE dit que maintenant, ils vont essayer d'inventer et d'ajouter à la chanson d'autres paroles avec des objets nouveaux, par exemple des objets que le grand-père pourrait ramener du marché. Un élève demande pourquoi c'est le grand père qui va au marché et pas quelqu'un d'autre. Le PE répond que la chanson est celle-là et que, certainement, le grand-père aime bien aller au marché. Il profite de cette question pour dire : « Qui pourrait aller au marché ? ». Les élèves essaient alors le début du chant avec « Ma grand -mère », « Mon p'tit frère » très naturellement. Le PE fait remarquer que « ça sonne bien ». Son objectif étant la création, il reprend et précise que pour trouver d'autres objets à ramener du marché, il va former des groupes pour qu'ils cherchent des objets et des sons. Il forme les groupes de 4 élèves et passe de groupe en groupe.
Chaque groupe présente son invention, les autres élèves écoutent.
Le PE récapitule ce que chaque groupe a proposé. Il dit que la chanson sera reprise et demande aux élèves ce qu'on pourrait faire pour ne rien oublier des créations et de l'ordre à suivre. Avec le PE, la classe décide que le mieux serait d'accrocher au tableau dans l'ordre des images/dessins des objets.
Il est 11 h 10 ; la séance se termine.

Document 2 La créativité chez l'enfant

Pour constituer un cadre propice à la créativité, il est important que l'école mette en avant les aspects suivants :
– permettre à l'enfant de poser des questions, de faire des connexions avec son vécu personnel, d'être imaginatif, d'explorer des options, de développer son sens critique et ses capacités d'évaluation ;
– favoriser une place centrale de l'élève, au cœur des apprentissages, dans une démarche dynamique, suscitant ainsi son engagement actif ;
– laisser du temps et de l'espace pour permettre à l'enfant d'avoir une zone de liberté.

D. Laustriat en collaboration avec M. Besançon, « La créativité chez l'enfant. Fondements et leviers. Vers un environnement d'apprentissage optimal », *Revue de littérature théorique*, Synlab.

Document 3 Les paroles de *Mon grand-père s'en va au marché*

Chanson à récapitulation
Mon grand-père s'en va-t-au marché (bis)
Un violon pour y acheter (bis)
Le violon fait : ti di dam…
Mon grand-père s'en va-t-au marché (bis)
Une vache pour y acheter (bis)
La vache fait : meuh !
Le violon fait : ti di dam…

Et ainsi de suite avec :
Une salade pour y acheter
La salade fait : crr, crr, crr…
Une voiture pour y acheter
La voiture fait : vrrrou !
Un poussin pour y acheter
Le poussin fait : piou, piou piou…

Document 4 **Programme de maternelle (BOEN n° 31 du 30 juillet 2020)**

2. Une école qui organise des modalités spécifiques d'apprentissage

2.1. Apprendre en jouant. Le jeu favorise la richesse des expériences vécues par les enfants dans l'ensemble des classes de l'école maternelle et alimente tous les domaines d'apprentissages. Il permet aux enfants d'exercer leur autonomie, d'agir sur le réel, de construire des fictions et de développer leur imaginaire, d'exercer des conduites motrices, d'expérimenter des règles et des rôles sociaux variés. […] L'enseignant donne à tous les enfants un temps suffisant pour déployer leur activité de jeu. Il les observe dans leur jeu libre afin de mieux les connaître. Il propose aussi des jeux structurés visant explicitement des apprentissages spécifiques.

3.1.2. Univers sonores

L'objectif de l'école maternelle est d'enrichir les possibilités de création et l'imaginaire musical, personnel et collectif, des enfants, en les confrontant à la diversité des univers musicaux. Les activités d'écoute et de production sont interdépendantes et participent d'une même dynamique.

B – Composante Histoire des arts (cycle 3)

Document 1 **Choix de ressources iconographiques et textuelles autour du *Dictateur* de Charlie Chaplin (1889-1977)**

***Hitler répétant un discours*, photographies de Heinrich Hoffmann (1930).**

« La scène du Globe », *Le Dictateur*, de Charlie Chaplin, 1940.

Sur mes cahiers d'écolier
Sur mon pupitre et les arbres.
Sur le sable sur la neige
J'écris ton nom

Sur toutes les pages lues
Sur toutes les pages blanches
Pierre sang papier ou cendre
J'écris ton nom

Sur les images dorées
Sur les armes des guerriers
Sur la couronne des rois
J'écris ton nom

Sur la jungle et le désert
Sur les nids sur les genêts
Sur l'écho de mon enfance
J'écris ton nom [...]

Liberté.

Paul Éluard, « Liberté », *Poésie et vérité*, 1942.

Document 2 **Extrait des programmes d'histoire des arts (BO n° 31 du 30 juillet 2020)**

L'enseignement pluridisciplinaire et transversal de l'histoire des arts structure la culture artistique de l'élève par l'acquisition de repères issus des œuvres et courants artistiques divers et majeurs du passé et du présent et par l'apport de méthodes pour les situer dans l'espace et dans le temps, les interpréter et les mettre en relation. Il contribue au développement d'un regard sensible, instruit et réfléchi sur les œuvres.

Tout au long du cycle 3, l'histoire des arts contribue à créer du lien entre les autres enseignements et met en valeur leur dimension culturelle. [...]

À la fin du cycle 3, les élèves ont acquis les éléments de lexique et de compréhension qui le rendent capable, devant une œuvre plastique ou musicale, face à un monument, un espace ou un objet artistique, d'en proposer une description qui distingue les éléments :

– relevant d'une présence matérielle (matériaux, dimensions, fabrication)
– caractéristiques d'un langage formel ;
– indicateurs d'usages ou de sens. [...]

Attendus de fin de cycle

– Décrire une œuvre en identifiant ses principales caractéristiques techniques et formelles à l'aide d'un lexique simple et adapté.
– Émettre une proposition argumentée, fondée sur quelques grandes caractéristiques d'une œuvre, pour situer celle-ci dans une période et une aire géographique, au risque de l'erreur.
– Exprimer un ressenti et un avis devant une œuvre, étayés à l'aide d'une première analyse.

Document 3 **Collectif, *Enseigner l'histoire des arts dans le premier degré. Le dialogue des disciplines*, Paris, L'Harmattan, 2019, p. 26-27.**

La troisième compétence spécifique à l'enseignement de l'histoire des arts est essentielle, car apprendre à situer les œuvres d'art dans leur contexte de production, ainsi qu'à relier les œuvres entre elles, participe de la construction de la posture de l'amateur éclairé. Si les œuvres d'arts peuvent toucher une personne en dehors de toute contextualisation, elles acquièrent cependant d'autant plus d'effets ou au moins d'autres effets lorsqu'elles émanent d'un ancrage culturel et sont reliées au rayonnement d'autres œuvres. Le devenir d'un amateur éclairé implique le dépassement d'une première réception naïve, ingénue, en réalité déjà soumise à la médiation des œuvres, sans pour autant devoir rejeter ou refouler cet éventuel premier stade d'une rencontre. L'objectif du professeur pourrait être au contraire de favoriser un enrichissement réciproque des réceptions spontanées et de celles plus savante. […]

Pour apprendre à relier les œuvres, il est indispensable de commencer par comprendre que des liens proviennent des œuvres elles-mêmes. Ce dialogue, croisement, des œuvres relevant de divers domaines artistiques, qui est au centre de l'histoire des arts, est en réalité impulsé par les productions artistiques qui ne cessent de tisser des liens de reprise, de parodie, de détour, de transposition d'un média à un autre.

Composante Éducation musicale

Nous proposons ci-dessous un modèle de devoir corrigé tel que pourrait le rédiger un candidat dans le temps imparti. Les titres apparents apparaissent en bleu. Nous les avons insérés pour vous aider, mais ils ne seront pas conservés par le candidat dans sa rédaction.

Introduction

Une séance centrée sur le prolongement de la chanson par la création semble être assez « naturelle ». La chanson est adaptée au cycle 1 par son contexte émotionnel connu. Le niveau du groupe classe n'est pas spécifié. Les attendus n'étant pas du tout les mêmes selon la classe (PS-MS-GS), nous allons préciser qu'il s'agit d'une séance menée en classe de MS, choix cohérent avec les objectifs et le chant de cette séance.

Développement

La chanson ne présente pas de difficultés particulières de vocabulaire. C'est un chant à récapitulation entraînant la mémoire et pouvant provoquer des inversions dans les paroles. C'est ce qui en fait un jeu et active le plaisir de le chanter dans une interprétation sans fin comme aiment le faire les enfants de cet âge.

Le PE sait que certains élèves ne connaissent pas encore ou confondent l'ordre. Il demande aux élèves qui connaissent déjà bien les paroles de chanter : est-ce pour les valoriser tout en réactivant la mémoire des autres ? Pourtant la forme de la chanson (répétition des paroles) permet de faire écho, donc de former un groupe qui reprend avec des élèves moins sûrs.

Une remédiation / réactivation pouvait être proposée en début de séance. Elle est suggérée en fin de séance par l'affichage à prévoir de flascards ou de dessins au tableau. Cet affichage aurait pu être anticipé et utilisé lors de la séance précédente en demandant aux élèves de retrouver l'ordre avant de chanter. On pourrait inventer des gestes pour chaque objet afin de solliciter les différentes mémoires : auditive, visuelle ou kinesthésique.

La variation sur les intensités est intéressante : elle permet pour les élèves qui sont à l'aise d'aller plus loin tout en donnant la possibilité aux autres d'approfondir le chant. Ce travail sur les nuances est juste effleuré pour poursuivre sur la création. On peut s'interroger sur la pertinence d'enchaîner par une séance de création puisque les acquis sont encore fragiles. Le travail sur les nuances offre l'opportunité de consolider l'apprentissage de toute la classe en donnant la possibilité à ceux qui maîtrisent bien les paroles de se concentrer sur les nuances sans s'ennuyer. Ainsi le PE aurait pu poursuivre sur les nuances et la mise en place d'une gestuelle correspondante.

Il poursuit son objectif de création mais s'adapte au questionnement de l'élève tout en l'utilisant. En effet, l'intervention de l'enfant est judicieuse et prête à de nouvelles créations (pas nécessairement celles attendues par le PE) en changeant la personne.

Il était possible de développer cette proposition en variant la personne qui va au marché et non les objets (dans cette séance). On pouvait continuer en faisant intervenir des mots qui « tombent juste », à deux syllabes (ma grand-mère ; mon cousin, ou des surnoms ...) et d'autres mots à une syllabe qui obligent soit à trouver des adjectifs (ma p'tite sœur) ou soit à jouer avec les mots pour que le chant soit rythmiquement stable (Maa mère).

La création, initialement au cœur de la séance, prend finalement peu de place. Dans le cas présent, elle risque de disperser l'homogénéité de la séance par trop de mises en situation différente d'apprentissage. Le PE ne laisse pas assez de temps pour la création prévue, pour faire naître l'apparition d'idées, les essais et tentatives, notamment concernant la recherche des sons/onomatopées allant avec les mots ajoutés. Ces recherches nécessitent une phase d'expérimentation qui nécessite du temps.

En situation de création, les élèves sont répartis en groupe et le PE s'assure que la consigne est bien comprise, veille-t-il également à l'équilibre au sein des groupes constitués, au positionnement et au rôle de chacun ? Quelle est la fonction et l'implication de chaque élève ? Le temps imparti arrive en toute fin de séance, moment où les élèves sont déjà moins attentifs. La séance est aussi très longue et la fin de la matinée est proche. Les élèves ont besoin de se poser davantage pour une exploration ludique surtout dans la recherche des sons (avec la voix dans toutes ses utilisations ou le corps) qu'il convient de guider.

Le passage de chaque groupe n'est pas très détaillé, on ne connaît pas la réaction des autres élèves ni celle du PE. Comment ce moment est-il vécu par chaque groupe ? Quelle est l'attitude de l'enseignant ?

Le PE est à l'écoute de ses élèves et sait rebondir sur leurs propositions en leur donnant du sens et de l'intérêt. Il aurait pu commencer par un temps de recentrage, d'exercices de respiration, d'étirements… avant de chanter. La séance, déjà riche et longue, tirant à sa fin, il a dû réduire la partie création. Les élèves peuvent ne pas avoir une idée précise de ce qu'on attendait d'eux par la multiplication des sollicitations. Il aurait été judicieux de travailler plus en profondeur les nuances et les changements de personnes. Chaque élève pouvait être sollicité pour trouver un exemple et l'intégrer à un couplet de son choix par exemple…

Conclusion
Le chant et les objectifs correspondent bien aux programmes de ce niveau. Lors de la prochaine séance, le PE devra récapituler précisément le contenu de cette deuxième séance. Il pourrait reconduire l'activité de création, sur une durée plus courte tout en laissant aux élèves, un espace plus grand pour permettre de se familiariser avec le processus d'expérimentation/ création.

Composante Histoire des arts

Le corrigé qui suit est rédigé à titre indicatif dans une forme qui met en valeur les différents points qu'il est possible d'aborder dans la réponse apportée au sujet. Le candidat décidera librement de la forme rédactionnelle qu'il souhaite donner à sa réponse en tenant compte éventuellement des consignes précises données par le sujet. Il lui est cependant conseillé de bien distinguer a minima les quatre parties. Le corrigé est très développé, dans un souci d'exhaustivité, le candidat pourrait se contenter de ne retenir que certains points évoqués à chaque fois.
Les titres apparents apparaissent en rose. Nous les avons insérés pour vous aider, mais ils ne seront pas conservés par le candidat dans sa rédaction.

Introduction courte
Le sujet renvoie à des compétences visées par l'enseignement de l'histoire de arts : « identifier et donner un avis sur ce que représentent et expriment les œuvres » . Il cible également la capacité des élèves à résumer une action représentée en images, sur scène ou sur écran, et à caractériser les principaux personnages. Ce sujet mis en relation avec les documents iconographiques et textuels du dossier invite à dégager un projet d'enseignement à l'échelle d'une séance permettant notamment de travailler les liens entre des œuvres d'art et le contexte historique spécifique de la Seconde guerre mondiale, autour de la figure d'Hitler.

Première partie : présentation et analyse croisée des documents au regard du sujet
Ces documents constituent donc des matériaux variés et apportent des éclairages éventuellement complémentaires pour construire une séance en histoire des arts.

• **Le document 1** présente une sélection de documents iconographiques et textuels réunis autour de l'œuvre de Charlie Chaplin (1889-1977) :
– **Un photogramme extrait de la scène du globe du *Dictateur*** : il évoque la danse, le jeu enfantin du personnage du dictateur avec un ballon de baudruche, alors qu'il expose ses projets terribles. Cette image introduit un rapport de dérision face au sujet abordé, elle met le sujet à distance, tout en faisant passer un message.
– **Une photographie prises par Heinrich Hoffmann** (1885-1957) en 1930 : elle montre Hitler en train de mettre en point sa gestuelle pour ses discours (regard vers le ciel, bouche ouverte, bras levés, sourcils froncés, un doigt pointé), comme un comédien répétant son rôle. Ce document historique est un témoignage contemporain de l'épisode historique abordé par le dossier.
– **Un extrait du poème *Liberté*, de Paul Éluard** (1895-1952), auteur engagé dans la Résistance pendant la Seconde guerre mondiale célèbre la liberté. Il appartient à un recueil de poésies qui cherchaient à redonner espoir aux combattants résistants et à les soutenir dans leur lutte. Il illustre l'engagement des hommes et des femmes pour défendre leur pays et un certain idéal, pendant la guerre.

• **Le document 2** est un passage des programmes en vigueur. Il rappelle que l'histoire des arts repose avant tout sur la rencontre d'une œuvre ou, mieux, de plusieurs œuvres artistiques.
Le principe de l'interdisciplinarité est essentiel : on étudiera avec les élèves une ou plusieurs œuvre(s) en mobilisant les connaissances et les méthodes propres au français, à l'histoire, aux arts plastiques, à l'éducation musicale par exemple. Cela relève des « conditions spécifiques de l'enseignement pluridisciplinaire et transversal d'histoire des arts au cycle 3 », rappelées dans l'énoncé du sujet.

• **Le document 3** est un texte théorique qui défend une option pédagogique ; les auteurs affirment en effet que la pratique de l'histoire des arts relève du croisement de différentes créations ou manifestations artistiques qui appartiennent à des domaines distincts et aussi de leur contextualisation.

Deuxième partie : proposition de fiche de préparation pour une séance en histoire des arts
• **Niveau :** Cycle 3 – CM2
• **Séquence en histoire des arts :** Les artistes et la Seconde guerre mondiale. Cette séquence, composée de cinq ou six séances, est abordée assez tard dans l'année. Elle prend appui sur le programme d'histoire. Une ou deux premières séances consacrées à la poésie ou plus largement à la littérature associée à la Résistance permettront de questionner et de réactiver les connaissances abordées précédemment avec les élèves en cours d'histoire, en donnant du sens aux apprentissages transdisciplinaires. Elles introduisent la notion d'engagement de l'artiste.
• **Séance proposée :** Le cinéma mis au service d'une dénonciation. La séance associe des démarches et compétences liées à plusieurs disciplines (français, arts visuels, histoire, éducation musicale). Certaines d'entre elles sont davantage approfondies dans les autres séances, celle-ci étant articulée autour d'un extrait d'œuvre

cinématographique. Ce sont donc avant tout les arts dits visuels qui sont sollicités, mais dans leur articulation avec d'autres types d'œuvres d'art.

• **Durée :** Une heure, divisée en trois temps, respectivement de 20, 20 et 20 minutes environ.

• **Objectif général :** Comprendre les liens qui existent entre une œuvre d'art et le contexte historique dans lequel elle est apparue, en prenant appui sur l'exemple de productions artistiques variées en relation avec la figure d'Hitler et son accession au pouvoir.

• **Objectifs plus spécifiques à cette séance :** Apprendre à relier, trier, discriminer, classer des œuvres artistiques et à les étudier au regard d'un contexte historique.

• **Liens avec le programme** : La séance est en relation avec le programme d'histoire de l'année de CM2 et plus précisément le thème 3, *« La France, des guerres mondiales à l'Union européenne »*, dont la première des deux parties porte sur *« Deux guerres mondiales au xxe siècle »*.

• **Compétences travaillées :**

– **En histoire des arts :** « *Relier des caractéristiques d'une œuvre d'art à des usages, ainsi qu'au contexte historique et culturel de sa création* ». Il s'agit de rapprocher des œuvres artistiques appartenant à des domaines distincts et de voir comment leur analyse comparative et leur mise en relation, permet d'aborder avec les élèves une question historique particulière ou un sujet sensible. Le choix de faire dialoguer des œuvres est une spécificité de l'enseignement de l'histoire des arts.

– **En français :** réinvestissement du vocabulaire du poème de Paul Éluard (déjà étudié dans une séance antérieure), étude du vocabulaire spécifique au photogramme et à la photographie de Heinrich Hoffmann, apprentissage ou réinvestissement d'un lexique nouveau, accessible à des élèves de cours moyen, employé pour décrire une œuvre (*« Comprendre un texte littéraire et l'interpréter »*.)

– **En arts plastiques :** *« Identifier quelques caractéristiques qui inscrivent une œuvre d'art dans une aire géographique ou culturelle et dans un temps historique, contemporain, proche ou lointain. »*.

– **En éducation morale et civique :** Étudier le rôle de certaines personnalités dans l'histoire ; aborder la diversité des expressions des sentiments et des émotions.

• **Domaines artistiques :** Arts visuels, à travers plusieurs formes artistiques et types de supports, arts du langage, arts du son.

• **Prérequis :** Les élèves ont déjà abordé cette période en cours d'histoire ; ils ont également abordé, lors de séances précédentes plus tôt dans l'année, la description d'une œuvre d'art.

• **Matériel :** Vidéoprojecteur, cahier d'histoire des arts, reproductions en format A2 des documents du corpus d'œuvres choisies, crayons. Un questionnaire comportant des questions sur les caractéristiques matérielles et formelles de l'œuvre puis sur le message qu'elle semble porter et son intention, ou son usage possible (nature de l'œuvre, matériau, couleurs, procédés comiques qui visent à produire un effet burlesque et constituent une parodie du pouvoir et une satire politique, par exemple).

• **Déroulement :**

étape 1 Visionnage de la scène (3'43)

Compétences travaillées
Observation d'une œuvre cinématographique, proposition d'une description et de son ressenti.

• L'enseignant projette l'œuvre (la scène du Globe) et donne les consignes :
– regarder attentivement la scène ;
– noter sur le cahier tout ce qu'elle évoque (ses caractéristiques, ce qu'elle fait ressentir, à quoi elle fait penser) ;
– puis en groupe de quatre ou cinq élèves, proposer une description courte de l'œuvre en utilisant la méthode déjà utilisée dans les séances précédentes.

• Les élèves sont invités à essayer de réutiliser les éléments de lexique appris en cours d'histoire (peut-être *dictateur*, *autoritarisme*, *expansionnisme* notamment).

• L'enseignant accompagne ces activités en circulant auprès des élèves pour les aider.

étape 2 Étude comparative de plusieurs œuvres associées à cette scène de film

Compétences travaillées
– Comparer deux œuvres, repérer leurs caractéristiques communes (liées au contexte éventuellement) et leurs différences.
– Comprendre la dimension symbolique de ces œuvres (identifier le témoignage sur un moment de l'histoire à travers une création personnelle d'un artiste).

• L'enseignant distribue à chaque groupe de 4-5 élèves un **dossier** constitué de feuilles A4 reproduisant le photogramme de la scène et, selon les groupes :
– le poème de Paul Éluard (ce dernier aura déjà été étudié lors d'une autre séance consacrée à la poésie, ce qui permettra aux élèves de retrouver les éléments significatifs, réseau de mots, champ lexical, images utilisées, poésie surréaliste) ;
– ou clichés du photographe officiel d'Hitler. Chacune de ces reproductions est accompagnée d'une légende précise.

• Chaque groupe reçoit aussi un **questionnaire** simple composé de quelques questions destinées à guider la description de la nouvelle œuvre qui lui est proposée puis la mise en relation des deux œuvres (film/texte, film/photographies). Le professeur donne les consignes : il s'agit de disposer les reproductions sur la table, de coller le questionnaire dans le cahier après le travail et d'y répondre au crayon, chacun dans son cahier.

étape 3 Mise en commun

Compétences travaillées
– Établir des liens entre une création artistique et le contexte historique.
– Comprendre que l'art peut être une forme d'engagement de l'artiste dans son époque et d'expression d'une condamnation d'un régime politique.
– Évaluation formative.

• L'enseignant fait venir au tableau tour à tour un élève représentant de chaque groupe.
• Il note au fur et à mesure les mots et les idées principales au tableau pour faire apparaître des caractéristiques matérielles, formelles et interprétatives.
• L'enseignant peut compléter en projetant de nouveau chaque œuvre. Par exemple :
– les couleurs ;
– l'usage du noir et blanc ;
– les éclairages ;
– le collage ;
– la manière de rendre compte des paroles,
– les pantomimes ;
– la gestuelle ;
– les effets de comique ;
– le contraste entre la gravité du sujet ou du contexte et le ridicule de la scène.

• Il accompagne les élèves dans l'étude du rapport de ces œuvres à l'histoire : en repérant ce qui relève de la fiction, de la satire, de la réalité historique.
• Il aide les élèves à formuler la notion d'engagement de l'artiste témoin de son temps, qui dénonce la manipulation hitlérienne.

• Difficultés et remédiations possibles
Le recours à une fiche de méthode présentant la description d'une œuvre et à une autre fiche-outil de vocabulaire simple adapté à la thématique abordée pourra aider les élèves.

Conclusion courte

Cette séance prend place dans une séquence plus vaste. Les autres séances compléteront ce projet mené en histoire des arts avec les élèves de CM2, autour de la liberté d'expression, ou dans une séance où l'étude de la musique qui accompagne la scène du Globe dans le film sera mise en relation avec les autres formes artistiques.
On pourra envisager aussi une séance de réalisation d'une production plastique et littéraire collective (affiche ou cadavre exquis). Enfin, une séance d'évaluation sommative, à partir de l'étude d'une dernière œuvre, sera l'occasion de mobiliser les compétences acquises au cours de la séquence.

SUJET 3

Arts du visuel, éducation musicale

3 heures

A – Composante Arts du visuel – Cycle 2 (10 points)

En tirant parti des éléments fournis dans le dossier joint, vous effectuerez une analyse critique de la fiche de préparation présentée dans le document n° 1.

Vous vous appuierez sur le point de programme suivant :

> L'enseignement des arts plastiques développe particulièrement le potentiel d'invention des élèves, au sein de situations ouvertes favorisant l'autonomie, l'initiative et le recul critique. (Phrase introductive du programme en arts plastiques pour le cycle 2)

Votre analyse permettra d'éclairer le jury sur votre connaissance du cadre réglementaire et des conditions spécifiques d'enseignement en maternelle.

B – Composante Éducation musicale – Cycle 3 (10 points)

En tirant parti des éléments fournis dans le dossier joint, vous proposerez une fiche de préparation de séance en éducation musicale destinée à une classe de cycle 3, prenant appui sur le 1er mouvement du *Concerto pour violon et orchestre en mi mineur, opus 69* de F. Mendelssohn. Vous la contextualiserez dans une séquence en évoquant les prolongements possibles notamment dans le domaine de la création.

Vous vous appuierez sur les points de programme suivants :

> – Décrire et comparer des éléments sonores issus de contextes musicaux différents.
> – Identifier quelques caractéristiques qui inscrivent une œuvre musicale dans une aire géographique ou culturelle et dans un temps historique contemporain, proche ou lointain
> – Écoute préparée selon un angle préalablement identifié : le rythme, la répétition, le timbre, la mélodie, l'accompagnement, la formation instrumentale.

Votre fiche de préparation précisera les compétences précises mises en jeu et montrera l'interaction entre perception et production. Elle permettra d'éclairer le jury sur votre connaissance du cadre réglementaire et des conditions spécifiques d'enseignement en cycle 3.

DOSSIER DOCUMENTAIRE

A – Composante Arts du visuel

Document 1 Fiche de préparation à analyser

Arts visuels CE1 – CE2

À la manière de Vassily Kandinsky…

Cette semaine, nous travaillerons à la manière du peintre Vassily Kandinsky Pour commencer, vous pouvez lire cette courte biographie, puis chercher sur Internet des exemples d'œuvres qu'il a réalisées.

Biographie

Vassily Kandinsky (1866-1944), peintre russe, naturalisé allemand puis français, est un pionnier de l'art abstrait. Influencé par l'école du Bauhaus et par le peintre Kazimir Malevitch, il est connu pour ses œuvres géométriques.

Voici les étapes à suivre pour recopier ce dessin à la manière de Kandinsky :

1. Tracez d'abord la ligne horizontale, puis les lignes verticales.

2. Reproduisez ensuite les formes circulaires et rectangulaires.

3. Finissez par les arcs de cercles.

4. Peignez ou coloriez avec des couleurs sombres.

Document 2 ***À portée de la main, à portée des mots, à portée du regard : la rencontre avec les œuvres en arts plastiques au cycle 2*** **[extraits]**[1]

Pratiquer les œuvres d'art

De nombreuses occasions et situations sont développées à l'école pour permettre aux élèves de rencontrer des œuvres d'art. Au cycle 2 comme au cycle 3, les approches d'une œuvre et situations pédagogiques que l'on peut y associer sont très variables. La rencontre peut se construire à plusieurs moments du déroulement du projet en fonction d'objectifs différents. Au sein même de la démarche artistique, une œuvre peut jouer de nombreux rôles :

Le plus souvent et le plus aisément, l'œuvre d'art est sollicitée pour accompagner ou suivre une pratique plastique. Dans ce cas, « la pratique plastique exploratoire et réflexive, toujours centrale dans les apprentissages, est privilégiée : action, invention et réflexion sont travaillées dans un même mouvement pour permettre l'appropriation des références artistiques qui constituent une culture commune enrichie par la culture des élèves » (Programmes cycle 3). Suite à une situation problème proposée dans le cadre d'une activité plastique, une mise en commun des réalisations de la classe permet une verbalisation et une évaluation des intentions, des démarches envisagées et des procédés utilisés par les uns et les autres. Cet échange autour des réponses apportées est prolongé par la découverte d'une ou de quelques œuvres savamment sélectionnées parce qu'en lien étroit avec l'expérience vécue. « La recherche de réponses personnelles et originales aux propositions faites par le professeur dans la pratique est [alors] articulée avec l'observation et la comparaison d'œuvres d'art, avec la découverte de démarches d'artistes. » (Programmes cycle 2). Les élèves, plus curieux et réceptifs parce que plus impliqués dans le questionnement posé, sont aussi plus enclins à recevoir la ou les œuvres proposées et à en faire des référents. […]

1. Éduscol, Informer et accompagner les professionnels de l'éducation : enseignements artistiques / arts plastiques https://cache.media.eduscol.education.fr/file/Arts_plastiques_et_education_musicale/37/8/New_14_RA_C2_C3_Rencontre_avec_les_oeuvres_AP_C2-dm_613378.pdf

Document 3 Les compétences travaillées au cycle 2 (extrait des programmes)[2]

Expérimenter, produire, créer

– S'approprier par les sens les éléments du langage plastique : matière, support, couleur…

– Observer les effets produits par ses gestes, par les outils utilisés.

– Tirer parti de trouvailles fortuites, saisir les effets du hasard.

– Représenter le monde environnant ou donner forme à son imaginaire en explorant la diversité des domaines (dessin, collage, modelage, sculpture, photographie…).

domaines du socle : 1, 2, 4, 5

Mettre en œuvre un projet artistique

– Respecter l'espace, les outils et les matériaux partagés.

– Mener à terme une production individuelle dans le cadre d'un projet accompagne par le professeur.

– Montrer sans réticence ses productions et regarder celles des autres.

domaines du socle : 2, 3, 5

S'exprimer, analyser sa pratique, celle de ses pairs ;

– Établir une relation avec celle des artistes, s'ouvrir à l'altérité.

– Prendre la parole devant un groupe pour partager ses trouvailles, s'intéresser à celles découvertes dans des œuvres d'art.

– Formuler ses émotions, entendre et respecter celles des autres.

– Repérer les éléments du langage plastique dans une production : couleurs, formes, matières, support…

domaines du socle : 1, 3

Se repérer dans les domaines lies aux arts plastiques, être sensible aux questions de l'art

– Effectuer des choix parmi les images rencontrées, établir un premier lien entre son univers visuel et la culture artistique.

– Exprimer ses émotions lors de la rencontre avec des œuvres d'art, manifester son intérêt pour la rencontre directe avec des œuvres.

– S'approprier quelques œuvres de domaines et d'époques variées appartenant au patrimoine national et mondial.

– S'ouvrir à la diversité des pratiques et des cultures artistiques.

domaines du socle : 1, 3, 5

B – Composante Éducation musicale

Document 1 L'esprit du concerto

On fait souvent dériver « concerto » du verbe latin *concertare* qui signifie « se quereller », « se battre », mais aussi « débattre ». Et l'on s'autorise de cette référence étymologique pour parler du concerto comme d'un « affrontement » entre un soliste et un orchestre, comme entre deux

2. Bulletin officiel spécial n° 11 du 26 novembre 2015

parties belligérantes. Mais si l'on cherche comment, dans le détail, se traduit cette situation de guerre, on est bien embarrassé pour en trouver des exemples : il apparaît, plutôt, que soliste et orchestre se font beaucoup de politesses, s'assistent mutuellement, se renvoient la balle, se servent d'écrin ou de faire-valoir. Bref, on ne trouve pas beaucoup de marques d'hostilité dans leurs rapports (se couvrir, énoncer simultanément deux idées concurrentes, se contredire, se couper la parole, etc.), et, cependant, il est vrai qu'une odeur de poudre et de bataille flotte souvent au-dessus des concertos, dans les premiers mouvements notamment, souvent martiaux, avec des rythmes pointés et des allures de marche (*L'Empereur* de Beethoven, le *Concerto pour violon en ré majeur* de Mozart, celui pour piano en fa mineur de Chopin).

Alors ? S'il y a bien une atmosphère martiale dans beaucoup d'ouvertures de concertos, c'est plus au niveau de la parade que du combat entre ennemis : comme dans une « revue des troupes », où chaque partenaire montre à l'autre comment il remplit bien son rôle, le soliste empanaché comme un général, et l'orchestre au complet bien rangé et astiqué, présentant les armes en bon ordre.

À côté de cette inévitable référence à la guerre, il est aussi important de rappeler les origines vocales du concerto. Un parallèle serait instructif entre l'histoire de la musique vocale en Occident et celle du concerto. La voix accompagnée est la situation concertante primitive : tout ce qui définit le concerto (mise en vedette d'un personnage ; jeu de répliques, d'échos, d'imitations, d'alternances avec l'ensemble ; latitude d'improvisation et d'ornementation laissée au soliste), tout cela se trouve déjà présent dans la musique vocale. De plus, les mouvements lents de concertos sont souvent, bien plus nettement que dans les symphonies, sonates ou quatuors, de grandes cantilènes qui se réfèrent au modèle vocal, au phrasé vocal, voire au souffle humain, même quand il s'agit du piano ou du violon. Il apparaît évident que le soliste instrumental personnifie le chanteur, plus qu'il n'en imite la fonction. L'essence du concerto est bien celle d'un genre dramatique.

Dictionnaire de la musique, Larousse, 2017.

Document 2 ***Les enseignements et l'éducation artistiques – Une éducation à la sensibilité par la sensibilité***[3]

Une démarche spécifique

Questionnant l'émotion, le pédagogue de l'art accorde ainsi une place déterminante au sensible pour pouvoir faire acquérir des compétences et construire des connaissances. Postulat didactique qui veut que l'objectivation et la construction du savoir puisent leur source dans la sollicitation de l'émotion née de la pratique vocale, plastique, corporelle et/ou de la rencontre avec une pièce musicale, une œuvre d'art, un spectacle. Les pratiques artistiques dans lesquelles l'élève s'implique à l'école le conduisent en effet à éprouver de nouvelles sensations, à recevoir et percevoir autrement, à être attentif au monde et donc à s'approcher soi-même. Au-delà d'une succession d'activités, l'élève est progressivement amené à entrer dans une pratique à visée artistique et à en saisir les enjeux. Véritable assise d'une culture de la sensibilité et d'un

3. Ministère de l'Éducation nationale, de l'Enseignement supérieur et de la Recherche – mars 2016 (Document d'accompagnement), eduscol.education.fr.

apprentissage des émotions, ces pratiques signifient pour l'enfant la possibilité d'accéder à d'autres types de savoirs et d'apprendre autrement. Proposer à l'élève de multiples expériences sensibles, lui donner les occasions d'explorer, d'inventer de nouveaux gestes, de porter un autre regard sur les choses, c'est bien lui donner la possibilité d'appréhender le réel autrement ; c'est lui permettre tout à la fois de découvrir la spécificité de son propre regard et de son action et d'enrichir sa relation à l'environnement ; c'est, par la pratique de langages artistiques, exercer la fonction symbolique, parallèlement au langage verbal. En évoquant le monde par des symboles et des signes, l'élève saisit le réel autrement que dans l'immédiateté, il devient capable de (se) représenter, d'anticiper, de planifier, de s'organiser. Il nourrit son image mentale des choses et du monde en enrichissant son imaginaire.

Document 3 Les compétences travaillées éducation musicale au cycle 3 (extrait des programmes)[4]

Les quatre compétences qui structurent l'enseignement de l'éducation musicale au cycle 2 s'enrichissent de nouvelles composantes qui caractérisent le cycle 3.

Chanter et interpréter

– Reproduire et interpréter un modèle mélodique et rythmique.
– Chanter une mélodie simple avec une intonation juste et une intention expressive.
– Mémoriser et chanter par cœur un chant appris par imitation, soutenir un bref moment de chant en solo.
– Mobiliser son corps pour interpréter, le cas échéant avec des instruments.

Domaines du socle : 1, 5

Écouter, comparer et commenter

– Décrire et comparer des éléments sonores issus de contextes musicaux différents.
– Identifier et nommer ressemblances et différences dans deux extraits musicaux.
– Repérer et nommer une organisation simple dans un extrait musical.
– Identifier quelques caractéristiques qui inscrivent une œuvre musicale dans une aire géographique ou culturelle et dans un temps historique contemporain, proche ou lointain.

Domaines du socle : 1, 3, 5

Explorer, imaginer et créer

– Expérimenter les paramètres du son et en imaginer en conséquence des utilisations possibles.
– Inventer une organisation simple à partir de sources sonores sélectionnées (dont la voix) et l'interpréter.

Domaines du socle : 1, 4, 5

Échanger, partager et argumenter

– Argumenter un jugement sur une musique.
– Écouter et respecter le point de vue des autres et l'expression de leur sensibilité.

Domaines du socle : 1, 3, 5

4. Bulletin officiel spécial n° 11 du 26 novembre 2015

Composante Arts du visuel

Le corrigé qui suit est rédigé à titre indicatif dans une forme qui met en valeur les différents points qu'il est possible d'aborder dans la réponse apportée au sujet. Le candidat décidera librement de la forme rédactionnelle qu'il souhaite donner à sa réponse en tenant compte éventuellement des consignes précises données par le sujet. Il lui est cependant conseillé de bien distinguer a minima les quatre parties. Les titres apparents apparaissent en rose. Nous les avons insérés pour vous aider, mais ils ne seront pas conservés par le candidat dans sa rédaction.

Une ou deux phrases d'introduction

Il s'agit d'analyser une fiche de préparation de séance d'arts plastiques intitulée « Arts visuels CE1-CE2 – À la manière de Vassily Kandinsky » sous l'angle d'un extrait de programme précisant que les arts plastiques développent particulièrement le potentiel d'invention des élèves, au sein de situations ouvertes favorisant l'autonomie, l'initiative et le recul critique.

Cette analyse sera également orientée d'une part par un texte théorique extrait d'Eduscol traitant de la mise en relation entre les œuvres d'art et les productions des élèves, et d'autre part, par un document rappelant les compétences qui sont en jeu dans l'enseignement des arts plastiques.

Première partie : Présentation et analyse croisée des documents au regard du sujet

• **Le document 1** décrit une situation d'apprentissage très guidée en écho au travail du peintre Kandinsky.

Plus qu'une fiche de préparation, il s'agit plutôt d'une sorte de tutoriel à suivre par les élèves.

Les consignes sont précises.

Il faut lire la biographie de l'artiste avant de commencer le travail à faire.

Il faut ensuite dessiner sur un support blanc une composition réalisée en trois étapes. Enfin il est demandé de peindre ou de colorier avec des couleurs sombres la composition.

La composition qui doit être reproduite ne semble pas être de l'artiste mais elle reprend la gamme chromatique de ses œuvres. Elle est réalisée dans un style simplifié que l'on pourrait qualifier d'« enfantin » ; il se pourrait que ce soit l'auteur de la fiche qui l'ait réalisée cherchant à imiter un dessin d'élève.

Les étapes successives indiquent les éléments à prioriser pour reproduire le dessin selon une certaine logique : d'abord les lignes horizontales, puis les lignes verticales, formes circulaires et rectangulaires.

• **Le document 2** décrit la façon dont les élèves peuvent rencontrer des œuvres d'art au cycle 2 : *« Le plus souvent et le plus aisément, l'œuvre d'art est sollicitée pour accompagner ou suivre une pratique plastique. »*

Lors de la verbalisation, les élèves sont amenés à énoncer leur démarche et les procédés employés et c'est ensuite – selon cet auteur que les œuvres sont introduites pour être rapprochées par comparaison aux productions des élèves.

L'appropriation de ces œuvres en tant que référents s'en trouve facilitée.

• **Le document 3** nous rappelle les compétences qui sont en jeu dans l'apprentissage des arts plastiques. Elles se déclinent en plusieurs champs. Certaines d'entre elles peuvent apparaître en contradiction avec le projet d'enseignement analysé ou avec le texte théorique précédemment commenté, telles que :

– Donner forme à son imaginaire ;

– Tirer parti des trouvailles fortuites, saisir les effets du hasard ;

– Effectuer des choix parmi les images rencontrées ;

– Exprimer ses émotions lors de la rencontre avec les œuvres.

Deuxième partie : Réflexion sur le sujet en portant un regard transversal sur les documents analysés

La situation d'apprentissage proposée ne correspond pas aux attendus de l'enseignement des arts plastiques tels qu'ils sont décrits dans les programmes, notamment à travers l'extrait proposé portant sur les compétences, ou tels qu'ils sont défendus dans l'extrait de texte théorique.

• Le préalable de devoir lire la biographie de l'artiste avant de pratiquer ne présente pas d'intérêt.

• Le texte en lui-même est pauvre et ne donne pas d'information sur la démarche de l'artiste.

• Le dessin à reproduire est faussement naïf. Les motifs sont stéréotypés.

• Le pas à pas ne laisse aucune possibilité d'invention pour l'élève.

• Le choix de la peinture ou du crayon de couleur (implicite de « coloriage ») est sans doute le seul espace de décision pour l'élève. Mais l'implicite d'un coloriage qui respecte bien le contour des formes est très fort.

• La relation à l'œuvre d'art dans cette situation est faussée.

– L'artiste apparaît comme un modèle incontournable et inatteignable.

– Le modèle proposé imite les œuvres de l'artiste sans pour autant l'égaler.

– L'élève en est réduit à imiter l'imitation.

• La référence artistique apparaît non pas comme une référence à rapprocher de l'expérience de l'élève mais comme le seul modèle à suivre.

• L'élève n'est aucunement amené à donner une forme à son imaginaire.

• Il ne tire pas parti de trouvailles fortuites, ni n'est conduit à se saisir des effets du hasard. Toutes formes d'effet produit par le hasard seront ici perçues comme une perte de contrôle, une erreur, une faute.

• L'élève ne choisit pas l'œuvre ; il n'exprime pas ses émotions.

Une ou deux phrases de conclusion

La situation d'apprentissage proposée s'apparente à la méthode du « à la manière de ». Un artiste est proposé comme modèle. L'élève – sans disposer des moyens de l'artiste – tente de s'en approcher.

L'élève ne fait pas ici l'expérience de la pratique artistique dans la mesure où il n'est confronté à aucun choix. Chacun de ses gestes est guidé, dirigé.

L'enseignement des arts plastiques répond à des exigences différentes que les exigences implicites de ce travail que sont la « copie conforme » et le coloriage appliqué.

L'enseignement des arts plastiques se fonde sur une approche plus expérimentale des moyens plastiques, et une relation plus constructive aux œuvres d'art.

Composante Éducation musicale

Cette proposition suit un plan classique en deux parties, précédées d'une introduction cernant le sujet, et suivies par une conclusion.

Le corrigé est très développé, dans un souci d'exhaustivité, le candidat pourrait se contenter de ne retenir que certains points évoqués à chaque fois.

Voici le détail de chaque partie avec les mots-clefs, indiqués comme un préalable à la rédaction et le plan commenté. Ils figurent en rose. Nous les avons insérés pour vous aider, mais ils ne seront pas conservés par le candidat dans sa rédaction.

Introduction

Relativement brève, elle permet de cerner le sujet et d'annoncer le plan annoncé.

Le sujet invite à construire une séance en éducation musicale prenant appui sur le 1er mouvement du *Concerto pour violon et orchestre en mi mineur, opus 69* de F. Mendelssohn. Cette séance est proposée à des élèves de cycle 3 et s'inscrit dans un contexte de séquence qui développera une problématique permettant de construire un apprentissage corrélé aux quatre compétences structurant l'enseignement de l'éducation musicale. Dans un premier temps, le corpus sera analysé afin de mettre en lumière les différents préalables didactiques et pédagogiques à cerner lors de la préparation d'une séquence. La deuxième partie sera consacrée à la contextualisation puis la présentation d'une séance détaillée dans sa présentation et sa mise en œuvre.

Première partie : analyse du corpus

Le corpus est analysé et les connaissances didactiques et pédagogiques sur le sujet balayées.

Mots-clés : le concerto, le soliste et l'orchestre, le genre dramatique, le romantisme, l'interaction perception/production, les compétences, place donnée au sensible.

Le corpus présente un certain nombre de documents permettant de s'interroger sur l'aspect didactique et pédagogique de l'éducation musicale.

• **Le document 1** se réfère à l'œuvre de Félix Mendelssohn car il porte sur le concerto, un genre instrumental qui s'est construit depuis la fin du XVIe siècle.

Mais si le terme est utilisé dès le début du Baroque, il ne recouvre pas la même réalité sonore que celle du concerto de F. Mendelssohn. L'appellation « concerto » s'applique alors plutôt à des œuvres vocales puis va peu à peu désigner des œuvres instrumentales. [Le concerto]

Dès l'époque classique (de 1730 au début du XIXe siècle environ), le concerto de soliste s'affirme et les solistes vont s'opposer, dialoguer ou chanter de concert avec l'ensemble orchestral qui prend le nom d'orchestre symphonique. L'opposition est encore présente et c'est sûrement ce qui caractérise ce genre depuis l'apparition de ce mot de *concerto* : opposition de timbre et opposition des masses sonores (petit ensemble contre *tutti* jusqu'à soliste contre et avec orchestre symphonique). [Le soliste et l'orchestre]

Dans l'extrait du *Dictionnaire de la musique*, l'auteur insiste sur cette opposition entre le soliste et l'orchestre et parle même de bataille : « il est vrai qu'une odeur de poudre et de bataille flotte souvent au-dessus des concertos ». On peut entendre cette opposition également comme l'affirmation du soliste qui va proposer dès l'époque romantique de véritables démonstrations de virtuosité instrumentale. Cette virtuosité sera portée d'abord par deux instruments, symboles de cette époque, soit le piano et le violon. [le romantisme]

Les compositeurs s'essaieront à ce genre, proposant des partitions brillantes à bon nombre d'instrumentistes en n'oubliant aucun timbre. S. Prokofiev contournera l'opposition soliste-orchestre en offrant son célèbre *Concerto pour orchestre* qui crée l'opposition au sein des pupitres.

L'œuvre de F. Mendelssohn contient les caractéristiques énoncées. C'est une opposition, un dialogue entre un violon solo qui va proposer, répondre, jouer avec un orchestre dans un tempo rapide (il s'agit d'un 1er mouvement). L'opposition peut être présente, notamment lors des démonstrations de virtuosité qui émaillent le discours du soliste. Ce premier mouvement est équilibré, montrant une construction claire (influence du classicisme) et innovant en s'ancrant dans cette époque romantique. Le violon donne tout de suite à entendre le 1er thème. Les nuances sont variées, les thèmes évoluent, changent, varient offrant une gamme d'émotions à partager avec l'auditeur. F. Mendelssohn fait du violon solo une voix singulière exposant une grande tendresse (début du 1er thème), de la vigueur voire de la colère (virtuosité) puis une intimité secrète (2nd thème). L'orchestre suit, ajoute un motif, répond, créant également un tissu musical qui accompagne ou prend la parole au service d'un langage très contrasté et porteur d'émotion. C'est bien une œuvre romantique, où les émotions humaines sont représentées (ici, par l'écriture des thèmes et par les contrastes employés) et la virtuosité (mise en avant de la technique et de l'individu face à la masse orchestrale) placée au cœur de l'œuvre.

• **Les documents 2 et 3** orientent la réflexion vers la pédagogie employée pour transmettre un enseignement des Arts et plus particulièrement celui de la musique : « Postulat didactique qui veut que l'objectivation et la construction du savoir puisent leur source dans la sollicitation de l'émotion née de la pratique vocale, plastique, corporelle et/ou de la rencontre avec une pièce musicale, une œuvre d'art, un spectacle ».

Les documents d'accompagnement et le programme mettent en lumière cette nécessité de faire éprouver puis partager une émotion qui va naître de la rencontre de l'élève avec la pratique artistique et l'œuvre d'art. Il est question de ce lien ténu entre la production et la perception. [interaction perception-production, place donnée au sensible]

L'œuvre doit être approchée par une pratique qui ancre des sensations corporellement. Chanter le thème, reproduire un rythme, déterminer un geste pour dessiner un thème, se déplacer en respectant le tempo et ses changements, faire vivre la forme en chorégraphiant la partition musicale sont autant de pistes pour que le corps participe au vécu de l'élève. Il pourra, lors de l'écoute, reconnaître, identifier différents éléments et se replonger dans un tout sonore au service de l'expression musicale. Cette mise en pratique favorise également la mémorisation, essentielle pour suivre ce langage sonore qui se construit dans des architectures plus ou moins complexes donnant forme et sens au discours musical.

L'énonciation des quatre compétences met en valeur ce lien entre la pratique et une écoute active. La production se décline autour du chant et de la création. Cette création se construira grâce au répertoire donné par la rencontre avec les œuvres et toutes les pratiques vocales, instrumentales, corporelles mises en place. L'élève se crée un répertoire, une culture et peut faire ses premiers pas vers la création, en coopérant avec ses camarades, guidé par l'enseignant, rassuré par un cadre donné et un répertoire de gestes musicaux qui s'enrichit au fur et à mesure de l'enseignement reçu. Le corps éprouve, l'oreille découvre et le mot rend compte de ce qui a été compris et ressenti.

Deuxième partie : description de la séance

La séance est contextualisée dans une séquence (thématique, problématique et progression) puis décrite précisément sous la forme d'un tableau.

Mots-clés : la contextualisation, le cycle, la thématique la problématique, le tableau de séance centré sur la perception, l'analyse des tâches et des activités.

La séance détaillée prend place dans une séquence sur le dialogue et les oppositions. Cette séquence s'appuiera dans un premier temps sur la découverte et l'analyse d'un extrait du 1er mouvement du *Concerto pour violon et orchestre en mi mineur, opus 69* de F. Mendelssohn (l'exposition des deux thèmes). Plusieurs notions seront abordées :
– le soliste et l'orchestre symphonique ;
– le dialogue et l'opposition ;
– la virtuosité ;
– la courbe mélodique et le caractère des thèmes ;
– le déroulé de l'extrait.

D'autres œuvres de styles et genres différents pourront ensuite être étudiées de façon à compléter et examiner ces notions sous des angles différents. Voici une liste non exhaustive d'œuvres pouvant résonner avec le concerto au regard des différentes notions abordées :
– « Confutatis », extrait du *Requiem* de Wolfgang Amadeus Mozart (style : savant ; genre : messe) : opposition/dialogue, caractère ;
– « Les augures printaniers », extrait du *Sacre du printemps* d'Igor Stravinsky (style savant, genre ballet) : opposition, orchestre symphonique, virtuosité ;
– *Mysteries of the macabre* de György Ligeti chanté par Barbara Hannigan et dirigé par Simon Rattle (style : savant, genre : opéra) : opposition, soliste, orchestre symphonique, virtuosité ;
– *Amazing grace*, version chœur de Soweto (style : musique traditionnelle, genre : gospel) : dialogue, soliste ;
– *Take five* de Dave Brubeck, version Al Jarreau et Kurt Elling (style : jazz, genre : chanson) : opposition, dialogue, soliste, virtuosité ;
– « Mambo », extrait de *West side story* de Léonard Bernstein, Robert Wise et Jerome Robbins (styles : savant, jazz latin ; genre : comédie musicale) : opposition, dialogue, orchestre symphonique, virtuosité.

La chanson choisie pour cette séquence est *Billy magee maggar*, chant traditionnel irlandais qui va être travaillé et orienté vers une interprétation qui s'installera dans une forme prenant en compte les oppositions entre solo et ensemble d'une part, dialogue, opposition et accompagnement d'autre part. La thématique sera donnée lors cette première séance d'introduction et permettra d'éveiller la curiosité des élèves tout en les amenant à se questionner (émergence possible d'une question problème). On pourrait imaginer une séance avec des jeux vocaux et théâtraux mettant en exergue la notion de soliste et de chœur (*call and response*), avec une alternance entre deux groupes, puis l'apprentissage du chant à une voix. La séance se poursuivra par quelques écoutes choisies dans différents styles de musique où la notion de soliste et de groupe, celle d'opposition et de dialogue pourront être dégagées. Après cette séance de découverte, la deuxième séance, ici détaillée, sera axée sur la découverte du 1er mouvement du *Concerto pour violon et orchestre en mi mineur, opus 69* de F. Mendelssohn dans le cadre d'une activité d'écoute. Des activités de production seront également proposées en lien avec cette œuvre.

SÉQUENCE « OPPOSITION ET DIALOGUE » SÉANCE 2 : DÉCOUVERTE DU CONCERTO DE F. MENDELSSOHN			
Niveau	cycle 3		
Objectifs	– découvrir le 1er mouvement – chanter le début du thème 1 – écouter et identifier le thème 1, ses déclinaisons et son ou ses caractères – commencer la construction d'un déroulé pour le chant : créer des ponts avec le concerto		
Notions	– soliste – orchestre symphonique	– concerto – dialogue	– opposition – virtuosité
Matériel utilisé	– vidéoprojecteur – instrumentarium – cahiers		
Mode de travail	– en classe entière – en binôme		
Compétences	– Chanter et interpréter : reproduire et interpréter un modèle mélodique et rythmique ; soutenir un bref moment de chant en solo ; mobiliser son corps pour interpréter avec des instruments.	– Écouter, comparer et commenter : décrire des éléments sonores ; repérer et nommer une organisation simple dans un extrait musical.	– Explorer, imaginer et créer : expérimenter les paramètres du son ; inventer une organisation simple à partir d'un instrumentarium. – Échanger, partager et argumenter : argumenter un jugement sur une musique.
Déroulement	étape **1 Rituel et échauffement** – Reprise d'un jeu vocal de la séance précédente. – Travail de la respiration en *call and response*. – Vocalise basée sur le début du thème 1 sur la syllabe « lou » : commencer sur une note plus grave et monter progressivement sur la note jouée par le violon ; varier les nuances, les caractères (très doux, *mezzo forte*, avec regret, joyeux…). Veiller à la qualité sonore du rendu vocal et accompagner le contour mélodique du thème par un geste (horizontal pour les trois premières notes, redescendant vers la quatrième, remontant pour la cinquième et horizontal pour la sixième). étape **2 Écoute du concerto** – **Premier extrait :** les deux premières minutes du concerto (le thème 1). Consignes : **a)** Reconnaissez-vous un motif mélodique ? *Réponse attendue : C'est la vocalise.* Précision : c'est la vocalise au début et la mélodie se poursuit. **b)** Par qui est interprétée cette œuvre ? *Réponse attendue : Plusieurs instruments, un violon.* – **Deuxième extrait :** le même que précédemment, mais avec la vidéo. Consignes : **a)** Vérifions les instruments. Quels rôles ont-ils ? (indice si besoin : comment sont-ils placés ?) *Réponses attendues : Certains sont assis, la violoniste est debout, devant, à côté du chef d'orchestre.* → Vérification des réponses pour les instruments. Précision des notions d'**orchestre** et de **soliste** (à écrire au tableau). **b)** Quel est le caractère de la mélodie jouée par le violon ? *Réponses attendues : Elles peuvent être multiples car il s'agit du ressenti des élèves. On pourra se mettre d'accord sur le tempo dynamique, le caractère mélodieux, la direction de la mélodie vers l'aigu et une nuance en* crescendo. → Précision de la notion de **thème** et de son **caractère** (à écrire au tableau). – **Troisième extrait :** le thème et son prolongement, du début à 2'30 environ (avec vidéo).		

SÉQUENCE « OPPOSITION ET DIALOGUE » SÉANCE 2 : DÉCOUVERTE DU CONCERTO DE F. MENDELSSOHN	
Déroulement	Consigne : Réécoutons le thème et son prolongement. Y a-t-il une évolution du caractère ? → À partir du ressenti des élèves (images, adjectifs), définir le caractère et proposer le mot **virtuosité** (à écrire au tableau). étape 3 **Trace écrite et synthèse en trois temps** – En binôme, les élèves échangent sur une définition ou une explicitation de chaque mot inscrit au tableau. – Chaque mot est revu avec l'ensemble du groupe et défini par un ou plusieurs élèves (échanges et remédiation). – Recopier les mots-clés qui auront été écrits au tableau au fur et à mesure du cours (temps individuel). étape 4 **Pratique vocale et instrumentale** – **Réviser le texte** de *Billy magee maggar* en parlé-rythmé puis en chantant. *« Quand tombe la nuit sur la plaine, O Billy-magee-Magar (× 2)* *Quand tombe la nuit sur la plaine, le vent du soir calme ta peine,* *Et le feu danse et chante et rit, Billy Magee Magar (× 2) »* – **Distribuer un instrumentarium :** chercher des sons sur les instruments ou objets sonores imitant un vent doux et léger (action de frotter). – **Superposer** : un petit groupe de **solistes** dit le texte en parlé-rythmé et le reste de la classe devient **l'orchestre** du vent. Veiller à l'équilibre : les solistes doivent être mis en avant, l'orchestre étant dans un rôle d'accompagnement. – **Chanter tous ensemble** le chant. – **Reprendre tout le déroulé en enchaînant :** Solistes en parlé-rythmé + orchestre du vent puis *Tutti* chantant le 1er couplet.

Cette dernière partie de l'activité (enchaînement) sera enregistrée et réécoutée la semaine d'après pour permettre une évaluation collective et décider des pistes de remédiations avant de poursuivre le travail d'interprétation du chant.

Cette première séance est vraiment dédiée à l'écoute et permet aux élèves d'entrer petit à petit dans l'œuvre. Elle devra se prolonger par l'écoute de toute la partie dédiée au premier thème en notant tous les contrastes (nuances, dialogue et oppositions). Une fois ce plan du déroulé établi, l'écoute se prolonge par la découverte du deuxième thème et une focalisation sur la constitution de l'orchestre symphonique et son rôle dans le concerto de F. Mendelssohn.

L'écoute est très détaillée et se fait pas à pas. Elle est guidée par des consignes précises aidant les élèves à se concentrer sur le déroulé musical et donnant du rythme à une séance qui nécessite une attention soutenue.

Le travail sur la trace écrite est pensé comme une synthèse. La tâche prescrite est à la fois très cadrée (recopier des mots-clés) et ouvre une discussion entre les élèves (binôme) et l'ensemble de la classe ce qui permet à l'enseignant de vérifier la compréhension. Le travail du chant permet de réinvestir les notions vues lors de l'écoute et engage les élèves vers des choix d'interprétation voire de création (décider d'une forme, d'un déroulé).

Conclusion

Les points jugés importants sont mis en valeur et l'ouverture propose un prolongement vers un travail interdisciplinaire mettant en jeu des compétences de créativité.

Mots-clés : langage (du son au sens), créativité, pont entre littérature et musique.

L'enseignement de l'éducation musicale est ici illustré par une mise en situation d'une écoute relativement complexe puisqu'elle appartient au répertoire de la musique savante instrumentale et requiert une attention particulière car il n'y a pas de texte ni de gestes chorégraphiques pour induire un sens. Le choix a été fait de privilégier une thématique autour des oppositions et du dialogue entre une individualité (soliste) et un ensemble (l'orchestre). Ce choix peut également trouver un prolongement dans une séquence en histoire des arts où cette notion pourrait s'illustrer en arts plastiques ou en littérature. Les élèves seraient amenés à s'interroger sur la symbolique de la figure individuelle par rapport à la foule, à la multitude : est-elle en opposition, est-elle une nécessité, celle de garder son autonomie ? Est-elle justement essentielle, une société s'enrichissant avec la somme d'individualités différentes et complémentaires ?

On imaginera à partir de la séquence d'éducation musicale sur le concerto de proposer en interdisciplinarité avec le français de construire et créer un texte théâtral où interviendraient des solistes (comédiens) et un orchestre (chœur à l'antique), transposant le langage musical au langage littéraire.

Vous pourrez écouter des enregistrements illustrant les diverses activités de pratique musicale proposées dans cette séance et les différentes étapes du travail autour de *Billy magee maggar*.

Billy magee maggar.

CONSEILS DE LECTURE ET SITOGRAPHIE

Éducation musicale

Ouvrages généraux

- Gérard Denizeau, *Les genres musicaux*, Larousse, 2018.
- Pierre Zurcher, *Le développement musical de l'enfant*, L'Harmattan, 2010.

Manuels pédagogiques

- Annie Bachelard, Daniel Coulon, Jean-Paul Loisy, *Musique au quotidien, de la maternelle au CE1*, Réseau Canopé, 2010.
- Henri Gonzalez, *50 activités en éducation musicale aux cycles 2 et 3*, CRDP de Midi-Pyrénées, 2014.
- Agnès Matthys, *L'éveil musical à la maternelle*, Retz, 2007.

Références sitographiques

- eduscol.education.fr/2335/education-musicale : ressources dédiées à l'enseignement de l'éducation musicale
- edutheque.philharmoniedeparis.fr : ressources pour les enseignants des 1er et 2nd degrés
- vox.radiofrance.fr/ : tutoriels, films d'animation, répertoire avec documents de travail
- vox.radiofrance.fr/ressource/crea-playlist-1 : présentation et capsules-vidéos du travail mené au CRÉA d'Aulnay-sous-Bois

Arts plastiques

Références bibliographiques

- Pascal Bonafoux et Daniel Danetis (dir.), *Critique et enseignement artistique : des discours aux pratiques.* L'Harmattan, coll. « Éducation et formation », 1997.
- Bernard-André Gaillot, *Arts plastiques, éléments d'une didactique critique*, PUF, 2015.
- *Enseigner à partir de l'art contemporain.* Groupe de recherche Action pour la Formation du rectorat de l'académie d'Amiens (CRDP Amiens, brochure et diapos).
- Denyse Beaulieu (dir.), *L'enfant vers l'Art : une leçon de liberté, un chemin d'exigence*, Autrement, collection « Mutation » n° 139, 1993.

Référence sitographique

- Bibliographie sur l'histoire du dessin (1750-1910) sur la page « Arts plastiques » de l'académie de Paris : https://www.ac-paris.fr/portail/jcms/sites_12346/histoire-des-arts-plastiques

Histoire des arts

Références bibliographiques

- Nadeije Laneyrie-Dagen, *Histoire de l'art pour tous*, Paris, Hazan, 2021.
- Françoise Claus (dir.), *L'histoire des arts et les maîtres... de l'école primaire*, Toulouse, CRDP Midi-Pyrénées, 2011.
- Anne-Sophie Molinié & Geneviève Di Rosa (dir.), *Enseigner l'histoire des arts dans le premier degré. Le dialogue des disciplines*, Paris, L'Harmattan, 2019.

Références sitographiques

L'histoire des arts et les ressources disponibles en ligne

- Le portail Histoire des arts du site Éduscol : https ://eduscol.education.fr/histoire-des-arts/
- Le portail dédié à l'histoire des arts sur le site du ministère de la Culture : http ://www.histoiredesarts.culture.fr

Les sites des musées

- Le site du musée du Louvre et, en particulier, tout le volet intitulé « Arts & Éducation » : https ://www.louvre.fr
- Le site du musée d'Orsay et ses ressources à destination des enseignants : https ://www.musee-orsay.fr/
- Le site du centre Pompidou et, en particulier, les programmes et ressources pédagogiques : https ://www.centrepompidou.fr/
- Le site de la Cité de l'architecture et du patrimoine : https ://www.citedelarchitecture.fr/fr
- Le site de la Bibliothèque nationale de France : https ://www.bnf.fr/fr
- Le site des Monuments nationaux : https://www.monuments-nationaux.fr
- Le site de la Cité de la musique : http ://www.citedelamusique.fr/francais/Default.aspx

Des bases de données documentaires, telles que celle du site *L'histoire par l'image* : https://histoire-image.org

Le portail Lumni et ses ressources audiovisuelles, une partie d'entre elles pertinentes pour l'histoire des arts : https ://www.lumni.fr